Paixões torpes, ambições sórdidas

CONSELHO EDITORIAL
Ana Paula Torres Megiani
Eunice Ostrensky
Haroldo Ceravolo Sereza
Joana Monteleone
Maria Luiza Ferreira de Oliveira
Ruy Braga

Clóvis Gruner

Paixões torpes, ambições sórdidas

Crime, cultura e sensibilidade moderna
(Curitiba, fins do século XIX e início do XX)

Copyright © 2018 Clóvis Gruner

Grafia atualizada segundo o Acordo Ortográfico da Língua Portuguesa de 1990, que entrou em vigor no Brasil em 2009.

Edição: Haroldo Ceravolo Sereza
Editora assistente: Danielly de Jesus Teles
Projeto gráfico e diagramação: Jean Freitas
Capa: Danielly de Jesus Teles
Assistente acadêmica: Bruna Marques
Revisão: Alexandra Collontini
Imagens da capa: *La Culla Tragica*, 1910. Giuseppe Amisani

CIP-BRASIL. CATALOGAÇÃO NA PUBLICAÇÃO
SINDICATO NACIONAL DOS EDITORES DE LIVROS, RJ

G937p

Gruner, Clóvis
Paixões torpes, ambições sórdidas : crime, cultura e sensibilidade moderna (Curitiba, fins do século XIX e início do XX) / Clóvis Gruner. - 1. ed. - São Paulo : Alameda, 2018.
  23 cm.
Inclui bibliografia

ISBN: 978-85-7939-533-8

Curitiba (PR) - História. I. Título.

18-47521   CDD: 981.62
                            CDU: 94(816.2)

ALAMEDA CASA EDITORIAL
Rua 13 de Maio, 353 – Bela Vista
CEP 01327-000 – São Paulo, SP
Tel. (11) 3012-2403
www.alamedaeditorial.com.br

Il faut être absolument moderne.
Rimbaud

Hey babe, take a walk on the wild side
Lou Reed

O passado nunca morre. Ele nem sequer é passado.
William Faulkner

*A Simone e Felipe,
meus mundos, minhas histórias*

Sumário

11	Introdução Nunca fomos tão modernos: imagens de um mundo em transformação
35	Capítulo I Leitores, leituras: a literatura inventa o urbano
37	Práticas de leitura e sensibilidade urbana
44	Crônicas de uma cidade estranha
56	As *novellas paranaenses* e os mistérios de Curitiba
73	Capítulo II Um mundo habitado por monstros
75	Uma nova *sciencia*: o nascimento da criminologia
88	As ideias em seu lugar: cultura republicana e criminologia positiva
101	Capítulo III Modelos e experiências: a polícia entre a ciência e a rua
103	Da ordem nasce a desordem: apontamentos sobre o cotidiano policial
122	Uma árdua missão: a modernização do aparato policial
137	Capítulo IV Identificar é mais que reconhecer
139	Uma fisiognomia do perigo
149	Arquivar, classificar, nomear: o Gabinete antropométrico e a febre da identidade
163	Fronteiras diluídas: vícios privados, costumes públicos

173	Capítulo V
	A ciência pensa a pena
175	A penitenciária no debate criminológico europeu
187	Um problema complexo: criminologia e penalogia no Brasil
205	Capítulo VI
	Um bom estímulo a regeneração"
207	Uma utopia penitenciária no Paraná
214	Contribuições "doutas": a penitenciária em discussão
227	O funcionamento da norma: o cotidiano na prisão
242	Do modelo à distopia
253	*Post-scriptum*
	As duas vidas de Kindermann e Papst
261	Considerações Finais
	Uma história de restos e ruínas
265	Fontes
277	Bibliografia
297	Agradecimentos

Introdução

Nunca fomos tão modernos: imagens de um mundo em transformação

Cansei de ser moderno, agora quero ser eterno.

Carlos Drummond de Andrade

Todo o pessoal do bom tom,
O povo honesto e solerte
Desta terra se diverte
No COLISEU ou MIGNON.
Porventura há quem despreze a
Canção sonora e bonita
Que canta com infinita
Graça trinula, a DALESIA?
"Il suffit d'un frou-frou" linda
A cançoneta da YETTI
E os quentes quebros da KETTI,
E a REINE AVOR e outra ainda…
O MIGNON é uma delícia,
Parece um trecho do céu!
Mas quanto encanto e caricia
Musical no COLISEU!…
Mignonne, fresca, bonita

> Não há alma que não seduza
> Numa canção andalusa,
> Num SALERO, a CHAVALITA.
> Na plástica ninguém vence-a
> E põe corações de rastro
> Se gyra no ar como um astro
> A linda graça da THENSIA.[1]

Assinado sob o pseudônimo "PATHÉ", o poema acima presta homenagem e faz propaganda de dois dos mais afamados espaços de lazer curitibanos nos primeiros anos do século XX. Se menciona nominalmente o "COLISEU" e o "MIGNON", o anônimo autor não esquece o "SMART" e o "EDEN", que não aparecem no poema provavelmente por alguma restrição de ordem lírica ou métrica. Mas logo abaixo do último verso, o poeta publicitário faz questão de acrescentar: "O SMART e o EDEN também concentram diariamente grandes massas de povo que se diverte. Não há duvida – já entrou nos hábitos de nossa gente com uma necessidade que se impõe, o goso em commum nas casas de diversões". Na mesma edição, algumas páginas adiante, sob o título "Os nossos cartazes", anúncios informavam aos leitores as atrações daquele domingo. No cardápio nem tão variado de entretenimento, sobressaem as seções do "cinematogropho", com "soirées diarias", "preços populares" e, exclusivamente no "SMART", a garantia de "projecções firmes e nítidas" em seu "Salão elegante". Aparentemente simpática às atrações, a revista por outro lado não deixa de se posicionar criticamente sobre os eventuais riscos da excessiva exposição da população especialmente ao cinema. O autor lamenta, ao final, que a afluência a espaços como o "Coliseu" tenha implicado o declínio do "theatro da grande arte – do drama e da ópera! Nada mais resiste á contagiosa influencia das FILMS e das cançonetas. Quer-se a arte solerte, bregeira e rápida. A época é dos instantâneos, imagem da vida fugidia. O symbolo do tempo é o relâmpago".

O temor do empobrecimento estético como resultado da excessiva exposição aos "instantâneos", presente em outros textos e publicações, revelam, segundo Rosane Kaminski, os diferentes níveis de percepção e de produção cultural dos curitibanos da *belle époque*. Segundo ela, quando PATHÉ e os editores da "Paraná Moderno" se referem à grande arte, "certamente aí também se observa a influência européia, mas essa referência é clara às produções de uma arte de elite, destinada às minorias, ante-

---

1 PATHÉ. Onde a gente se diverte. *Paraná Moderno*, Curitiba, janeiro de 1911. Anno Segundo, n. 7, p. 4. Revista ilustrada que circulou em Curitiba entre 1910 e 1911, dirigida por Jayme Reis e Romário Martins; de tiragem semanal, com oito páginas por edição, era comercializada ao preço de $200 o número.

rior à popularização de um consumo cultural". A "democratização do acesso à cultura" argumenta, "incorria no rebaixamento do nível de informação e, conseqüentemente, de refinamento estético: os padrões perenes de uma cultura nobre eram substituídos pela imagem fugidia cuja metáfora é o 'relâmpago', representando aquilo que é passageiro e de rápida apreensão".[2] A preocupação não é exclusiva à província. Distante milhares de quilômetros de Curitiba, Kracauer criticava, em texto de 1926, a propensão dos grandes espetáculos cinematográficos berlinenses a reforçar em seu público, de idades, gêneros e classes heterogêneas, "a excitação dos sentidos [que] se sucede sem interrupção, de modo que não haja espaço para a mínima reflexão".[3] O cinema funcionaria como uma espécie de evasão a uma existência cotidiana desprovida de experiências significativas, uma compensação ao tédio – o que explica, ainda segundo Kracauer, sua capacidade de atrair, sem distinção, burocratas de repartições e escritórios públicos e privados e operários de fábrica; homens e mulheres; velhos e jovens, uns e outros carentes da excitação oferecida pela ilusão de realidade das imagens fílmicas.

A aproximar a crítica do historiador e ensaísta alemão e o receio do curitibano que assina PATHÉ, apesar da distância oceânica a separá-los, a percepção de que as imagens cinematográficas, com sua mecanicidade, seu valor de mercado a substituir o valor de culto, seu ritmo intenso, constante e veloz; enfim, que as imagens cinematográficas traziam subjacente o risco do entorpecimento da sensibilidade, da suspensão da apreciação estética e do juízo crítico. Seu caráter alienante aparecia ainda na já observada heterogeneidade de seu público, diverso em suas características e expressivo na quantidade. E para isso foi fundamental a "vocação" industrial e comercial do cinema: a produção fílmica em série; cada filme sendo reproduzido mecanicamente em inúmeras cópias; cada cópia sendo exibida em salas amplas o bastante para acomodarem um número sempre maior de espectadores; cada espectador pagando um preço irrisório para ver desfilar, diante de si, a vida transformada em espetáculo; o espetáculo exibindo um simulacro que ao ampliar as possibilidades do visível, torna a "realidade cinematográfica" mais intensa e excitante que seu referente, a "realidade vivida". Atentos a estas características, os fundadores da revista curitibana "Cinema" assim o definem e a nova publicação em seu editorial de estreia:

---

2 KAMINSKI, Rosane. Gosto brejeiro: as revistas ilustradas e a formação de juízos estéticos em Curitiba (1900-1920). In.: BREPOHL, Marion; CAPRARO, André Mendes; GARRAFFONI, Renata Senna (orgs.). *Sentimentos na história: linguagens, práticas, emoções*. Curitiba: Editora UFPR, 2012.

3 KRACAUER, Siegfried. Culto da distração. In.: *O ornamento da massa*. São Paulo: Cosac Naify, 2009, p. 346.

> Cinema é uma cousa pouco definida pelos diccionarios, mas muito conhecida do publico. É ou deve ser a applicação dos movimentos.
>
> Por isso no Cinema, que ora surge em publico, nós vamos aproveitar todas essas figuras, as mais salientes e mais distinctas, e pôl-as em foco, coordenando os movimentos para uma scena cômica, dramática, trágica ou patética.
>
> (...)
>
> Ora, quem já apresentou uma plataforma assim tão nítida, ao alcance de todas as intelligencias, como ora fazemos? Nem a mensagem do Monsenhor, nem o manifesto Menezes Doria foram assim tão concisos, ou sem os ditos?...
>
> (...)
>
> Aqui os figurantes hão de apparecer a caracter original e legitimo.
>
> Uma secção gentil, ao bello sexo, outra hilariente a infância feliz.
>
> O que for bom, emfim, e o que for útil, para compensar os males da vida, por essas paginas adiante hão de vir, á penna e a lápis.[4]

À época do lançamento da revista, em 1909 o público curitibano, embora já habituado a frequentar as sessões de *films*, tinha com a sétima arte uma relação que valorizava mais seu caráter documental e espetacular que necessariamente estético. Em sua tese de doutorado, o historiador Luis Fernando Lopes Pereira conta da recepção fria que tiveram público e jornalistas locais ao filme de Georges Méliès, "Viagem à lua", exibido em julho de 1905 no Teatro Guayra pela companhia de Eduardo Hervet. Ao filme, hoje clássico, definido pelo comentarista do "*Diário da Tarde*" como "àquella xaropada à lua", a plateia local preferiu as cenas da guerra russo-japonesa,

---

4 CINEMA. *Cinema*. Anno 1, n. 1, 1909, p. 4. Apesar do título, não se tratava de uma revista dedicada ao cinema, mas a "temas banais do cotidiano político e social da cidade". Sua circulação foi breve – oito números entre janeiro e maio de 1909. Com pouco mais de 20 páginas por edição, era vendida a $300 o exemplar. Sobre o nome, me apoio na descrição que fazem dela os responsáveis pelo projeto "Revistas Curitibanas": "O título do periódico é metafórico, pois toma a idéia do cinema no sentido das "vistas", ou seja, registros de flagrantes dos movimentos diários na sociedade, como aquelas amenidades que o público do cinematógrafo via nos *films*. Na capa do primeiro número da revista essa idéia fica explícita através da imagem assinada por Célio: vê-se o interior de um auditório, de frente para a platéia lotada, e a posição do leitor da revista parece ser a do palco (ou da tela na qual se exibirão os *films*). A legenda – "*Está na hora, está na horaaa*" – indica a iminência do início do espetáculo (assim que virarmos a página, a revista mostrará o espetáculo da sociedade na qual o próprio leitor poderá se ver)". Cf.: *Revistas Curitibanas: 1900-1920*. Disponível em: http://www.revistascuritibanas.ufpr.br/ordemalfabetica.php#. Acesso em: 06/2/2012.

exibidas na mesma sessão. Para Lopes Pereira, a explicação é simples: "o público curitibano ainda preferia as cenas externas. O fascínio naquela pequena cidade, que pretendia ser uma metrópole cosmopolita, era pela multidão nas ruas, pelas cenas de carros, trens, bondes, bicicletas ou as muito aclamadas cenas de guerras, navais ou terrestres".[5] Uma curiosidade tecnológica, uma forma de entretenimento cujo objetivo principal não era contar uma história, mas espantar e maravilhar: esta parece ser a definição e a função do cinema tal como percebido pelos curitibanos.

No texto dedicado à reprodutibilidade técnica da obra de arte, o filósofo alemão Walter Benjamin apontava algumas das características que tornavam o cinema, segundo ele, a única forma de arte nascida nas entranhas da modernidade. Ao mesmo tempo, ele é a linguagem por excelência capaz de tecer a narrativa desta mesma modernidade, integrando-se a ela em seu afã pela técnica, do qual não pode prescindir, e pelo movimento contínuo: o ritmo vertiginoso com que são exibidos os fotogramas cria a ilusão de mobilidade, inventa uma nova imagem a cada quadro, obrigando o espectador a uma atenção ao mesmo tempo aguda, constante e dispersa. Não há possibilidade de contemplação, mas o choque e a vertigem provocados pela (ou sensação de) velocidade: "Ela [a imagem] não pode ser fixada, nem como um quadro nem como algo de real. A associação de ideias do espectador é interrompida imediatamente, com a mudança da imagem". Daí porque, ainda segundo Benjamin, o *"cinema é a forma de arte correspondente aos perigos existenciais mais intensos com os quais se confronta o homem contemporâneo"*.[6] Na esteira de outras invenções tecnológicas que corroboram para acelerar o tempo e encurtar distâncias, ou os dois – tais como o avião, o trem e

---

5 PEREIRA, Luis Fernando Lopes. *O espetáculo dos maquinismos modernos – Curitiba na virada do século XIX ao XX*. Tese de doutorado em História (USP), 2002, p. 99. Em um período onde o cinema já havia descoberto e consolidado sua capacidade narrativa, além de meramente documental – tendência, aliás, que já se anunciava delicadamente com *L'Arroseur arrosé*, dos irmãos Lumière, pequeno ensaio cômico datado de 1896. Se na história do cinema coube a Méliès o papel privilegiado de ser um dos primeiros a perceber as possibilidades que a nova tecnologia oferecia, galgando os passos decisivos para a criação de uma efetiva linguagem cinematográfica, ele certamente não estava sozinho. Contemporâneos a *Viagem à lua*, de 1902, por exemplo, são a primeira versão de *Alice no país das maravilhas*, dirigido na Inglaterra por Cecil Hepworth e Percy Stow, e a produção americana *O grande roubo do trem*, de Edwin S. Porter, ambos de 1903. A título de curiosidade: em todas as apresentações em Curitiba, onde ficou de 6 de julho a 5 de agosto, o cinematógrafo do Sr. Hervet lotou o Teatro Guaíra, mas retirou a película de Méliès da programação.

6 BENJAMIN, Walter. A obra de arte na era de sua reprodutibilidade técnica. In.: *Magia e técnica, arte e política. (Obras escolhidas, v.1)*. São Paulo: Brasiliense, 1993, p. 192. Grifos no original. A vinculação entre modernidade e transitoriedade não é nova: ainda no século XIX, Baudelaire a reivindicava como um dos domínios do artista moderno, que tinha entre seus prazeres "escolher domicílio no número, no ondulante, no movimento, no fugidio e no infinito". BAUDELAIRE, Charles. O pintor da vida moderna. In: *A invenção da modernidade (Sobre Arte, Literatura e Música)*. Lisboa: Relógio D'Água, 2006, p. 287.

o automóvel – o cinema exacerba a relação entre o moderno e o transitório. E é bastante significativo, afinal, que a primeira imagem exibida publicamente por um cinematógrafo, tenha sido, justamente, a de um trem em movimento chegando à estação.

⚜

Símbolo e signo da modernidade, portanto, o cinema é também pretexto: o impacto que as exibições do cinematógrafo tiveram na ainda incipiente cultura urbana de Curitiba no começo do século XX e o misto de fascínio e temor que ele provocou, servem como alegorias para discutir alguns aspectos do processo de formação da modernidade curitibana que interessam particularmente a esta tese. E por *modernidade* entendo aqui quatro sentidos distintos, porém complementares, assim definidos por Ben Singer:

> Como um conceito moral e político, a modernidade sugere o "desamparo ideológico" de um mundo pós-sagrado e pós-feudal no qual todas as normas e valores estão sujeitos ao questionamento. Como um conceito cognitivo, a modernidade aponta para o surgimento da racionalidade instrumental como a moldura intelectual por meio da qual o mundo é percebido e construído. Como um conceito socioeconômico, a modernidade designa uma grande quantidade de mudanças tecnológicas e sociais que tomaram a forma nos últimos dois séculos e alcançaram um volume crítico perto do século XIX: industrialização, urbanização e crescimento populacional rápidos; proliferação de novas tecnologias e meios de transporte; saturação do capitalismo avançado; exploração de uma cultura de consumo de massa e assim por diante.

Embora reconheça a pertinência destas significações, é principalmente uma quarta, que o autor chama "concepção neurológica", que me interessa mais sensivelmente. Para Singer, a "modernidade também tem que ser entendida como um registro da experiência subjetiva fundamentalmente distinto, caracterizado pelos choques físicos e perceptivos do ambiente urbano moderno". A concepção neurológica enfatiza a importância de pensar os modos pelos quais aquelas muitas mudanças apontadas acima – morais, políticas, cognitivas, econômicas, tecnológicas, etc... – foram apreendidas, lidas, interpretadas; enfim, "transformaram a estrutura da experiência", mergulhando os indivíduos em um fluxo constante de estímulos sensoriais, um "bombardeio de impressões, choques e sobressaltos": tráfego de veículos, movimento intenso de transeuntes, abundância de informações e estímulos principalmente visuais, o contato, mesmo que transitório, com indivíduos e grupos estranhos e desconhecidos.[7] Por paradoxal que pareça, é deste mundo onde a experiência resulta empobrecida pelo caráter exaurível dos acontecimentos, que o cinema oferece uma fuga reproduzindo, na tela branca, justamente aquilo de que o público pretendeu evadir-se: a realidade como espetáculo ininterrupto, a vida como um filme.

Ora, se registro de novas experiências subjetivas, um dos objetivos deste trabalho é justamente problematizar na capital paranaense a construção de novas sensibilidades, profundamente articuladas à modernidade urbana e seus desdobramentos, que se espalham e são representadas em discursos os mais diversos. E se usei até aqui o cinema como pretexto para tecer, ainda que provisoriamente, um painel algo mais amplo do que tenha sido a formação e experiência da modernidade, é na produção literária, e em sua recepção, que me apoio para pensar sua especificidade em territórios curitibanos. Em suas diferentes formas e expressões, o uso da literatura permite acessar dimensões do passado nem sempre possíveis de serem visitadas e interpretadas por intermédio de outras fontes, notadamente aquelas de caráter mais oficial. Ao captar e significar sensibilidades, costumes e hábitos não facilmente visíveis, ela autoriza uma aproximação com "realidades afetivamente vividas", com modos de ver e sentir que, não raro, escapam a outras formas de discurso. Ela produz sentidos e identidades, organiza e significa o mundo, é parte instituinte daquilo que se define por "realidade" e das maneiras pelas quais essa mesma realidade será lida, interpretada e representada.

Os modos e meios de leitura, portanto, permitem complementar a análise das narrativas, deslocando o olhar de seus conteúdos discursivos para os procedimentos de recepção e interpretação, os muitos usos possíveis do texto, enfim. E assim como em outros contextos, também na *belle époque* curitibana a proliferação da leitura desempenhou papel fundamental na constituição de uma sensibilidade moderna. Estudando a circulação de textos literários ao longo do século XVIII e seu consumo por um público mais amplo, Lynn Hunt observa que a leitura de romances, especialmente, constituiu-se um elemento fundamental nas mudanças sensíveis que culminaram na "invenção dos direitos humanos", ao criar "novas experiências individuais (...) que por sua vez tornaram possíveis novos conceitos sociais e políticos". Partindo de uma formulação de Thomas Jefferson – "a ficção produz um desejo de imitação moral com eficácia maior que a leitura da história" –, Hunt demonstra como, à medida que os dramas íntimos e cotidianos dos personagens ficcionais se aproximam da vida de seus

---

[7] SINGER, Ben. Modernidade, hiperestímulo e o início do sensacionalismo popular. In.: CHARNEY, Leo; SCHWARTZ, Vanessa (orgs.). *O cinema e a invenção da vida moderna*. São Paulo: Cosac & Naify, 2004, p. 95-96.

leitores, em que estes se reconhecem na experiência daqueles, aumentam as noções de integridade corporal e de individualidade em parcelas da sociedade europeia, notadamente a urbana. Uma vez que os valores que norteiam o universo ficcional deslizam e preenchem espaços cada vez mais amplos do "mundo real", eles reforçam a "noção de comunidade baseada em indivíduos autônomos e empáticos que se relacionam com base em valores universais".[8] É a emergência do *outro*, entidade imaginada e ficcional primeiro, mas duplicada e desdobrada em subjetividades e corporeidades "reais".

No primeiro capítulo, "Leitores, leituras: a literatura inventa o urbano", a partir da sugestão de Lynn Hunt persigo alguns dos indícios da recepção e interpretação da cultura moderna e urbana em Curitiba na virada do século XIX ao XX usando como referências parte da produção literária local. Não pretendo fazer uma história da literatura, da leitura ou do impresso, mas tentar demonstrar, a partir da circulação de alguns textos ficcionais – crônicas de revistas, contos e alguns títulos da coleção "Novellas paranaenses" – o papel fundamental que desempenharam – a literatura, a leitura e o impresso – na produção de novas sensibilidades, ambivalentes em sua relação com a modernidade. É que das narrativas literárias emergiam imagens que seduziam pela sua capacidade de representar um mundo de venturas e aventuras, fascinante e radicalmente novo. Mas são também imagens que produzem a sensação de desamparo, fragilidade, pequenez. A fascinação e o horror são ambos, subprodutos da modernidade e da cultura urbana. Se a primeira é expressão principalmente da crença nas possibilidades renovadoras e mesmo criadoras do progresso especialmente tecnológico, da abertura a uma existência pautada pela novidade e a constante transformação; o segundo é vicário de uma existência precária, marcada pela desorientação e a desagregação dos laços sociais e noções tradicionais de "realidade". Marshall Berman definiu com maestria a sensação de "vertigem e terror" de viver em um mundo onde "tudo que é sólido desmancha no ar": "Ser moderno é encontrar-se em um ambiente que promete aventura, poder, alegria, crescimento, autotransformação e transformação das coisas em redor – mas ao mesmo tempo ameaça destruir tudo o que temos, tudo o que sabemos, tudo o que somos".[9]

Paradoxal, a modernidade é responsável pelo prazer da aventura e pela consciência do risco. É este seu caráter ambivalente que está no cerne de falas e práticas apenas aparentemente contrárias. As mesmas páginas que publicam os discursos que traduzem o encantamento provocado pelo desenvolvimento e pelas reformas urbanas, por uma

---

8 HUNT, Lynn. *A invenção dos Direitos Humanos uma história*. São Paulo: Companhia das Letras, 2009, p. 32-50.

9 BERMAN, Marshall. *Tudo que é sólido desmancha no ar: a aventura da modernidade*. São Paulo: Companhia das Letras, 1987, p. 15.

vida citadina mais dinâmica, notadamente na região central, imprimem as escritas que parecem destoar e mesmo desestabilizar aquelas leituras, ressaltando a melancolia e a tristeza da vida nas grandes cidades ou acusando os perigos e riscos da cultura moderna. São principalmente para os novos personagens urbanos – menores carentes, bêbados, jogadores, mendigos, punguistas, prostitutas, seus clientes e os *cáftens* que as exploram – que se voltam os olhares daqueles que sabem que, junto com o progresso, e como parte e produto dele, adentram as fronteiras da cidade toda uma horda de inimigos contra os quais é preciso estar incessantemente vigilante e precavido.

⁂

Ao lançar luz sobre os indivíduos e grupos que habitam os interstícios da cidade, aqueles espaços a que se convencionou chamar "margens"[10], o segundo artigo pode ser lido também como uma espécie de tomada de consciência: doravante, e de maneira cada vez mais incômoda em sua insistente visibilidade, era preciso lidar com personagens que, contingência do progresso e do desenvolvimento, revelavam a face indesejável da modernidade. Parte indissociável do novo mundo que emergia e ao mesmo tempo portador de um elemento diferencial a ressaltar sua estranheza, a um só tempo próximo e distante, portanto, sua presença é motivo de desconforto e tensão ao expor o lado sombrio e obscuro de uma modernidade que se reivindica herdeira das Luzes. Os "inimigos das instituições", se úteis do ponto de vista político ao legitimarem investimentos e ações voltados ao fortalecimento do aparato de segurança do Estado, nem por isso são menos assustadores – aliás, é justamente seu caráter monstruoso, a provocar e produzir medo e horror, o que os torna politicamente úteis e "silenciosamente tolerados".

Não é coincidência ou casualidade que a literatura do século XIX é especialmente pródiga na produção de personagens monstros a denunciar os componentes bárbaros da constituição humana e, por extensão, a precariedade de nossa própria humanização. Da monstruosidade objetivada em personagens não exatamente humanos e de existência relativamente autônoma (tais como a criatura de *Frankenstein*,

---

10 Retomo aqui uma reflexão proposta por Michel Foucault nos anos de 1970, para quem as margens "não são marcadas pela fronteira da exclusão: elas são os espaços discretos e ensurdecidos que permitem ao perfil mais honroso se estender, e à lei mais austera se aplicar". Para o filósofo francês, as "margens" e os "marginais" que as habitam são parte necessária e essencial do que ele chama "teatro da delinquência": "Para que a lei possa valer comodamente em sua violência secreta, para que a ordem possa impor coações, é preciso que haja, não nas fronteiras exteriores, mas no próprio centro do sistema, e como uma espécie de jogo para todas as suas engrenagens, essas zonas de "perigo" que são silenciosamente toleradas, e depois magnificadas pela imprensa, pela literatura policial, pelo cinema". FOUCAULT, Michel. Prefácio (*in* Jackson). In.: *Estratégia, poder-saber. (Ditos & escritos IV)*. Rio de Janeiro: Forense Universitária, 2003, p. 148.

de Mary Shelley, ou *O homem de areia*, de E.T.A Hoffman); passando pela sua apresentação como a outra face do homem e a suspensão da distância entre o "humano" e o "monstro" (a exemplo de *O estranho caso de Dr. Jekyll e Mr. Hyde*, de Robert Louis Stevenson; ou o *Drácula*, de Bram Stoker); culminando nas representações da monstruosidade como impotência ou incapacidade de se internalizar os novos códigos de moralidade e de civilidade que definem a vida moderna e, finalmente, na banalização da anormalidade (com a literatura urbana e policial e os romances ditos naturalistas), uma galeria de personagens bizarros salta das narrativas literárias. Eles reafirmam e ressignificam nas sensibilidades do período, a precariedade de nossa própria condição e a necessidade de se buscar guarida contra as investidas bárbaras que ameaçam as bases da civilização, agora não fora, mas dentro de suas fronteiras.

O segundo capítulo, "Um mundo habitado por monstros", parte uma vez mais da literatura de ficção para chegar a outra, de pretensões científicas: a criminologia. A aproximação entre duas escritas a princípio adversas toma de empréstimo movimento semelhante que faz entre a literatura e o direito François Ost. Ele mostra que apesar das diferenças, irredutíveis algumas, entre a lei e a literatura, esta exerce um papel fundamental na ressignificação daquela, ao significar e instituir novas formas de sensibilidade e de percepção do real. Em síntese, para o jurista francês "é da narrativa que sai o direito", proposição que tomo em um sentido mais liberal ao defender a ideia de que a narrativa atribui sentido, igualmente, ao imaginário e ao discurso que organizarão a então nascente criminologia.[11] Analiso, para tanto, alguns textos que estão na origem da "nova ciência", a começar pelo considerado fundador da criminologia, "O homem delinquente", de Cesare Lombroso, publicado originalmente na Itália, em 1876. A este, somam-se outros títulos do próprio Lombroso e de seus discípulos da chamada "escola italiana", e trabalhos da vertente francesa da criminologia, crítica da perspectiva lombrosiana e liderada pelo médico Alexander Lacassagne. Só foi possível confrontar as duas abordagens graças à coleção dos "Archives de l'Anthropologie Criminelle", disponibilizada integral e digitalmente pelo portal francês "Criminocorpus", mantido pelo Centre National de la Recherche Scientifique (CNRS). Em um segundo momento, visito também a produção criminológica brasileira, tentando problematizar a recepção e as leituras que fizeram da produção europeia, os teóricos nativos.

Em ambas as abordagens, o objetivo não é historiar, mas historicizar a criminologia; dito de outra forma, minha intenção não se resume a simplesmente esmiuçar seu percurso, explorar minuciosamente suas tendências e as muitas desavenças que a cercaram

---

11 OST, François. *Contar a lei: as fontes do imaginário jurídico*. São Leopoldo: Editora Unisinos, 2007, especialmente p. 9-59 e 373-461. A citação está na pág. 24.

– ainda que uma coisa e outra apareçam ao longo do texto. Trata-se, primeiro, de pensar a criminologia como uma nova modalidade de *discurso* e a organização de um novo *saber*. Pensá-la como um novo discurso é buscar compreender seus procedimentos de produção e de controle interno e externo, as condição e possibilidades de sua emergência e, igualmente, os mecanismos de constituição do real que coloca em funcionamento. Mas também, e não menos importante, pensá-lo na sua relação com "as propriedades daquele que o pronuncia e as propriedades da instituição que o autoriza a pronunciá-lo". Mais especificamente, entendo a criminologia como parte da categoria definida pelo sociólogo francês Pierre Bourdieu como "discurso de autoridade", ou seja, como aquele cuja eficácia específica "reside no fato de que não basta que ele seja *compreendido* (em alguns casos, ele pode inclusive não ser compreendido sem perder seu poder), é preciso que ele seja *reconhecido* enquanto tal para que possa exercer seu efeito próprio".[12]

Mas ela é também um novo saber. E ainda que surja da confluência de outros, mais tradicionais ou ao menos consolidados – o direito penal, as ciências sociais, a medicina, a psiquiatria –, nem por isso deixa de reivindicar, como todo saber nascente, sua originalidade e a do seu objeto: a cientificização do crime e da criminalidade pelo deslocamento do estudo sobre o ato – o crime em si – para o sujeito do ato – o criminoso. Na Itália ou na França, onde se desenvolveram as duas principais tendências criminológicas do século XIX, e cujas diferenças serão exploradas adiante, a nova ciência dialoga de maneira estreita com as muitas teorias cientificistas do período na tentativa de oferecer uma explicação – médica, antropológica, sociológica, etc. – ao crime e, notadamente, ao criminoso. Seja como produto de um atavismo a impedir ou atrasar sua evolução, seja herdeiro de um meio promíscuo e degenerado, o criminoso sintetiza, em ambas, o sintoma de uma doença com repercussões em todo o "corpo social". E não é casual o uso crescente do vocabulário médico pelos criminologistas. No cerne da "ciência criminal" está tanto a crítica ao direito na sua acepção clássica e iluminista, como a tentativa de fazer uso da medicina, ou de aspectos dela, na organização de novas práticas punitivas, idealmente menos aflitivas e voltadas, em sua ortopedia pedagógica, à regeneração do criminoso.

Sob diferentes aspectos, a criminologia revela o alcance inesperado e incontrolável das mudanças advindas com a modernidade. Se o crescente processo de individualização e diferenciação é uma das marcas das sociedades urbanas do século XIX, estabelece-se uma descontinuidade em relação à cultura e os modos de vida "pré-modernos", proliferando relações que determinam não apenas uma diversidade de estilos

---

[12] BOURDIEU, Pierre. *A economia das trocas lingüísticas: o que falar quer dizer*. São Paulo: Edusp, 1998, p. 90-91. Grifos no original.

de vida, mas inúmeras possibilidades de combinações entre eles. O mundo moderno põe em circulação elementos que favorecem a emergência de novas significações e sociabilidades, mas leva, igualmente, a um controle cada vez mais restrito dos instintos e dos afetos. Em diferentes trabalhos, Norbert Elias mostrou os desdobramentos deste processo nas sociedades contemporâneas: uma crescente necessidade, por parte dos indivíduos, de preservação, de ocultarem dos outros em suas interações cotidianas não apenas manifestações corporais mais espontâneas, mas demonstrações de afetividade: medos, alegrias, desejos. Produz-se assim, diz Elias, a sensação enganosa de um "eu" interior, pura subjetividade, cindido do mundo exterior, apartado dele por um "muro invisível".[13] Como desdobramentos ético e político desta cisão, desta interioridade fechada ao mundo exterior, há uma crescente incapacidade de comunicar e intercambiar experiências, decorrência do esgarçamento dos laços sociais. O outro é não apenas o estranho, mas uma ameaça a ser evitada, contida e, se necessário, eliminada.

Mas o controle é também externo, e revela uma segunda ambivalência da modernidade: o mesmo período comumente caracterizado pela ideia de vertigem e aventura, de emancipação e abertura da existência a novas e virtualmente inesgotáveis possibilidades e combinações – sociais, políticas, morais, estéticas, etc... – é também aquele que testemunha o aparecimento de inovadores e pretensamente mais eficazes procedimentos de controle. Tentar acompanhar a emergência e implantação destas novas tecnologias é o segundo objetivo da pesquisa, que vai ao encontro do primeiro e o complementa. Assim, se inicialmente busco compreender a constituição de novas formas de sensibilidade e suas representações em alguns discursos, me interessa perceber de que maneira estas mudanças sensíveis se articulam, informam e estimulam, enfim, transformações no mundo prático, notadamente nos chamados dispositivos de poder.

Os capítulos três e quatro – respectivamente, "Modelos e experiências: a polícia entre a ciência e a rua" e "Identificar é mais que reconhecer" – procuram apreender este processo em suas muitas implicações. O argumento central é tomado de empréstimo a Zygmunt Bauman.[14] Em seu estudo sobre a constituição da chamada "modernidade sólida", ele afirma que *pari passu* à percepção da cultura moderna como

---

13 ELIAS, Norbert. A individualização no processo social. In. *A sociedade dos indivíduos*. Rio de Janeiro: Jorge Zahar, 1994, p. 102-125.

14 BAUMAN, Zygmunt. *Modernidade e ambivalência*. Rio de Janeiro: Jorge Zahar, 1999, especialmente p. 62-84 e 171-206.

ambiente de experimentação e trânsito, crescem as demandas por controle e por uma presença mais efetiva do Estado na vida pública. A ordem e o caos, afirma, são os gêmeos modernos por excelência, a primeira impondo-se ante a ameaça do segundo. A leitura que Bauman propõe da modernidade acentua seu caráter excludente e segregacionista, ao mesmo tempo em que acusa o medo como sentimento e experiência fundamentais no ambiente especialmente das grandes cidades. Vive-se um permanente sentimento de ambivalência ante a ameaça, real ou virtual, de um sítio às fronteiras do mundo civilizado.[15] Diferente dos cercos bárbaros da antiguidade, no entanto, a ameaça é interna, ela espreita desde dentro, mistura-se, dilui-se, joga o jogo da invisibilidade e do anonimato cujas regras são dadas pelo ambiente urbano.

A ambivalência moderna produz como contrapartida a necessidade de dar ao mundo uma estrutura estável, torná-lo previsível e controlável. A produção da ordem torna-se então uma das tarefas da modernidade, e ao Estado e suas instituições principalmente jurídicas e policiais, cabe desdobrá-la em uma miríade de procedimentos que pela lei ou pela técnica, objetivam dividir, classificar e segregar indivíduos e grupos considerados nocivos. Não se trata de eliminar a ambivalência, mas de nomear e tornar visível o inimigo, de "traçar linhas divisórias entre o normal e o anormal, o ordenado e o caótico, o sadio e o doente, o racional e o louco (...). Traçar essas linhas é dominar; é a dominação que usa as máscaras da norma ou da saúde, que ora aparece como razão, ora como sanidade, ora como a lei e a ordem".[16] Esta politização da vida não se limita aqueles espaços que se convencionou chamar "públicos". Se a tradição iluminista e liberal traçou mais claramente os contornos entre as esferas pública e privada, delimitando suas fronteiras e papéis – ainda que, obviamente, fronteiras e papéis caracterizados por uma certa mobilidade e mutação –, esta mesma tradição tratou de embaralhar e confundir essas linhas demarcatórias. À medida que se consolida e se refina o policiamento da cidade, há um deslocamento em direção aos espaços considerados privados, visando a instituição de normas comuns de habitação, educa-

---

15 Talvez a ideia de "angústia", tal como definida por Jean Delumeau, seja um pouco mais precisa para os fins desta discussão, que "medo". Para o historiador francês, há diferenças nas maneiras de sentir uma coisa e outra, ainda que suas manifestações exteriores muitas vezes se confundam. Segundo Delumeau, "o temor, o espanto, o pavor, o terror dizem respeito ao medo; a inquietação, a ansiedade, a melancolia, à angústia. O primeiro refere-se ao conhecido; a segunda, ao desconhecido. O medo tem um objeto determinado ao qual se pode fazer frente. A angústia não o tem e é vivida como uma espera dolorosa diante de um perigo tanto mais temível quanto menos claramente identificado: é um sentimento global de insegurança". Me arrisco a afirmar que este "sentimento global de insegurança" está mais próximo da experiência dos homens e mulheres do período aqui estudado, que o medo em seu sentido mais estrito. Cf.: DELUMEAU, Jean. *História do medo no Ocidente: 1300-1800, uma cidade sitiada*. São Paulo: Companhia das Letras, 1993, p. 25.

16 BAUMAN, Zygmunt, p. 185.

ção, saúde e higiene, mas também a homogeneização de hábitos, comportamentos, costumes e valores. Deslocamento, portanto, que resulta na politização também do espaço doméstico, tornado lugar "das invasões mais intricadas da história", segundo Bhabha, para quem o ambiente doméstico, redesenhado pela modernidade, torna-se igualmente "espaço das modernas técnicas normalizantes, pastoralizantes e individualizantes do poder e da polícia modernos: o pessoal-é-o político, o mundo-*na*-casa".[17]

O tema da segurança está também no centro das preocupações das elites curitibanas, que reivindicavam maiores investimentos em um aparato condizente com sua condição de capital do estado, capaz de conter os riscos inerentes ao crescimento e desenvolvimento da cidade. A necessidade de uma polícia mais moderna e um policiamento mais ostensivo, no entanto, se revela uma empreitada mais ingrata que o esperado. São inúmeras as contradições enfrentadas pelas autoridades locais na árdua e sempre inconclusa tarefa de modernizar a polícia da capital, não apenas aumentando seu efetivo, mas também equipando-a e tornando-a mais diligente. Estas dificuldades aparecem nos relatórios dos secretários dos Negócios de Interior, Justiça e Instrução Pública e dos chefes de polícia, e eventualmente nas mensagens presidenciais, além da imprensa periódica, em especial os jornais, críticos contundentes da fragilidade do aparato policial e voz sempre alerta. A este quadro algo desordenado analisado no primeiro tópico do capítulo três, um segundo é esboçado a partir do aparecimento de um conjunto de ações que objetivam reforçar o policiamento. São novas unidades e delegacias, além da revisão ou redação de regimentos e regulamentos que procuram estabelecer novos critérios de ação policial. Ainda que não se possa falar no pleno êxito destas ações, elas sinalizam um esforço no sentido de contornar ou ao menos minimizar as dificuldades na manutenção da ordem e da segurança públicas e as críticas que elas engendram.

Os percalços não impedem investimentos e avanços que sinalizam a possibilidade de um domínio mais ativo dos espaços e da população. A criação em abril de 1905 do Gabinete Antropométrico – depois renomeado Gabinete de Identificação – e anos depois, em 1928, de uma Delegacia de Costumes, são empreendimentos que embora separados por mais de duas décadas, cumprem funções radicalmente simétricas. No capítulo quatro, retorno brevemente à produção criminológica europeia buscando apreender de que maneira dois problemas – a multidão e a identificação criminal – foram abordados. Mas são as políticas adotadas no Paraná que me interessam especialmente. Uma vez mais me vali de documentos oficiais, principalmente regulamentos e relatórios dos chefes de polícia e seus subordinados diretos, na tentativa de apreender e explicar a instalação e funcionamento de duas instituições que reputo

---

[17] BHABHA, Homi K. *O local da cultura*. Belo Horizonte: Editora UFMG, 1998, p. 30-32.

complementares, o Gabinete de Identificação e a delegacia de Costumes. Juntas e articuladas, elas mapeiam e atribuem visibilidade aos territórios de fronteira – casas de jogos e pontos de prostituição, por exemplo – fornecendo os instrumentos técnicos para que se delineiem novas políticas de controle da delinquência e da criminalidade. O objetivo, além de apreendê-las nas suas filigranas, é instituir e consolidar tanto uma taxionomia como uma fisiognomia do delinquente e do criminoso.

&

Comentando as formas e ritos de punição que se constituíram e adensaram histórica e culturalmente, Lévi-Strauss ressalta o profundo contraste entre a tradição de algumas sociedades tribais e os costumes ocidentais. Segundo ele, há dois tipos fundamentais de sociedade, com procedimentos fortemente distintos em sua organização institucional e ritual e em sua estrutura simbólica. Há aquelas que, contra os membros da comunidade considerados culpados de algum delito, praticam a antropofagia, "que enxergam na absorção de certos indivíduos detentores de forças tremendas o único meio de neutralizá-las, e até de se beneficiarem com elas". A estas sociedades, contrapõe os costumes judiciários e penitenciários do Ocidente, que chama de "*antropemia* (do grego *emein*, "vomitar")": "colocadas diante do mesmo problema, elas [as sociedades ocidentais] escolheram a solução inversa, que consiste em expulsar esses seres tremendos para fora do corpo social, mantendo-os temporária ou definitivamente isolados, sem contato com a humanidade, em estabelecimentos destinados a este fim".[18] Além da exclusão, as políticas de aprisionamento resultam na crescente infantilização do culpado. Privado de vínculos sociais, controlado e tutelado cotidianamente, submetido a regras de conduta draconianas, o prisioneiro se vê não apenas privado de laços sociais, aliás fundamentais à sua almejada re-socialização, mas também de sua *maioridade*, naquela acepção kantiana do termo: a condição que confere ao indivíduo a possibilidade de agir com responsabilidade, liberdade e autonomia.

Menciono Kant, ainda que de passagem, porque o lugar do delito e do direito de punir foi uma das preocupações centrais do Iluminismo. E da articulação entre o racionalismo liberal-iluminista e o ideal de penitência cristã surgiram as primeiras experiências e modelos baseados no "humanitarismo penitenciário", já nos primeiros anos do século XIX. Ainda que criticados, às vezes duramente, nas décadas seguintes, estes modelos não sucumbiram completamente: revisados e atualizados, seus princípios fundamentais, tais como a disciplina e a vigilância, continuaram a informar

---
[18] LÉVI-STRAUSS, Claude. *Tristes trópicos*. São Paulo: Companhia das Letras, 1996, p. 366.

discursos e práticas ao longo do oitocentos. A preocupação com as políticas penais não esmoreceu, antes se aprofundou na modernidade. Ela forneceu aos teóricos da punição não apenas novos e interessantes instrumentos de reflexão, mas todo um ambiente propício à aplicação das novas descobertas. Com seus cortiços e toda sorte de delinquentes e criminosos a circular por ela, a cidade se viu transformada em um verdadeiro espaço de experimentações, um laboratório a céu aberto. E enquanto alguns saberes pretendem dela uma leitura mecânica, impondo-lhe – ou tentando impor – uma ordenação matemática em que prevalece a racionalização do espaço, com suas regularidades e repetições, outros visam um gerenciamento não propriamente do espaço, mas dos indivíduos que por ele circulam. E o bom governo da população inclui dispor dos instrumentos necessários para, em nome do bem comum e da defesa social, tanto retirar das ruas aqueles que representam algum risco, como neutralizar o perigo antes de devolvê-los ao meio social.

É o nascimento da penalogia, ou "ciência penitenciária", objeto do quinto capítulo, "A ciência pensa a pena". Bebendo diretamente na fonte da criminologia, de onde em parte deriva, a penalogia construiu seu objeto criticando os equívocos e limites dos modelos penitenciários em voga, considerados incapazes, em seu idealismo, de devolver o criminoso ao meio social sem que ele continuasse a representar uma ameaça. Mas ela expandiu sua reflexão ao tornar a pena privativa da liberdade "centro irradiador do sistema penitenciário", nas palavras de Michelle Perrot, assumindo uma "tripla função: punir, defender a sociedade isolando o malfeitor para evitar o contágio do mal e inspirando o temor ao seu destino, corrigir o culpado para reintegrá-lo à sociedade, *no nível social que lhe é próprio*".[19] Tornada, portanto, elemento central do complexo edifício penal do século XIX, a prisão sustenta e reproduz uma dialética de *exclusão* e *inclusão*, num jogo de tensões permanente, fundamental para a compreensão da lógica que a justifica e legitima: a condição para *incluir* quem se considera uma ameaça é, antes, sua *exclusão* do convívio social; *excluído*, porque sequestrado e encarcerado, sua *inclusão* à ordem social está condicionada à observância das regras e procedimentos prisionais, mas também aos muitos olhares – jurídicos e médicos, principalmente – doravante responsáveis pela apreciação de sua conduta e grau de periculosidade.

Em um segundo momento, o capítulo procura avaliar a recepção e repercussão da penalogia no Brasil. Como na criminologia, a reflexão acerca do "problema penitenciário" ganha novos contornos após a República, com o Estado desempenhando papel cada vez mais central nas tentativas de modernização do regime penitenciário.

---

19 PERROT, Michelle. Delinquência e sistema penitenciário na França no século XIX. In: *Os excluídos da história: operários, mulheres e prisioneiros*. Rio de Janeiro: Paz e Terra, 1988, p. 262. Grifos no original.

Embora cercado de controvérsias, o Código Penal de 1890 apontará algumas novas possibilidades e em certa medida, alguns dos projetos governamentais implementados naqueles anos visaram suprir parte das lacunas na legislação, apontadas por seus críticos. Este esforço coincidirá com a ressignificação da noção de cidadania pelo novo regime; e é interessante observar que o movimento que redefine o conceito é o mesmo que "impunha um tipo de identidade particular desviante e diretamente administrada pelo aparato penal do Estado, fora do sistema de direito e do pacto social contratual"; característica, aliás, que o Brasil compartilha com os demais Estados modernos. Na lógica estatal binária e maniqueísta, "a categoria do 'delinquente' (...) que deveria ser segregada e afastada da sociedade, em grau e em intervalo variáveis, bem como submetida a uma disciplina quase privada, seria imposta como identidade aqueles que seriam assim desprovidos do *status* de cidadão".[20] Apesar das diferenças entre o contexto europeu e brasileiro, há inúmeros elementos comuns nos debates sobre a natureza e a importância da penitenciária. Em ambos, ela se destaca pela importância que lhe é atribuída – lugar de punição, trabalho árduo, educação moralizante, disciplina férrea, sociabilidades vigiadas, de muitos silêncios e poucas palavras –, mas também pela incômoda constatação de que não importam os modelos defendidos e seu pretenso grau de cientificidade, ela está sempre em falta, incapaz de atingir plenamente o que se espera dela.

No Paraná, depois da tentativa fracassada de edificar uma penitenciária "ao estilo panóptico" no apagar das luzes do Segundo Império, quase três décadas seriam necessárias até que se efetivasse a construção da primeira instituição penal do estado. Fundada em 1909, a Penitenciária do Ahu surge como expressão de uma vontade política de assegurar, por seu intermédio, não apenas um meio de punição e regeneração de criminosos; mas também o ingresso de Curitiba no rol das cidades equipadas para combater os males da "morbidez social" com as armas da modernidade e da civilização. Ela é também uma resposta das elites políticas locais a uma crescente visibilidade, especialmente nos jornais que circulavam pela cidade, do crime e da criminalidade, visibilidade que justifica a demanda por um aparato institucional condizente com o crescimento de Curitiba e seu *status* de capital, conquistado há pouco mais de meio século. O modelo de Auburn, adotado pelas autoridades, pretendia reforçar o caráter "científico" da nova instituição e suas intenções mais regeneradoras que meramente punitivas.

Se o processo que culmina com o nascimento da Penitenciária do Ahu é, além de longo, por vezes tortuoso, não o é menos sua infância. O sexto e último capítulo,

---

20 DOMINGUES, José Maurício. *Interpretando a modernidade: imaginário e instituições*. Rio de Janeiro: FGV, 2002, pp. 100-101.

"Um bom estímulo a regeneração", procura acompanhar parte deste percurso, interpretando os debates e os arranjos políticos e administrativos do período imediatamente anterior a sua criação, presentes em mensagens governamentais, relatórios de secretários, chefes de polícia e em artigos publicados nos jornais *Diário da Tarde* e *A República*. Exaltada como um "atestado vivo de progresso", o regimento que serve como diretriz para o seu funcionamento cotidiano é o exemplo daquele poder que Foucault chamou de microfísico. Circular e operatório, a disciplina emerge nele como um elemento que, a um só tempo, em uma mesma relação e mecanismo, torna o corpo não apenas mais obediente ou sujeitado, mas também mais hábil e útil. Trata-se, em outras palavras, de compor forças para obter um "aparelho" mais forte e eficiente, em termos econômicos e de utilidade; mas também, em termos políticos, mais dócil e dominado – ou seja, de reduzir a "força política" do corpo e maximizar sua "força útil".[21] Os relatórios oficiais, especialmente aqueles escritos pelo primeiro diretor do presídio, o major Ascânio Ferreira de Abreu, nos anos inaugurais da instituição, reforçam esta impressão.

Uma leitura atenta de outras fontes, e mesmo dos relatórios da direção posteriores principalmente a primeira década de sua existência, revela no entanto uma faceta mais problemática e contraditória do Ahu. Se reclamações mais ou menos pontuais e reivindicações por melhorias, especialmente no que tange à ampliação de seu espaço físico, aparecem em praticamente toda a documentação oficial, o teor do discurso muda e o tom algo prosaico dos primeiros relatórios cede lugar a um conteúdo em que são ressaltados, mais e mais, os muitos problemas já nem tão pontuais, e que vão da crescente superlotação às condições insalubres do terreno e do prédio, passando pela segurança precária e a carência de vagas nas oficinas. Tais queixas ganham importância à medida que as deficiências apontadas colocam em xeque o caráter civilizatório da pena e, por extensão, comprometem o papel fundamental que ela desempenha na defesa social contra a ameaça, igualmente crescente, da barbárie da violência e do crime.

A percepção de que o cotidiano dentro dos muros da prisão não era pautado exatamente pela ordem e a disciplina é reforçada pela leitura dos livros de registros de presos. Disponíveis no Setor Histórico da Penitenciária Central do Estado (PCE), em Piraquara, responsável pela guarda e preservação da documentação proveniente do Ahu, trata-se de um vasto e riquíssimo acervo ainda não explorado pelos pesquisadores e ao qual tive acesso privilegiado. Neles eram anotados pormenores, detalhes da vida prisional sequer mencionados nos relatórios anuais. E o que se descortina é um universo onde conflitos e punições eram rotina: brigas entre presos e de presos

---

21 FOUCAULT, Michel. *Vigiar e punir: história da violência nas prisões*. Petrópolis: Vozes, 1987, pp. 125-130.

com as autoridades carcerárias (diretor, guardas, mestres e professores), consumo de bebidas alcoólicas, jogos de azar, prática de "atos imorais", fugas ou tentativas de fuga, internamentos no hospício e até suicídios. No caso das infrações, a punição era quase sempre a solitária, por períodos de tempo variados, com ou sem restrição alimentar, dependendo da gravidade da falta. Sob a perspectiva da direção e dos funcionários, notadamente os guardas responsáveis pela disciplina interna, a punição era um meio de restituir o controle momentaneamente perdido quando da transgressão, reinscrevendo o preso na ordem totalitária da prisão. Para os presos, no entanto, o direito de punir era a "mistura" em um cardápio cotidiano de violências as mais diversas.

A parte final da tese se debruça sobre o evento que encerra de maneira trágica o que defini, ainda há pouco, de "infância" do Ahu: a rebelião que em uma manhã de domingo, dia 17 de maio de 1931, culminou com a morte de três guardas e dois sentenciados, além de outros 10 evadidos, a maioria deles capturados nos dias que se seguiram a revolta. Sobre a revolta, amplamente noticiada pelos jornais *Gazeta do Povo* e *O Dia*, à exceção do interventor federal Mário Tourinho, que alude rapidamente a ela em mensagem dirigida à Getúlio Vargas, nada encontrei na documentação oficial – ou talvez fosse mais justo dizer, sobre ela não encontrei documentação oficial: os relatórios do chefe de polícia e do diretor Ascânio de Abreu não foram encontrados, assim como as páginas correspondentes aos líderes da rebelião, Rodolpho Kindermann e João Papst, nos livros de matrícula da Penitenciária do Ahu.

A inexistência destas fontes limitou a leitura da insurreição ao que dela se disse na imprensa, e a vasta cobertura permite extrair dos acontecimentos algumas conclusões, principalmente que as razões alegadas para justificar a sua eclosão – as condições degradantes da prisão e os maus tratos a que os presos eram constantemente submetidos –, comprometem irremediavelmente o projeto acalentado inicialmente, ao expor as contradições e lançar luz sobre a precariedade de uma instituição tida, até então, como modelo. Mas não é só. Pela primeira vez em pouco mais de duas décadas, vozes não autorizadas ecoaram fora dos muros, ainda que intermediadas pelo discurso jornalístico, historicamente sempre mais próximo e disposto a reproduzir e legitimar as falas oficiais. Mais que um gesto desvairado e inconsequente, a rebelião se configura um instrumento de denúncia e reivindicação, de pressão interna por meio da exposição externa das mazelas da instituição penal, sua precariedade e as profundas contradições que a atravessam.

Historiador apenas recentemente disponível aos leitores brasileiros, o francês Dominique Kalifa propõe em diferentes textos o que defino aqui como uma *história cultural do crime*.[22] Algumas possibilidades abertas por esta premissa me interessam particularmente e tentei articulá-las ao longo deste trabalho. Primeiro, se fenômeno cultural, o crime e sua percepção podem ser apreendidos também naqueles discursos que escapam à esfera estritamente jurídica e penal. Trata-se, portanto, de pensá-lo como uma construção cultural, apreensível por discursos os mais diversos – tais como a literatura e a imprensa –, além daqueles de caráter mais oficial. A articulação destas diferentes fontes permite acompanhar mesmo que precariamente as maneiras como figuras, nomes, imagens, lugares foram mapeados, identificados e organizados, contribuindo para a construção de um imaginário do crime e, principalmente, de um sentimento de insegurança que definiram parte da experiência da modernidade.[23]

O conceito de cultura é utilizado aqui nas suas acepções antropológica e histórica: se as sociedades humanas são essencialmente culturais, e se a cultura é aquilo que nos define, um entendimento da sua dinâmica não pode prescindir de pensá-la imersa em redes complexas de relações. Ou seja, ainda que os fenômenos e construtos culturais muitas vezes pautem ou expressem escolhas e condutas individuais, eles só podem ser apreendidos e compreendidos se flagrados em seu caráter social e histórico. Trata-se, portanto, de pensar a cultura como uma teia de significados construída pelo homem no *tempo*, que por meio de regras, normas, práticas e valores significam, organizam e autorizam a vida social. E se uma de suas funções é *desnaturalizar* nossa existência, ela se define igualmente pela sua capacidade de instituir e dar sentido a um conjunto de mecanismos de controle e governo do comportamento humano.

---

22 Cf.: KALIFA, Dominique. Enquête judiciaire, littérature et imaginaire social au XIXe siècle. In.: FARCY, Jean-Claude; KALIFA, Dominique; LUC, Jean-Noël (dir.). *L'enquête judiciaire en Europe au XIXe siècle*. Paris: Creaphis, 2007; *Crime et culture au XIXe siècle*. Paris: Academique Perrin, 2004; Usages du faux. Faits divers et romans criminels au XIXe siècle. *Annales. Histoire, Sciences Sociales*. 54e Année, n. 6, 1999, p. 1345-1362; *L'encre et le sang - Recits de crimes et societe a la Belle Époque*. Paris: Fayard, 1995.

23 Embora trate de outro contexto histórico, o século XX, a reflexão proposta por Robert Castel acerca do "sentimento de insegurança" serve aos meus propósitos. Se uma das características das sociedades urbanas é a promoção do indivíduo, diz, o mesmo movimento que o valoriza promove sua vulnerabilidade, expondo sua fragilidade e mesmo sua impotência diante de um mundo complexo e repleto de riscos que ele, a princípio, não controla. O sentimento de insegurança, portanto, "não é exatamente proporcional aos perigos reais que ameaçam a população. É antes o efeito de um desnível entre uma expectativa socialmente construída de proteções e as capacidades efetivas de uma determinada sociedade de colocá-las em prática. A insegurança, em suma, é em grande parte o reverso da medalha de uma sociedade de segurança". Cf.: CASTEL, Robert. *A insegurança social: o que é ser protegido?* Petrópolis: Vozes, 2005, p. 9.

O que sugere sua compreensão como uma via de mão dupla: se são os homens e mulheres quem a produzem, esta não existiria sem aqueles mas, igualmente, nossa própria *humanidade*, pensada como experiência que se constituiu temporal e, portanto, historicamente, seria inviável sem ela. Afirmar que a cultura é uma construção humana, é levar em conta o quanto as nossas condutas e existência são a um só tempo autorizadas e limitadas, governadas por artefatos, ritos, convenções, valores e normas culturalmente produzidos e socialmente instituídos.

Este entendimento recente do conceito de cultura responde em grande medida aos novos anseios surgidos com a modernidade. Ao estudar a sociedade inglesa do século XIX e parte do XX, Raymond Williams afirma que das palavras-chave – indústria, democracia, classe, arte e cultura – que emergem ressignificadas como definidoras da realidade de que fez o parto a Revolução Industrial, é a última a mais complexa e abrangente, porque se interessava e procurava explicar os "novos tipos de relacionamento pessoal e social". Ela é uma reação às novas dinâmicas políticas e sociais oriundas tanto da consolidação da democracia moderna, com sua tendência mesmo que relativa a ampliar o espaço público e a participação política, como da nova sociedade de classes que surge do processo de industrialização, uma coisa e outra imbricando-se profundamente.[24] No que diz respeito ao objeto específico de interesse desta pesquisa, os processos culturais criaram o vocabulário que nomeou – ou tentou nomear – os personagens que adentravam à cena e forneceram os conceitos que atribuíram sentido aos novos e contraditórios sentimentos próprios à vida moderna e urbana, notadamente o medo – ou a angústia – e a sensação permanente de insegurança.

Por outro lado, foram estes sentimentos que objetivados em práticas sociais forjaram igualmente parte do ambiente e das condições onde se ressignificaram as próprias noções de crime e de criminoso. Mais especificamente: o afrouxamento dos laços sociais é parte constituinte fundamental da atmosfera moderna que produziu a sensação de isolamento e insegurança, constantemente estimulada por uma gama de discursos e imagens – a crônica e a literatura policiais, a pintura, a fotografia e, já no começo do século XX, o cinema. O criminoso ocupa, neste emaranhado de novas relações e representações, um lugar privilegiado. Sua singularidade reside na capacidade de a um só tempo radicalizar uma diferença irredutível frente às normas e convenções sociais e de ameaçar desde dentro as já frágeis estruturas que sustentam uma sociedade em permanente mutação. A este duplo perigo, reagiu-se estabelecendo simbolicamente uma diferença e distância irredutíveis entre o "nós" e o "outro", o familiar e o estranho, por meio de um conjunto de sinais

---

[24] WILLIAMS, Raymond. *Cultura e sociedade: de Coleridge a Orwell*. Petrópolis: Vozes, 2011, p. 15-21.

principalmente biológicos que exteriorizam e traduzem, no corpo do criminoso, estigmas sociais e culturais. Para o criminólogo norueguês Nils Christie é esta distância socialmente instituída a condição primeira a partir de onde se inicia "um longo processo de atribuir significado a estes atos [os crimes]. (…) A distância aumenta a tendência de atribuir a certos atos o significado de crimes, e às pessoas o simples atributo de criminosas".[25] A *antropemia* – para voltar uma vez mais a Lévi-Strauss – oferece uma alternativa de reparação ao mesmo tempo jurídica, social e simbólica. Jurídica, porque idealmente restaura a norma e reafirma a autoridade da lei, corrompidas ambas pelo ato criminoso; social, porque o encarceramento funciona como uma espécie de defesa da sociedade contra a ameaça representada pelo criminoso; e simbólica, porque a pretensão à homogeneização, predicado das instituições asilares e das prisões particularmente, é em parte uma resposta a incômoda particularização expressa pelo gesto desviante.

※

A cidade de Curitiba viveu sua própria experiência de modernidade. Tardia, periférica e mesmo precária, se confrontada com o processo de modernização tal como vivenciado em outras cidades e capitais mundo afora. Mas sua especificidade será mais expressiva quanto maior for sua capacidade de revelar as intrincadas e complexas relações da experiência local com as múltiplas linhas de temporalidade que dão sentido à própria modernidade. Analisando o conceito de "anacronismo" e sua relação com a história, Jacques Rancière afirma que fazer história ou, mais precisamente, fazer aparecer as condições de historicidade de um objeto, implica uma busca constante pela inteligibilidade daquilo que é pertinente aos indivíduos em tempos e espaços historicamente determinados; mas igualmente fundamental é "conectar essa linha de temporalidade com outras, pela multiplicidade de linhas de temporalidades

---

25 CHRISTIE, Nils. *A indústria do controle do crime: a caminho dos GULAGs em estilo ocidental*. Rio de Janeiro: Forense, 1998, p. 13. Em um diálogo com a tradição interacionista, e especialmente com o antropólogo americano Howard Becker, o sociólogo carioca Edmundo Campos Coelho entende o desvio e a marginalização como produto de um empreendimento moral, burocrático, pedagógico e, no caso brasileiro de maneira bastante sensível, também jurídico e policial. Uma coisa e outra – e o crime por decorrência – não são signos de uma qualidade que reside no comportamento, mas da interação entre a pessoa que comete um ato e aquelas que reagem a ele. No Brasil particularmente, ele identifica um duplo processo, que chama de *marginalização da criminalidade* e *criminalização da marginalidade*, mais especificamente: os meios pelos quais se impõe a certos comportamentos maiores oportunidades de serem praticados e realizados por tipos marginais ou marginalizados e, complementando-o, os mecanismos e procedimentos que tornam maiores as chances de marginais e marginalizados cometerem crimes. Cf.: COELHO, Edmundo Campos. A criminalização da marginalidade e a marginalização da criminalidade. In: *A oficina do diabo e outros estudos sobre criminalidade*. Rio de Janeiro: Record, 2005, p. 255-288.

presentes em "um" tempo". Para Rancière, "é através desses direcionamentos, desses saltos, dessas conexões que existe um poder de "fazer" a história. A multiplicidade das linhas de temporalidades, dos sentidos mesmo de tempo incluídos em um "mesmo" tempo, é condição do agir histórico".[26]

Uma das aspirações desta pesquisa foi justamente perseguir essas "linhas de temporalidade", valendo-me do fio de Ariadne para sair e voltar a Curitiba, ponto de partida e chegada, com relativas liberdade e segurança. Interessava-me compreender os mecanismos pelos quais ideias, saberes, discursos e práticas foram transmitidos e circularam de um lugar a outro para serem apropriados, interpretados e adensados à capital paranaense, informando novas percepções da realidade, ensejando novas sensibilidades, orientando escolhas políticas, etc... Não menos importante foi a intenção de apreender nestas transferências significados distintos, porém complementares, articulados ao pretérito do objeto e ao presente do historiador. No passado, as muitas ideias importadas da cultura europeia, contribuíram para a construção de uma auto-imagem de Curitiba por parcela expressiva dos curitibanos; eles tendiam a ver sua cidade igualando-a e à experiência de viver nela, ao frenesi moderno que lhes chegava por meio de um sem número de informações: cosmopolita, dinâmica, intensa e ameaçadora na mesma proporção, a "cidade real" e a "cidade imaginada" sobrepõem-se, constituem uma unidade indivisível.

Mas contar a história desta experiência pressupõe distanciar o passado do presente e buscar naquele as marcas de uma alteridade que escapou inclusive – e eu diria: principalmente – aos seus contemporâneos. É seguir os rastros que deixam perceber as modificações, às vezes sutis, daquelas mesmas ideias uma vez incorporadas a outros contextos temporais e espaciais. Falando das transformações culturais em processos imigratórios, a antropóloga Manuela Carneiro da Cunha chama de "cultura de contraste" o processo pelo qual os valores de um grupo étnico se transformam em situações de diáspora ou de intenso contato. Segundo ela, não se trata apenas de perda, mas de um processo de mestiçagem que produz, pelo hibridismo, algo diverso do original, ainda que dele se mantenha legatário.[27] O que defendo e tento demonstrar ao longo do trabalho é que processo semelhante acontece com a transferência de ideias, conceitos e valores. E que contar a história de uma cidade é apreender e compreender, para além de suas fronteiras espaciais e recortes político-administrativos, as

---

26 RANCIÈRE, Jacques. O conceito de anacronismo e a verdade do historiador. In: SALOMON, Marlon (org.). *História, verdade e tempo*. Chapecó: Argos, 2011, p. 21-49. As citações estão, respectivamente, nas págs. 47 e 49.

27 CUNHA, Manuela Carneiro da. *Antropologia do Brasil*. São Paulo: Brasiliense/Edusp, 1986, pp. 88-108.

muitas práticas e experiências que a constituem e a sua história. E como parte de sua trajetória, aquilo que a torna única e universal, indissociavelmente.

Capítulo I

Leitores, leituras: a literatura inventa o urbano

> Estamos en la ciudad, no podemos salir de ella
> sin caer en otra, idéntica aunque sea distinta.
>
> *Octavio Paz*

O lugar do livro e da leitura no mundo moderno foi profundamente alterado ao longo do processo de consolidação da modernidade. Segundo a historiadora americana Lynn Hunt, a circulação mais intensa de textos literários ainda no século XVIII, tais como novelas e romances, bem como seu consumo por um público leitor mais amplo, contribuiu de forma significativa para a formação de uma nova sensibilidade, moderna e urbana. Para Fredric Jameson, a consolidação e proliferação de uma indústria e de um mercado editoriais, já no século XIX, não impactaram apenas as relações entre o escritor, agentes, editores e livreiros. Com a relativa democratização do acesso a leitura, a visão e percepção de mundo passam a ser mediadas cada vez mais pela palavra impressa, que adquire importância significativa em diferentes camadas da sociedade.[1] A percepção do outro – muitas vezes para temê-lo –, construída ou ao menos ressignificada no contato com as narrativas literárias, é um dos desdobramentos mais significativos dessas mudanças.

No Brasil, ainda que um pouco mais tardiamente – final do século XIX e começo do XX, durante a chamada Primeira República – a relação entre literatura, mer-

---

1 JAMESON, Fredric. *O inconsciente político: a narrativa como ato socialmente simbólico*. São Paulo: Ática, 1992, p. 213-216.

cado e público leitor passou por alterações semelhantes. Vários trabalhos já apontaram as diferentes facetas destas mudanças e seus desdobramentos não só econômicos e tecnológicos, mas também sociais e culturais. Momento de mudanças intensas e de economia pujante, o período redesenhou também boa parte do mapa urbano curitibano: investimentos públicos modernizaram principalmente o centro da capital e regiões adjacentes; um expressivo aumento populacional consolidou a heterogeneidade demográfica que se anunciava desde algumas décadas; um leque mais diversificado de opções de lazer dinamizaram o cotidiano citadino, especialmente naquelas camadas médias, cujo acesso à cidade e seus espaços era franqueado pelo seu poder aquisitivo.

A produção literária curitibana foi observadora privilegiada deste período. Neste capítulo, a intenção é tentar mostrar o quanto a literatura contribuiu para forjar, na Curitiba da *belle époque*, novas maneiras de olhar, pensar e sentir a cidade. Como fontes privilegiadas, um grupo de crônicas publicadas em algumas das revistas que circularam na cidade na passagem entre os séculos XIX e XX, e quatro dos sete títulos que compuseram a coleção "A Novella Mensal" – rebatizada no terceiro número para "A Novella Paranaense". Alguns objetivos se desdobram daquele primeiro. Primeiramente, vislumbrar, ainda que rapidamente, o crescimento e afirmação de um mercado editorial na capital paranaense, com suas ramificações econômicas e profissionais. O aumento no número de casas editoriais e livrarias, por exemplo, mas principalmente a circulação de profissionais, tais como tipógrafos, editores e, claro, autores, são alguns dos aspectos abordados.

O crescimento do mercado editorial significou igualmente um incremento no público leitor. Ainda que não se possa falar de um acesso amplo, geral e irrestrito ao mundo dos livros e da leitura, é certo que um número mais expressivo de curitibanos passou a ver em ambos não apenas uma opção de entretenimento, mas um meio por onde informar-se acerca da cidade e dos inúmeros contextos aos quais ela se articulava. Se ela desempenhou, portanto, um papel importante na formação de uma nova visão de mundo, mediando a relação dos leitores com seu meio e "realidade", cabe apreender por quais mecanismos o consumo de textos literários corroborou para a produção de uma sensibilidade mais atenta aos perigos e contradições da modernidade. Afinal, se a cultura moderna ensejou inéditas e mais intensas formas de experimentação, se tornou a existência mais venturosa e aventurosa, ela igualmente aumentou a sensação de impotência, de fragilidade e de precariedade diante de novas e desconhecidas ameaças. E se o medo é parte integrante da modernidade, não foi diferente em Curitiba: ele serviu para mediar a relação de parte dos curitibanos com sua cidade, uma cidade que crescia, mudava e se modernizava; como no poema de Octavio Paz, uma cidade idêntica, ainda que distinta.

Práticas de leitura e sensibilidade urbana

A experiência da modernidade é essencialmente urbana. Razão pela qual a cidade constituiu-se, principalmente ao longo do século XIX, paisagem privilegiada da vida moderna. Cenário de experiências, palco de inflexões, a cidade do século XIX é o espaço por excelência da realização da utopia moderna: ela representa, a um só tempo, a possibilidade de desnaturalização e de fabricação da vida. De um lado, símbolo da vitória da técnica e da ciência, ela é, além da realização de um projeto racional, espaço de construção de uma utopia cuja síntese seja, talvez, as pretensões de ordenação espacial e a busca da higiene – física e moral – que perpassam os discursos e as práticas dos planejadores urbanos. Por outro, construtora de novas sensibilidades, ela é o emblema da capacidade humana de sobrepujar-se à natureza, fazendo avançar o progresso e a história e deixando, na sua passagem, um rastro de destruição e ruínas sobre as quais se erigiram a cultura e a civilização coevas.

Mas qual o sentido – quais os sentidos – da cidade moderna e o que nela há de novidade se tomada como parâmetro a sua congênere "pré-moderna"? Se ela não é mera continuidade, o que a caracteriza como um acontecimento capaz de estabelecer, em relação aquele espaço, seu caráter de descontinuidade? Em primeiro lugar, há o seu crescimento vertiginoso em alguns países e regiões da Europa, principalmente a partir dos anos de 1840, crescimento que resulta do impulso capitalista e industrial que reordena parte do Velho Mundo, tanto geográfica quanto demograficamente. Segundo, há uma ressignificação das suas funções, profundamente atreladas, desde então, ao seu caráter comercial e produtivo, gerador de riquezas e de capital – ao ponto de podermos afirmar, a partir de Weber, que elas desempenharam um papel centrípeto no que tange a vida econômica de boa parte das sociedades européias oitocentistas. Enfim, há o impacto na vida cultural e a emergência, a partir da experiência do "viver na cidade", de novas sensibilidades definidoras, elas próprias, da *modernidade*.

Um dos primeiros pensadores a apontar o impacto das mudanças urbanas nas sensibilidades de seus contemporâneos, o sociólogo Georg Simmel já refletia, em fins do século XIX, acerca da emergência de novos hábitos e costumes a partir da consolidação do fenômeno da metrópole. De acordo com Simmel, a vivência do homem urbano moderno implica a formação de uma nova percepção de si e do outro, um redimensionamento do olhar diante de uma multidão que se apresenta sem rosto, desprovida de identidade, a um só tempo sedutora e ameaçadora. A experiência da *foule*, anotou, acentua no indivíduo sentimentos por vezes contraditórios, mas sempre complementares. A atitude *blasé*, que o sociólogo alemão aponta como característica privilegiada da vida nas metrópoles modernas, resulta da "reivindicação que faz o indivíduo de preservar a autonomia e a individualidade de sua existência" frente às pressões intensas, a "intensificação dos estímulos nervosos" a que é diariamente submetido, e que afetam suas estruturas física e psíquica. Reivindicação contraditória, se não mesmo paradoxal, porque é próprio da vida urbana a aceleração e multiplicação do tempo e das experiências que resultam, ainda de acordo com Simmel, na "incapacidade de reagir a novas sensações com a energia apropriada".[2] Sob esta perspectiva, a vida na cidade seria uma das, se não a principal produtora de uma nova atitude mental, que eu me permito interpretar não apenas como um novo imaginário, mas também como novas sensibilidades que se traduzem em inéditas atitudes e códigos de conduta, em novos *habitus*, enfim.

Os *insights* seminais de Simmel foram lidos com atenção e inspiraram em grande medida o trabalho de um seu conterrâneo, Walter Benjamin, que no já clássico trabalho sobre a poesia de Baudelaire como paradigma da Paris "capital do século XIX", atenta para o fato de que "o herói é o verdadeiro objeto da modernidade. Isso significa que, para viver na modernidade, é preciso uma constituição heróica". Um heroísmo que é condição de sobrevivência às pressões da vida moderna, "desproporcionais às forças humanas". "Compreende-se", de acordo ainda com Benjamin, "que ele [o homem] se vá enfraquecendo e busque refúgio na morte".[3] Este heroísmo que é também, paradoxalmente, expressão de uma impotência, resulta em parte da descontinuidade que se estabelece em relação à cultura e os modos de vida "pré-modernos", proliferando relações que determinam não apenas uma diversidade de estilos de vida, mas inúmeras possibilidades de combinações entre eles. O mundo moderno põe em circulação elementos culturais que favorecem a emergência de novas significações e sociabilidades. Um dos desdobramentos mais visíveis dessa condição é o descentramento das referências e identidades, inscritas em um ritmo alucinante e lancinante em que nada, nem ninguém, são suficientemente fixos ou estáveis.

E se a modernidade é essencialmente urbana, não nos é estranho que boa parte da literatura contemporânea seja, ela própria, não apenas produzida *na*, mas *a partir* da cidade, erigida muitas vezes à condição de personagem, mais que de simples cenário. Certamente esta relação, íntima, entre a literatura e o urbano não é casual. Desde a produção e circulação das ideias, textos e livros é nela que se encontram as condições favoráveis ao fomento das invenções literárias: editoras, livrarias, bibliotecas, museus, revistas, etc... É nela também que os ambientes intelectuais e culturais aparecem como mais propícios ao debate e a criatividade, individual ou coletiva: as

---

[2] SIMMEL, Georg. A metrópole e a vida mental. In.: VELHO, Otávio Guilherme (org.). *O fenômeno urbano*. Rio de Janeiro: Zahar Editores, 1976, p. 11-25.

[3] BENJAMIN, Walter. *Charles Baudelaire: um lírico no auge do capitalismo (Obras escolhidas, v. III)*. São Paulo: Brasiliense, 1989, p. 73-74.

universidades, centros de cultura, cinemas, teatros e cafés, entre outros espaços, permitem e estimulam o fluxo constante de ideias, o diálogo entre diferentes línguas e culturas e a ampliação das fronteiras das experiências e experimentos estéticos.

Ora, uma escrita cujo objetivo é apreender e significar um fenômeno plural e complexo como a cidade precisa, também ela, tornar-se dinâmica, diversa, mais plural e complexa. Assim, se o século XVI viu nascer o romance moderno, com o *Don Quixote* de Cervantes, o XIX assistiu sua consolidação e o nascimento de outros gêneros literários, em grande medida frutos da popularização da imprensa. Foram os jornais, aliás, os responsáveis por criar e banalizar um novo gênero, o folhetim, que nas entrelinhas de sua escrita previsível e teatral nos permite ler os detalhes, nuances, personagens e mistérios das grandes metrópoles européias. De suas páginas saltava um ambiente que escapava a qualquer pretensão de racionalização e planejamento; cenário intenso, conflituoso e contraditório, a *urbs* da ficção folhetinesca é mais que pretexto, ela é a principal personagem desta escrita que respira e vive a cidade, ao mesmo tempo que lhe dá forma e vida – e cuja síntese, emblemática, é o romance "Os mistérios de Paris", de Eugene Sue, publicado originalmente no *Le Journal des Débats* ao longo de mais de um ano – junho de 1842 a outubro de 1843.

Contemporâneas à popularização do romance-folhetim, há aquelas obras que beberam em outras fontes e circularam por outros meios e espaços, também fundamentais para se entender o imaginário forjado a partir da experiência urbana moderna – seja ela a Londres das narrativas de Dickens, ou a Paris dos romances de Zola e da poesia de Baudelaire. E se estes autores a abordam de maneira direta, em Edgar Allan Poe ela será sempre uma presença intensa, mas quase sempre latente. Uma das exceções é justamente o conto "O homem da multidão", que incorpora em poucas páginas os medos e inquietações característicos de seus coetâneos diante do ambiente caótico e labiríntico em que haviam se transformado os grandes centros urbanos – ou pelo menos como eles eram representados a partir de um certo imaginário, que os associavam ao perigo e à instabilidade. Nestes discursos, não raro o ambiente citadino aparecia como desprovido de segurança e sempre ameaçador; nele prevaleciam as paixões irracionais de uma multidão anônima e aterrorizante a habitar as suas vielas, becos e demais reentrâncias.

Contra uma multidão que aparece homogênea, sem rosto, indefinida, é preciso acionar um olhar capaz de re-ordenar o espaço e identificar em meio à massa as individualidades perigosas, cuja existência ameaça a ordem. Não é gratuito que a crônica e a ficção policial venham à luz neste ambiente, parte daquele aparato discursivo responsável, segundo Foucault, pela "produção da delinqüência" e pelo desenvolvimento de uma "tática de confusão" que tinha por intuito criar um estado de conflito cotidiano e permanente. As "histórias de crimes" apresentavam a delinquência como algo ao mesmo tempo familiar e estranho, uma ameaça constante e cotidiana, daí a rápida popularidade adquirida pelas narrativas policiais, que sintetizavam na figura do detetive tanto o medo do caos e do estranho, quanto a urgência de tudo ver, reconhecer e ordenar – ou seja, o desejo da ordem.

A palavra escrita e impressa – policial ou não – tornou-se assim, ao longo do século XIX, elemento fundamental na tentativa de homens e mulheres de significarem, darem um sentido às mudanças tão intensamente experimentadas naquele período. E neste redemoinho de palavras que procuravam, a seu modo, organizar a cidade – quando na verdade, o que mais faziam era perder-se nela – a literatura ocupa um papel central. Assim como hoje voltamos a ela para vislumbrar aspectos do passado que não nos chegam por outras fontes e discursos, também os escritores e leitores pretéritos usavam da prosa e do verso para expressar sua inquietação e seu fascínio, seu encantamento e seu tremor diante da avalanche de novas sensações produzidas pela vivência diária em um mundo onde tudo o que era sólido, desmanchava-se no ar.

Daí também que, em grande medida, a cidade que emerge de entre as páginas dos livros, revistas e jornais "aparece mais como metáfora do que como lugar físico".[4] É que a intenção não é tanto ordenar e planejar o espaço "real" – responsabilidade do Estado e tarefa de engenheiros, arquitetos e urbanistas – mas ordená-lo, significá-lo no interior de uma geografia outra, simbólica e imaginária. Trata-se, em suma, de construir um significado mais ou menos comum a uma gama de experiências dispersas e conflitantes, solitariamente vividas. Ao representar o urbano, a literatura forja um espaço no interior do qual é possível, sem renunciar à solidão, compartilhar e comunicar a experiência. Trata-se, então, de pensar a vida urbana moderna não como a produtora de um novo espaço público mas, principalmente, como aquela que a um só tempo inventou e intensificou a vida privada, apresentando aquele como instável e ameaçador e transferindo para esta "o significado da vida individual", bem como os novos padrões para se avaliar o que constitui, efetivamente, os sentidos possíveis da experiência, empobrecida com a modernidade.[5] Nesse universo em mutação, a literatura ocupa lugar fundamental e mesmo anterior às chamadas "artes mecânicas", tais como o cinema, no processo de significação do urbano. Mas ao fazê-lo, ela não se limita a "refletir" ou "reproduzir" a realidade a qual se refere; a narrativa literária, mais

---

4 BRADBURY, Malcom. As cidades do modernismo. In.: BRADBURY, Malcom; McFARLANE, James (orgs.). *Modernismo – guia geral 1890-1930*. São Paulo: Companhia das Letras, 1989, p. 77.

5 MORETTI, Franco. *Signos e estilos da modernidade – ensaios sobre a sociologia das formas literárias*. Rio de Janeiro: Civilização Brasileira, 2007, p. 152.

que informar, cria e produz a cidade. Se a literatura moderna é uma "arte das cidades", ela certamente não a encontrou pronta; foi preciso, do verbo, inventá-la.

※

A partir principalmente da segunda metade do XIX, a maior facilidade de acesso a leitura, fruto do aumento no número de bibliotecas públicas, mas também do relativo barateamento dos livros, redimensiona o seu lugar nas sociedades urbanas europeias. Mudam também os modos de ler, com o declínio da leitura coletiva, feita em voz alta, paulatinamente substituída pela leitura silenciosa, embora nem sempre solitária, de livros, certamente, mas também de revistas e jornais. Que ela tenha, aos poucos, se tornado um hábito se não necessariamente universal, mas ao menos mais comum, valorizado mesmo entreos estratos mais baixos da população, chamou a atenção de escritores, preocupados não tanto com o acesso algo mais democrático à leitura – um direito que mesmo os mais aristocráticos entre eles consideravam necessário de ser estendido às classes menos abastadas – mas com o conteúdo do que se lia. Ao menos na França, segundo Auerbach, o debate adquiriu feições de polêmica, opondo defensores da *haute littérature* e da nascente, mas já expressiva, literatura de massa.

Entre os primeiros, reconhecia-se a importância de inserir as classes populares no universo da literatura e da leitura, acompanhando assim as grandes mudanças experimentadas em outros âmbitos – a afirmação da democracia, a consolidação do liberalismo, a universalização de direitos, a ascensão das massas à condição de sujeito político. Por outro lado acusa-se em parte deste público, aí inclusos os leitores burgueses, o apego a "um gosto estragado e corrompido, de preferir falsos valores, pseudo-refinamento, obscenidade, de ler como passatempo confortável e soporífero livros que acabam bem e não colocam ao leitor problemas sérios". Em oposição à vulgarização do gosto, do entorpecimento da sensibilidade literária, muitos escritores reafirmam o papel da literatura, notadamente do romance, de ser "a forma séria, apaixonada, viva do estudo literário e da pesquisa social", de escrever o que Edmond e Jules Goncourt definiram, em 1864, no prefácio ao romance "Germinie Lacerteux", uma "história moral contemporânea".[6] Os irmãos Goncourt não estavam sozinhos. Publicado alguns anos depois, em 1880, o ensaio "O senso do real", de Emile Zola, defende premissas muito próximas aquelas que aparecem no prefácio-manifesto dos Goncourt. Para o autor de "Nana" e "A besta humana", a imaginação, outrora atributo

---

[6] AUERBACH, Erich. *Mimesis: a representação da realidade na literatura Ocidental*. São Paulo: Perspectiva, 1998, p. 443-450.

essencial, "já não é a qualidade mestra do romancista". O declínio da imaginação se deve a importância que a voga naturalista, do qual Zola é um dos principais expoentes, dá a capacidade do autor de observar e analisar sua realidade. A invenção é apenas a ponta do drama, a delinear o plano geral da obra; o restante, a estrutura mesmo do romance, pode prescindir da imaginação, porque a própria realidade, os fatos, fornecem o material de que se serve o escritor para erigir sua trama. "Todos os esforços do escritor tendem a ocultar o imaginário sob o real", realidade que o romancista acessava por meio de documentos os mais diversos, além de sua própria capacidade de observação. É o olhar informado e atento, disposto a ver para além do universo fantasmagórico da imaginação ou mesmo da memória, portanto, que produz o que Zola define como o "senso do real", "sentir a natureza e representá-la tal como ela é".[7]

Para além das vinculações amplamente conhecidas de Zola com o discurso científico de seu tempo e da influência do positivismo em sua obra, perpassa em seu ensaio crítico uma preocupação pedagógica. Se a leitura de romances tornou-se um hábito entre seus contemporâneos, é preciso discutir o conteúdo e a qualidade do que se lê, já que a leitura desempenha um papel importante na formação moral e na percepção que tem da realidade um número cada vez mais expressivo de indivíduos. É esta mesma preocupação que orienta o ensaio de Émile Faguet, *A arte de ler*, publicado originalmente no início do século XX. Os caminhos trilhados pelo crítico e ensaísta francês, no entanto, são um pouco distintos dos de Zola. Para Faguet, não se vai ao livro com um propósito único, e para cada leitor e intenção há de se definir uma maneira de ler: a leitura lenta e atenta de quem pretende, com os livros, instruir-se, contrasta com a mais ligeira e desinteressada de quem vai às estantes de bibliotecas e livrarias em busca do devaneio. A estes últimos leitores, ele dedica um capítulo inteiro de seu ensaio, ensinando-lhes e valorizando a arte de ler o que define como "livros de sentimento", que ocupam um lugar distinto dos "livros de ideias". Estes almejam apresentar hipóteses acerca da realidade, de investigar e analisar os grandes dilemas e temas humanos sob prismas históricos, sociológicos, filosóficos, etc... São romances de tese, que transcendem o mero propósito de entreter. Naqueles o propósito é outro. O autor de livros sentimentais é "um semeador de sentimentos, como o filósofo é um semeador de ideias", afirma. Lê-los, portanto, pressupõem um estado de *abandono*, semelhante a embriaguez, a um só "tempo uma perda e um aumento de nossa personalidade". Deste estado hipnótico o leitor retorna, encerrada a leitura, aberto a novas percepções e experiências. Por um momento, defende Faguet, ele pode viver vidas que não a sua e experimentar emoções e sentimentos que, por meio da ficção, ampliaram e complexificaram tanto a sua subje-

---

[7] ZOLA, Emile. O senso do real. In: *Do romance*. São Paulo: Edusp/Imaginário, 1995, p. 23-30.

tividade, quanto sua compreensão e apreensão do mundo. Ao contrário do alheamento da realidade temido pelos Goncourt e por Zola, trata-se segundo Faguet de

> ver no romance [de sentimentos] aquilo que se viu na vida, mas vê-lo de maneira mais clara e definida. (...) A leitura é, assim, feita do que sabemos, do que aprendemos e do que só não aprendemos porque já sabíamos e do que sabemos melhor agora porque acabamos de reaprendê-lo. Passamos, assim, da realidade à ficção, e a ficção só tem valor para nós se a nossos próprios olhos ela está impregnada pela realidade, e a realidade nos é mais interessante quando a ela voltamos depois de ter atravessado a ficção por ela impregnada.[8]

Nem tão distante de Zola e dos naturalistas, portanto, Faguet defende o profundo imbricamento da literatura com a realidade. Diferente deles, no entanto, tal relação não se dá por meio de um mimetismo que faria da literatura uma espécie de espelho que refletiria o "real" por meio da observação e da análise amparadas em pressupostos objetivos e científicos. Talvez sem pretendê-lo diretamente, Faguet devolve ao texto literário seu caráter de representação, ou seja, de mediador e intérprete da realidade, ressignificando-a porque a amplia e a seu entendimento, para além dos limites mais estritamente racionais pretendidos pelos defensores de uma estética naturalista – e a rigor, mesma esta nunca escapou completamente à imaginação e a invenção, por maior que fosse o desejo de seus autores de se aterem aos "fatos" objetivamente demonstrados, comprovados e documentados. Assim, a *literatura*, e o gesto que a significa e completa, a *leitura*, contribuíram de maneira fundamental para a constituição de novas estruturas de sentimento, definidoras e reguladoras de novas configurações mentais, de novas percepções de mundo, de novos *habitus* e sensibilidades. Diante de um mundo frágil e precário, mas ao mesmo tempo rico em promessas e possibilidades, elas permitem apreender os sentimentos contraditórios e as experiências complexas que eles ensejaram. Experiências que, respeitadas as proporções e especificidades, não foi privilégio exclusivo dos habitantes das grandes metrópoles europeias. E mais uma vez a literatura desempenha papel fundamental: ela não apenas contribuiu decisivamente para a formação de uma sensibilidade moderna e urbana, mas permitiu, pela leitura, que esta mesma sensibilidade aspirasse e ascendesse à universalidade.

---

8 FAGUET, Émile. *A arte de ler*. São Paulo: Casa da Palavra, 2009, p. 25-42. A citação está na p. 28.

Crônicas de uma cidade estranha

E como essas experiências foram vividas em uma cidade – Curitiba – que, capital de um recém-criado estado, mal ultrapassara, ao final do século XIX, a marca dos 50 mil habitantes?[9] Certamente, não se trata de compará-la às grandes metrópoles européias. Por outro lado, independente do seu caráter provinciano, as experiências sensíveis de que trato aqui não são quantificáveis: não há como medir estatística e objetivamente a maneira pela qual determinados grupos e indivíduos vivenciam a experiência da mudança e as sensações contraditórias e intensas produzidas em um espaço cujo sentido, afinal, não se encerra em alguma noção precária de "realidade". Trocando em miúdos, para além dos investimentos públicos na *modernização* urbana, interessa-me pensar, a partir de um certo discurso – o da literatura – e de um tempo específico – a chamada *belle époque* –, de que maneira a cidade foi produzida e inventada, tornada *moderna*. Em suma, se entre a "cidade real" e a "imaginada" – ou entre a "física" e a "simbólica", – não existe uma dicotomia, mas sobreposições e coexistências, minha intenção é pensar a partir de que relações uma ordena, significa, atribui sentido a outra – e vice-versa – bem como diferentes formas de percepção destas mudanças, que cooperam para a formação de uma nova sensibilidade, moderna e urbana, perceptível principalmente a partir dos textos literários que circulavam pela capital paranaense.

A lista de títulos que se debruçaram sobre o período da Primeira República em Curitiba é bastante significativa. Em que pese abordagens, fontes e métodos de análise distintos, eles parecem ter em comum a noção de que viver em Curitiba na virada do século "implicava em tomar contato com novas experiências que se apresentavam e com expectativas que se projetavam de um grau de civilização desejado".[10] Trata-se, segundo esta historiografia, de um período intenso, marcado por transformações de toda ordem – das materiais às sensíveis – e de forte diversidade cultural e intelectual. No que tange mais especificamente à produção literária, parece haver um acordo em relação a pelo menos três fatores. Primeiro, que a intensa criação e movimentação letrada e livresca verificada nos primeiros anos do século XX vinha sendo gestada pelo menos desde duas ou três décadas antes, com a chamada "geração simbolista". Segundo, que tanto para os

---

9   Tornada capital em 1853, quando da emancipação da Província do Paraná, em 1900, a população de Curitiba era de 50.124 habitantes, e a do Paraná, 327.136 habitantes. O número, modesto, ganha outro significado se visto em retrospectiva: apenas dez anos antes, a capital tinha pouco mais de 24 mil habitantes – ou seja, em apenas uma década, sua população mais que dobrou. Cf. BONI, Maria Ignês Mancini de. *O espetáculo visto do alto – vigilância e punição em Curitiba (1890-1920)*. Curitiba: Aos Quatro Ventos, 1998, p. 11

10 BERBERI, Elizabete. *Impressões - a modernidade através das crônicas no início do século em Curitiba*. Curitiba: Aos Quatro Ventos, 1998, p. 1.

simbolistas quanto para o grupo que o sucedeu, é praticamente impossível circunscrever a produção literária a apenas um ou dois nomes – ainda que, numa geração e em outra, alguns tenham se destacado mais que outros. Tratava-se, grosso modo, de uma produção inserida em uma rede de relações ampla, seja no que diz respeito ao número de autores que assinaram textos os mais diversos – de poemas a manifestos, passando por crônicas, contos e novelas –, seja nos espaços ocupados por estes mesmos atores, que eram tudo ao mesmo tempo agora: escritores, poetas, cronistas, jornalistas, editores, professores, polemistas, agitadores culturais, etc...[11] Terceiro, que o esforço dos intelectuais e escritores locais produziu, pelo menos durante um período, uma comunidade de leitores expressiva o suficiente para justificar e sustentar um mercado editorial constituído de bibliotecas, livrarias, agremiações literárias, jornais, revistas e, claro, livros. Dito de outro modo, "essa expansão possibilitou que, em primeiro lugar, a leitura fosse *ampliada* para um número maior de pessoas que se alfabetizaram e, em segundo, que essas leituras fossem diversificadas entre essas pessoas, assumindo um caráter *extensivo*, ou seja, o farto material de leitura disponível, possibilitava que as leituras fossem feitas poucas vezes, podendo passar-se para outras leituras disponíveis".[12]

  A estas características, eu enfatizaria outra que, embora presente nos estudos sobre a literatura do período, me parece ainda não suficientemente explorada: uma atenção sensível às mudanças ocorridas no espaço público, às tensões e contradições que tal esfera comporta, bem como as possibilidades abertas, por esta literatura, à uma reflexão sobre a constituição de novos sentidos e sensibilidades. Se desde o ponto de vista do poder público e das novas elites urbanas, econômicas ou não, era preciso construir uma capital condizente com sua condição pretensamente moderna e cosmopolita, nada mais coerente que novas sociabilidades, bem como novos hábitos, costumes e padrões de comportamento acompanhassem aquelas transformações. E tanto a *literatura* quanto a *leitura* ocupam aí um papel central, entre outras coisas porque seu cultivo denota a emergência de uma sensibilidade mais afinada com noções europeias de civilidade e progresso. Mas não é só. Escrever é interpretar e dar

---

11 Para Silvia Mello, há uma profunda imbricação entre a difusão da escrita por meio do aumento no número de periódicos, principalmente, e a perda do quase monopólio da palavra impressa pelo governo e seus veículos. "Tais publicações", afirma, "expressavam um desvio na utilização da palavra escrita: ela, que nos primeiros tempos provinciais ocupava-se dos assuntos de governo, estando circunscrita à esfera administrativa e aos homens com cargos públicos, circulava em novos domínios. Não mais restrita ao trato de assuntos governamentais, através de relatórios, correspondências, leis ou decretos, mas imiscuindo-se no que se referia à cultura, às artes e à ciência". MELLO, Silvia Gomes Bento de. *Esses moços do Paraná... Livre circulação da palavra nos albores da República*. Tese de Doutorado em História – UFSC, 2008, p. 117.

12 DENIPOTI, Cláudio. *A sedução da leitura – livros, leitores e história cultural – Paraná (1880-1930)*. Tese de Doutorado em História – UFPR, 1998, p. 12.

forma, pela ficção, a sentimentos, percepções, desejos e medos muitas vezes dispersos e difusos; é acolhê-los no interior de um discurso que, ao significá-los, torna legível a cidade, desenha sua fisiognomia.

A proliferação de títulos periódicos no Paraná – incluindo jornais e revistas – e notadamente em Curitiba durante a *belle époque*, é um indicativo da importância do impresso na consolidação dos novos hábitos e de uma cultura urbana e moderna. Somente nas duas últimas décadas do XIX, cerca de 160 novos títulos surgiram na capital, com periodicidade e duração variáveis. Para efeito de comparação, nos primeiros vinte anos após a instalação da província, apenas 10 novos periódicos foram publicados.[13] Tal incremento não é apenas quantitativo nem pode ser entendido se tomado isoladamente. Por um lado, como bem observou Claudio Denipoti, há uma profunda transformação – "quase instauração", ele diz – técnica que alterou de maneira bastante expressiva as condições de produção de jornais e revistas no estado, notadamente em Curitiba. Com a importação de novos maquinários, o ritmo da produção aos poucos se tornou mais dinâmico, industrial. O desenvolvimento técnico não se consolidaria se não fosse acompanhado por outra mudança, igualmente fundamental. Desde a década de 1880 – período que coincide com a expansão econômica da Província, a girar em torno à atividade ervateira e do comércio do gado –, tipógrafos, litógrafos e encadernadores europeus passaram a emprestar sua perícia e experiência na produção de títulos mais modernos do ponto de vista visual, lançando mão de recursos antes parcamente conhecidos, tais como a policromia e a litografia. Não apenas o comércio, mas os ambientes por onde circulavam os livros e seus leitores, também se dinamizaram. No primeiro caso, o número de livrarias na capital é

---

13 MELLO, Silvia Gomes Bento de, p. 115. Em crônica publicada na revista "O Paraná", o cronista que assina Aristarcho, faz uma divertida analogia entre sapos e jornalistas para caracterizar o crescimento de Curitiba. Se a antiga e acanhada cidade era caracterizada pela abundância de sapos, a "civilização" e o "progresso" substituíram aqueles pela fartura de jornais e jornalistas, afirma: "Por toda a parte jornaes e revistas; nos cafés, nos engraxates, nas vendas de fructas, nas calçadas de ruas mais populosas, fieiras seguram toneladas de diários, semanários, quinzenarios, annuarios e seculares (...). Que se proclame agora que nossa terra não é mais a cidade saporifica de outrora; que é essencialmente a cidade jornalifera (...)." Cf. ARISTARCHO. Momento crítico. *O Paraná*, Curitiba, 20 mai. 1911. Ano VI, n. 48.
Na França do mesmo período, a importância e o significativo aumento no número de títulos de jornais e revistas voltados a um público leitor mais amplo apontam, de acordo com Mollier, para o surgimento de uma "cultura midiática" que antecede em décadas o aparecimento do rádio e da televisão, usualmente apontados como os responsáveis pela consolidação de uma "cultura de massas". Para o historiador francês, que fala de uma "revolução cultural silenciosa", trata-se de uma mudança profundamente articulada às transformações urbanas experimentadas a partir nas últimas décadas do século XIX. Cf.: MOLLIER, Jean-Yves. O surgimento da cultura midiática na *Belle Époque*: a instalação de estruturas de divulgação de massa. In.: *A leitura e seu público no mundo contemporâneo: ensaios sobre história cultural*. Belo Horizonte: Autêntica, 2008, p. 175-190.

um indicativo do estatuto que a leitura havia adquirido entre setores da população: entre meados dos anos de 1880 e 1920 abriram em Curitiba 13 livrarias. Se algumas tiveram existência efêmera, outras funcionaram durante um bom punhado de anos e chegaram a ter filiais espalhadas em diferentes cidades do estado, caso das livrarias Econômica e Impressora, além da Livraria e Papelaria João Haupt, última das casas livreiras deste período ainda em funcionamento.[14]

O incremento dos meios tipográficos, resultado de uma dinâmica bastante complexa portanto, contribuiu para a consolidação de uma cultura literária que não se resumiu à importação, circulação e comentário de textos estrangeiros. Ela se desdobra em um esforço expressivo por instituir localmente um "mercado de bens simbólicos", no dizer de Bourdieu[15], constituído por clubes, academias, editoras, livreiros, autores e, claro, leitores, que tomassem como objeto de interesse a vida pública curitibana, sua paisagem, personagens, dilemas e possibilidades.[16] A mediar esta leitura da cidade, sob certo aspecto erigida a condição de personagem, o acelerado processo de modernização e o seu impacto nos hábitos e na cultura dos curitibanos.

É nas páginas das revistas que começam a circular já nos derradeiros anos do XIX que encontramos muitas das manifestações acerca do impacto da modernidade na formação destas novas sensibilidades. O número de títulos é significativo: foram

---

14 O comércio de livros não era a única atividade das livrarias do período. Segundo Claudio Denipoti, "além dos serviços tipográficos que caracterizavam todas as livrarias estudadas (...) elas trabalhavam com uma variedade de produtos e serviços, a começar por aqueles diretamente relacionados com o negócio tipográfico, como a encadernação, a pautação e a fabricação de livros em branco, tão necessários aos sistemas organizacionais, contábeis e burocráticos da era anterior à eletrônica. Além disso, nas livrarias, o comum dos cidadãos poderia encomendar carimbos de borracha e encontrar cartões postais, uma das vogas de então (...) assinar jornais de todo o país e do exterior, sem falar nos objetos de escritório e material escolar, amplamente anunciados". As livrarias comercializavam ainda "partituras, cordas para violino e outros", além de "material fotográfico, como câmeras e emulsões para revelação, material para pintura e desenho". Em alguns casos o ecletismo, uma alternativa à sustentabilidade financeira do negócio, beirava as raias da descaracterização, como é o caso da "Casa das Novidades", verdadeiro "santuário dos artefatos maquínicos": além de livros, eram comercializados no local de gramofones a motocicletas. Cf.: DENIPOTI, Claudio, p. 61-77.

15 BOURDIEU, Pierre. Gostos de classe e estilos de vida. In. ORTIZ, Renato (org.). *Pierre Bourdieu*. São Paulo: Ática, 1983, p. 82-121.

16 Sobre aqueles últimos, não há informações seguras que permitam aferir o seu número exato. Por outro lado, alguns indícios – tais como as alusões constantes ao alto índice de analfabetismo entre os paranaenses e as inúmeras tentativas de difundir a leitura por meio de campanhas educativas e da criação de escolas populares – permitem afirmar que, apesar do aumento no número de leitores, anteriormente observado, eles ainda assim eram poucos, principalmente se confrontados à população do período, e pertenciam "aos extratos médio e superior da sociedade: comerciantes e seus vendedores, burocratas, profissionais liberais e seus familiares". Depois de 1912, pode-se acrescentar a este seleto grupo os jovens acadêmicos de Direito e Medicina da recém criada Universidade do Paraná. Cf.: DENIPOTI, Claudio, p. 141.

cerca de 60 somente nas duas primeiras décadas do século XX. É verdade que nem todas tiveram vida longa. Algumas, como a *Cinema*, viram a luz do dia por um breve período – no caso específico, oito números, de janeiro a maio de 1909. Mas se houveram as de vida efêmera, um pequeno grupo delas sobreviveu tempo o suficiente para se tornar referência entre o ainda modesto público leitor da cidade. Destas, *O Olho da Rua* parece ser a que melhor exemplifica esta tendência. A revista circulou quinzenalmente entre 1907 e 1911, chegando a manter edições semanais durante um breve período, no começo de 1908. Empreendimento coletivo, como a maioria das revistas, o projeto de *O Olha da Rua* era ousado: fartamente ilustrada, com tiragem de 2 mil exemplares iniciais, ela passou a 4 mil a partir do quarto número, mantendo-se mais ou menos estável até o encerramento de suas atividades. Seu conteúdo, bastante diversificado, não era muito diferente dos de outros títulos do período. Abrangendo desde temas políticos e literários, a revista serviu também de trincheira aos anticlericais que combatiam, neste e em outros *fronts*, a influência da igreja católica em Curitiba. Como, aliás, o título sugere, a intenção era traduzir em suas páginas um pouco da vida urbana da capital, seus tipos, hábitos, lugares – um projeto mais ou menos comuns a muitas outras revistas, diga-se.

A sensibilidade à vida urbana, sua capacidade de exprimir e até certo ponto modelar novas sensações e percepções estéticas, de engajar-se na cultura moderna, testemunhando e significando as mudanças daí advindas, são alguns dos atributos que tornam as revistas atraentes e explicam parte de sua aceitação. "Articuladas à vida cotidiana", defende Monica Velloso, "elas terão uma capacidade de intervenção bem mais rápida e eficaz, caracterizando-se como 'obra em movimento'". Suas características a distinguem tanto do livro quanto do jornal. Contrapondo-se ao livro, que aspira à perenidade, ela não pretende expressar nunca um "pensamento de forma definitiva", articulando-se sempre ao seu tempo e aos acontecimentos que procura apreender e narrar. Sua escrita, no entanto, é dinâmica mas também reflexiva, afastando-a igualmente do jornal. Se ambos tomam como objeto e pretexto o cotidiano, suas abordagens são distintas. Ao jornal interessa captar a "atualidade imediata", o tempo acelerado do dia-a-dia urbano; à revista interessa tomá-lo e torná-lo um "objeto de reflexão", representando-o em seu caráter plural e multifacetado. Ela ocupa, enfim, um lugar intermediário e estratégico entre um e outro. Do primeiro, ela mantém a atenção à vida cotidiana. Sem, no entanto, contentar-se em simplesmente noticiar, ela encerra em seus textos, crônicas em sua maioria, uma abordagem que se abre e valoriza o pensamento e a interpretação, no que se aproxima dos livros, ainda que seu caráter efêmero e periódico torne sua escrita provisória e inacabada.[17] A modernidade encontrara, afinal, um veículo e uma escrita coerentes com sua frágil e paradoxal solidez.

∂ℓ℘

O crescimento demográfico, decorrente em grande parte das políticas imigratórias, e as mudanças daí advindas verificadas principalmente na última década do XIX, não alteram significativamente a percepção que alguns contemporâneos têm da cidade. Em 1900, dela Rocha Pombo escreveria que se tratava de "uma das mais belas, das mais opulentas e grandiosas do Sul". Contrastando a Curitiba "acanhada e sonolenta" de 1853, ano da emancipação política, com a capital "suntuosa de hoje, com suas grandes avenidas e boulevards, as suas amplas ruas alegres, as suas praças, os seus jardins, os seus edifícios magníficos", nem por isso deixa de observar que os crescimentos populacional e urbano não degeneraram o caráter virtuoso de sua população: "A heterogeneidade da população, no entanto, nunca impediu o sincero congraçamento moral em que se funde a ordem e de que derivam a coesão e o vigor do espírito cívico local".[18] Sua avaliação não é unânime, e ao deslocarmos nosso olhar para outros discursos e narrativas sobre a cidade, a imagem de uma capital moderna e civilizada resulta distorcida, radicalmente outra.

É o caso da crônica publicada na revista "Cidade de Coritiba", onde seu autor, anônimo, sintetiza de maneira exemplar a maneira como as mudanças são recebidas e percebidas por ele e, certamente, por alguns de seus conterrâneos e contemporâneos:

> Esta futurosa Capital augmenta a olhos vistos... Augmenta e progride... Já não é a Coritiba de 1885, nem a de 1890. Já se não anda pelas ruas, o chapeo na mão, cumprimentando à direita e à esquerda. O numero de physionomias extranhas sobreleva ao das conhecidas.
>
> Entretanto, para os paranynphos d'este forte adolescente, Coritiba é ainda o bêbê dócil e mansinho, sem prejuízos, sem ambições, sem necessidades. Deixam-se ficar, confissos do presente e do futuro, na confortável paz do home; e o afilhado, á rédea solta, traquinas e de manguinhas de fora, vae pregando peças a uns e outros, prejudicando estes, desencabeçando aquelles, despreocupado, ignorante.

---

17 VELLOSO, Monica Pimenta. As distintas retóricas do moderno. In.: OLIVEIRA, Claudia de; VELLOSO, Monica Pimenta; LINS, Vera. *O moderno em revistas: representações do Rio de Janeiro de 1890 a 1930*. Rio de Janeiro: Garamond, 2010, p. 43-44.

18 POMBO, José Francisco da Rocha. *O Paraná no centenário*. Rio de Janeiro: José Olympio, 1980, p. 141.

> (...)
> Coritiba já não é a mesma cidadesinha pacata de 1885. Tem se desenvolvido, e, com ella, paixões torpes, ambições sórdidas, necessidades imperiosas.
>
> O roubo, o assassínio, a velhacaria, a calumnia já não são phantasmas que apenas avultam na imaginação dos sonhadores; há portas assignaladas das garras dos larápios; cadáveres rasgados bruptalmente por ferro fratricida; compassivos illudidos, explorados pela gatunagem impune dos bilontras; homens de mérito, honestíssimos, inutilisados pela vilania bajuladora da pretenciosidade ambiciosa.[19]

Na crônica chama a atenção, principalmente, a observação de que o "numero de physionomias extranhas sobreleva ao das conhecidas" para caracterizar o crescimento da cidade em contraposição aqueles que insistem em vê-la, ainda, como um "bebê dócil e mansinho". A associação, que revela uma angústia sutil e um quase indisfarçável incômodo, coloca o próprio autor em uma posição ambígua frente a este crescimento. Se desdenha os ingênuos "paranhymphos" de uma já não mais pacata Curitiba, por outro se vê forçado a admitir que o aumento no número de desconhecidos anônimos, ao tornar a cidade mais moderna, faz dela igualmente refém das paixões torpes e ambições sórdidas, como se ambos os fenômenos – a modernização e a violência – fossem absolutamente indissociáveis. E na descrição da nova paisagem urbana há lugar para o "roubo, o assassínio, a velhacaria, a calumnia", que, lembra-nos o autor, "já não são phantasmas que apenas avultam na imaginação dos sonhadores."

Associação e sentimento semelhantes aparecem em uma crônica publicada anos depois, em outra revista, por autor que assina com o pseudônimo Higino. A exemplo da anterior, mesmo que longa, a citação merece ser lida quase que integralmente:

> (...) Ella era uma caboclinha rustica, de tez morena e olhos azues. Andava a errar pelas selvas sem fim, pelas mattas seculares, o corpo apenas abrigado em pelles brutas de animaes ferozes, os pés descalços, acostumados a pisar espinhos.
>
> Um dia encontraram-na assim homens da civilisação, agarraram-na, cingiram-lhe o corpo d'uma belleza selvagem, e a arisca menina sentio a primeira revolta do seu pudor offendido, que em ondas rubras lhe tingiram o rosto.
>
> (...)

---

[19] DE MONOCULO. *Revista Cidade de Coritiba*, 15 de fevereiro de 1895. Ano I, n. 1.

> Desde esse dia Coritiba tornou-se outra: já não era a mesma matutinha submissa; seu rosto agora fino e aformoseado pelo uso constante de pomadas odorantes, tinha uns ares altivos e proprios das damas da sociedade; seu corpo, agora delgado, vestia finissimos trajes de seda pura, e seus delicados pésinhos calçavam reluzentes botinhas de verniz.
>
> Agora ella é a altiva cortesã, a seductora princeza do Sul, a mulher que fascina, que tem encantos mil, que tem mil adoradores.[20]

A nova paisagem urbana que se desenhava encontra nesta crônica uma de suas melhores sínteses. Nela, seu autor recorre a uma metáfora relativamente comum para descrever uma cidade em processo de mudança: aquela que, ao compará-la a uma mulher, a sexualiza, tornando-a e tomando-a como objeto de um desejo. Mas, no caso de Curitiba, tal processo não se fez sem o recurso à força. Se desde Freud sabemos que o preço a se pagar pela cultura é a contenção de nossos instintos mais violentos, nossa pulsão de morte, nem por isso o processo pelo qual ingressamos na civilização prescindirá, ele próprio, da violência. Ao menos para o cronista curitibano, foi preciso violentar o corpo virgem, dotado de uma beleza selvagem, para que dessa violência fundadora emergisse a "altiva cortesã", não mais "matutinha submissa", mas "seductora princeza". A cidade moderna nasce violentada e impura.

Separadas no tempo por breves 15 anos, as duas crônicas revelam uma mesma imagem – ainda que a primeira apareça desprovida do erotismo pretensamente poético da segunda: Curitiba cresceu, e não apenas em população, dado estatístico que não parece ser a principal preocupação dos cronistas. O que interessa a eles, e é o objeto mesmo de ambos os textos, é o impacto deste crescimento nas sociabilidades e na sensibilidade dos curitibanos ou, mais precisamente, daqueles que consomem, cotidianamente, os jornais e revistas que circulam pela capital. Elas expressam um estranhamento compartilhado por intelectuais e cronistas – e, veremos adiante, também ficcionistas – e por seu público leitor. Ao analisar a literatura modernista e seus veículos de produção e circulação na Buenos Aires dos anos de 1920 e 30, a crítica literária Beatriz Sarlo chama a atenção para as leituras conflitantes que fizeram deste período seus muitos autores, fruto, diz, "de sentimentos, ideias, desejos muitas vezes contraditórios".[21] A literatura produzida em Curitiba na Primeira República não se distingue, respeitadas as especificidades e proporções devidas, da estudada por Sarlo e outros autores que buscaram perceber os textos ficcionais como representações das

---

20 HIGINO. Coritiba. *O Paraná*, Curitiba, 15 jun. 1910. Ano IV, n. 36.
21 SARLO, Beatriz. *Modernidade periférica: Buenos Aires, 1920 e 1930*. São Paulo: Cosac Naify, 2010, p. 25-26.

experiências que ensejaram a cultura urbana moderna. Também na capital paranaense, estes textos procuraram comunicar, participando, os meios conflituosos, precários e não raro fragmentados pelos quais foram sentidas as muitas mudanças vividas na cidade ao longo deste período. Tal contradição se alimenta, em parte, de uma característica que é própria à experiência da modernidade: construída sobre ruínas, suas promessas de futuro oscilam sobre os escombros onde se assentam e de onde emergem. Além disso, se resultado de uma experiência tecida socialmente – e no caso das crônicas tal constatação é inevitável – a literatura permite apreender o aparecimento de novas *estruturas de sentimento*, conceito que, segundo Raymond Williams, define "experiências sociais *em solução*, distintas de outras formações semânticas que foram *precipitadas* e existem de forma mais evidente e imediata".[22] Em outras palavras, as formas e narrativas literárias organizam e atribuem sentido a "experiências em processo" que vividas e compartilhadas por indivíduos e grupos em tempos e espaços específicos, dão conta da emergência de percepções e sentimentos que resistem porque se contrapõem, muitas vezes inconscientemente, a pensamentos, discursos e práticas hegemônicos, formais e institucionalizados.

Nas páginas das revistas, a rua torna-se lugar de um trânsito privilegiado. Por ela circulam coisas e corpos, mas são os corpos que importam mais. Nas crônicas do início do século XX, Curitiba se assemelha a síntese que fez de Paris Walter Benjamin nas suas Passagens: "a cidade que se move sem parar"[23] precisa ser apreendida neste movimento incessante, mas também em sua heterogeneidade. No texto que inaugura a coluna sugestivamente intitulada "Na esquina", Helio (pseudônimo de Euclides Bandeira) justifica e explica aos leitores sua escolha por um ponto de vista privilegiado, de onde se vê "a rua toda":

> Aqui é o meu ponto favorito; é como se estivesse na platéa de um grande theatro, attento para o palco onde se desenrolassem, trágicas e terríveis as scenas palpitantes de um drama real. A rua é um tablado e quem ficar para ahi, acantoado ao desvão de um palacete há de assistir lances multiformes, imprevistos, terrificantes, buffos; há de apanhar no ar trechos de ineffaveis dialogos de amor, imprecações brutaes de carrejões, lamurias de mendigos, risadas e blasphemias; ha de auscultar emfim, esse organismo que estua, vibra, e é alegre e triste, faustoso e miserável, cheio de sol e cheio de lama.[24]

---

22 WILLIAMS, Raymond, p. 136.
23 BENJAMIN, Walter. *Passagens*. Belo Horizonte: Editora da UFMG/São Paulo: Imprensa Oficial, 2006, p. 557.
24 HELIO. Na esquina. *O Olho da Rua*. Curitiba, 13 abr. 1907. Ano I, n. 1.

E se o que atrai na rua é a diversidade de sua paisagem humana, é sobre esta que refletem as crônicas e seus autores. Junto com o progresso, e como parte e produto dele, novos personagens entram em cena: são bêbados, jogadores, mendigos, prostitutas e seus clientes e *cáftens*. Em uma delas, o cronista acompanha o andar trôpego de "um retardatario da taverna que se recolhe mergulhado na inconsciencia bestial da embriaguez". Suas reflexões, além de carregadas de uma moral peculiar ao período, são significativas também pelo que sugerem, ainda que rápida e sutilmente, da influência das modernas teorias científicas acerca da delinquência e da criminalidade então em voga. Ouçamo-lo: "Talvez, pensei, elle nem tenha culpa desse destino horrivel; quem sabe lá, exemplar de degenerescência, anda elle a carregar o pesadissimo fardo de uma tara cruel (…)".[25]

O tom é muito parecido naquelas crônicas e editoriais que se reportam, por exemplo, à mendicidade e ao jogo, esse último considerado por outro cronista um "cancro que corrompe os bons costumes, depois de arruinar a fortuna."[26] As imagens são outras: se alguns cronistas optam por enfatizar o lado por assim dizer "luminoso" do progresso, aqui é a noite e seus mistérios que provocam a inquietação e a curiosidade. A face escura e obscura é explorada especialmente em duas crônicas publicadas ambas em *O Paraná*. Na primeira o autor, que assina "Almocreve", descreve um "entrevero formidavel" que presencia na região central, envolvendo prostitutas, seus clientes e um grupo de "melodiosos noctambulos serenateiros". A escrita, melancólica, ressalta o quanto de sombrio se esconde pelas esquinas escuras da cidade:

> Como é triste e deserta a noite!
>
> A cidade dorme envolta no seu manto de trevas como que prostrada por um profundo lethargo.
>
> Os fócos de luz eléctrica lançam pelas travessas mysteriosas uma claridade medrosa, que parece esquivar-se a aclarar alguma scena que se occulta nas dobras da noite. (…).[27]

Em outra seu autor, que assina Eugenio Vidal, distingue a paisagem, de uma incômoda democracia, da principal artéria central, a Quinze, em suas versões diurna e noturna. De dia, diz, passam por ela "o burguez, a menina bonita, a normalista faceira, a costureira sympathica, o político incomprehensivel, o militar cheio de basofia, o estudante risonho". Sob a claridade da lua e das lâmpadas, no entanto, "o mendigo,

---

25 HELIO. Na esquina. *O Olho da Rua*. Curitiba, 11 mai. 1907. Ano I, n. 3.
26 O JOGO. *O Paraná*. Curitiba, 22 out. 1910. Ano V, n. 40.
27 ALMOCREVE. As espeluncas. *O Paraná*. Curitiba, 10 jul. 1910. Ano IV, n. 37, p. 3-4.

o gatuno ordinario também por ella anda repetindo por entre vaporadas de fumo e escarros de cachaça: Igualdade e Fraternidade".[28]

A constante menção à noite não é casual. Os esforços e investimentos por parte do poder público por modernizar especialmente a região central da capital, tornam a presença a ambientes noturnos algo mais corriqueiro; daí também a vida, hábitos e personagens notívagos tornarem-se figuras e imagens frequentes nas páginas de jornais e revistas. E não é difícil imaginar o que significa para seus leitores este contato com um ambiente que, há até pouco tempo, lhes era estranho e mesmo desconhecido. Mais que palavras, são paisagens que se formam no imaginário de uma comunidade de leitores para quem a cidade adquire uma outra dimensão e novos significados. Se o dia ilumina a cidade, tornando-a um texto cuja leitura se faz sem enigmas, os segredos ocultos nas "dobras" da noite a tornam um lugar de mistérios insondáveis, fascinantes ao mesmo tempo que assustadores, como um bom roteiro policial. As crônicas urbanas, tal instantâneos, se prestam a um papel fundamental, qual seja, intermediar a relação dos leitores com estes novos lugares, sejam eles ruas e praças públicas, ou aqueles ambientes onde as fronteiras entre o público e o privado se confundem, tais como hotéis e "casas de diversão" que pululam pelo centro e imediações. Muitas vezes o encontro com estas "toscas mal alumiadas" se dá quase por acaso, como na narrativa de J. Guahyba que, fugindo da chuva e do frio, adentra um "ambiente impregnado de cheiro forte de vinho e de cachimbos fumegantes", onde "rodeando uma mesinha carcomida, indivíduos andrajosos de physionomias sinistras jogavam baralho...". Com um forte acento realista, mas incapaz de renunciar completamente ao apelo moralista que reincide a uma escrita anterior aos princípios da "escola naturalista" – como se seu texto promovesse um encontro extemporâneo entre Eugene Sue e Zola –, Guahyba descreve o ambiente e seus personagens:

> Estendida num banco, resomnava ruidosamente uma creatura que perdera as feições humanas: aquillo era um monstrengo gerado no crime.
>
> Não sei como contar o sentimento que de mim se apoderou, contemplando aquelle quadro monstruoso, si de tristeza, si de nojo, si de piedade... todos reunidos talvez!
>
> (...)

---

28 EUGENIO VIDAL. Depois das 6 horas. *O Paraná*. Curitiba, 12 ago. 1911. Ano VI, n. 51, p. 1-2.

> Quedei-me algum tempo a contemplar aquelles semblantes estúpidos de jogadores viciados. Depois quis fugir d'aquelle sitio ignóbil.[29]

Outro destes lugares aparece retratado pelo cronista J. Cayobá em crônica "O hotel" – no caso, um hotel sugestivamente denominado Paris, utilizado para a prática da prostituição – que integra uma série chamada "A 'Urbs' Viciosa", título por si só já carregado de sentidos. Mas ela se torna mais significativa à medida que desenvolve uma interpretação do progresso de Curitiba se recusando a ver nele apenas *evolução*, entendida aqui no seu sentido mais comum: a de que as mudanças implicam sempre uma melhoria moral ou material, um "salto de qualidade" em relação a uma situação anterior. Progresso e vício são indissociáveis e, juntos, definem para Cayobá a idéia de *perfeição*:

> - Vae em progresso, não ves? Quem diria que esta pacata capital de há dez annos atraz, sem cinemas, sem tavolagens doiradas e sem hoteis, havia de chegar dentro em pouco a esta perfeição...
>
> - Perfeição? - atalhei, curioso d'uma definição cabal do conceito um tanto ambiguo.
>
> - Pois não vês este hotel, branco pombal onde as loiras chanteuses arrulam á meia luz discreta dos boudoirs trescalantes do perfume estonteador do Houbigant e das pomadas? Pois são estas divas (...) as pombas mensageiras da civilisação e... do vicio.
>
> (....) - São ellas as sacerdotisas do vicio e as mensageiras - para que não dizer - de costumes que, embora abomináveis aos olhos pudicos d'uma sociedade patriarchal, vinculam-se às grandes civilizações jamais comprehendias sem os grandes vicios...
>
> (...) - Que dúvida José; hoje não se comprehende uma cidade moderna, uma urbs smartisada sem estes templos do Peccado.[30]

Aqui o erotismo civilizado e exibido da "altiva cortesã" da crônica de Higino se desloca para lugares obscuros. Sua existência é sintoma de uma mudança que, por irremediável, coloca a modernidade urbana acima do bem e do mal e sobre a qual já não há mais o que lamentar: trata-se, simplesmente, de aprender a conviver com ela. A decadência moral aparece como o "outro lado" da vida moderna; indissociáveis, na pena do cronista não há como usufruir dos benefícios de uma, sem conviver com os desconfortos de outra.

---

29 J. GUAHYBA. Páginas. *Palladium*. Curitiba, 15 abr. 1909. Ano I, n. 1, p. 3.
30 J. CAYOBÁ. A "Urbs" Viciosa. *O Paraná*. Curitiba, 20 fev. 1911. Ano IV, n. 45, p. 1-2.

E se ao cronista soa quase natural essa associação entre vício e progresso, nem sempre e nem com todos será assim. Se para J. Cayobá uma cidade moderna se compreende também – e principalmente, arriscaria dizer – pelos seus vícios, para as elites locais e para a classe média sedenta de tranquilidade e paz, o vício e a desordem significam uma ruptura. Restabelecer ou assegurar a ordem passa a ser uma das prioridades dos administradores públicos. Especialmente porque nas páginas dos jornais essa desordem não se restringe as contendas noturnas entre seresteiros e boêmios, ou as visitas nem sempre discretas e sutis de clientes a suas prostitutas. Não pretendo aqui explorar os editorias e artigos onde a demanda por investimentos mais significativos na segurança pública são uma constante, assunto a ser tratado logo adiante. Basta para meus propósitos afirmar que, embora em menor número, eles acompanham e são mesmo o complemento destes outros textos onde os "mistérios de Curitiba" são representados como consequência irremediável do processo civilizacional pelo qual passava a capital e seus habitantes no alvorecer da República e do novo século. Ainda que por caminhos e em formas distintas, uns e outros revelam sentimentos muito próximos: a ansiedade, a insegurança e o medo diante das mudanças e do desconhecido.

As *Novellas Paranaenses* e os mistérios de Curitiba

Inquietações semelhantes às dos cronistas da imprensa impulsionaram, anos mais tarde, um grupo de autores a lançarem-se em uma aventura editorial: a coleção "A Novella Mensal", depois rebatizada "A Novella Paranaense", que ao longo de quatro anos – de 1925 a 1929 – lançou sete títulos, todos, obviamente, assinados por autores paranaenses. De acordo com Regina Sabóia

> *A Novella Mensal* pretendia publicar livros exclusivamente de escritores paranaenses, independentemente de escolas e estilos literários. A preferência era por obras em prosa - contos, romances ou novelas. Tal escolha decorria de diversos fatores, entre os quais, principalmente, a percepção de que este gênero teria mais aceitação por parte do público, o que facilitaria as vendas. Relacionava-se, também, ao fato de o Paraná não ter sido ainda o berço de nenhum prosador de renome, embora tivesse vários poetas consagrados nacionalmente. Na concepção dos criadores da editora, a revelação deste "romancista" paranaense poderia impulsionar as vendas. Além disso, poderia vir a propiciar um desenvolvimento significativo para as letras paranaenses, possibilitando, quiçá, uma mudança nos rumos da produção local, ainda muito ligada aos movimentos simbolista e parnasiano. A

periodicidade das publicações deveria ser mensal, justificando, assim, o nome escolhido para a empresa.[31]

O empreendimento era, além de corajoso, pioneiro em Curitiba. Inspirados na experiência de Monteiro Lobato em São Paulo, os autores e editores Rodrigo Junior e Octávio de Sá Barreto sabiam que o livro era um artefato cultural e civilizador, imprescindível à formação de uma sociedade culta e moderna. Mas ele era também uma mercadoria, e inclusive para que cumprisse sua vocação civilizadora precisava ser tratado como tal, chegando ao maior número possível de leitores. Tratava-se então de torná-lo atraente. Apostando não apenas no conteúdo literário das histórias a serem publicadas, Rodrigo Junior e Sá Barreto desenvolveram uma estratégia comercial que pretendia viabilizar financeiramente a empreitada, vendendo antecipadamente, por meio de assinaturas, parte dos títulos lançados; investiram em uma ampla e diversificada publicidade (e para isso contaram com a cooperação da imprensa e de boa parte da intelectualidade locais); zelaram pelo aspecto visual sofisticado das edições, com capas coloridas, papel de qualidade, textos impressos em tipos elegantes; e o não menos importante: tudo isso a preços módicos, tática possível graças ao formato das edições, semelhantes aos livros de bolso atuais. Nas palavras de Regina Iorio, a "ideia principal estava em popularizar o livro, destruindo a sua imagem de objeto de luxo".[32]

Se confrontados com os preços médios dos livros e de outros produtos culturais no período, os da coleção paranaense eram, de fato, bastante acessíveis. Enquanto o valor médio dos livros comercializados nas principais livrarias de Curitiba era de 5$000, o preço de capa dos sete títulos publicados manteve-se em 2$500.[33] Os resultados foram positivos: com os 500 exemplares dos dois primeiros títulos esgotados em poucas semanas, os editores aumentaram a tiragem para 1000 a partir do terceiro. As dificuldades começaram a aparecer principalmente depois do quinto volume, apesar dos contínuos esforços e das iniciativas culturais da empresa, que colaboravam na divulgação dos livros. O sexto volume, *Veneno de cobra*, de Laertes Munhoz, além do considerável atraso – prometido desde o final de 1927 o livro só seria lançado em

---

31 IORIO, Regina Elena Saboia. *Intrigas & novelas – literatos e literatura em Curitiba na década de 1920*. Tese de doutorado em História – UFPR, 2004, p. 242.

32 IORIO, Regina Elena Saboia, pp. 243.

33 DENIPOTI, Claudio, p. 72-73. Para efeito de comparação: uma sessão de cinematógrafo no antigo Teatro Guaíra podia custar até 10$000 nas frisas, ou 2$000 e 1$000 nas cadeiras e na geral, respectivamente. O Colyseu, afamado parque de diversões no início do século XX, era mais barato, oscilando entre $500 e $300 o cinematógrafo e $500 e $200 um show de variedades. O *Diário da Tarde*, o mais popular dos jornais do período, era vendido a $200 o exemplar. Cf.: BRANDÃO, Angela. *A fábrica de ilusão: o espetáculo das máquinas num parque de diversões e a modernização de Curitiba (1905-1913)*. Curitiba: Fundação Cultural de Curitiba, 1994, pp. 54-55.

outubro do ano seguinte – recebeu críticas menos entusiasmadas que os anteriores. O revés não esmoreceu os editores, que não apenas tocaram adiante o lançamento do que depois se revelou ser o último livro da coleção, como aumentaram a tiragem para 1500 exemplares, ainda que medidas tivessem sido tomadas para diminuir o custo final, tais como a impressão da capa em uma única cor e a abolição das ilustrações internas. Ainda assim, a pálida recepção crítica e comercial de "Agonia", de Viriato Ballão, acentuou as dificuldades financeiras e selou definitivamente o destino da empresa, que encerrou suas atividades.

A vida útil da primeira fase do projeto foi curta e produziu apenas dois exemplares: um livro de contos com o titulo *O automóvel n. 117... e outras novellas*, de Sá Barreto, e o romance *Um caso fatal*, de Rodrigo Junior. Já nos dois primeiros títulos da série observa-se que o grande personagem é a cidade. Adjetivada e denominada de maneira a ter humor e vida própria, ela deu significado às histórias e conduziu os personagens a enfrentá-la, por vezes, e abrigar-se nela quando ameaçados. Ela não aparece em *O automóvel n. 117* e em *Um caso fatal* apenas como cenário para os personagens. Ela interage com eles, na maior parte do tempo os guia e fornece o enredo da história. Estamos já em meados dos anos 20, os "anos loucos", e não há razões para supor qualquer resquício de pudor quanto ao ambiente moderno que se respirava em Curitiba. Aliás, é o próprio Sá Barreto quem o diz, sem meneios, na abertura de seu livro, em um pequeno texto que simula uma entrevista do autor a um imaginário repórter:

> [Repórter] – Espírito inquieto, vibrante, moderno, amas sobretudo...
>
> [Sá Barreto] – A vertigem! A luz! O imprevisto! A vida!
>
> (...)
>
> [R] – Mas novellas e poemas... de que feitio? Românticos? Parnasianos? Symbolistas?
>
> [SB] – Modernos, impressionistas, século XX! O thema é susceptível de renovação... Nada de velharias poeirentas e tediosas! Amor livre, verso livre, tudo livre! Lembra-te que vivemos na era do jazz-band...[34]

E se a retórica é freneticamente moderna – afinal, vivia-se a era do "jazz-band" – o que proponho aqui é interrogar o quão moderna é a modernidade de Sá Barreto ou, mais especificamente, como esta modernidade é representada, ganha for-

---

34 BARRETO, Octavio de Sá. *O automóvel n. 117... e outras novellas*. Curitiba: Empresa Gráfica Paranaense, 1925 (Novella Mensal n. 1), p. 10.

ma, pela ficção, em sua novela de estreia. A narrativa de *O automóvel n. 117* inicia com uma agitada descrição de São Paulo, que aparece tomada por um movimento de aceleração de ritmos:

> Sumira-se na confusão estonteadora de bondes, autos, carros e transeuntes (…) Tomou o bonde Largo de S. Bento. Lá chegando saltou e embrenhou-se no labirinto do triangulo, que é a rua S. Bento: estreita, suffocante, ornada de bellos edifícios. Um vae-vem continuo de transeuntes e vehiculos empresta-lhe certa graça, certa alegria, em suma, muita attracção.
>
> (…)
>
> (…) São Paulo já esta habituada á neblina; entretanto, quando ella tudo avassala, a massa popular diminui um pouco. Era melhor: elle gostava mais do desaperto. (…) continuou andando, sem rumo, numa prostração de sonhador romantico. Estava ali em São Paulo, estudando Direito, sem ter tido descanso, numa peleja ardorosa de quem quer vencer.[35]

Paremos um pouco para observar a grande São Paulo: uma metrópole de relações impessoais, um espaço onde os acontecimentos são abordados de forma a banalizar as relações entre indivíduos; porém ao mesmo tempo sedutora e ligeiramente alegre. Representada por um prisma tipicamente moderno, onde o ritmo acelerado, a sensação de sufoco, assim como o espaço labiríntico fazem parte da paisagem e da narrativa, o autor utiliza um imaginário próprio das cidades do final do século XIX e inicio do XX. A modernidade paulista da década de 1920, registrada por Sá Barreto, a um primeiro olhar, não difere da apresentada por outros literatos ou cronistas de época: um ar impessoal e "fremente" que se adequam perfeitamente às aspirações do individualismo moderno, de quem peleja ardorosamente "sem ter tido descanso", submetendo-se às privações e tensões da cidade grande com o propósito único de "vencer".

A rotina de Carlos, o protagonista, no entanto, é abalada por um entrevero típico das grandes cidades. Após presenciar um atropelamento, ele passa a se sentir perseguido pelo automóvel que provocara o acidente, uma *limousine* vermelha de placa número 117. Atormentado pela imagem do fatídico automóvel, ele convalesce e tem, com a máquina, sonhos terríveis.

> Via-se numa estrada enorme, sósinho, amarrado no chão, com o ventre para o ar. Queria mover-se, não podia. Nisto ouviu, vindo de longe, um ruído pavoroso. Era o barulho produzido

---

35 BARRETO, Octavio de Sá, p. 18-20.

pelo ronco possante da hélice do motor de um automóvel... E aproximava-se... Aproximava-se... Elle não podia levantar-se, correr, sumir-se...

Começou a gritar: ninguém o soccorria. Um suor frio lhe inundava a cabeça e o corpo, latejantes. E vinha... E vinha... Um número enorme estava na sua frente: era o 117... Que horror! Agora o auto vermelho, aquella "limousine" trágica, estava a dois passos de si e... deu um grito formidavel, acabava de ser esmagado...[36]

Convalescendo, Carlos retorna a Curitiba com a esperança de nela encontrar a paz e o sossego de que necessitava para recuperar o equilíbrio emocional que a lembrança do acidente perturbara. Afinal, em sua memória, a cidade natal se lhe apresentava sem "a inquietude das grandes cidades, que não tem o afan dos turbilhões e o barathro dos grandes centros de civilização, mas, que tem a graça, o attractivo das cidades que se estão formando, das cidades que amanhã serão, como as outras, turbulentas e infernaes!".[37] O reencontro com Curitiba, no entanto, reserva para o protagonista mais que a doçura calada das cidades ainda pacatas. Se ela não é ainda "turbulenta" e "infernal" como São Paulo, o próprio narrador aponta, páginas adiante, para uma mudança na paisagem que parecia ameaçar a eternidade do "céu azul" curitibano. Caminhando pela rua Quinze de Novembro, Carlos se vê em meio a uma pequena multidão que o obriga a desviar do caminho original, "pois não gostava de agglomerações populares".[38] Transitando entre fronteiras tênues, onde os limites entre a "cidade real" e a "imaginada" nem sempre são claros, Sá Barreto parece apreender, por intermédio de seu personagem, uma característica comum aos habitantes das cidades modernas e, num certo sentido, aquilo que o difere tanto de seus antepassados quanto de seus contemporâneos "não--urbanos". Uma vez no espaço público, lugar de desordem e caos, é preciso aprender a arte da contenção das emoções, do silêncio e da discrição, que cada vez mais passam a imperar como regras de conduta e civilidade em um mundo onde a inclinação ao esgarçamento e à fragmentação dos laços sociais tendem a transformar o outro em uma ameaça a um só tempo constante e desconhecida. É preciso estar atento e vigilante às nuvens que, irremediavelmente, tornarão cinza o céu "eternamente azul".

Esta imagem acompanhou todo o texto e seu protagonista. É esta *urbs*, contraditória, amada por sua "simplicidade", mas que já anuncia, em suas entranhas, a turbulência infernal "das cidades que amanhã serão", que salta aos olhos dos leitores das páginas das "Novellas paranaenses". Nelas, a cidade já construída e a

---

36 BARRETO, Octavio de Sá, p. 25.
37 BARRETO, Octavio de Sá, p. 44.
38 BARRETO, Octavio de Sá, p. 49.

que está por construir, a do desejo, não apenas residem no interior de uma mesma utopia, mas integram-se nela, configuram um único espaço. E por mais que se a desejasse, nem sempre a "metrópole" vislumbrada por entre as linhas dos textos é "altiva cortesã". Como todo desejo, aliás, também este é contraditório. Ora Curitiba é representada nas páginas ficcionais como sedutora, ora a imagem que dali emerge é a da "cidade monstro", ou a de uma cidade habitada por monstros.

Neste sentido, o final da narrativa não podia ser mais significativa: depois de apaixonar-se por uma estranha mulher, Carlos vem a descobrir que ela é o fantasma da garota cujo atropelamento ele presenciara em São Paulo. Tenta fugir, mas cai, ferido e desacordado, para voltar a si

> (...) com o rosto pousado sobre um objecto metalico. (...) Como se fosse um idiota, fitou aquela chapa por alguns instantes. Depois deu uma gargalhada estridente: - era o numero 117. (...) Uma baba rubra coalhava-se-lhe aos cantos dos lábios, e elle poz-se a andar, cambaleando, aos solavancos, pela tétrica escuridão, fantástica, da noite, soltando gargalhadas tilintantes, gélidas, pavorosas...[39]

O *Automóvel n.117* foi escrito durante o turbulento e acelerado período de mudanças urbanas que, muito além de materiais, foram também sensíveis. Elas moldaram novos imaginários, forjaram novas percepções e sensações. No caso de Curitiba, parece mesmo ter alimentado tanto o tremor – a fascinante inquietação provocada pela modernidade – quanto o temor – temor do desconhecido, que pode tanto ser observado, superficialmente, na metáfora do automóvel, figura emblemática do início do século XX, quanto na sua transfiguração em monstro. Da capital paulista à capital paranaense, ele persegue o protagonista, não apenas o atormentando, mas mergulhando-o em uma espécie de transe do qual, o desfecho assim o sugere, não escapará.

Neste ambiente, em que novas sociabilidades, bem como novos hábitos, costumes e padrões de comportamento se configuram, tanto a *literatura* quanto a *leitura*, como já disse anteriormente, ocupam um lugar e um papel centrais. De um lado, porque seu cultivo é denotativo de novas sensibilidades e de novos *habitus* que são constitutivos da própria modernidade. Além disso, elas permitem apreender, mesmo que provisoriamente, a profunda ligação entre *acontecimentos objetivos* – no caso, a modernização experimentada em Curitiba na transição do século XIX para o XX – e *experiências subjetivas* ou, trocando em miúdos, de que maneira a realidade é apreendida, interiorizada e significada por aqueles que a vivenciam.

---

39 BARRETO, Octavio de Sá, p. 56.

Analisando a fabricação de uma "literatura do crime" no século XIX francês, Dominique Kalifa chama a atenção, de um lado, para a diversidade e circularidade dos textos que a compõem – revistas, jornais, *faits divers*, além da ficção policial propriamente dita. De outro, mostra o quanto a produção deste imaginário está profundamente ligada à cidade, ao ponto desta se constituir lugar privilegiado para seu adensamento. Mas, igualmente, é a própria cidade que é repensada e mesmo ressignificada pelos seus habitantes a partir da leitura daquelas narrativas. Se o crime é "um fato opaco, cujas causas ou circunstâncias não são nunca transparentes (...) uma história frequentemente indizível", narrá-lo é uma maneira de atribuir-lhe um significado, torná-lo legível e inteligível e, por caminhos que são os da representação, tornar possível sua compreensão. Entre outras coisas, a literatura criminal contribui, ainda segundo Kalifa, para designar lugares e pontos nevrálgicos de "vulnerabilidade social", além dos tipos e personagens que representam uma ameaça à ordem pública.[40] A um só tempo cartografia e etnografia dos riscos urbanos, tais narrativas deslizam da ficção para a "realidade" – e vice-versa –, fornecendo um vasto repertório de lugares e figuras onde a criminalidade encontra abrigo, delineando fronteiras simbólicas a separar, de um ponto de vista moral, o centro de suas muitas margens.

Embora não se tratassem, as "Novellas Paranaenses", de uma literatura policial no sentido mais estrito – talvez seja melhor designá-las de "literatura urbana", termo sem dúvida mais genérico, mas nem por isso impreciso[41] – elas mantêm com aquelas uma proximidade que permite a comparação. Como disse anteriormente, há nesta literatura uma atenção sensível ao espaço público, às tensões e contradições pertinentes a tal esfera. Falando da literatura carioca do mesmo período, Maria Alice de Carvalho comenta que para os escritores da capital federal "o lugar social e posto de observação prioritário foi, originalmente, a *rua* e não as *instituições*".[42] Em Curitiba não é diferente. A começar pela preocupação dos editores e autores, expressa em tex-

---

40 KALIFA, Dominique. *Crime et culture au XIXe siècle*. Paris: Academique Perrin, 2004, p. 11-12 e 131-156. Ver também: KALIFA, Dominique. Enquête judiciaire, littérature et imaginaire social au XIXe siècle. In.: FARCY, Jean-Claude; KALIFA, Dominique; LUC, Jean-Noël (dir.). *L'enquête judiciaire en Europe au XIXe siècle*. Paris: Creaphis, 2007, p. 241-253.

41 Discuto este tema em trabalho já publicado, escrito em co-autoria com o também historiador Luiz Carlos Sereza. Cf.: GRUNER, Clóvis; SEREZA, Luiz Carlos. Monstruosidades sedutoras: as *novellas paranaenses* e a invenção do urbano. In. GRUNER, Clóvis; DENIPOTI, Claudio (orgs.). *Nas tramas da ficção: história, literatura e leitura*. São Paulo: Ateliê Editorial, 2008, p. 149-174.

42 CARVALHO, Maria Alice Rezende de. *Quatro vezes cidade*. Rio de Janeiro: Sette Letras, 1994, p. 31-50.

tos e entrevistas, de estabelecer um nicho de produção literária destinado às narrativas em prosa – romances, novelas e contos –, com o objetivo de contribuir para a consolidação de uma modernidade gráfica e literária, tornando a literatura e a leitura elementos significativos na dinamização do espaço público, por meio do incremento do mercado editorial e livreiro, da circulação dos livros e do debate intelectual, além do incentivo à educação fundamental no estado. Mas em alguns de seus títulos aparecem temas recorrentes na ficção policial, especialmente a obsessão pelos efeitos, se não necessariamente danosos, mas contraditórios da modernização e da modernidade.

Preocupação que perpassa boa parte do romance de Rodrigo Junior, *Um caso fatal*, segundo volume da coleção, onde a modernização aparece dentro do quadro conflituoso das *relações interpessoais*.[43] O texto toma como base um evento real: um triângulo amoroso envolvendo um proeminente artista, Edmundo Correia; Joanna Waleska, sua empregada e com quem teve um filho; e uma dama falida da sociedade curitibana, Lulu, tem seu desfecho com o suicídio da polaca Joanna, após esta ser acusada de furtar o relógio de Edmundo. O romance tratou de um assunto pouco confortável às primeiras décadas de 1900: a imigração e o imigrante, no caso específico, o polaco.

Desde meados do século XIX o movimento de imigração foi intenso, com a capital do Paraná recebendo italianos, poloneses e alemães, entre outras nacionalidades. Diferente das expectativas expressas no discurso das elites, onde o europeu aparecia como o portador de uma civilização a que aspirávamos, e que enfim alcançaríamos, a presença dos imigrantes – em sua maioria pessoas simples que viviam como trabalhadores rurais ou urbanos na Europa – em terras tupiniquins trouxe, além do progresso esperado, também sua cota de discórdia. Diferentes discursos acusavam os estrangeiros, especialmente os polacos, de serem responsáveis por trazerem e transmitirem novas doenças, moléstias nem sempre físicas, mas também sociais. Criminalizar os *outsiders* tornou-se uma prática comum, o que motiva o autor a tratar do tema sob um enfoque literário: no livro, Edmundo, mesmo sem provas, acusa Joanna de tê-lo roubado, expulsando-a de casa e ficando com a guarda do filho:

> Joanna ladra! Ella tão meiga, tão espiritual, tão séria... Mas talvez fosse ambiciosa. A dúvida assaltou-o: ora acreditava que ella fôra autora do furto como o indicavam todas as apparencias, ora rejeitava semelhante ideia julgando-a incapaz de commetter um roubo. Mas lembrou-se da sua partida inesperada, daquella viajem ligeira e sem causa que a explicasse satisfactoriamente. Concluiu

---

[43] JUNIOR, Rodrigo. *Um caso fatal*. Curitiba: Empresa Gráfica Paranaense, 1926 (Novella Paranaense n. 2).

que fora esconder o dinheiro pilhado; talvez não regressasse mais. As lagrimas que derramara na véspera provavam-no demais.

E não duvidou mais um segundo: tinha convicção plena de que ella era criminosa![44]

O protagonista foi levado a tal conclusão em parte influenciado pelas artimanhas ardilosas de Lulu, com quem mantinha um relacionamento. Embora de família tradicional e de posses, Lulu estava falida e roubara Edmundo para pagar os seus muitos credores. Na trama, Rodrigo Junior joga com cenários e situações ambivalentes: no livro os imigrantes são representados como ordeiros e honestos, muito embora ocupassem posições sociais "subalternas". A saída moral para a injustiça de Edmundo, fruto de seu próprio preconceito e que culmina com o suicídio de Joanna, foi torturar moralmente o protagonista por seu próprio erro. Após o suicídio, o artista tem um pesadelo em que é perseguido por uma *multidão* impiedosa que o julga e executa, depois dele ter matado brutalmente Joanna em plena praça Tiradentes, no centro da cidade.

A imagem é significativa. Segundo Freud, o sonho é a realização de desejos que, limitados ao inconsciente, reaparecem muitas vezes de maneira incontrolável, porque não obedecem às "leis" que regem as condutas e pensamentos em nossa vida vigil. Ele tem por característica a ausência de um senso, portanto, segue sua própria "lógica" e não a da consciência. E se ele traz à tona por caminhos contraditórios e incoercíveis anseios recalcados, o sonho final de Edmundo é emblemático porque revela não a culpa do personagem pela morte voluntária de Joanna, mas justamente a ausência de culpa. Embora conscientemente reconhecesse nela meiguice e seriedade, ao ponto de duvidar de que tivesse sido a autora do roubo, ainda assim ela era a estrangeira, estranha ao mundo de Edmundo. Sob esta perspectiva, sua morte não seria um fardo, mas um alívio. Não por acaso, despertado do pesadelo, "sentia-se consolado e rijo, como que o animára, tonificando-o, infiltrando-lhe uma seiva rejuvenescente, a força vital das coisas, despertando-o da inércia afflicta e desesperada que o aniquilára. O passado morria-lhe para o pensamento, a lembrança do dia anterior apagava-se, diluía-se, desapparecia-lhe da memória…".[45]

Mas não se pode perder de vista que Edmundo é, afinal, um personagem ficcional, concebido e criado na mente criativa de Rodrigo Junior. Sua existência, experiências e estados mentais expressam, portanto, se não exatamente o ponto de vista de seu criador, sentimentos que eram compartilhados, embora nem sempre percebidos e organizados conscientemente, pelos seus contemporâneos. Os enunciados literários

---

44 JUNIOR, Rodrigo, p. 125.
45 JUNIOR, Rodrigo, p. 179.

definem, diz Rancière, "modelos de palavra ou de ação, mas também regimes de intensidade sensível. Traçam mapas do visível, trajetórias entre o visível e o indizível, relações entre modos do ser, modos do fazer e modos do dizer".[46] A exemplo de outras narrativas, como as de revistas ou mesmo dos jornais, a ficcional se institui em torno a experiências que afetam as maneiras de sentir antes mesmo que o pensamento possa organizá-las racionalmente. Diferente dos periódicos, no entanto, a literatura, por seu caráter assumidamente inventivo, onde as fronteiras entre a ficção e a realidade são não apenas mais fluidas, mas livremente embaralhadas, cava mais fundo aquelas dimensões da experiência ainda não apreendidas e interpretadas, mesmo quando sua escrita se pretende realista, como é o caso de "Um caso fatal". Sob este prisma, a presença da multidão violenta, raivosa e vingativa ao final do romance, expressa um sentimento ainda mais profundo que a ausência de culpa do personagem. Mais profundo e também coletivo, que remete o leitor de hoje a um referente externo ao texto fundamental para sua compreensão: o medo da massa bárbara, impulsiva e irracional a ameaçar a placidez e a ordem da Curitiba natal, terra da promissão.

O desfecho do romance, com Edmundo desperto se deparando ao abrir a janela com "o dia triumphante [que] resplandecia, immerso no diluvio de ouro do sol", signo de uma rotina que permanecia ainda inalterada é significativo, especialmente se confrontado com passagens onde a descrição da *urbs* remete ao frenesi das cidades que crescem e se dinamizam, marcadas pela constante mobilidade.[47] A geografia curitibana já havia sido representada, e com tintas até mais fortes, por Sá Barreto no livro de estreia de "A Novella Mensal", tanto no conto que dá nome ao volume, quanto nas demais narrativas. Em "Os pequeninos dramas da vida", por exemplo, ele arrasta o leitor às ruelas de um bairro pobre, longe do centro da cidade, habitado por "carroceiros, soldados de polícia, carregadores, botequineiros, etc., todo o conjuncto nefando das sinistras physionomias que formam a chamada ralé...".[48] A fisiognomia urbana urdida nas páginas mensais das novelas curitibanas revelava aos seus leitores uma cidade outra, de uma estranha familiaridade. Quase sem querer, a literatura inverte esta percepção e contribui para ressignificar a própria cidade, seus lugares e personagens, cuja crescente proximidade os torna aos poucos familiarmente estranhos.

---

46 RANCIÈRE, Jacques, p. 59.
47 JUNIOR, Rodrigo, p. 165-168.
48 BARRETO, Octavio de Sá, p. 85.

No terceiro livro da série a editora altera o nome da coleção para "A Novella Mensal", na tentativa de aumentar a aceitação da prosa entre os leitores apelando ao "espírito paranista"[49]. A mudança na designação é importante para se entender algumas outras, entre elas a ênfase dada aos problemas sociais, temática que aparece não por acaso no romance de estreia de Raul Gomes, intitulado "O desespero de Chan".[50] Nele o autor

> Contrário à literatura que servia apenas de entretenimento, (...) fez de *O desespero de Chan* uma oportunidade para esclarecer sua posição sobre um dos temas mais discutidos do momento: a questão racial. Tratava-se, pois, de um *romance de tese*, onde o autor pretendia demonstrar que o negro, sob as mesmas condições educativas, econômicas, morais, higiênicas e alimentares dos brancos, poderia alcançar um estágio de desenvolvimento semelhante e, em muitos casos, superior, devido "a sua natural boa índole".[51]

Neste texto, ambientado também em Curitiba, a história servia quase como pano de fundo para que Gomes pudesse por em questão e discutir o lugar daqueles indivíduos que se localizavam fora das redes sociais instituídas, notadamente os negros que libertos algumas décadas antes, mas ainda não integrados inteiramente à sociedade, formavam uma multidão sem emprego e sem destino certo. Romance de tese, "O desespero de Chan" não pretende apenas entreter seus leitores, mas levar-lhes a uma necessária reflexão acerca dos limites e contradições de um discurso racial tão em voga no Brasil da Primeira República, que o autor classifica de "ballela da inferioridade racial".[52]

Apesar desta intenção explícita ao longo do texto, o livro nem por isso se desloca da estrutura da literatura urbana. Pelo contrário, dois ingredientes o inserem neste conjunto. Primeiro, a identificação de tipos *perigosos*, flagrante principalmente

---

49 Embora a numeração não tenha sido alterada, a estratégia era inscrever a produção da editora no movimento paranista, difundido durante a Primeira República e que se caracterizou, grosso modo, pela tentativa de produção de uma identidade regional a partir especialmente da produção de um imaginário ancorado em símbolos característicos especialmente da sua flora, tal como os pinhais. A mudança foi, em grande parte, fruto do ingresso na editora de Raul Gomes, intelectual de renome no estado e dos mais entusiastas entre os paranistas. Cf.: IORIO, Regina Elena Saboia, p. 253-255. Sobre o paranismo ver: PEREIRA, Luís Fernando Lopes. *Paranismo: o Paraná inventado – cultura e imaginário no Paraná da I República*. Curitiba: Aos Quatro Ventos, 1998.
50 GOMES, Raul. *O desespero de Chan, narrativa romântica*. Curitiba: Empresa Gráfica Paranaense, 1926 (Novella Paranaense n. 3).
51 IORIO, Regina Elena Saboia, p. 258.
52 GOMES, Raul, p. 50.

na passagem em que a personagem central, Benedicto Villaça, visita "Trintannos", "escuso sector urbano, velhacoito de desordeiros e malandros", onde habitava "uma multidão de famílias operarias, de praças de pré, de gente desclassificada, em promiscuidade de costumes. (...) O nome porque se celebrizara nascera de ser a região predilecta dos candidatos ou condemnados a trinta annos de penitenciária". Na trama, Benedicto chega à "Trintannos" depois de informado que "57", um "tigre preto de raro vigor (...) que extrahia a alcunha do numero de facadas cujas cicatrizes lhe crivavam o corpo (...) fechara o tempo, após destripar um indivíduo".[53] Esta não é a única vez que Raul Gomes se detém sobre o mapa curitibano para redesenhá-lo literariamente – e é esta a segunda característica que faz do romance um exemplar da literatura urbana: sua técnica quase etnográfica de representar a cidade. Nele, longos passeios realizados pelo protagonista e sua amada foram cansativamente descritos, cada rua e cada detalhe minuciosamente retratados pelo narrador.

Curitiba aparece já nas primeiras páginas da história, quando Benedicto retorna de trem ao torrão natal e, desde a entrada na capital uma "tênue fumaça azul imprimia-lhe leve nota de melancolia". Adiante, "a torre da cathedral, as chaminés das fabricas", misturavam-se à paisagem natural, marcada pelo "perfil elegante de pinheiros". Uma vez na cidade, vê-se deslumbrado com as novas feições do lugar que há anos deixara:

> A praça Euphrasio Correia, antes um paul, a rua da Liberdade, hoje Rio Branco, outrora quasi invadeável pantanal, se lhe deparavam transformadas, aquella ajardinada, com fontes monumentaes e estatuas, esta pittoresca alameda, ladeada de sobrados.
>
> O percurso até sua casa, no Alto de S. Francisco, foi o desfilar de boas surpresas do progresso de Curityba, nas justas regalias de grande metrópole, palpitante de vida e fascinante de bellezas.[54]

Este mapeamento prossegue ao longo das quase duas centenas de páginas do romance, intercalando e conectando as aventuras e desventuras do protagonista na sua luta contra as superstições e preconceitos raciais. Verdadeiro *flâneur*, ora ele está na Visconde Rio Branco, depois na Avenida Jayme Reis, dali arribava, quase sempre acompanhado da amada Maria da Graça, para as "ruínas de S. Francisco" e depois o "torreão do Gymnasio (...) o zimbório da Universidade, a esplanada da Associação Commercial (...)". Em outros dias, subiam em "direcção do prolongamento da rua 15 de Novembro", caminhavam e caminhavam e caminhavam até o Juveve, Água Verde, Portão ou Batel. E sempre sedentos de contemplar os "dons da cidade seductora", da

---

53 GOMES, Raul, p. 51-52.
54 GOMES, Raul, p. 19-22.

"urbe feiticeira". Visto por tudo e por todos, e ao mesmo tempo escondido, porque nunca fixo em um lugar único onde se possa localizá-lo, o *flâneur* ocupa na cidade um lugar privilegiado. Morador das ruas e testemunha não inteiramente participante, ele está dentro, mas não é do espaço onde flana.[55] Espectador da vida urbana, ele captura a rua apreendendo sua dinâmica intensa e inquieta mantendo-se ao mesmo tempo distante o suficiente para que sua presença nela não o afete inteiramente. Livre e flanando, ele vê a cidade sob uma perspectiva que escapa aos transeuntes, aprisionados nas ruas e na multidão porque atados indissociavelmente a elas. É verdade que entre a imagem típica da *flanerie* benjaminiana e a de Benedicto há uma diferença essencial. Em suas andanças, o sempre bem intencionado personagem de Raul Gomes não apreende da cidade seus aspectos contraditórios, a não ser quando eles são praticamente despidos diante dele em toda sua virulência, quando da passagem por "Trintannos", por exemplo. E ainda assim a sua intervenção procura restabelecer a ordem, reinserindo nela o agente causador da desordem. A Curitiba de Benedicto não é, definitivamente, a Paris de Baudelaire, e não apenas porque menor ou provinciana, em contraste com o cosmopolitismo metropolitano da capital francesa. A modernidade de Raul Gomes era além de periférica e precária, ingênua.

Mas se Curitiba é representada nas páginas ficcionais de Chan como *urbs* feiticeira, a imagem que emerge de outro título da série é a da "cidade monstro". Publicado em 1927 e quinto volume da coleção, "O monstro", de Euclides Bandeira, também um livro de contos, trouxe em uma de suas histórias, a que dá título à coletânea, uma trama de vingança, a de seu protagonista, Claudio, contra sua mulher, Martha, depois que esta o havia traído e engravidara.[56] Tendo como base as teorias científicas, imbricadas a crendices populares, o marido traído tentava transformar a criança em gestação em um monstro. Esperava conseguir tal feito espalhando imagens de um dragão disforme por todos os cômodos da casa onde havia confinado sua mulher. A trama lidava, a partir de uma abordagem entre realista e fantástica, inspirada nas narrativas de Edgar Allan Poe, com os novos saberes científicos que, nos primeiros anos do século XX, já circulavam entre os intelectuais paranaenses. Além das teses raciais, também a psicologia aparece na trama, tanto nas tentativas de Claudio de vislumbrar os lampejos misteriosos da "alma" feminina, como na própria caracterização da personagem masculina, mergulhado na obsessão paranoica e doentia, a ecoar outro famoso traído da literatura brasileira, o Bentinho de Capitu, imortalizados ambos pela pena do também imortal Machado de Assis.

---

55 BENJAMIN, Walter, p. 467.
56 BANDEIRA, Euclides. *O monstro*. Curitiba: Empresa Gráfica Paranaense, 1927 (Novella Paranaense n. 5), p. 9-36.

Mas são as teses raciais, entre elas a eugenia e a da degenerescência, amplamente difundidas e debatidas no período e sintetizadas de maneira algo caricatural ao longo da trama, o cerne da narrativa. Ideias que, aliás, não eram objeto exclusivo dos discursos literários. Contemporânea ao lançamento de "O monstro", o médico João Cândido profere conferência intitulada simplesmente "A eugenia" aos sócios e frequentadores do Centro de Letras do Paraná. Nela defende, entre outras propostas, a necessidade de se revisar o Código Civil no sentido de autorizar o Estado a proibir o casamento entre indivíduos portadores de alguma anomalia física ou mental, e que apresentavam o risco da geração de filhos que viessem a apresentar alguma tendência à degenerescência. "Criar a dor é um crime perante a humanidade; criar a monstruosidade é um crime perante a raça. O casamento dos doentes de espírito e de corpo, dos monstriparos, dos cacoplastas, dos tarados, dos geradores de aborto e de martyres – deve ser prohibido, ou pelo menos, não deve ser sanccionado pela lei", defende. Para o médico curitibano, consoante com seus pares e a Sociedade Brasileira de Eugenia, tal medida, que ele considera "brutal", mas necessária, legaria ao país gerações futuras de brasileiros eugenicamente saudáveis: "É perigoso deixar somente aos pretendentes o encargo de analisar os predicados do companheiro escolhido para o enlace matrimonial (...). O amor olha, extasia-se, deslumbra-se e nada vê; ou antes, vê tudo cor de rosa, com as scintilações do ideal que lhe abrasa a mente".[57] A exigência de exames pré-nupciais em ambos os nubentes, rigorosamente conduzidos, evitaria riscos de uma descendência degenerada. Na novela, Euclides Bandeira inverte a proposição médica: nela, Claudio usa dos conhecimentos científicos para produzir sua própria aberração: as marcas externas no rosto e no corpo da criança seriam o seu estigma, e por elas o "monstro" seria identificado como tal. As marcas não vingam, afinal. A criança não nasce deformada como o protagonista supunha, embora o preço de sua vingança recaia sobre Martha, a mulher adúltera, que enlouquece.

Mas elas têm um significado diferente em outro conto do livro, "Jettatura"[58], narrativa breve e interessante porque reproduz, literariamente, o "processo de criação de uma crônica em uma cidade sem muitas notícias", como bem observou Regina Iorio, possivelmente uma experiência familiar ao próprio autor, durante muitos anos colaborador assíduo da imprensa curitibana.[59] Neste, um mendigo conhecido como

---

57 FERREIRA, João Candido. *A eugenia*. Curitiba: Typographia da Livraria Economica, 1923, p. 17-19.

58 BANDEIRA, Euclides, p. 87-99.

59 Em seu prefácio, Euclides Bandeira faz alusão ao período em que atuou como cronista na imprensa curitibana e arrisca uma aproximação entre o jornalismo e a literatura moderna, "tresandando a *fatos-diversos*", assinalando o quanto a ficção contemporânea, a sua inclusive, encontra referência e se apoia nos fatos miúdos do dia-a-dia das grandes cidades. BANDEIRA, Euclides, p. 3-7.

Rei Lear, que explorava suas feridas, e um jornalista, foram obrigados a permanecerem sob a mesma proteção contra a chuva. Ali travam um diálogo truncado, no limite do absurdo. O primeiro descreve ao jornalista como se tornara mendicante por meio da inveja, enquanto o jornalista decide criar uma crônica domingueira de memória, entrando quase em transe e sendo acordado pelo leve toque do Rei Lear, que continua sua explanação sobre a inveja. Em determinado momento, o cronista insinua que agora ele, o mendigo, não teria mais nada a invejar, ao que este responde:

> - A inveja que elles têm da minha ulcera! Miséria das misérias! Então a humanidade é, com effeito, a mesma torpeza em qualquer grão de escala social? Tinha invejosos aquella ulcera, porque, horrível, provocava lastima, produzindo pingues lucros! E o misero que a exhibia á perna, vinco da grilheira do infortunio, precisava não só defender mas cultivar, como se fora monstruosa flor roxo-violeta, aquella hediondez que, afinal, por inverossimel escarneo do destino, era toda a sua invejada felicidade...[60]

Ao longo da narrativa, Euclides Bandeira canaliza todo um imaginário de época e define a constituição de um *modus operandi* citadino: a identificação das estruturas da diferença e alteridade, canalizadas na imagem da metáfora do *monstro*. Neste sentido temos na coleção das *novellas paranaenses* máquinas monstruosas, imigrantes monstros, monstruosidades contra etnias, a tentativa de criar um monstro e, no final, uma "monstruosa flor roxo-violeta" em forma de úlcera, de onde o mendigo (outro monstro) retira seu sustento e sua "invejada felicidade".

☙

Claro está que não pretendi fazer ao longo deste capítulo uma "história das mentalidades" aos moldes daquela proposta e defendida há algumas décadas pela geração que, nos anos de 1960 e 70, sucedeu a Fernand Braudel na liderança dos Annales. Tenho ciência dos riscos de tomar como unívocas e hegemônicas percepções que dizem respeito a indivíduos e grupos que não são representativos de toda uma comunidade. Mas nem por isso renuncio de todo a possibilidade de ler, nas representações contidas no discurso literário curitibano, fragmentos de sensibilidade e de um certo olhar que podem informar procedimentos de organização e significação do real que pretenderam dar sentido, para além dos limites individuais ou de grupos intelectuais, a uma dada experiência comum. Primeiro,

---

60 BANDEIRA, Euclides, p. 98-99.

porque estes indivíduos e os grupos aos quais pertenciam reivindicaram o papel de porta vozes privilegiados desta experiência. Segundo, porque por mais modernos que pretendessem ser, não conseguiram libertar-se completamente das amarras do chamado "senso comum", revelando nas entrelinhas de seus textos uma relação no mínimo ambígua com a modernidade urbana. Se por um lado a desejavam, este mesmo desejo portava a ameaça de perigos cujo potencial de realização geravam o medo e a insegurança.[61] Fosse esta ameaça o "manto de trevas" da noite ou um imaginário e monstruoso automóvel de placa 117, a modernidade não se fez experimentar se não por sentimentos complexos e contraditórios, que a desejavam e temiam com a mesma intensidade.

Resulta destas experiências que as representações de Curitiba em sua literatura não são unívocas, mas informadas pela relação conflituosa que seus autores mantêm com ela e os sentidos que tal relação produz. E se não há uma, mas múltiplas cidades que coabitam um mesmo espaço, não se trata de pensar qual delas é a "real" e qual a "imaginada", porque, efetivamente, as fronteiras que separam uma da outra são tanto tênues e frágeis, quanto móveis. Igualmente, o trânsito entre estas "duas cidades", porque constante, as define mutuamente. O espaço físico, "real", informa as sensibilidades e as representações que dele faz o espaço simbólico, imaginado e sensível; por outro lado, é a partir dos discursos e narrativas forjados no interior destas mesmas sensibilidades, enfim, das representações ali construídas, que a urbe constitui-se e institui-se, ganha sentido e significado. O texto, mais que descrição, é, portanto produção e invenção da cidade. Porque, já nos disse Calvino, as cidades são como os sonhos, "construídas por desejos e medos, ainda que o fio condutor de seu discurso seja secreto, que as suas regras sejam absurdas, as suas perspectivas enganosas, e que todas as coisas escondam uma outra coisa".[62] Como os sonhos, elas encantam e amedrontam; nelas habitam o tremor e o temor.

---

61 GAY, Peter. *A experiência burguesa da rainha Vitória a Freud: a educação dos sentidos (vol. 1)*. São Paulo: Companhia das Letras, 1999, p. 299-303.
62 CALVINO, Italo. *As cidades invisíveis*. São Paulo: Companhia das Letras, 1995, p. 44.

Capítulo II

Um mundo habitado por monstros

Como viver sem o desconhecido diante de si?

René Char

Período de intensas transformações, o século XIX presenciou mudanças que impactaram em diferentes esferas da existência. Pode-se afirmar, especialmente sobre a segunda metade do oitocentos, que as modificações experimentadas revolucionaram o mundo material na mesma intensidade com que provocaram significativas rupturas nos alicerces da vida social e cultural. O crescimento populacional das grandes cidades, decorrente principalmente da segunda Revolução Industrial – ou Revolução Técnico-científica –, é um desses fenômenos exemplares: a metropolização dos grandes centros urbanos não alterou apenas a paisagem arquitetônica e o perfil demográfico. Novas redes de sociabilidade, mais intensas, plurais e complexas se configuraram, radicalizando uma tendência que acompanha, de certa forma, a história mais recente das cidades, vistas pelo menos desde o século XVIII como espaços propícios tanto à construção de novos códigos de civilidade – ou mesmo de uma nova civilização – quanto à edificação de uma nova barbárie.

Ainda que estas duas imagens – a cidade como lugar de civilização e de vício – nunca tenham se dissociado completamente, uma engendrando, incorporando e ressignificando a outra, ao longo do século XIX é a segunda que parece prevalecer ao menos se tomarmos como referência os inúmeros discursos produzidos no período a anunciar o outono da civilização. A ideia de degenerescência é parte essencial de muitas narrativas que, pela ficção ou aspirando a um olhar e diagnóstico científicos acerca da "realidade", expressam o embaraço diante de uma das experiências vitais da modernidade urbana: a emergência da multidão, com seu irracionalismo, impulsividade e violência, real ou potencial. A perturbar ainda mais os sentidos, a convicção, nem sempre sutil, de que era a sociedade civilizada quem, afinal, nutria o monstro que a corroia e ameaçava.

O número de novas "ciências" que surgem neste contexto – a sociologia, o higienismo, a eugenia, a demografia, o urbanismo, a psicologia e a medicina sociais, entre outras –, na tentativa de compreendê-lo e ao mesmo tempo fornecer mecanismos úteis capazes de eliminar ou ao menos aplacar o mal-estar, é por si só expressivo. Parte deste novo elenco de disciplinas, a criminologia – também chamada inicialmente de "antropologia criminal" – nasce com o propósito de delimitar, como seu objeto privilegiado de investigação, não apenas o crime, mas a figura do criminoso, mapeando em seu corpo os indícios, inúmeros, de suas anomalias físicas e morais, de sua degenerescência e de seu atavismo. Italiana de nascimento – ao menos formalmente a criminologia surge com a obra "L'uomo delinquente", do médico italiano Cesare Lombroso, publicada em 1876 – ela rapidamente é adotada nos demais países europeus, com divergências pontuais ou não, e atravessa o Oceano. No "Novo Mundo" ela encontra solo fértil onde germinar: o acelerado processo de modernização em alguns países do continente americano oferece as condições propícias à reflexão criminológica, ainda que o contexto e as razões nem sempre coincidam com a realidade europeia.

No Brasil, a criminologia toma parte de um debate mais amplo, que remete ao confronto entre partidários do "direito clássico", de matriz liberal, e do "direito positivo", defensores da doutrina positivista; debate que desembocaria no Código Penal republicano, de 1890. Apropriada pelos segundos, ela somou aos esforços destes na sua crítica ao idealismo metafísico dos primeiros e na afirmação da necessidade de um olhar científico sobre o fenômeno criminal e, notadamente, sobre o criminoso. Devidamente adaptada à realidade local, sem por isso renunciar às suas premissas originais, ela serviu igualmente para refletir sobre alguns temas caros aos pensadores brasileiros, tais como a mestiçagem e a necessidade de pensar penas distintas para cada raça de acordo com seu estágio civilizacional.

Este capítulo acompanha parte deste percurso que, desde a Europa, informa novas maneiras de compreender o criminoso e a experiência criminal. Um dos objetivos é tentar mostrar que no contexto brasileiro da Primeira República, a criminologia representou um esforço conjunto de entendimento e prevenção do crime, tanto teórico – compreender as mudanças sociais oriundas, principalmente, do crescimento e da modernização urbanos – quanto prático – fornecer mecanismos de defesa social e instrumentos para novas práticas jurídicas e penais, devidamente amparadas cientificamente e capazes de tratar diferentemente os distintos segmentos sociais da população, principalmente a urbana.[1] Ainda que importado, e isso é fundamental à argumentação aqui proposta, não se trata de um pensamento estranho à nossa realidade. Antes pelo contrário, a criminologia é parte integrante e fundamental na edificação de um projeto de modernidade que, no Brasil, acompanhou os derradeiros anos do XIX e adentrou as primeiras décadas do século seguinte.

Uma nova sciencia: o nascimento da criminologia

Primeiro dos sete títulos que compuseram a coleção "A Novella Paranaense", *O automóvel n. 117* é o que mais explicitamente deixa entrever suas influências e filiações, notadamente os romances de folhetim e, especialmente no primeiro conto – que dá nome ao volume – um diálogo (ou tentativa de) com a literatura fantástica produzida no século precedente. A narrativa, já analisada no capítulo anterior, conta a história de Carlos, um jovem curitibano, estudante de Direito em São Paulo, perseguido pelas ruas da capital paulista por uma *limosine* vermelha de placa n.117. Após ter sofrido um acidente causado pelo misterioso veículo, o jovem convalescente consegue terminar seus estudos e retorna a Curitiba. O reencontro com a terra natal não lhe traz a paz de espírito que esperava. Atormentado pelo automóvel de número 117, que o persegue como um fantasma, o protagonista vê seus dias transcorrerem inquietos e instáveis. Impotente e imobilizado pela experiência traumática

> Carlos sentou-se á mesinha de estudo, acendeu um cigarro, e, procurando esquecer o ocorrido, tentou lêr um livro qualquer. Levou a mão á prateleira proxima. Folheou, ao acaso, Ponson du Terrail, tentando a leitura fantástica e attrahente do "Rocambole" ... Talvez lhe fizesse mal aquella leitura emocionante. Sim, elle não devia ler o "Rocambole". Jogou o livro para o lado. Tomou outro: "Novellas extraordinarias" de Poe. Parecia de proposito...[2]

Autor e personagem, provavelmente, se referem aqui à primeira edição brasileira das obras de Edgar Allan Poe, uma coletânea de dezoito de seus contos organizada, ao que tudo indica, a partir da tradução francesa de Charles Baudelaire,

---

1 ALVAREZ, Marcos; SALLA, Fernando; SOUZA, Luis Antônio Francisco de. A sociedade e a Lei: o Código Penal de 1890 e as novas tendências penais na primeira República. *Justiça & História*, Porto Alegre, vol. 3, n. 6, 2003, p. 97-130.

2 BARRETO, Octavio de Sá. *O automóvel n. 117... e outras novellas*. Curitiba: Empresa Gráfica Paranaense, 1925 (Novella Mensal n. 1).

publicada em 1856 com o título de "Histoires extraordinaires"; dentre as "novelas extraordinárias" reunidas no volume está "Duplo assassínio da rua Morgue".[3] Conto emblemático, considerado fundador do gênero policial e publicado originalmente em 1841, "Os crimes da rua Morgue", como se tornou conhecido nas traduções posteriores, conta a história de duas mulheres, mãe e filha, brutalmente assassinadas em circunstâncias consideradas extraordinárias (a porta e as janelas que davam para o exterior da casa estavam fechadas), e das investigações paralelas, conduzidas pela polícia e pelo detetive particular Auguste Dupin, até a elucidação do bárbaro crime pelo último: tratava-se, o assassino, não de um homem, mas de um símio, que fugira à vigilância de seu proprietário, um marinheiro de passagem por Paris, que pretendia negociá-lo na capital francesa antes de seguir viagem.[4]

O conto já apresenta algumas características que se tornariam, depois, elementares de boa parte da ficção policial: a ambientação urbana; o conflito entre a polícia, inepta ainda que cientificamente equipada, e o detetive particular (*private eyes*, em inglês), observador astuto, atento aos detalhes mais insignificantes; o papel da imprensa, cujo discurso funciona como elemento mediador e facilitador junto ao público leitor, tornando o crime um acontecimento "familiar"; a trama intrincada; o desfecho inesperado. Mas há nele outros elementos característicos de uma literatura que se está a produzir neste período e que se aprofundará nas décadas seguintes; uma literatura urbana, e não apenas policial, capaz de captar os sentimentos ainda ambivalentes de uma época de intensas transformações materiais e sensíveis. A natureza do crime, por exemplo, perpetrado no espaço privado, doméstico, justamente onde as personagens – e os leitores do conto – deveriam se sentir mais confortáveis e seguras, porque protegidas da turbulência das ruas, parece anunciar que, dali em diante, nenhum lugar seria suficientemente seguro.

---

[3] Publicada, acredita-se, em 1903, pela H. Garnier Livreiro-Editor, a coletânea reúne 19 textos de Poe, entre eles "O homem da multidão" e "A carta roubada", que seus estudiosos costumam classificar entre as narrativas policiais do escritor americano, junto com "Os crimes..." e o "O mistério de Marie Roget" – este último, no entanto, não constava daquela primeira seleção. Há pelo menos dois indícios de que se tratava de uma tradução feita a partir da edição francesa preparada por Baudelaire. A primeira é a versão em prosa para "O corvo", um poema em versos que, inclusive, já havia sido vertido para o português por Machado de Assis, que respeitara seu formato original. Além disso, o próprio título do conto aqui analisado na edição da Garnier reforça esta hipótese: a forma como aparece grafado na tradução baudelaireana, "Double assassinat dans la rue Morgue", é única e original, distinta inclusive do título em inglês quando da sua publicação em 1841: "The murders in the rue Morgue". Cf.: BOTTMANN, Denise. Alguns aspectos da presença de Edgar Allan Poe no Brasil. *Tradução em Revista*, v.1, 2010, p. 1-19.

[4] POE, Edgar Allan. Os crimes da rua Morgue. In.: *Ficção completa, poesia & ensaios*. Rio de Janeiro: Nova Aguilar, 2001.

Mas é na elucidação do assassinato que Poe deixa escapar o que me parece o elemento mais rico e complexo de sua narrativa: ao introduzir um animal feroz na trama e responsabilizá-lo pela morte de duas inocentes mulheres – uma delas ainda donzela –, ele não apenas contorna um problema que provavelmente feriria sua sensibilidade e educação românticas. Mais que isso, a presença da besta fera na primeira narrativa de crime da literatura elabora, pela ficção, dois elementos fundamentais da cultura moderna. Primeiro, a profunda contradição entre natureza e civilização, inconciliáveis em sua irredutível diferença: deslocado de seu *habitat* natural, os instintos primitivos do símio foram exacerbados; o contato com a cidade, sua forçosa inserção no mundo humano da cultura, tornou-o, mais que selvagem, assassino. Mas a violência animal é também – e eu diria, *principalmente* – alegoria de uma violência outra, humana, demasiado humana, já temida mas sobre a qual ainda não se pode dizer, pois que era "muito cedo para encará-la frente a frente".[5] O conto de Poe revela assim uma "estrutura de sentimentos" que contradiz desde dentro, em um nível "subterrâneo", um discurso que, consolidado nas décadas subsequentes, acabaria por tornar-se em grande medida a identidade fundamental do século XIX. Se a ideia de progresso – técnico, científico, industrial, etc... – cravou forte no oitocentos, seu avesso pode revelar uma sensibilidade menos otimista e mais cética, ciente já, por caminhos tortuosos e mesmo inconscientes, que as máscaras de que se serve a civilização encobrem a face assustadora, bestial e desumana da barbárie.

Discursos e imagens que denunciam os componentes bárbaros da constituição e da condição humanas, como que a relativizar nossa própria humanidade e denunciando a precariedade de nossa humanização, são abundantes na literatura do século XIX. O processo pelo qual as sensibilidades literárias representaram as inúmeras anomalias do humano – no limite, nossa própria inumanidade –, no entanto, diferem e de certo modo permitem como que um vislumbre de que, quanto mais sólida a experiência da modernidade, maiores foram os temores que ela produziu. Assim, se em romances como "Frankenstein", de Mary Shelley, publicado originalmente em 1818; ou nos contos de E.T.A. Hoffmann, do mesmo período, a "monstruosidade" é objetivada em personagens que não são exatamente humanos, posto que artificialmente produzidos, com uma existência autônoma (e pelo menos em um caso, o conto "O homem de areia",

---

[5] ARAÚJO, Ricardo. *Edgar Allan Poe: um homem em sua sombra*. São Paulo: Ateliê Editorial, 2002, p. 87.

de Hoffman, trata-se mesmo de um autômato), esta singularidade dos personagens do começo do século tende a desaparecer nas décadas subsequentes. Na segunda metade do oitocentos a monstruosidade já é apresentada como a outra face do humano, como é o caso de "O estranho caso de Dr. Jekyll e Mr. Hyde" – popularmente conhecido como "O médico e o monstro" –, de Robert Louis Stevenson, ou "Drácula", de Bram Stoker. Publicados com poucos anos de diferença – 1886 e 1897, respectivamente – os dois títulos têm em comum a suspensão da distância entre o "humano" e o "monstro". Ambos os personagens são a representação daquilo que Arthur Herman, analisando a literatura do período, chamou de "a dualidade evolucionária do homem moderno".[6] Sem os filtros da civilização, puro impulso de destruição, eles são a expressão do nosso próprio mal estar. Não por acaso o personagem de Stevenson afirma, a certa altura de "O médico e o monstro": "O meu demônio ficara enclausurado durante demasiado tempo. Saiu, rugindo", professando, alguns anos antes de Freud, que o preço a pagar pela civilização é a repressão do nosso animal interno. Mas, para desespero dos homens e mulheres coevos, seus leitores, repressão não significa, necessariamente, aniquilação.

A literatura mais propriamente urbana, policial ou não, tem sua própria cota de monstruosidades. Nas tramas detetivescas de Wilkie Collins ou Conan Doyle, ambientadas na Inglaterra vitoriana, ou na saga dos Rougon-Macquart, de Emile Zola, uma "história natural e social de uma família sob o Segundo Império", na definição de seu autor, desfilam personagens marcadas por uma espécie de impotência ou incapacidade de internalizarem os novos códigos de moralidade e de civilidade que definem a vida

---

6 HERMAN, Arthur. *A idéia de decadência na história Ocidental*. Rio de Janeiro: Record, 2001, p. 132. Ao tratar do tema do estranhamento em um texto hoje célebre, Freud dá ao termo *estranho* duas definições. Etimologicamente, a palavra – em alemão, *Unheimlich* – se refere aquilo que é oposto ao doméstico e nativo, é o não familiar, o desconhecido. Do ponto de vista psicanalítico o "estranho é o eu": produto de uma psique perturbada e sitiada pelas pressões da vida moderna, ele é resultado de sentimentos, pulsões e desejos inconfessáveis e intoleráveis diante de exigências sociais extremas. Escondido e recalcado, ele suscita horror e angústia porque convive conosco e por estar em nós, pois ao excluir, o recalque faz do excluído região nuclear e centro pulsativo da experiência. Seu retorno revela, de um lado, um eu paradoxal, dividido, discordante e diferente de si mesmo e, de outro, "algo que deveria ter permanecido oculto mas veio à luz". Cf.: FREUD, Sigmund. O estranho. In: *Obras completas de Sigmund Freud (vol. XVII)*. São Paulo: Imago, 1977, p. 275-314. A citação está na pág. 301.
Em sua aplicação dos conceitos da psicanálise à interpretação histórica, Peter Gay alerta para a possibilidade de se ler o texto freudiano para além de suas intenções originais. Para o historiador americano, o estranho é também manifestação de uma violência recalcada pelas imposições da cultura, mas ainda latente; domesticada e intensificada na mesma proporção, ela é capaz de solapar o ordenamento do mundo tal como conhecido – e principalmente desejado – impondo a necessidade de se marcar, incessantemente, o estranho – que simboliza o que foi recalcado, mas que retorna em seu estado bruto e selvagem – com o estigma da diferença inquietante e ameaçadora. Cf.: GAY, Peter. *A experiência burguesa da rainha Vitória a Freud – O cultivo do ódio (vol. 3)*. São Paulo: Companhia das Letras, 1995, especialmente pp. 135-217 e 515-528.

moderna. Se a literatura de cunho mais fantástico ou de terror apela ao extraordinário e mesmo ao sobrenatural para expressar a confusão que se instaurara em um ambiente em que deveria prevalecer a ordem e o equilíbrio proporcionados pela razão, a literatura urbana é, neste aspecto, ainda mais emblemática. Porque ela não precisa de outra coisa senão do trivial cotidiano; sua inumanidade não é a do morto vivo ou do *gentleman* que se vê transfigurado em fera, um e outro privados, pelas condições excepcionais de sua existência, de humanidade ou, ao menos temporariamente – como no caso do Dr. Jekyll – privados da capacidade de agirem como humanos. O que a torna ainda mais desconfortável, mas ao mesmo tempo irresistivelmente atraente, é sua capacidade de banalizar o anormal, tornando-o familiar a um número maior de leitores pela afirmação, mesmo que relativa, de sua normalidade. Ao mesmo tempo, de acordo com Foucault, é preciso que esses acontecimentos "apesar de sua freqüência e monotonia, surjam como singulares, curiosos, extraordinários, únicos ou quase, na memória dos homens".[7]

Não é casual a imensa popularidade que a ficção policial, que nasce como desdobramento da literatura urbana, rapidamente adquire. Acompanha-a a proliferação de um gênero narrativo, a crônica policial, que mantém com a literatura uma relação simétrica, ainda que calcada na suposição de expressar verdades ainda mais "verdadeiras" que as dos contos e romances, pretensão justificada por sua propalada aderência ao "real" em contraposição ao universo fantasioso da ficção. É bem verdade que não se pode levar ao pé da letra esta pretensão e nas reportagens policiais que aos poucos ganham destaque nas páginas dos jornais, noticiar é apenas um dos objetivos. Pela escrita jornalística, que transforma o crime em uma espécie de *ficção*, pretende-se trazê-lo para mais perto do leitor por meio de uma série de recursos narrativos que fazem com que o texto mantenha com "real" do crime uma relação apenas analógica. Mais que simples acontecimento, ele é re-apresentado nas páginas dos jornais como um espetáculo a ser consumido e esquecido para que outro crime – ou o mesmo, atualizado – o substitua na edição do dia seguinte.

A linguagem quase cênica com que as reportagens policiais são apresentadas, não tem como intenção entreter os leitores durante o café matinal ou o chá vespertino com o teatro de horrores cotidiano. A abordagem familiar, a iniciativa de ressaltar a "face humana" do crime, não é casual. Embora à primeira vista possa parecer contraditório, é exatamente nela que a imprensa revela, ainda que de forma sutil e subliminar, as intenções e o alcance de seu papel político. Michel Foucault nos conta como a "produção da delinqüência" pelo aparelho penal tem, no noticiário

---

[7] FOUCAULT, Michel. Os assassinatos que se conta. In.: *Eu, Pierre Rivière, que degolei minha mãe, minha irmã e meu irmão*. Rio de Janeiro: Graal, 1991.

policial então em formação, um forte aliado no desenvolvimento de uma "tática de confusão" que tinha por intuito criar um estado de conflito cotidiano e permanente. A intenção era "impor à percepção que se tinha dos delinqüentes contornos bem determinados: apresentá-los como bem próximos, presentes em toda parte e em toda parte temíveis".[8] Trata-se enfim de, pelas palavras, atribuir uma coesão e uma unidade aquelas histórias que, pela violência com que são narradas, estão fora de qualquer sentido. Paradoxalmente, é pela mesma narrativa que essas histórias inscrevem-se no cotidiano dos leitores, tornam-se próximas e "reais". Mas uma "realidade" que precisa ser negada, porque sua existência é uma ameaça à ordem. Localizados para além das fronteiras da norma e da normalidade, a delinqüência e o crime, e principalmente seus protagonistas, são estigmatizados não por aquilo que *são*, mas pelo que *não são*.

※

O consolo para esta sensação de desconforto viria de outro discurso que não o literário e jornalístico, consciente ou inconscientemente mais dispostos a ressaltar o incômodo ao invés de aplacá-lo. É nas ciências que se buscarão alternativas para uma compreensão mais profunda e racional do mal estar que aflige a sociedade, bem como os meios para remediá-lo.[9] Na Inglaterra e na França, sociedades paradigmáticas para se entender as muitas transformações ocorridas ao longo do século XIX, a preocupação com o crime mobilizou esforços os mais diversos. Em terras britânicas, as *Poor Laws*, juntamente com uma presença mais ostensiva e organizada do aparato policial, entre outras medidas, denotando uma preocupação do Estado com a criminalidade, mas também com a contenção e vigilância da pobreza urbana, já são um fenômeno conso-

---

8 FOUCAULT, Michel. *Vigiar e punir - História da violência nas prisões*. Petrópolis: Vozes, 1989, p. 250-56.
9 É verdade que os dois gêneros, ainda que distintos em suas estruturas e objetivos, não se afastaram completamente. O discurso científico não cessou de oferecer um repertório bastante diversificado de tipos criminosos para os autores de ficção, como demonstram as caracterizações algo lombrosianas de personagens tão diversos como Drácula ou Mr. Hyde, ou algumas das passagens de Conan Doyle – de que é exemplar o diálogo final entre Holmes e Watson no conto "O homem que andava de quatro" –, além da aproximação com a antropologia criminal recorrente nos romances de Emile Zola. O caminho inverso também foi trilhado. Em seu trabalho "Os criminosos na arte e na literatura", o criminologista italiano Enrico Ferri estuda as "inúmeras metamorfoses do crime e do espírito criminoso na sociedade" e como elas foram representadas na literatura, reconhecendo que "só a arte procurou durante muito tempo, a figuração material ou a análise psicológica do delinqüente". Leitor voraz e erudito, Ferri admirava especialmente o francês Zola, que considerava "um artista genial e poderoso, cujo cérebro foi oxigenado pelo ar puro e vivificante da ciência humana". FERRI, Enrico. *Os criminosos na arte e na literatura*. Pôrto: Imprensa Portuguesa, 1936, p. 13-14 e 149-150, respectivamente.

lidado nas últimas décadas do século XVIII.[10] Na França, a *Préfecture de Police* é criada em 1800 e o Código Penal é promulgado em 1810, no bojo da efervescência modernizadora da burocracia estatal patrocinada pelo Imperador Napoleão. Para o historiador Dominique Kalifa, a sociedade francesa foi, neste período, "obsédé par la question du crime", um fenômeno ao mesmo tempo social e cultural.[11]

Mas é na ainda pouco industrializada Itália que nasce a ciência por excelência do crime e do criminoso, com data de nascimento e paternidade devidamente registradas. Foi com a publicação, em 1876, de *L'uomo delinquente*[12], que o médico italiano Cesare Lombroso dá início a criminologia, por ele também chamada de "antropologia criminal". Apesar de sua extensão, a obra é como que o resumo dos resultados dos muitos anos de pesquisas realizadas pelo autor em prisioneiros italianos, vivos ou mortos. É o próprio Lombroso, aliás, quem narra, em tons algo épicos, o percurso que o levou à sua "descoberta", a da existência de um *criminoso nato*, no discurso que proferiu na abertura do VI Congresso de Antropologia Criminal, realizado em Turim em 1906. Apresentando-se como "o mais antigo soldado da antropologia criminal", ele conta como, depois de meses de pesquisa tentando fixar, sem resultados, diferenças substanciais entre loucos e criminosos, em uma "triste manhã de dezembro"

> Eu descobri no crânio de um delinquente toda uma longa série de anomalias atávicas (...). À vista destas estranhas anomalias, como uma aparição sob um horizonte iluminado, o problema da natureza e da origem do criminoso me apareceu resolvida: os caracteres dos homens primitivos e dos animais inferiores voltam a se reproduzir em nossos tempos.[13]

A obra máxima da pena lombrosiana, que lhe granjearia fama internacional, é resultado de uma quase "epifania", segundo seu próprio criador. É verdade que aquelas alturas, passadas exatas três décadas de sua primeira edição, *L'uomo delinquente* já enfrentava críticas as mais diversas e eram poucos fora do círculo mais

---

10 LINEBAUGH, Peter. Crime e industrialização: a Grã-Bretanha no século XVIII. In.: PINHEIRO, Paulo Sérgio (org.). *Crime, violência e poder*. São Paulo: Brasiliense, 1983, p. 101-137.
11 KALIFA, Dominique. *Crime et culture au XIXe siècle*. Paris: Perrin, 2004, p. 9-11.
12 Utilizo uma das edições francesas da obra: LOMBROSO, César. *L'homme criminel*. Paris: Félix Alcan Éditeur, 1895 (2 t.).
13 "Je trouve dans le crâne d'un brigand toute une longue série d'anomalies atavistiques (...). A la vue de ces étranges anomalies, comme apparait une large plaine sous l'horizon enflammé, le problème de la nature et de l'origine du criminel m'apparut résolu: les caracteres des hommes primitifs et des animaux inférieurs devaient se reproduire de nos tems". LOMBROSO, Cesare. Discours d'ouverture du VIe Congrès d'anthropologie Criminelle. *Archives d'anthropologie Criminelle, de Criminologie et Psychologie Normale et Patologique*. Tome 23, 1906, p. 665-666. Tradução do autor.

restrito de seus discípulos, os que ainda acreditavam sem restrições nas teses expostas pelo mestre italiano. Seu discurso é, portanto, uma maneira também de reafirmar a pertinência de sua teoria, defendendo-a de seus rivais. Por outro lado, e apesar das críticas, seu nome e sua obra ainda despertavam paixões, além de respeito, e o fato de que muitas das reflexões, mesmo aquelas que o contradiziam, os tomarem como ponto de partida, reafirma sua importância.

O livro começa com uma longa explanação, fartamente documentada, sobre a existência de anomalias que levam a manifestações de atitudes criminosas entre plantas e animais. Nos segundos, os exemplos que elenca vão da sodomia e outras perversões sexuais até o infanticídio, o parricídio e o canibalismo; os motivos também variam: formigas matam por voracidade; crocodilos comem os filhotes que não sabem nadar; uma gata angorá, ninfomaníaca e excessivamente fecunda, é culpada de "delitos por paixão".[14] O passo seguinte é a demonstração da existência de comportamentos semelhantes entre os selvagens, e a conclusão de que, entre estes e os animais, "o crime não é exceção, mas regra quase geral".[15]

A relação entre animais e selvagens sintetiza o objetivo central da obra lombrosiana, expresso ainda mais claramente no discurso de 30 anos depois, diante dos participantes do Congresso de Antropologia Criminal. Para o médico italiano, o criminoso seria o resultado de um atavismo, como que um retrocesso no processo civilizador, que o lançaria para mais próximo do selvagem e, portanto, da condição de natureza, que do mundo humano da cultura. Derivam daí duas conclusões que fundamentam a obra de Lombroso e que ele defendeu até sua morte, em 1909. Primeiro, que o crime não é um fenômeno a ser estudado a partir de balizas sociais, mas naturais. A segunda, que deriva desta e é igualmente fundamental, ele a expressa logo nas primeiras páginas de seu livro: se existe uma verdade sobre o crime, e se se pretende descobri-la, é preciso, mais que o *crime*, estudar os *criminosos*.[16]

A condição atávica do criminoso, tese por excelência da chamada "escola italiana", dada sua importância, merece que nos debrucemos com um pouco mais de cuidado sobre ela. Sua origem, como boa parte do conhecimento científico do século XIX, bebe em diferentes fontes, a maioria delas mais ou menos contemporâneas. Desde o começo do século XIX, estudos médicos devotados a encontrar traços que explicassem, biologicamente, as atitudes criminosas, eram relativamente comuns. Algumas das conclusões de Lombroso, tais como o papel da hereditariedade na formação do delinquente, já vinham

---

14 LOMBROSO, César, tome 1, p. 7-27.
15 LOMBROSO, César, tome 1, p. 35.
16 LOMBROSO, César, tome 1, p. VI.

sendo desenvolvidas desde os primeiros anos da centúria por médicos e psiquiatras, especialmente na França e Inglaterra. Mas é no degeneracionismo, corrente francesa derivada dos estudos sobre a hereditariedade e liderada pelo médico-psiquiatra de origem belga, Bénédict Morel, cujas teses vêm à luz no final dos anos de 1850, que Lombroso encontra uma de suas fontes centrais de inspiração. Embora tenha se dedicado principalmente ao estudo da alienação mental, as formulações de Morel apontavam para a possibilidade de serem adaptadas ao estudo dos criminosos. Em linhas gerais, para ele tanto a loucura quanto o crime derivavam de condições nocivas, patológicas ou sociais, que favoreciam o aparecimento de indivíduos marcados pela degenerescência física ou mental, num ciclo vicioso que, se não devidamente contido, condenaria as gerações futuras à oferecer "uma grande quantidade de frutos secos, 'imbecis', histéricos', 'tarados', 'cretinos', cuja multiplicação anunciaria o fim dos tempos, termo derradeiro do mal hereditário".[17]

Apesar do acento biológico, a obra de Morel não deixou de ser informada pelas condições sociais do momento em que foi produzida. A historiadora Ruth Harris nos mostra que muitas das concepções médicas do período eram uma tentativa de resposta às angústias que acometiam homens e mulheres do *fin-de-siècle*, especialmente os pertencentes às classes mais abastadas das grandes cidades, que conviviam diariamente com os muitos problemas decorrentes da urbanização. À medida que o progresso mostrava sua outra face, e as péssimas condições em que viviam as classes trabalhadoras, sempre tão próximas de se tornarem classes perigosas, ganhavam uma incômoda visibilidade, estudiosos como o próprio Morel ampliavam seu escopo de análise e suas interpretações, "notando como as condições peculiares à civilização 'moderna' produziam uma série enorme de enfermidades físicas, morais e sociais. Os que trabalhavam em aglomerações urbanas eram obrigados a subsistir numa cloaca de imundícies físicas e morais, produzindo uma cadeia de circunstâncias deletérias que originavam o processo degenerativo."[18]

Nada disso importava a Lombroso, que reteve de seu predecessor tão somente aquilo que interessava a sua teoria e a nova ciência que ajudava a formular: a ênfase nos caracteres naturais como demonstração cabal da condição atávica do comportamento criminoso. Boa parte da obra lombrosiana é um esforço por mostrar as manifestações, físicas e psicológicas, de sua "descoberta científica", rapidamente alçada à condição de "verdade". No corpo, elas vão desde o uso das tatuagens, comuns nos homens selvagens e presentes apenas, entre os modernos, naqueles pertencentes às "classes inferiores" – tais como marinheiros, trabalhadores, soldados e, claro, criminosos – até a insensibi-

---

17 DARMON, Pierre. *Médicos e assassinos na Belle Époque*. Rio de Janeiro: Paz e Terra, 1991 p. 42.
18 HARRIS, Ruth. *Assassinato e loucura: medicina, leis e sociedade no fin de siècle*. Rio de Janeiro: Rocco, 1993, p. 60.

lidade física, que tornaria especialmente os últimos mais resistentes à dor e, portanto, mais corajosos. Mas os sinais não param por aí: mais próximos da condição selvagem, os criminosos carregam também traços de uma degenerescência física que é mais sutil, nem sempre perceptível a olhares pouco treinados ou não suficientemente equipados. E a coleção é imensa: olhos, sobrancelhas, narizes, orelhas, mandíbulas, pés, mãos...[19] O corpo é o limite, e sua superfície é o texto onde o olhar do criminologista lê e interpreta a linguagem muitas vezes agônica com que a natureza se expressa.

O movimento é semelhante quando trata da psicologia do "criminoso nato". Nele, a insensibilidade moral é o correlato psíquico e afetivo de sua insensibilidade física. Se esta se manifesta por uma maior resistência à dor, por exemplo, aquela se expressa por uma inclinação acentuada aos vícios de toda ordem – o jogo e o alcoolismo, principalmente –; uma sexualidade exacerbada, especialmente entre as mulheres; e uma dificuldade, quando não mesmo a incapacidade, de resistir a impulsos agressivos – o que Lombroso chama de "aberração dos sentimentos" –, justamente aqueles que impelem o homem delinquente a agir de forma violenta e perversa.[20] O percurso lógico de Lombroso é mais ou menos óbvio. Se o atavismo faz manifestar-se no delinquente indícios físicos e emocionais que o desumanizam, aproximando-o da condição selvagem dos antepassados, de um tempo em que a nossa humanidade não se realizara ainda em toda a sua plenitude, nada mais "natural" que esta inferioridade se manifeste também na dificuldade de controlar, pela razão, seus impulsos e paixões. Na vida moderna o criminoso nato se parece com o louco moral e o epiléptico, embora algumas das características de sua personalidade e de seu corpo o aproximem também do "homem do povo", também este uma espécie de "selvagem adormecido".[21] As certezas de Lombroso ecoam, de maneira exemplar, no trabalho de um de seus mais notáveis discípulos, o jurista Rafael Garófalo, para quem, em determinados criminosos, é patente "uma radical ausência de instinctos moraes, comparável, na phrase de um philósopho contemporâneo, à falta de um membro ou de uma funcção physiologica e tornando-os seres *deshumanisados*".[22] A desumanização acusada pela criminologia positiva informa ainda um dos objetivos centrais da penalogia moderna e que lhe confere um papel, mais que meramente punitivo, pedagógico. Trata-se de inserir o criminoso à sociedade a partir de um processo terapêutico em que os meios empregados – a disciplina, o trabalho, a higiene, etc... – têm como fim humanizá-lo,

---

19 LOMBROSO, César, tome 1, p. 266 e 356-361.
20 LOMBROSO, César, tome 2, p. 125-150.
21 LOMBROSO, César, tome 2, p. 146-150.
22 GAROFALO, Raffaelle. *Criminologia – Estudo sobre o delicto e a repressão penal*. Lisboa: Typographia do Porto Medico, 1908, p. 87. Grifo no original.

polindo as asperezas de uma natureza bruta para desenvolver nele os mecanismos civilizatórios capazes de sobrepor, aos instintos incontroláveis e violentos, os instrumentos de uma racionalidade uniforme, assujeitada e domesticada.

Apesar da notoriedade e da influência de Lombroso e da "escola italiana", foi breve o período em que seu pensamento impôs-se quase como unanimidade. A principal oposição viria da França e de um grupo de criminologistas reunidos em torno às lideranças do médico Alexander Lacassagne e do sociólogo Gabriel Tarde, fundadores e editores dos *Archives de l'Anthropologie Criminelle*, anuário que ao longo de quase três décadas – de 1886 a 1914 – foi um dos principais veículos de circulação e debate das ideias e tendências que deram forma à "ciência criminológica". A principal diferença entre as duas escolas, a italiana e a francesa, era o entendimento da natureza do criminoso. Diferença significativa, importante que se diga, ao opor à determinação biológica pressuposta pelos lombrosianos, o "meio social" como fator determinante na constituição daquele. No entendimento dos seus protagonistas, não se tratava de debater diferenças meramente conceituais ou abstratas, ainda que estas fossem relevantes. Se uma ciência era mais válida quanto maior fosse sua aplicabilidade prática, tratava-se, também no caso da criminologia, de verificar qual das tendências fornecia não apenas um entendimento acerca da "natureza do crime e do criminoso", mas meios e ferramentas para defender a sociedade contra a ameaça que ambos representavam.

Em artigo publicado em 1891, Lacassagne formula de maneira límpida o que denomina um programa de novos estudos em antropologia criminal. Para o médico francês, a disciplina, tal como ela se formulara até ali, sob a égide dos pesquisadores italianos, não havia alcançado mais que

> (...) parcos resultados científicos e sem consequências práticas. (...) Estudar os criminosos de nossa época, é útil, necessário, mas é suficiente para compreender bem o que é o crime? Esta anomalia ou esta necessidade dos meios sociais se manifestam sempre da mesma maneira? As mudanças de hábitos e costumes são acompanhadas de transformações nas paixões. Se o homem é duplo como dissemos, anjo e besta, com bons e maus instintos, o aperfeiçoamento se concentrou sobre uns e não sobre outros! Tem havido – isto é certo – uma evolução do homem moral, mas como ela se fez? Qual é a parte dos modificadores de ordem cosmológica, biológica, sociológica?[23]

---

23 "(...) maigres résultats scientifiques et pas de conséquences pratiques. (...) Étudier les criminels de notre époque, c'est utile, nécessaire, mais est-ce suffisant pour bien comprendre ce qu'est le crime? Cette anomalie ou cette nécessité des milieux sociaux s'est-elle toujours manifestée de la même façon? Les changements dans les habitudes et dans les moeurs se sont-ils accompagnés de transformations dans les passions? Si l'homme est double comme on l'a dit, ange et bête,

Alguns anos mais tarde, as mesmas críticas seriam formuladas mas, desta vez, sem a sutileza do primeiro artigo. Em texto publicado em 1904 na revista *L'Année Psychologique*, Lacassagne e Étienne Martin, co-autor, retomam ponto a ponto as formulações da escola italiana, especialmente a tese do "criminoso nato" como sujeito atávico, cuja anomalia seria possível identificar por caracteres físicos, signos da sua condição selvagem e regressiva, para lhes opor o entendimento, em tudo diverso, da escola francesa e sua ênfase nas causas sociais e influências do meio – e os autores atribuem igual importância tanto a fatores naturais, tais como o clima ou as estações do ano, como aqueles de caráter efetivamente social, como a imitação ou a "sugestão".[24] Aquelas alturas, os territórios já haviam sido demarcados e, não raro, o cavalheirismo com que os debates eram travados há até alguns anos eram simplesmente deixados de lado, especialmente pelo grupo italiano.

Certamente não por acaso, o tom mais agressivo das discussões era proporcional ao declínio da influência de Lombroso, mais visível quanto mais incisivas eram as críticas dirigidas ao positivista italiano. No estudo minucioso que faz dos sete Congressos de Antropologia Criminal realizados entre 1886 e 1911, Pierre Darmon mostra que as mudanças no teor de sua orientação geral, expressas nas conferências e debates, são como que um termômetro da aceitação das ideias de Lombroso, bem como da dificuldade deste em aceitar as críticas que, a cada nova edição, ganhavam novos adeptos e contornos mais definidos.[25] Nem mesmo no último congresso, realizado dois anos depois da sua morte, e quando se lhe prestava o que todos consideraram um merecido tributo, suas teses – ou seu credo, segundo a denominação da direção do evento – foram poupadas. Comentando a homenagem que lhe prestara Enrico Ferri, um de seus herdeiros, Étienne Martin anota: "Eu acreditei ser necessário, na discussão que seguiu a conferência de Ferri, mostrar que o tipo criminoso edificado por Lombroso não pode ser, no estado atual da ciência, mais que uma visão do pensamento e não um fato indiscutível".[26] Não era, certamente, o fim da escola italiana, que se repensaria nos

---

avec de bons et de mauvais instincts, le perfectionnement a-t-il porté sur les uns et non sur les autres! Il y a eu – c'est certain – une évolution de l'homme moral, mais comment s'est-elle faite? Quelle est la part des modificateurs d'ordre cosmologique, biologique, sociologique?". LACASSAGNE, Alexander. Programme d'étude nouvelles en Anthropologie Criminelle. *Archives de l'Anthropologie Criminelle et de Sciences Pénales.*, Tome 6e, 1891, pp. 565-566. Tradução do autor.

24 LACASSAGNE, Alexander; MARTIN, Etienne. Anthropologie criminelle. *L'Année Psychologique*. Volume 11, numéro 1, 1904, p. 446-456.

25 DARMON, Pierre, p. 97-119.

26 "J'ai cru nécessaire, dans la discussion qui a suivi la conférence de Ferri, de montrer que le type criminel édifié par Lombroso ne pouvait être, dans l'état actuel de là science, qu'une vue de l'esprit et non un fait indiscutable". FERRI, Enrico. Le credo de l'École Italienne. VIIe Congrès d'anthropologie Criminelle. *Archives d'anthropologie Criminelle, de Criminologie et de Psychologie*

anos seguintes, inclusive incorporando parte das censuras que lhe eram dirigidas. Mas parece inegável, passado um século, que seu outono, anunciado ainda nos derradeiros anos do XIX, se acentuaria com a morte de seu fundador, líder e principal inspirador. A tendência, doravante, seria recusar o purismo dos anos iniciais, paulatinamente substituído por formulações de caráter mais híbrido. Portanto, nem o fim de uma escola, a italiana; mas tampouco a vitória de outra, a francesa. No alvorecer do novo século, quem perdeu a guerra, afinal, foi a ortodoxia.

*

As diferenças entre as duas correntes que, nas décadas derradeiras do XIX, forjaram a criminologia, não apagam completamente uma característica comum, que as aproxima talvez mais do que seus criadores gostariam: o determinismo. É como se, partindo de pontos de vista distintos, ambas chegassem a conclusões mais ou menos comuns: se pela sua natureza, se pelo meio, o indivíduo estava como que fadado, determinado à violência e ao crime, que agiam nele ou sobre ele como uma força incontrolável.

Esta concepção cética da "natureza" humana revela uma faceta ambígua da modernidade oitocentista. Se é verdade que a ideia de progresso – tecnológico, científico, industrial, intelectual, etc... – acompanha todo o século, e de maneira mais significativa nas décadas finais – o período que Renato Ortiz chama de "o segundo século XIX" – também o é que a mesma realidade que engendrou e legitimou as aspirações algo otimistas acerca do futuro da civilização Ocidental, fez também o parto daquilo que as contradizia. Segundo Arthur Herman, no final do período, em plena *belle époque*, portanto, "havia um consenso crescente de que uma onda de degeneração varria a paisagem da Europa industrial, deixando em seu rastro desordens tais que incluíam o aumento da pobreza, do crime, do alcoolismo, da perversão moral e da violência política".[27]

Se não é a única fonte de preocupação e temor, o crime sem dúvida será uma das principais razões da insegurança algo generalizada que tomou conta especialmente das camadas médias urbanas. Se por um lado muito desta insegurança advinha de uma percepção alimentada, em parte, pela crescente publicidade em torno ao assunto, nem por isso se pode subestimar o poder desta sensibilidade mais aguçada de mobilizar recursos, impelir à ação e influenciar políticas que, desde o Estado, visavam conter a ameaça. O problema é que muitas destas políticas geravam, por caminhos

---

Normale et Patologique. Tome 26, 1911, p. 883. Tradução do autor.
27 HERMAN, Arthur, p. 121.

tortuosos, resultados que não faziam mais que aumentar o risco, favorecendo as condições em que se reproduziam a decadência e a degeneração, física e moral. O sentimento é de que "algumas das próprias instituições que uma sociedade gera causam o declínio da raça", afirma Eugen Weber sobre o período. "O homem moderno cuida dos fracos, dos retardados, dos degenerados. A assistência pública, asilos, clínicas e hospitais prolongam a vida de pessoas – idiotas, imbecis – que vão gerar outros degenerados, cuja sobrevivência contribui para o desastre social. Essa seleção às avessas deveria terminar".[28] A solução, se solução havia, para minimizar ou mesmo eliminar a presença dos muitos "Mr. Hydes" que ameaçavam de dentro a sociedade, estava na capacidade de intervenção da ciência e do Estado, mas também na redefinição das suas prioridades, especialmente do segundo. Em síntese, o problema central estava em um Estado que mobilizava seus recursos para prolongar existências que, a rigor, contradiziam o próprio processo de seleção natural que conferia aos mais aptos e fortes o privilégio da sobrevivência. Tanto pior se algumas daquelas existências, além de débeis, depunham contra a integridade física e a propriedade privada, quando não contra a vida humana, incrementando as estatísticas criminais. A sociedade liberal, burguesa e urbana do oitocentos aprendeu a amar a ficção policial. Mas não havia, nela, lugar para os criminosos; não fora de suas páginas.

As ideias em seu lugar: cultura republicana e criminologia positiva

Ao analisar o processo de urbanização e modernização de Buenos Aires, capital argentina, Beatriz Sarlo cunha um conceito de que me sirvo para pensar o processo de transferência do pensamento criminológico europeu para o continente latino-americano. Para a pensadora portenha, sua cidade experimentou o que ela chama de "modernidade periférica", que pouco tem a ver com a condição tardia e precária com que muitas das mudanças experimentadas antes e mais intensamente no contexto europeu chegaram às sociedades latino americanas. Segundo Sarlo, o que efetivamente determina a condição periférica é a tentativa de articular as linguagens modernas – e mesmo modernistas, no caso das auto-proclamadas vanguardas artísticas – produzidas no "Velho Mundo" às tradições e costumes locais, fazendo emergir novas "identidades" – estéticas, étnicas, políticas, etc... – capazes de aproximar, se não mesmo harmonizar, passado e futuro, tendo o presente como ponto de encontro e inflexão. Num certo sentido, ela indica a sobrevivência, e mesmo a imposição, de resquícios do mundo rural, com

---

28 WEBER, Eugen. *França fin-de-siècle*. São Paulo: Companhia das Letras, 1988, p. 24.

sua "cultura oral, violenta e à mercê das paixões", ao mundo urbano, lugar de realização da modernidade, com sua "razão, os livros e as leis".[29]

Trata-se, portanto, de um uso da ideia de periferia que a afasta daquele mais corrente, que vê na condição periférica uma dependência irredutível em relação ao centro, a condenar sociedades e nações inteiras à subalternidade política, intelectual ou cultural. Se dependência há, ela nem por isso significa acomodação ou resignação, mas contaminação, tensão, conflito; no diálogo e na convivência com o "centro", defende Sarlo, as periferias problematizam normas e valores, ressignificam instituições e convenções, reinventam saberes e linguagens, produzem experiências e culturas híbridas, nascidas da porosidade contaminante das fronteiras. Numa palavra, a periferia é sempre zona de confronto, não de conforto. Na América Latina a modernidade foi tecida recorrendo a restos atualizados e ressignificados do passado, integrando-se simbolicamente, por meio deles, à história e a cultura Ocidentais sem que se perdessem completamente, no entanto, suas especificidades.

O Brasil não é exceção: também aqui tradição e modernidade, passado e presente estabeleceram entre si relações complexas e conflituosas. O caráter periférico de nossa modernidade já havia sido apontado no Brasil do Segundo Império em romances que satirizavam nossa debilidade urbana e institucional, como é o caso de *Memórias de um sargento de milícias*, de Manoel Antônio de Almeida, de 1854. Nas décadas seguintes, Machado de Assis seria o cronista por excelência principalmente das muitas contradições do ambiente da Corte, estendendo seu olhar agudo à vida social e política do Rio de Janeiro sob os primeiros anos da República. Boa parte, aliás, da produção literária brasileira do início do século XX traduz o desencanto e a perplexidade causados pelas fissuras e descontinuidades do projeto republicano e modernizador. Poucas obras são mais contundentes, no entanto, na crítica à República e suas implicações quanto a de Lima Barreto. Eu gostaria de me valer rapidamente de uma delas, o romance *Numa e a Ninfa*, para alargar um pouco mais, e tentar traduzi-las para o contexto brasileiro, as reflexões sugeridas por Beatriz Sarlo.

A narrativa, publicada em forma de folhetim entre março e julho de 1915 no jornal *A Noite*, gira em torno a Numa Pompílio de Castro. Deputado medíocre, sua insignificância era tanta que passados os primeiros anos de seu mandato "os próprios contínuos não lhe guardaram com facilidade nem o nome nem os traços fisionômicos", chamando-o muitas vezes "Nuno". Anódino, entre seus pares era visto como "o deputado ideal; já se sabia de antemão a sua opinião, o seu voto, e a sua presença nas

---

29 SARLO, Beatriz. *Jorge Luis Borges, um escritor na periferia*. São Paulo: Iluminuras, 2008, p. 140.

sessões era fatal".[30] Um "parasita político", que construiu sua trajetória barganhando, com os poderosos, apoio em troca de cargos e votos. Se o conformismo colaborou para a sua ascensão, o casamento arranjado por interesses políticos a consolidou: os discursos escritos a quatro mãos por Edgarda, sua ambiciosa esposa, e o amante Benevenuto, contribuíram para que suas idas à tribuna o tornassem um parlamentar respeitado entre seus pares.

A história, se trivial em sua estrutura, coloca em cena alguns temas caros a Lima Barreto. Entre eles, o arrivismo e o clientelismo comuns à vida política brasileira, um e outro resquícios de uma herança colonial e patriarcal a embaralhar de maneira promíscua as fronteiras entre a esfera política e o mundo doméstico. Se ao longo do romance apareçam aqui e acolá lampejos de um esforço modernizador, a tentar fornecer ao Estado uma feição administrativa e burocrática que contribuam na consolidação das instituições políticas republicanas, este esforço convive com a instrumentalização e apropriação da "coisa pública" para fins privados: o enriquecimento ilícito, o exercício ilegítimo e autoritário do poder, o personalismo, etc. Vem daí, para o escritor carioca, o pouco apego à democracia; a indiferença para com as carências sociais; a resistência a incluir camadas mais expressivas da população à vida política; o ufanismo nacionalista a encobrir inúmeros males, como a desigualdade, a injustiça, a corrupção, o racismo e as muitas formas, nem todas legais e legítimas, de violência estatal. Enfim, vem dessa precariedade com que se incorporou no Brasil o espírito republicano uma concepção "paternal" de governo: mesmo entre indivíduos urbanos e letrados, ela não difere, provoca Lima, da de um camponês russo, um "mujique".[31]

A fragilidade de nosso processo de modernização política não foi tema apenas da literatura. No mesmo período, pensadores como Sérgio Buarque de Holanda – leitor, aliás, de Lima Barreto –, entre outros, apontavam as muitas precariedades de nossa modernidade. Em um período de efervescência intelectual e de uma reflexão intensa sobre o Brasil, algumas questões atravessaram diferentes saberes em busca de possíveis respostas: quais as razões e explicações históricas para o nosso delicado desenvolvimento, para a precariedade de nossas instituições, para o descompasso entre os interesses do Estado e os da sociedade? Em que medida o fardo do passado pesa ainda sobre o presente e até onde ele é capaz de orientar os projetos futuros? Se uma das características da sociedade moderna é a distinção entre ordem familiar e ordem estatal – esta última caracterizada pela impessoali-

---

30 BARRETO, Lima. *Numa e a Ninfa (Obras completas, vol.III)*. São Paulo: Brasiliense, 1956, p. 25.
31 BARRETO, Lima, p. 199.

dade das instituições e da lei; e aquela pelas vontades particulares, a solidariedade e a ajuda mútua –, no Brasil nossa dificuldade para superar a ordem privada e os valores familiares e domésticos ensejou, historicamente, um "Estado patrimonial", caracterizado entre outras coisas pelo apego aos interesses pessoais em detrimento da coisa pública. O avanço da mentalidade e das instituições urbanas sobre o modo de vida rural foi construída sobre as bases do antigo patrimonialismo, do qual não se liberta completamente. Prevalece uma aparência de modernidade a encobrir a ligação problemática com os antigos valores e que desliza também para o campo intelectual e profissional, onde se destacam o apego ao bacharelismo e as profissões liberais que caracterizam o período de ascensão dos centros urbanos, denunciados com mordacidade por Lima Barreto em inúmeros escritos.

A edificação do regime republicano foi uma tentativa de conciliar dois desejos a princípio antagônicos: o de manter os valores tradicionais, familiares e domésticos, revelados em grande medida no conservadorismo de nossas elites, e o apego às ideias e movimentos que buscavam a criação de um Estado administrativa e juridicamente moderno, importados da tradição intelectual e política europeia. Na crise gerada pelo confronto entre os valores tradicionais e familiares e os valores urbanos e liberais, a elite brasileira nunca conseguiu se desvencilhar completamente dos primeiros, deixando de herança às gerações futuras um "déficit democrático", visível na presença da herança patrimonial e em seus desdobramentos: o personalismo e autoritarismo das elites; a crescente militarização do aparelho estatal; a forte influência das instituições religiosas, notadamente a católica; a continuidade de uma política excludente, assentada na violência contra movimentos sociais reivindicatórios; e a marginalização e estigmatização de grupos e indivíduos indesejados, justificadas e legitimadas jurídica e "cientificamente".

Ora, se mesmo entre as elites, como sugere o romance, permanências indesejáveis como que atravancam o processo de inserção nacional no mundo civilizado e moderno, o problema é ainda mais agudo quando o que está em foco são as classes populares. Porque se no que tange às elites o problema é da ordem da tradição e do arcaísmo presentes no exercício do poder, a questão fundamental que se colocou aos intelectuais brasileiros do período reside no caráter atávico dos grupos subalternos. Ou seja, se há resistências à modernização em determinados setores elitistas, elas diferem dos grupos e classes populares, cuja impertinência tem razões mais profundas, porque da ordem da natureza. Isso explica, ao menos em parte, porque no continente foi a medicina, mais que o direito, o saber a partir de onde se difundiu e consolidou a criminologia. E porque as disciplinas que dela derivaram – tais como a eugenia e o higienismo – foram rapidamente difundidas enquanto, não raro, as instituições jurídicas e políticas continuavam lidando com os resquícios da herança colonial portuguesa – e também espanhola –, retardando sua modernização.[32]

❧

Militante das causas científicas de seu tempo, o médico curitibano João Candido devotou parte de seu tempo a propagar, entre seus contemporâneos, os beneplácitos da eugenia moderna, proclamando-se discípulo e admirador de Galton e de Kehl. Parte desta cruzada eugênica, sua palestra proferida a uma seleta audiência no Hospital de Misericórdia de Curitiba, intitulada "O alcool não é aperitivo nem thermogenico", sintetiza uma de suas mais agudas preocupações: os riscos advindos do consumo indisciplinado de bebidas alcoólicas, responsável direto, segundo ele, pela degradação física e moral do indivíduo e da sociedade, e por muitos dos males da vida moderna. Entre as medidas radicais sugeridas para "ser dado um remédio a esse mal social", estão a instituição de uma "Lei Seca", à maneira americana; a limitação da venda de bebidas alcoólicas a estabelecimentos destinados exclusivamente para estes fins e, finalmente, a proibição pura e simples da fabricação da aguardente: "Que se cohiba o uso do álcool por qualquer meio, porque eliminando-se esse tóxico o organismo terá mais resistência, a mortalidade minguará, os delictos diminuirão, a nossa raça ficará mais forte, a nossa Patria mais prospera e feliz".[33]

Ele não estava sozinho, nem eram vãs suas palavras. Nos anos iniciais da República assistiu-se, no Brasil, a um extenso e significativo investimento de grupos os mais diversos, de dentro e de fora do Estado, mas sempre sob os auspícios deste, no sentido de promover o país a um grau mais elevado de civilização. Tarefa nada fácil, a se levar em conta alguns dos discursos da época. Como na Europa, o ingresso das cidades brasileiras no admirável mundo novo da modernidade não se fez harmonicamente. Como lá, os sentimentos modernos foram aqui forjados à base de ambiguidades ou mesmo contradições nem sempre sutis. Não é incomum encontrarmos em um

---

32 BARRENECHE, Osvaldo. ¿Lega o Letrada? Discussiones sobre la participación ciudadana en la justicia de la ciudad de Buenos Aires durante las primeras décadas de independencia y experiencia republicana. In.: PALACIO, Juan Manuel; CANDIOTI, Magdalena (comp.). *Justicia, política y derechos en América Latina*. Buenos Aires: Prometeo Libros: 2001, p. 181-202.

33 CANDIDO, João. *O alcool não é aperitivo nem thermogenico*. Curitiba: Empreza Grafica Paranaense, 1922, p. 15. O palestrante se equivocou, hoje o sabemos, em relação aos benefícios da Lei Seca americana. Ela não apenas se mostrou incapaz de coibir o consumo do álcool como, ao jogá-lo na ilegalidade, foi responsável por potencializar – e no limite, sustentar – o crime organizado e, com ele, uma onda de violência sem precedentes.

mesmo autor – independente se literato ou autoridade ligada a alguma esfera estatal – expressões desta ambiguidade: se se deseja intensamente a modernidade, porque se vê nela a representação das instituições, dos códigos e normas da civilização a que se aspira, este desejo nem por isso elimina de todo os temores, uma certa insegurança, a sensação de precariedade que escapa de muitas das falas contemporâneas ao período.

No Brasil estes sentimentos foram acentuados pelo caráter periférico – para retomar aqui as reflexões de Sarlo – da nossa modernidade. Basta lembrar que a abolição da escravidão antecede em apenas um ano a proclamação da República. Além disso, a emancipação dos cativos colocou ao novo regime um problema de ordem não apenas econômica mas, principalmente, social: libertos, muitos negros vagavam por cidades precariamente urbanizadas e insuficientemente policiadas, à procura de postos de trabalho, muitos deles já ocupados por imigrantes europeus que chegaram em massa ao país mais ou menos na mesma época em que a escravidão entrava em declínio, poucas décadas antes de seu término. Os imigrantes, por sua vez, trouxeram na bagagem tanto a experiência do capitalismo fabril, quanto as ideias e práticas políticas dos socialismos revolucionários, especialmente o anarquismo. Tal contexto explica parcialmente algumas de nossas peculiaridades: a posição privilegiada do Estado no que tange à promoção das grandes mudanças, de um lado; seu caráter não raro excludente e mesmo autoritário; as posições ambivalentes de muitos de nossos intelectuais, que oscilavam da adesão entusiasmada à frustração prostrada, do otimismo ufanista ao sentimento de impotência e ao pessimismo; e enfim, a sensação de que, mais que à proclamação do regime, foi ao próprio processo de modernização que o povo assistiu a tudo "bestializado".

Em linhas gerais, o esforço por romper com o passado monárquico, ao menos nos primeiros anos da República, é principalmente discursivo no que tange à ampliação dos espaços de participação política. Naquele momento, tratava-se de atribuir ao Estado outras e novas funções, capazes de impulsionar mais decisivamente o país em direção àquilo que se entendia por "progresso". Privilegiava-se, de um lado, sua dimensão econômico-urbana – presentes nos, embora tímidos, evidentes esforços de modernização das cidades e do mundo do trabalho –; e de outro, sua face institucional, criando novos mecanismos legais e policiais que servicem como instrumentos modeladores do social. O Estado republicano será, então, menos um produtor da inclusão e da participação políticas, que uma instituição privilegiada de manutenção da ordem e da unidade social.

Nesse sentido, a via por onde políticas públicas e ideias circulam e se encontram é, sempre, de mão dupla: tanto a partir do Estado, suas instituições e ações políticas se produziram novas ideias; como ideias e discursos expressos em textos – no caso, aqueles que instituíram a criminologia brasileira – orientaram as instituições e práticas políticas, especialmente aquelas afeitas ao Estado. Nesta via de mão dupla delimitar a fronteira onde terminam as palavras e começam as coisas é tarefa árdua, se não inglória. Meu propósito, nas próximas páginas, é problematizar o profundo imbricamento entre elas evitando, apesar disso, cair na armadilha em que umas aparecem como consequência imediata das outras. Mais especificamente, minha intenção é mostrar que se por um lado as "palavras" orientam as diferentes maneiras pelas quais se constituíram outras formas de organização das "coisas", os caminhos que levam de umas às outras não se faz linearmente. Não se trata de menosprezar as continuidades, mas de delimitar mais claramente o interesse pelas descontinuidades e suas manifestações.

São contemporâneas duas das principais obras que consolidaram a introdução, no Brasil, da criminologia positiva. Publicadas ambas em 1894, *As raças humanas e a responsabilidade penal no Brasil*, de Nina Rodrigues, e *A nova escola penal*, de Viveiros de Castro[34], trilham caminhos sutilmente distintos – a medicina, no caso da primeira; o direito penal, a segunda – para afirmarem objetivos comuns, fundamentalmente, a crítica às concepções do chamado direito clássico e a permanência de alguns de seus pressupostos entre intelectuais e autoridades, bem como a necessidade, urgente, de pensar o fenômeno criminal sem o idealismo metafísico dos iluministas, ou seja, a partir de bases objetivas e científicas.

A trajetória de Nina Rodrigues é bastante conhecida. Nascido no Maranhão mudou-se para Salvador, onde desenvolveu intensa atividade intelectual e profissional. Nos seus breves 43 anos de vida, escreveu e publicou uma quantidade considerável de livros e artigos, estes últimos em periódicos brasileiros e estrangeiros, incluindo os *Archives de l'Anthropologie Criminelle*, de Lacassagne e Tarde. Sua produtividade competia com sua notoriedade: foi Lombroso em pessoa quem o designou o principal discípulo e representante da escola italiana no Brasil. Seu *As raças humanas...* faz jus ao reconhecimento do mestre italiano.

---

[34] RODRIGUES, Nina. *As raças humanas e a responsabilidade penal no Brasil*. Salvador: Livraria Progresso Editora, 1957. CASTRO, Viveiros de. *A nova escola penal*. Rio de Janeiro: Jacintho Ribeiro dos Santos Editor, 1913. Discuto as duas obras, e as tomo como significativas da formulação de um pensamento criminológico no Brasil, dado seu caráter fundador. Definem, assim, boa parte das reflexões e problemas que serão desenvolvidos, por caminhos variados, nas obras e autores subsequentes.

O ponto de partida da obra é a tentativa de compreender o impacto da mestiçagem racial, característica marcante na formação da sociedade brasileira, na legislação penal, notadamente na noção de responsabilidade penal e nos sistemas punitivos daí derivados.[35] A exemplo de muitos de seus contemporâneos, Nina critica o "domínio de conceitos metafísicos" na legislação penal desde o Império e sua incômoda permanência no texto republicano. Um dos principais indícios deste anacronismo era a tese do livre arbítrio como pressuposto a embasar os saberes jurídicos. Sua crítica seguia na mesma direção da dos fundadores da criminologia na Itália: pressupor, como queriam os iluministas – ou "clássicos" – que era a razão e a consciência que orientavam as escolhas morais e as condutas humanas, implicava imaginar um indivíduo dotado de uma vontade alheia e autônoma frente às condições biológicas – ou sociais, no caso da escola francesa – que exerciam, sobre os homens, uma influência decisiva, quando não determinante. Esta "ilusão da liberdade" conduzia a dois dos principais equívocos da legislação brasileira. De um lado, a impunidade: se os instrumentos punitivos não visam a correção ou regeneração do criminoso, mas tão somente a reparação do ato delitivo, não há, a rigor, punição, porque o fim último desta deve ser sempre o indivíduo, nunca a ação. Além do que, mais que simplesmente castigar, a punição deve ter como fim a terapêutica daqueles que Nina denomina "patólogos do crime". A conclusão do médico baiano é límpida e clara: ao invés da prisão, é o asilo a instituição capaz de assegurar à sociedade, por meio do Estado, a um só tempo *punir* e *regenerar*.[36]

Tão ou mais grave que a impunidade, era o tratamento igualitário que tal assertiva continha. O Código Penal republicano, observa, perdeu a oportunidade de corrigir um equívoco do Código Criminal do Império ao não considerar a *raça* como um elemento dirimente do crime, considerando iguais "descendentes do europeu civilizado, filhos das tribos selvagens e membros das hordas africanas". Para Nina a responsabilidade penal deveria ser coerente com os diferentes estágios da "evolução racial". "Já ficou assentado: o direito é um conceito relativo e variável com as fases do desenvolvimento social da humanidade"[37]; a consciência de si, do direito e do dever, portanto, não são homogêneas, mas obedecem aos diferentes estágios civilizatórios. Se entre as raças inferiores há o predomínio de impulsos primitivos que levam a atos violentos e anti-sociais,

---

35 Em um dos vários artigos que publicou na revista de Lacassagne e Tarde, Nina Rodrigues volta ao tema do seu livro, apresentando-o sob perspectiva um tanto distinta, mas sem renunciar às suas premissas fundamentais, aos especialistas europeus. Cf.: RODRIGUES, Nina. Métissage, dégénérescence et crime. *Archives d'anthropologie Criminelle, de Criminologie et de Psychologie Normale et Patologique.* Tome 14, 1899, p. 477-516.

36 RODRIGUES, Nina. *As raças humanas...*, p. 61-68.

37 RODRIGUES, Nina, p. 71 e 77.

não há, do ponto de vista antropológico, razão que justifique tratá-las igualmente às raças civilizadas, europeias.

O caso brasileiro era ainda mais complexo. Diferente do Velho Mundo, aqui o processo civilizador se fez a partir de uma intensa – e irreversível – mestiçagem. Não há entre nós uma "raça pura", pois somos todos, no sangue ou nas ideias, mestiços. Ao tratar uniformemente os brasileiros, desconsiderando a importância das distintas configurações étnicas, inclusive regionalmente, posto que a distribuição de europeus, negros e índios não se fez de maneira uniforme no território nacional, as legislações penais contribuíram para reforçar o nosso atraso civilizacional. A tese de Nina – e de muitos de seus contemporâneos, notadamente os que trabalhavam pela afirmação do campo da medicina legal – era a de que a igualdade jurídica favorecia a participação e o papel das raças inferiores no processo de constituição da civilização brasileira, com consequências danosas. Indolentes e impulsivos, pouco afeitos ao pensamento e incapazes de escolher e agir moralmente, faltava ao negro e ao índio "a consciência plena do direito e da propriedade". E se "a consciência do direito é momento capital, elemento construtivo da qualificação da criminalidade"[38], entre nós a cultura e as instituições liberais não estariam consolidadas plenamente enquanto não fossem tratados desigualmente, os desiguais.

Esta premissa – "tratar desigualmente os desiguais" – que o sociólogo Marcos Alvarez aponta como basilar no processo de formação da criminologia no Brasil[39], aparece também, e é capital, no livro *A nova escola penal*, considerado pioneiro em seu tempo, do jurista Viveiros de Castro. Também maranhense, Viveiros de Castro, tinha em comum com seu conterrâneo mais que a naturalidade: embora de formação jurídica, ele foi fortemente influenciado pela criminologia italiana e particularmente por Lombroso. Daí porque ambos os livros se pareçam em muitas de suas premissas teóricas e conclusões, tais como a crítica ao livre arbítrio e a defesa de uma hierarquização social baseada na distinção racial ou, em outras palavras, a convicção de que a atenção às desigualdades étnicas deve orientar a disposição das instituições responsáveis pela organização social, notadamente as jurídicas.

Se próximas, as duas obras nem por isso são de todo desprovidas de diferenças. Em Viveiros de Castro o ponto fulcral de sua obra não é a formação antropológica da sociedade brasileira, mas o quanto esta afeta o funcionamento da lei e, principalmente, da legislação penal. Ainda que partam de elementos comuns, por-

---

38 RODRIGUES, Nina, p. 140.
39 ALVAREZ, Marcos César. *Bacharéis, criminologistas e juristas – saber jurídico e nova escola penal no Brasil*. São Paulo: IBCCRIM/Método, 2003, p. 213-240.

que leram autores e partilharam ideias idem, suas formações informam as diferentes maneiras como interpretaram aquelas formulações teóricas. Nas páginas de "A nova escola penal" a figura do criminoso nato, inadaptável para a vida em sociedade por lhe faltar o senso moral necessário ao exercício da sociabilidade, aparece menos para que o autor se debruce sobre sua constituição biológica, com o intuito de demonstrar as mazelas da mestiçagem na formação da civilização brasileira, por exemplo. Em Viveiros de Castro a criação lombrosiana se presta a outro propósito, que é analisar principalmente a função do Estado e da justiça na manutenção da ordem e da defesa sociais. "O Estado (...) deve, no interesse dos cidadãos honestos e pacíficos, empregar os necessários meios de repressão para garantir a vida e a propriedade", afirma, para concluir que "o fundamento do direito de punir para a nova escola penal é a defesa social posta em perigo pela temebilidade do delinquente".[40]

É também esta preocupação com as instituições públicas que dá ao trabalho de Viveiros de Castro um acento mais sociológico. Seu livro se desdobra, por exemplo, em considerações sobre o papel da educação e das condições econômicas sobre a criminalidade, os males do alcoolismo e a necessidade de um tratamento específico à infância delinquente – temas pouco ou simplesmente inexplorados por Nina Rodrigues. E embora, à primeira vista, este olhar mais genérico pareça emprestar à obra de Castro um caráter mais disperso, é justamente esta suposta dispersão que a torna mais sensível à história. Ao buscar fora dos limites estreitos da biologia parte da explicação para o declínio da sociedade coeva, ou seja, ao tentar o equilíbrio entre a análise sociológica e a antropológica, onde Nina privilegiou quase que exclusivamente a segunda, Viveiros de Castro encontrou na própria modernidade parte dos fundamentos que explicam a sua decadência: "A civilisação moderna dá ao homem o horror pelo sangue, mas em compensação augmenta-lhe o appetite desenfreado do gozo".[41]

A alternativa a esta condição paradoxal, em que uma sociedade produz ao mesmo tempo as condições para o seu progresso e as bases de seu empobrecimento é, em ambos os autores, uma presença mais significativa do Estado. E também nisso nossos teóricos se mostravam profundamente antenados com os ventos que sopravam do Norte. Se na Europa da *belle époque* o mesmo liberalismo que defendia a autonomia econômica e do mercado, não vacilou em reivindicar instituições mais fortes e atentas às necessidades de intervenção no cotidiano, especialmente das grandes cidades, por meio de ações preventivas ou repressivas, no Brasil não foi diferente. Entre outras características – o apelo à ciência, aos discursos raciais e a um modelo europeu de progresso, por

---

40 CASTRO, Viveiros de, p. 43-44.
41 CASTRO, Viveiros de, p. 190-191.

exemplo – o processo modernizador aqui implantado tem como traço fundamental o patrocínio estatal, a centralização política e administrativa e um favoritismo que reforça o caráter excludente do novo regime.

De um ponto de vista "ideológico", pode-se dizer que a República forja para si uma configuração política que apresenta como antípodas dois princípios que lhe são coevos: os liberais e os democráticos. Ao optar pelos primeiros em detrimento dos segundos, políticos e lideranças republicanos aprofundam uma contradição que não inventaram, mas que também não resolveram: no Brasil, os ideais liberais caminham *pari passu* ao aprofundamento das desigualdades políticas e sociais.[42] Ou seja: a República, que poderia representar uma conquista democrática, afasta as classes populares da participação política, perpetuando a segmentação e o paternalismo imperiais, do qual é herdeira. Em um regime que *exclui* ao invés de *incluir*, a cidadania e o seu exercício são, não raros, tratados como problema de polícia, e não de política. É ao Estado que compete conceder e distribuir direitos; o que significa também que só a ele cabe a prerrogativa de decidir a *quem* e em que *condições* tais e quais direitos serão conferidos – daí o neologismo *estadania*, cunhado por José Murilo de Carvalho.[43]

Neste contexto, a nascente criminologia exerceu um papel fundamental, e por diferentes razões. Junto com outros saberes e ciências, ela representou um esforço de pensar o Brasil a partir de sua complexidade racial e, neste sentido, sua afirmação deve muito à antropologia, ao mesmo tempo em que caminha *pari passu* à consolidação das ciências sociais no Brasil.[44] Por outro lado, ela é parte fundamental de um longo e por vezes penoso debate em torno à importância do Estado e do aparato jurídico na ordenação da sociedade. Um olhar atento às reflexões encampadas por muitos dos criminologistas brasileiros da Primeira República nos coloca diante de um pensamento que é uma das mais elaboradas representações de uma contradição que acompanha as primeiras décadas do novo regime: a propalada igualdade política, expressa na Constituição republicana, nasce letra morta se confrontada com os muitos discursos que, em nome da ciência, afirmam inúmeras e irredutíveis desigualdades, notadamente as raciais. Como observou a antropóloga Mariza Corrêa em seu estudo sobre a "escola Nina Rodrigues", trata-se de um confronto que não nasce aqui, ainda que aqui tenha adquirido contornos peculiares,

---

42 ADORNO, Sérgio. *Os aprendizes do poder – o bacharelismo liberal na política brasileira*. Rio de Janeiro: Paz e Terra, 1988, p. 235-246.

43 CARVALHO, José Murilo de. *Os bestializados: o Rio de Janeiro e a República que não foi*. São Paulo: Companhia das Letras, 1996, p. 42-65.

44 CORRÊA, Mariza. *As ilusões da liberdade - a Escola Nina Rodrigues e a antropologia no Brasil*. Rio de Janeiro: Editora Fiocruz, 2013, p. 19-62.

entre os campos médico e jurídico, um e outro se esforçando para encontrar seu lugar e legitimidade dentro do novo regime.[45]

E se a primeira vista tudo parece desaguar no leito de um mesmo rio, as especificidades de ambos os campos permanecem, mesmo que no interior da nova ciência. O pano de fundo deste debate põe em relevo concepções distintas do que deveria ser a função por excelência da criminologia enquanto ciência ela própria híbrida, posto que síntese de diferentes saberes (o direito, a medicina, a psiquiatria, a antropologia, etc...). Mais especificamente, se aos "médicos interessava sobretudo ampliar o campo de atuação da norma no espaço legal (...) [a]os juristas, em contrapartida, o objetivo perseguido era o de encontrar uma composição entre norma e lei".[46] Se é verdade que as normas e as leis sempre foram, no Brasil, espaços onde se expressaram as desigualdades, mais que lugares de afirmação da cidadania, a criminologia oferece um ponto de vista privilegiado, e não apenas por seu conteúdo teórico. Como toda ciência que se prezasse, também ela aspirou ser mais que uma reflexão conceitual para oferecer ao Estado, seus agentes e instituições, as ferramentas mínimas necessárias para que se superassem os males que ela diagnosticou.

Obras seminais, os trabalhos de Nina Rodrigues e Viveiros de Castro abriram um novo e significativo campo para um expressivo grupo de intelectuais brasileiros vindos do direito e da medicina. Em graus variados, cada um deles procurou exprimir, em seus textos, um certo grau de originalidade, ainda que calcados nos ensinamentos dos mestres italianos e franceses. Se o movimento intelectual em torno à constituição de um pensamento jurídico e criminológico no Brasil dialoga, de muito perto, com as novas tendências e ideias em voga na Europa, esta sintonia entre criminologistas brasileiros e europeus, no entanto, não se faz sem eventuais ruídos. Dito de outra forma, a introdução do novo pensamento jurídico e penal no país não se faz de forma homogênea e não há, em torno a ele e entre seus divulgadores nacionais, nem anuência e tão pouco um consenso absoluto.

Em seu estudo sobre a constituição da criminologia no Brasil, Marcos Alvarez chama a atenção para as críticas que recebem de seus leitores brasileiros os "pais" da criminologia moderna – Lombroso inclusive –, bem como para as divergências de leituras e interpretações entre os juristas e criminologistas locais. A recorrência, entre os pensadores brasileiros, a nomes, ideias e experiências europeias não deve ser lida, portanto, como um reconhecimento puro e simples de um possível atraso, ou mesmo de certa subalternidade nacional ao pensamento europeu. Mais que isso, ela é uma tentativa de,

---

45 CORRÊA, Mariza, p. 151-238.
46 ALVAREZ, Marcos, p. 233.

ao buscar construir uma interação com outras práticas discursivas, cuja legitimidade está já sedimentada no tempo, inscrever seu próprio discurso em uma exterioridade que amplia seu sentido e sua eficácia. Ao mesmo tempo, é preciso ressignificar aqueles discursos de forma que encontrem ressonância em uma outra realidade, a nossa, estrangeira em relação ao Velho Mundo. Entre outras coisas, nossos intelectuais se debatem com as vicissitudes de uma nação "condenada à civilização", mas cujo progresso material, humano e cultural se bate com rincões onde imperam o atraso e o obscurantismo – e não apenas nos sertões. Sob esta ótica, nossa modernidade não se apresentava apenas tardia ou periférica, mas em grande medida, precária.

Capítulo III
Modelos e experiências: a polícia entre a ciência e a rua

> E de vez em quando o cometa dum regicídio
> Que ilumina de Prodígio e Fanfarra os céus
> Usuais e lúcidos da Civilização quotidiana!
> (…)
> Notícias *passez à-la-caisse*, grandes crimes -
> Duas colunas deles passando para a segunda página!
> O cheiro fresco a tinta de tipografia.
>
> Álvaro de Campos

Não há uma origem comum para as polícias dos Estados ocidentais. Se uma boa parte dos modelos de organização do aparato policial foi principalmente importada da França e da Inglaterra na segunda metade do XIX, realidades e necessidades nacionais obrigaram governos a adaptarem aos seus respectivos contextos aqueles padrões. Apesar das diferenças, no entanto, alguns elementos são mais ou menos comuns. Força eminentemente urbana, ela nasce e se consolida em parte como uma resposta às crescentes demandas que, ainda no século XVIII, se colocam às autoridades no sentido de assegurar a ordem interna de cidades onde eram visíveis sinais de crescimento intenso e desordenado.

Parte intrínseca do processo de modernização urbana, ela passa a ser pensada e apresentada como a instituição por excelência, capacitada e responsável para regulamentar e organizar a vida cotidiana, articulando as funções social, jurídica e repressiva. Sua presença cada vez mais ostensiva tornou-a, igualmente, objeto de diferentes representações que, principalmente por meio da proliferação da cultura impressa, deslocaram a polícia das ruas para as páginas da literatura e da imprensa. Se estas narrativas muitas vezes tendiam a produzir uma imagem negativa da corporação e do seu papel, elas também contribuíram para reforçar certa atração, misto de curiosidade e fascínio, pelo trabalho policial, especialmente em sua dimensão técnica e investigativa. É em parte esta atração que justifica uma participação mais ativa do Estado, por meio de investimentos que visam a constituição de um corpo policial tecnicamente equipado e preparado principalmente para as ações preventivas de combate ao crime, a criminalidade e ao criminoso.

Tornada instituição basilar no processo de consolidação do monopólio do uso da violência pelo Estado, a policia viu ampliados sua importância e seu poder de ação, mas cresceram igualmente as muitas contradições que acompanharam sua trajetória. Denúncias de violência e de desmandos, conflitos com camadas mais pobres da população, intervenções truculentas em bairros da periferia, entre outras, contribuíram à época para reforçar uma imagem já duvidosa da instituição. Hoje, elas relativizam a afirmação, durante muito tempo aceita, de que o seu surgimento está exclusivamente ligado ao problema do crime e da criminalidade. Para o historiador americano Eric Monkkonen, mais que simples resposta ao aumento do crime, seu nascimento expressa "uma intolerância crescente com o tumulto e a desordem", também eles característicos de sociedades urbanas mais complexas.[1]

A par as similaridades, a constituição e consolidação das corporações policiais, como disse anteriormente, se inscrevem em percursos marcados por especificidades nacionais e locais. São elas principalmente o objeto deste capítulo, que tenta lançar luz sobre o processo de construção do aparato policial em Curitiba durante a Primeira República, suas possibilidades e promessas, mas igualmente seus limites e as dificuldades. Como em outros estados, o Paraná viu nascer uma polícia em que modernas aquisições técnicas e científicas – ou pelo menos um esforço por incorporá--las – conviviam com a reprodução de práticas tradicionais, fortemente repressivas, e um efetivo problemático, reduzido, mal preparado e parcamente remunerado. As fontes utilizados mostram a pertinência de uma abordagem que não privilegie apenas os relatórios e falas oficiais, mas que igualmente rejeita um esquematismo que tende a ver na polícia um "aparelho repressivo do Estado", extensão armada dos interesses de uma elite dominante.

---

1   MONKKONEN, Eric H. História da polícia urbana. In.: TONRY, Michael; MORRIS, Norval (orgs.). *Policiamento moderno*. São Paulo: Edusp, 2000, p. 583-584.

A perpassar a discussão, está a ideia de conflito: do governo com a instituição, ao constatar as imensas dificuldades para sua modernização e o fracasso de muitas políticas implementadas com vistas a aumentar sua eficiência; mas também o conflito da polícia com a sociedade curitibana, ou com parte dela. Na expressão feliz de Marcos Bretas, acompanhar a "guerra das ruas" em Curitiba implica problematizar alguns aspectos da própria modernização da cidade: a forte presença governamental; seu caráter parcial e excludente; a estigmatização de grupos, indivíduos e lugares considerados marginais e as muitas práticas e experiências dissonantes que expuseram, de diferentes maneiras, os avessos da modernidade.

Da ordem nasce a desordem: apontamentos sobre o cotidiano policial

Na sua peculiar interpretação do mito de Babel, o escritor tcheco Franz Kafka se detém, principalmente, em dois aspectos do projeto babélico que embora já presentes na narrativa bíblica, ganham em seu texto novos contornos, seculares: a *impossibilidade da comunicação*, de um lado; o *esfacelamento do tempo e do espaço*, de outro.[2] O segredo do texto kafkaniano, aquilo que o torna peculiar e original em relação à versão fundadora do mito, é justamente o esvaziamento de sua dimensão religiosa. Se no Antigo Testamento a construção aparece como um desafio ao poder divino, a castigar as pretensões humanas com a discórdia, debilitando para sempre a nossa capacidade de comunicação; em Kafka os conflitos não resultam de um acoimo, fruto de uma força externa ao homem, mas do próprio processo de construção do portentoso empreendimento. Ao crescimento da torre – que é a própria alegoria da cidade – corresponde um também crescente e irreversível desentendimento. A fragmentação e a dispersão, bem como o estranhamento e a incomunicabilidade que lhe são os frutos, descortinam um paradoxo, peculiar às grandes cidades: se por um lado muitas de suas características facilitam a proximidade de indivíduos e grupos, estas mesmas características produzem e agravam a distância. Na cidade vivemos todos, em graus variados, a tensão *proximidade* X *distância* porque nela somos todos, de alguma forma, estrangeiros.

O tema do estrangeiro e suas derivações – tais como o *estranho* e o *estranhamento* – são presença constante nas literaturas ficcional e científica do século XIX e inícios do XX. Monstros, seres sobrenaturais, mortos-vivos, robôs, autômatos e, principalmente a partir da segunda metade do oitocentos, criminosos e delinquentes

---
2 KAFKA, Franz. O brasão da cidade. In.: *Narrativas do espólio (1914-1924)*. São Paulo: Companhia das Letras, 2002.

de toda ordem, abundam em textos e autores os mais diversos, como já demonstrado. As maneiras de representar o estranho variaram, obviamente, acompanhando as mudanças na percepção e na sensibilidade dos contemporâneos. Mas a curiosidade, por vezes mórbida, pelo que era diferente e, no limite, bizarro, fez com que a sua exibição, a certa altura, extrapolasse os limites do texto e falasse mais diretamente aos sentidos – especialmente ao olhar – que à imaginação. A proliferação de espetáculos protagonizados por homens e mulheres portadores de algum tipo de anomalia física, que atraíam multidões por onde passavam, dá testemunho do interesse crescente pelo que era anormal; interesse que extrapolava os limites da ciência, desde há muito tempo debruçada sobre fenômenos de alguma forma desviantes.

Sob certo aspecto, a frequência aos "zôos humanos" atualiza em um contexto moderno um sentimento que não é, portanto, inteiramente novo. A atração, de resto ambígua, pelo diferente, certamente não foi inventada pelos habitantes das metrópoles europeias e americanas. Mas é inegável que as transformações oriundas da modernização e da modernidade ressignificaram os olhares lançados sobre as diversas formas de aberração. De um lado, há a vulgarização da ciência, de seus objetos, fontes e interesses, ressignificados e postos ao alcance de um número maior de indivíduos por meio de uma linguagem que, não raro, simplificava, exagerava ou mesmo distorcia o discurso hermético produzido pelos cientistas no interior das academias e laboratórios, como era o caso da literatura fantástica e parte da policial produzida no período. E se a literatura conseguia atrair um número já significativo de pessoas que, nas páginas dos livros e revistas ou nos folhetins periódicos travavam contato com um universo há até pouco tempo distante e restrito ao campo científico, esta atração foi multiplicada pelo aparecimento e popularização dos espetáculos públicos especializados na exibição de monstros e monstruosidades. Outra das invenções e modas da modernidade urbana, os *freaks shows* eram certamente um entretenimento à altura da curiosidade de um número cada vez maior de indivíduos que acorriam em massa às cidades, seduzidos principalmente pela industrialização. Mas eles ofereciam também a este mesmo público uma forma de escapismo necessário naqueles tempos de crescente estranhamento, onde culturas e tradições muitas vezes radicalmente distintas se viam obrigadas a compartilhar o mesmo espaço, sem que isso, necessariamente, as aproximasse; tempos em que as identidades, antes estáveis, se viam fragilizadas e, junto com elas, os laços sociais mais amplos e duradouros; tempos, enfim, em que quase nada ou ninguém era suficientemente familiar e seguro, e onde quase tudo e todos eram vistos como uma ameaça potencial. Escapismo pedagógico, por certo: se "dizer o *outro* é enunciá-lo como diferente"³, esta diferença se torna significativa justamente pela sua habilidade de estender e reafirmar a norma "através de um conjunto de dispositivos de exibição de seu contrário, de apresentação de sua imagem invertida", nas palavras de Courtine.⁴ Como na Antiguidade greco-romana, a figura do bárbaro contribuiu para que se consolidasse a imagem que a civilização produziu de si, para si e para o outro; diferente da experiência clássica, no entanto, os bárbaros que a ameaçavam não habitavam as fronteiras externas da *polis*, mas seu interior.

As imagens do bárbaro e da barbárie são recorrentes na cultura Ocidental desde pelo menos os romanos. Sabemos sua definição: bárbaro é aquele que está à margem do mundo civilizado, uma ameaça freqüente contra a qual é preciso estar sempre pronto a acionar nossas defesas. Das tribos nômades que invadiram e destruíram o Império Romano aos terroristas do Oriente que ameaçam o Império Americano, os bárbaros e a barbárie foram representados ao longo da história sob diferentes nomes e perspectivas. Em comum, a imagem recorrente de que a civilização é sempre tecida *dentro*; e a barbárie, *fora*.

Essa representação, no entanto, encobre o caráter dialético dessa relação tensa e conflituosa. Porque as fronteiras entre uma e outra, estabelecidas sempre a partir dos que estão dentro – ou seja, pelos que se julgam *civilizados* – são muito mais simbólicas que geográficas. Num certo sentido, a figura do bárbaro funciona, de acordo com Robert Pechman, como "um espelho no qual a sociedade dita civilizada se mira". Um espelho que reflete uma imagem invertida: o que a "sociedade civilizada" vê é o seu contrário, aquilo que ela não quer ser. Negando, ela constrói e afirma uma identidade que servirá como trincheira e defesa contra o outro, aquele que está fora, contra o bárbaro. Grosso modo, esta identidade, fundada sob códigos de civilidade que enfatizam a *polidez* como valor e como norma, será o modo pelo qual essa sociedade se vê mas também, e principalmente, o modo pelo qual ela quer ser vista. Daí a necessidade, ainda que inconsciente, de que o bárbaro permaneça como uma imagem que remeta, pela contradição, justamente aqueles valores considerados civilizados. De certa forma, o processo que institui a barbárie é a contraface daquele que institui a civilização. Daí que, segundo ainda Pechman, "a civilização (...) não dispensa a barbárie; faz-lhe o parto, dá-lhe de comer e... deserda-a".⁵

---

3 HARTOG, François. *O espelho de Heródoto – Ensaio sobre a representação do outro*. Belo Horizonte: Editora da UFMG, 1999, p. 229.
4 COURTINE, Jean-Jacques. O corpo anormal – História e antropologia culturais da deformidade. In.: CORBIN, Alain; COURTINE, Jean-Jacques ; VIGARELLO, Georges (orgs.). *História do corpo – As mutações do olhar. O século XX (vol. 3)*. Petrópolis: Vozes, 2008, p. 261.
5 PECHMAN, Robert Moses. *Cidades estreitamente vigiadas: o detetive e o urbanista*. Rio de Janei-

A modernidade atualiza estas representações inscrevendo-as em um novo cenário, o das cidades-metrópoles que emergem na paisagem europeia. Entender a dialética *civilização* e *barbárie* no mundo moderno implica, portanto, refletir sobre o papel fundamental que as cidades desempenharam nesse processo. Ao mesmo tempo em que se constitui como símbolo da vitória da razão, da técnica e da ciência, do progresso, enfim, a cidade é, além da realização de um projeto racional e utópico, espaço de construção de uma civilidade, cuja síntese são as pretensões de ordenação e normalização espacial, física e moral que perpassam os discursos e as práticas dos planejadores urbanos.

A remodelação urbanística empreendida por Haussmann em Paris e que se desdobra em experiências várias que, em maior ou menor grau, tomam a "cidade luz" como modelo, não é apenas uma experiência estética: redesenhar a cidade implica também construir fronteiras simbólicas que nomeiam novos padrões morais e de comportamento e que instituem normas de condutas baseadas na civilidade e na polidez. Estabelece-se, a partir do "centro", aquilo que está à sua "margem" e que é preciso integrar, ou simplesmente excluir. Em outras palavras, planejar e organizar racionalmente a cidade é também disciplinar, vigiar e controlar. Fazer prevalecer, pela norma, o que é normal.

E se o desejo de ordem é o anverso do medo do caos, parece razoável dizer que a cidade moderna, ao instituir-se como um espaço de construção de uma nova civilização, mas também de novos códigos de civilidade, nomeia igualmente aqueles lugares e personagens que serão estigmatizados não pelo que *são*, mas pelo que *não são*. Num certo sentido, esse processo de estigmatização é parte da separação e distinção, operada também na vida moderna, entre as esferas pública e privada e que atribui à segunda o conforto e a segurança que inexistem na primeira, associada ao medo em suas diferentes manifestações: medo das multidões, da violência, da insegurança, etc... Um medo que se traduz na imagem que o homem moderno construiu do outro, cuja representação é, não raro, a personificação de um estranhamento e de uma crescente incapacidade de lidar com a diferença. É essa representação da esfera pública, espaço invadido, assaltado e ameaçado, que justifica a segmentação e a exclusão sociais que vêem nascer, ao longo do século XIX, as modernas formas de asilamento e reclusão, tais como os hospícios e as prisões. É ela ainda que legitima o crescente aparato policial que ocupa as ruas das cidades, sob o pretexto de que é preciso assegurar a ordem e a segurança públicas. E nunca é demais lembrar que, historicamente, tratou-se de aproximar semanticamente *polido* e *polícia*, *polir* e *policiar*. E, ao aproximá-los, fez-se da polícia e do policiamento condição necessária à civilização, se entendermos o ato de civilizar como o equivalente a polir e uniformizar o que é áspero, rude e bárbaro.

---

ro: Casa da Palavra, 2002, p. 23.

No relatório que apresentou ao Secretário de Negócios, Interior e Justiça referente ao ano de 1895, o Chefe de Polícia Benedicto Carrão defende, junto ao seu superior, a necessidade de que amplas e urgentes reformas sejam feitas no corpo policial do estado capazes de dar à instituição as condições de "garantir, de modo profícuo, os direitos individuais e firmar com precizão o respeito a lei, baze segura da prosperidade moral dos povos civilizados." Espelhando-se na experiência dos "paizes mais adiantados", onde a força policial se constituiu um "poder publico importantíssimo (…) base das garantias sociaes", Carrão reivindica, principalmente, um melhor aparelhamento e a ampliação no número de efetivos da instituição, incapaz, tal como se encontrava, de cumprir seus deveres para com o "futurozo Estado" paranaense e seus cidadãos. Embora a situação fosse crítica em todo o estado – para uma população de aproximadamente 300 mil habitantes, a polícia contava com um efetivo de 334 policiais, sendo 20 oficiais e 314 praças – era na capital que o quadro era mais delicado. Segundo Carrão, do número de praças "limitadissimo (…) resulta que a nossa capital não tem patrulhamento durante a noite, a não ser a que faz o inferior de ronda". Os números ajudam a entender o quadro descrito pelo chefe de polícia. Com uma população que se aproximava dos 50 mil habitantes, o Regimento de Segurança da capital contava com um total de 143 homens. Destes, no entanto, apenas 61 compunham os denominados "praças promptas", ou seja, que atuavam diretamente na manutenção da segurança e ordem pública. Os outros 82 dividiam-se entre oficiais – 15 no total – e demais atividades, que iam de músicos e corneteiros – 17 – a funcionários responsáveis pela burocracia interna do Regimento. Listados como membros da estrutura da chefatura de polícia estavam, inclusive, 16 "prezos e faxineiros".

As razões alegadas não diferem muito das de seus antecessores no cargo, pelo menos desde o final do Império. Mas surpreende, em Carrão, a transparência de seus argumentos. Renunciando a toda sutileza, justifica sua solicitação recorrendo a presença cada vez mais ameaçadora entre a população paranaense – e, notadamente, curitibana – de indivíduos pertencentes às "classes inferiores da sociedade, onde ainda não conseguirão penetrar, de modo aproveitável, o respeito e a dignidade pessoal". Compõem estes extratos rasos da população "estrangeiros, na sua maioria proletários", vivendo sob o império das paixões e da ignorância, entregues à vagabundagem e à embriaguez, portas de entrada de delitos os mais diversos que atentam contra a liberdade, a integridade e a propriedade dos homens e mulheres de bem.[6]

---

6   Relatorio apresentado ao Secretario dos Negocios do Interior, Justiça e Instrucção Publica pelo

Suas considerações não são, é verdade, originais, ainda que mais explícitas. Foi principalmente o temor causado pela presença ameaçadora da multidão nas grandes cidades europeias um dos fatores que corroborou para a reorganização das funções policiais. O filósofo Michel Foucault chamou a esta mudança, que ele localiza entre o final do século XVIII e início do XIX, de *governamentalidade*. Não se trata apenas, para Foucault, de uma nova instrumentalização do Estado. Mas de uma articulação de técnicas específicas de saber, controle e coerção com vistas a se "conseguir o máximo de resultado a partir de uma aplicação mínima de poder", mobilizando dispositivos não só disciplinares – ou seja, que agiam sobre o "corpo individualizado" – mas que se insinuam e se exercem ao nível da espécie e da população. Desta preocupação central, a de articular o governo dos indivíduos e o governo da população, nasce o *biopoder*, cujo objetivo é não mais gerir somente o corpo individualizado, confinado em instituições onde é permanentemente vigiado, disciplinado e docilizado; mas a "vida do corpo social". Na encruzilhada deste duplo controle, a um só tempo totalizante e individualizante, equipado e preparado para enquadrar a população e identificar indivíduos, é que nasce, de acordo ainda com Foucault, a polícia e suas modernas técnicas de intervenção.[7]

A hipótese foucaultiana é, sem dúvida, fértil e não por acaso inúmeros trabalhos, no Brasil e no exterior, foram e são produzidos a partir dela. Mas é preciso um pouco de cautela. Uma parte considerável da historiografia produzida entre os anos 80 até mais ou menos meados de 90 do século passado, no Brasil, superestimou a capacidade do Estado e suas instituições, tais como a polícia, de vigiar e punir os indivíduos e grupos marginalizados. Em não poucos casos, a almejada disciplinarização e normatização da sociedade por parte da elite era vista como um projeto sem maiores nuances e cuja eficácia poucos ousaram colocar em questão. Em outras palavras, os dispositivos, discursivos ou não, foram tomados, em suas muitas manifestações – leis, regulamentos, decretos, instituições, etc... – como a demonstração cabal da força do Estado, ainda que se tomasse o cuidado metodológico de pensá-lo não como *locus* privilegiado de poder, mas expressão e construção de uma rede de micropoderes, e de como estes micropoderes (sobre o criminoso, o delinquente, a loucura, etc...) se relacionam com um nível mais geral de poder constituído por aquele.

É o percurso mesmo da consolidação da polícia moderna que nos autoriza a relativizar o excessivo poder que lhe foi tradicionalmente conferido pela historiografia.

Chefe de Policia Interino, Benedicto Pereira da Silva Carrão, 1895.

7   FOUCAULT, Michel. *Segurança, território, população*. São Paulo: Martins Fontes, 2007, p. 117-154.

Relativamente desorganizada, dispersa e pouco numerosa, o esforço por torná-la um corpo profissional e tecnicamente equipado coincide, nas sociedades europeias, com a segunda revolução industrial, ao longo do século XIX. Ou seja, como força preventiva e repressiva, ela cresce e se moderniza patrocinada pelos Estados e governos democráticos e liberais. E não por acaso. A partir principalmente dos anos de 1840 praticamente todas as capitais e grandes cidades do Velho Mundo vivem experiências que as transformam radicalmente, como as inúmeras convulsões, motins e insurreições sociais de que as revoluções de 1848, a "Primavera dos povos", são o exemplo mais expressivo, embora não único. A um nível mais cotidiano, o crescimento populacional e uma maior heterogeneidade demográfica fazem aumentar a percepção de que as ameaças e perigos internos às cidades não são sazonais e nem sempre frutos de manifestações revolucionárias. Lugar de cruzamento de experiências e alteridades, a cidade moderna é também um mosaico onde se tornam visíveis "indignidades humanas sem precedentes", na afirmação de Leslie Fiedler. Em suas ruas circulam criminosos e delinquentes, homicidas, ladrões, drogados, prostitutas, mendigos, menores abandonados, bêbados, vagabundos, proxenetas, viciados, enfim, escroques de todo tipo e identidade. A percepção da cidade como um espaço de decadência e de aberrações morais, como um antro de crime e degenerescência, faz com que a tarefa de "manter a ordem pública" ganhe um sentido novo, especialmente naqueles centros que convivem mais diretamente com o aumento das margens e o que nelas germina e se escondem: as diferentes faces da delinquência e da criminalidade, uma e outra encontrando guarida e proteção nos buracos, becos, vielas e cortiços do imenso labirinto urbano.

    Assim, se a polícia não criou as condições para se tornar necessária, ela soube usá-las para tornar-se necessária. Para ser mais específico, a crescente complexificação da sociedade e do espaço público autorizou os diretamente responsáveis pelo "governo dos vivos" a investir em uma instituição doravante apresentada, se não como a única, a principal e mais capacitada para a regulamentação e organização da vida cotidiana, ao articular *ordem urbana* e *ordem social*, a primeira sendo o resultado lógico da segunda. Tal intento se fez atribuindo à polícia e sua função três dimensões que, ao longo deste período, se fortaleceram e complementaram reciprocamente: a social (ela é uma "forma particular de ação coletiva organizada"); a jurídica (ela se compõe de homens estabelecidos no interior de uma organização burocrática ligada à administração pública); e a repressiva (ela é "um sistema de ação", uma "força organizada e armada" cujo recurso essencial é o uso legítimo da força).[8] Se necessária, ela nem por isso tornou-se homogênea e tampouco foi consensual sua aceitação. Antes pelo con-

---

8 MONET, Jean-Claude. *Polícias e sociedade na Europa*. São Paulo: Edusp, 2006, p. 15-30.

trário. Mesmo na Inglaterra e na França, países que serviram como modelos para a implantação das polícias em boa parte do Ocidente ao longo do século XIX, a relação da instituição com a sociedade não se fez sem ruídos.

Tornada um corpo unitário e militarizado durante a I República e em plena vigência do Terror, a polícia francesa se consolida nas décadas subsequentes associada à centralização que é um de seus traços marcantes, bem como à truculência e ao uso excessivo da violência especialmente contra as chamadas "classes perigosas" – os habitantes dos bairros pobres, certamente, mas também os indesejados e suspeitos que transitam pelas ruas centrais das cidades. Essa associação pejorativa é ainda mais significativa quando confrontada aos seus pares ficcionais, cuja existência literária nem por isso os torna menos reais aos leitores, que vêem nas personagens das tramas policiais um parâmetro superior de comparação com os membros da *Gendarmerie*.[9] A imagem pouco simpática que os franceses tinham de sua corporação pode ser apreendida pela definição que Flaubert lhes dá no verbete que dedica à polícia no seu *Dicionário das idéias feitas*: "Nunca tem razão".

Em parte para contrapor ao modelo francês, outra forma de organização, na Inglaterra a polícia foi concebida originalmente com uma missão mais educativa que repressiva, a de fazer deslizar para as classes populares os novos padrões de disciplina e ordem moral. Na prática, o primeiro passo é inseri-la no cotidiano e na paisagem da *urbs*, identificando-a com a população. Criado o vínculo, delega-se a ela num primeiro momento um trabalho de orientação que se visava, inicialmente, proteger a sensibilidade burguesa contra seus potenciais agressores, avançava em sua missão ao tentar difundi-la por meio da imposição de novos padrões de conduta.[10] Esta imagem algo prosaica, por outro lado, não disfarça completamente a tensão que lhe é subjacente e da qual a polícia é uma espécie de intermediária. Trata-se da tensão crescente entre as classes dominantes, altas e médias, e as camadas subalternas que habitam as bordas dos aglomerados urbanos, resultado do choque entre os novos limites que se pretendem impor por aquelas e os costumes e hábitos desde há gerações praticados pelas segundas.

Assim, a mesma polícia criada para educar e civilizar mais que simplesmente reprimir, não vacilou em lançar mão de meios coercitivos para fazer cumprir o que lhe era determinado: a vigilância das tavernas, a repressão aos jogos, a prisão de bêbados ou a simples proibição de manifestações políticas, entre outras medidas, eram oficialmente justificadas pelo recurso à manutenção do decoro público. Tratava-se de impor o silêncio, expressão máxima da ordem, onde se instalava, a passos largos, o ruído e

---

9 BERLIÈRE, Jean-Marc. Police réelle et police fictive. *Romantisme*, n. 79, 1993, p. 73-90.
10 STORCH, Robert D. O policiamento do cotidiano na cidade vitoriana. *Revista Brasileira de História: cultura & cidades*. São Paulo: ANPUH/Marco Zero, v. 5, n.. 8-9, set., 1984-abr. 1985, p.7-34.

a desordem. Tal contradição não escapou aos seus contemporâneos. A exemplo de seus vizinhos da outra margem do Mancha, também os ingleses viam na literatura um meio de expressar, ainda que indiretamente, sua inquietação, e não deixa de ser curioso o quanto os investimentos na modernização tecnológica da polícia são proporcionais às menções jocosas feitas a ela e seus integrantes, por exemplo, em muitas passagens dos contos e romances de Sherlock Holmes, que não raro trata por adjetivos pouco elogiosos os bem equipados policiais londrinos.

✧

As dificuldades na implantação e consolidação da polícia não advinham somente da desconfiança, muitas vezes traduzida por animosidade, com que parte da população a percebia. Ao menos sobre o Brasil, se pode falar com relativa tranquilidade que os problemas na formação de uma polícia moderna têm sua origem justamente na instituição que, ao menos em tese, deveria ser a principal interessada em promover e garantir sua competência: o Estado. A historiografia mais recente tem se esforçado por demonstrar o quão precários e provisórios foram, muitas vezes, os resultados obtidos pelos governos provinciais, desde pelo menos o Segundo Império e em parte da Primeira República, em suas tentativas de constituir uma força armada mais moderna e eficiente.[11] Não se trata, importante que se diga, de menosprezar sua importância como um braço armado a serviço do Estado, muito menos os interesses que levaram a elite dirigente a investir no seu desenvolvimento em um momento de declínio da escravidão e de transição para o trabalho assalariado. Alguns dos textos mencionados anteriormente foram particularmente ciosos ao demonstrarem, com razão, que um dos motivos que justificaram a modernização do aparato estatal de um modo geral, e o repressivo em particular, está diretamente ligado à necessidade de assegurar a inserção do trabalhador livre, especialmente o imigrante, em um mercado de trabalho que se despedia da mão de obra cativa.

Por outro lado, ao afirmar uma coisa e outra – a vinculação da polícia ao Estado e os interesses das classes dominantes neste aparelhamento em um momento de intensas mudanças sociais, políticas e econômicas – pode-se superesti-

---

[11] Ver, entre outros: BRETAS, Marcos Luiz. *Ordem na cidade: o exercício da autoridade policial no Rio de Janeiro: 1907-1930*. Rio de Janeiro: Rocco, 1997. Sobre a polícia imperial, o trabalho de Thomas Holloway é hoje referência praticamente obrigatória: HOLLOWAY, Thomas. *Polícia no Rio de Janeiro: repressão e resistência numa cidade do século XIX*. Rio de Janeiro: Fundação Getulio Vargas, 1997. Em pesquisa mais recente, André Rosemberg investigou o policiamento da capital paulista no Segundo Império: ROSEMBERG, André. *De chumbo e de festim: uma história da polícia paulista no final do Império*. São Paulo: Edusp/Fapesp, 2008.

mar vontades e poderes de instituições e de classes, além de, como já dito, reduzir um fenômeno complexo como o aparecimento da polícia, negligenciando nuances importantes. A relação contraditória do Estado com a instituição é uma delas. Se por um lado se pretendia que ela fosse capaz de assegurar uma determinada ordem, impondo-a especialmente a grupos e indivíduos considerados potencialmente perigosos – trabalhadores livres, imigrantes, negros escravos e ex-escravos, todos eles jogados à vala comum da marginalidade com delinquentes e criminosos de todo tipo –; se o Estado, enfim, pretendeu que fosse principalmente a polícia a assegurar, pela vigilância e a repressão, a ordem e a disciplina onde ambas eram mais ameaçadas, ele o fez recrutando justamente em meio aqueles grupos os indivíduos que deveriam, revestidos da autoridade que lhes era conferida, assegurar uma ordem e uma disciplina com as quais eles próprios não estavam familiarizados, porque não eram parte de sua cultura ou tradições, que não haviam, enfim, sido internalizadas ao longo de suas trajetórias.

Deste "mal de origem" se desdobram dois problemas com os quais os regimentos tiveram de lidar nos seus anos de formação: o uso excessivo da violência e a dificuldade de manter um grupo estável de homens engajados no serviço policial. Não é outra, aliás, a preocupação de Benedicto Carrão, no já mencionado relatório de 1895, quando reivindica amplas e urgentes reformas no corpo policial. Ele sabe que dois dos pilares onde se sustentam a instituição e o trabalho policiais são a organização e a disciplina, ambas difíceis de se obter em uma corporação que sofre, constantemente, com as baixas de soldados, atraídos por empregos que oferecem, principalmente, melhores salários – o soldo de um soldado do Regimento de Segurança era de 152$000.[12] O problema bate à porta do gabinete do governador do estado, José Pereira Santos Andrade, que em sua mensagem ao Congresso Legislativo em 1896 aborda o assunto em tons ainda mais diretos que os do seu subordinado. Falando da dificuldade de se completar o número de integrantes do corpo de Segurança do Paraná, defasado em 332 praças (o efetivo do regimento era de 296 soldados, quando deveriam ser 628), justifica-a afirmando ser, no Brasil e especialmente no Paraná, "de um resultado inteiramente negativo" o engajamento voluntário de cidadãos: "Ou seja isso devido a repugnância natural do brasileiro do sul pelas armas – quando arregimentados – ou seja a pequena remuneração d'ahi provinda em comparação a outros ramos de trabalho – o facto é que sempre lutou

---

12 A título de comparação: como visto no primeiro capítulo, um ingresso para o cinematógrafo no Teatro Guaíra podia custar até 10$000. A assinatura semestral de uma das revistas que circulavam pela capital no mesmo período, a *Paraná Moderno*, custava 4$500.

este Estado para completar seu Regimento de Segurança".[13]

A situação não era nova, nem exclusiva ao Paraná. O policiamento da Corte durante o reinado de Pedro II, por exemplo, era feito por um grupo de profissionais exíguo, pouco treinado e mal remunerado, recrutado majoritariamente entre as classes populares. O problema persistiria pelo menos até os primeiros anos da República. A situação não era diferente na província, depois estado, de São Paulo.[14] No Paraná, e mais especificamente em Curitiba, as deficiências são registradas, ano após ano, ainda que muitas vezes de maneira indireta. Elas aparecem em alusões à "falta de pessoal" ou ao "diminuto número de praças", apontados nos relatórios, invariavelmente, como razões para que nem sempre o serviço de policiamento, especialmente da capital, tenha sido realizado a contento. E em pelo menos uma ocasião este descaso oficial trouxe consequências mais sérias que as reclamações dos chefes de polícia: na noite de 13 de novembro de 1908, um grupo de policiais amotinou-se contra o então comandante do Regimento de Segurança, o oficial reformado do exército, João Candido Muricy. O motim, que resultou na morte de um dos praças, teve como pretexto, além dos baixos salários, os maus tratos infringidos contra os soldados. Referida na mensagem do presidente do estado, Francisco Xavier da Silva aos membros do legislativo, a revolta mereceu um comentário mais extenso do secretário de Interior, Justiça e Instrução Pública, Luiz Antônio Xavier, em seu relatório anual. Denominando os "reaes ou suppostos excessos de autoridade" como motivo da sublevação, Xavier acusa principalmente seus instigadores de preferirem "lançar mão de meios violentos e criminosos para conseguirem a sua destituição [de Candido Muricy]". Contida a revolta, presos uns – os nove "inferiores" considerados líderes pelas autoridades –, dispensados do serviço outros e exonerado do comando Candido Muricy, oficialmente atendendo a seu próprio pedido, a situação voltou à normalidade nas 72 horas seguintes.[15]

---

13 Mensagem dirigida pelo Governador, Dr. José Pereira Santos Andrade, ao Congresso Legislativo do Estado do Paraná, ao abrir-se a 2ª Sessão Ordinária da 3ª Legislatura, 1896.

14 BRETAS, Marcos. A polícia carioca no Império. *Estudos históricos*, vol. 12, n. 22, 1998, pp. 219-234. Sobre a situação da polícia em São Paulo, ver o trabalho de André Rosemberg, já referenciado. As dificuldades não eram apenas brasileiras. Em seu estudo sobre a formação da polícia portenha, no mesmo período, Sandra Gayol encontrou problemas semelhantes: "A fuga ou abandono das funções impedia, segundo a instituição, ter uma 'polícia decente, digna e perfeita'". A polícia, de acordo ainda com a historiadora argentina, "era uma das vias para ingressar no mercado de trabalho. A função de sargento, cabo ou vigilante era facilmente trocada com a de peão ou jornaleiro". GAYOL, Sandra. Entre lo deseable y lo possible – Perfil de la policia de Buenos Aires en la segunda mitad del siglo XIX. *Estudios Sociales*, año VI, n. 10, 1º semestre de 1996, p. 123-138. Tradução do autor.

15 Desde o motim e até o dia 1º de dezembro, o Regimento de Segurança foi comandado interinamente pelo major Benjamin Lage, substituído desde aquela data pelo major Herculano de Araújo, também ele oficial do exército. Cf.: Mensagem dirigida pelo Presidente do estado, Dr.

Normalidade oficial e aparente, no entanto. Por mais que as autoridades se recusassem a admiti-lo publicamente – e o fizeram justamente porque eram *autoridade* –, o motim expôs de maneira indelével as fragilidades do Regimento como força responsável pela segurança e manutenção da ordem. E não apenas pelo gesto extremo de desrespeito absoluto à hierarquia, confrontada pelos rebeldes. O problema maior do governo não era punir os responsáveis – o que foi feito rápida e exemplarmente – mas tentar tornar o trabalho atraente a um número suficiente de cidadãos dispostos a vestir a farda, primeiro; e recuperar o conceito da força policial junto à população – acreditando-se que antes da rebelião sua imagem era positiva –, segundo. Tarefas ingratas. Quatro anos depois do motim, o chefe de Polícia, Manoel Bernardino, reclamava do escasso contingente de praças integrantes da Guarda Civil. Criada em 1911, pretendia-se com ela atenuar os problemas decorrentes do sempre escasso policiamento da capital, objetivo expresso já no artigo primeiro do seu regulamento. Inspirado no modelo inglês de policiamento urbano determinava-se ao guarda civil "tratar com os companheiros e o público com a maior cortesia e seriedade", sendo-lhe intermitentemente proibido "provocar ou alimentar discussões". O uso da força era previsto apenas em casos de resistência à prisão, devendo "no cumprimento do dever agir com prudência, calma e energia, tratando os delinquentes com respeito e humanidade".[16]

Conquanto tivesse sido festejada pela imprensa local, incluso o reticente "Diário da Tarde"[17], os 92 homens destacados para compor a Guarda Civil são considerados insuficientes de acordo com Bernardino, que lança mão da estatística e da comparação com grandes centros urbanos para fundamentar seu argumento: com uma população de aproximadamente 50 mil habitantes, calcula, havia um guarda

---

Francisco Xavier da Silva, ao Congresso Legislativo do Estado do Paraná, 1909. Relatório apresentado ao Dr. Francisco Xavier da Silva, Presidente do Estado do Paraná, pelo Coronel Luiz Antonio Xavier, Secretário dos Negócios do Interior, Justiça e Instrução Publica, 1908. O impacto da rebelião pode ser medido ainda pela ampla repercussão nos jornais da capital, além da menção no livro de Paulo D'Assumpção, primeira história da força policial do Paraná, publicado no ano seguinte ao motim. Sua abordagem não difere da do governo, ou mesmo da imprensa. Considerado pelo autor um "abalo" na história da corporação, o motim é descrito como um "movimento insurreccional que se operou entre os praças (...) contra o seu comandante". "A revolta, porém", prossegue, "foi completamente reprimida na noite seguinte devido á energia do Major Fiscal Benjamin Lage e officiaes", louvados este e demais oficiais pelo governador do estado "pela maneira porque conseguiram por termo a revolta de diversos inferiores e praças, bem como pelo zelo com que se houveram nos dias subsequentes a esta revolta". Cf.: D'ASSUMPÇÃO, Paulo. *Histórico da força policial do Paraná*. Curitiba: Typographia d'A República, 1909, p. 46.

16 Cf.: Capítulo I (Fins e organisação), artigo 1º, e Capítulo VIII, Secção I (Dos Guardas), artigo 28. ESTADO DO PARANÁ. Regulamento da Guarda Civil. Decreto n. 262 de 17/6/1911.

17 O vespertino, normalmente mais disposto a apontar imperfeições nas ações governamentais, desta vez se rendeu à iniciativa, definindo-a como a objetivação de "uma de suas [de Curitiba] aspirações de progresso". *Guarda Civil, Diário da Tarde*, 25/11/1911.

para cada 2.083 habitantes. Número irrisório, afirma, e o faz confrontado-o com a realidade de três grandes capitais, Londres, Nova York e Paris, com um policial para cada 333, 489 e 332 habitantes, respectivamente. Mas não basta aumentar o efetivo, conclui. Há de se valorizar o guarda civil que, além de perceber salários aquém mesmo de seus colegas do Regimento de Segurança, se vê desassistido pelo Estado, sem acesso a nenhum tipo de assistência gratuita, médica, odontológica ou farmacêutica.[18] Resulta que

> os guardas, quando se tornam verdadeiramente aptos para o serviço e por estarem descrentes de obterem vantagens na corporação, solicitam exclusão para se dedicarem a outros misteres, por sem dúvida menos árduos e quiçá mais compensadores.
>
> A alteração constante no quadro da Guarda Civil, impede, em absoluto, a sua organisação consentenea com o fim a que se destina.
>
> Não há quem, versado em assumptos policiaes, desconheça a vantagem de ser o vigilante um perfeito conhecedor do seu Posto. No regimen actual é impossível conseguir-se que o Guarda se identifique com um determinado Posto, pois a mutação constante é inevitável pelos motivos apontados.[19]

A baixa remuneração se afetava mais drasticamente a recém criada – e elogiada – Guarda Civil, era um problema crônico, ao ponto de merecer uma longa explanação do antecessor de Bernardino, que em relatório aponta no valor do soldo uma das razões do mau funcionamento da corporação:

> Em these, não se pode comprehender um serviço de policia estacionário, como não se deve pretender um serviço de policia barato e confuso, em outras palavras, com um pessoal incompetente e mal gratificado. Sem a proficiência do funccionario ou agente de policia, sem a generosidade do salário que o estimule e o possa collocar a salvo de conveniências extranhas, oppondo-se vigorosamente as tergiversações e á incúria, o serviço policial será anarchico, quanto defeituoso e demorado se tornará, limitando-se a sua natural evolução.[20]

---

18 O salário de um guarda civil oscilava de 120$000, para a segunda classe, a 150$000 os de primeira, ambos os valores abaixo dos percebidos pelos membros do Regimento de Segurança, que era de 152$000. Além disso, os guardas civis, diferente de seus colegas, não recebiam o fardamento do governo.

19 Relatorio apresentado ao Dr. Mario Alvez de Camargo, Secretario dos Negócios do Interior, Justiça e Instrucção Publica, pelo chefe de Policia, Desembargador Manoel Bernardino Vieira Cavalcanti Filho, 1912.

20 Relatorio apresentado ao Exmo. Snr. Secretario dos Negócios do Interior, pelo chefe de Policia,

O fato de que muitos de seus integrantes preferissem ver sua atividade não como uma carreira na qual se engajar definitivamente, mas como algo transitório, uma ocupação temporária enquanto esperavam algo mais bem remunerado, retarda o processo de legitimação da polícia, vista como uma instituição pouco atraente e problemática. O engajamento, além de não representar mudança alguma de *status*, social ou econômico, obrigava muitos soldados a experimentarem uma incômoda ambigüidade: vindos eles próprios das camadas mais baixas da sociedade, a elas voltavam para testemunharem, na condição de agentes à serviço do Estado, e muitas vezes como único e incômodo resquício da presença estatal nestas comunidades, suas mazelas e misérias. A situação era ainda mais complicada quando a intervenção tinha um caráter mais repressivo, o que não era incomum. Proibir jogos, manter prostitutas sob vigilância, coibir a prática da mendicância, desfazer pequenos ou grandes aglomeros, apartar brigas e confusões ou, simplesmente, prender delinquentes e criminosos, se obrigação da polícia, tomada aqui em seu caráter institucional, por outro lado tornava o policial, muitas vezes, *persona non grata* entre aqueles que lhe eram próximos. Estes, por sua vez, se percebiam, mesmo que indiretamente, alvos de uma truculência que, emanada de uma instituição pretensamente impessoal, como o Estado ou o governo, era executada por quem tinha nome e endereço certos, os praças do Regimento de Segurança ou da Guarda Civil.

As queixas populares sobre os excessos da polícia eram, aliás, uma constante. E sobre elas há pelo menos duas interpretações, conflitantes. Do ponto de vista oficial, elas revelam um mal entendido, uma espécie de herança maldita, um "vício tradicional" advindo de tempos outros e de culturas ainda não urbanas. Tempos em que a polícia não era um agente responsável fundamental na manutenção da ordem e na garantia dos direitos, da liberdade e da propriedade, principalmente, mas "um elemento de violência;– instavel sustentaculo das prepotencias dos governos". É o mesmo discurso que elogia a índole pacífica e laboriosa do "povo paranaense, naturalmente ordeiro e pacato", e vê toda demonstração de inquietação ou instabilidade como anomalias rapidamente condenadas pela maioria, que "asseguram de prompto o seu isolamento, de maneira que, não veem influir sobre a noção geral admittida e consagrada e se constituem em excepções que não proliferam".[21] O uso legítimo da violência encontrou justificativa mesmo fora do círculo restrito dos homens de governo, nas palavras de um dos mais conhecidos intelectuais do começo do século

---

Dr. Estanisláu Cardozo, 1911.
21 Mensagem dirigida pelo Governador, Dr. Vicente Machado da Silva Lima, ao Congresso Legislativo do Estado do Paraná, 1906.

XX, o jornalista e poeta Generoso Borges, para quem "ninguém poderá julgá-la [a polícia] violenta desde que ela procure agir no interesse de salvaguardar a moralidade pública e a paz das famílias".[22]

É radicalmente outro o entendimento dos cidadãos ditos comuns, ao menos se tomarmos como medida possível de seus humores as reclamações veiculadas pela imprensa curitibana. Ainda que sistematicamente ausente dos relatórios oficiais, a violência policial não era um elemento excêntrico à rotina da cidade, ao ponto de o vespertino *Diário da Tarde* denunciar, em editorial, a atitude contraditória de uma polícia que bate "com a espada que traz para manter a ordem".[23] Os exemplos são vários: dois cidadãos são presos e pernoitam na cadeia; a polícia os considerou suspeitos porque "corriam na noite para chamar um médico para um vizinho".[24] O mesmo *Diário* noticia a prisão de dois cidadãos, acusados de "vagabundos e gatunos", e esclarece, em evidente tom crítico: "(...) um deles é impressor do *Estado do Paraná* e foi preso quando dirigia-se ao jornal. Este deixou de circular face a prisão do impressor".[25] A arbitrariedade, por vezes, ultrapassava os códigos mais elementares de urbanidade e proporcionava espetáculos de brutalidade em pleno espaço público, como foi o caso de dois operários, presos por porte ilegal de arma, espancados em toda a extensão da praça General Bormann enquanto eram conduzidos ao quartel, onde a pancadaria continuou, agora com os dois "desgraçados" despidos e trancafiados.[26] A indignação aumentava quando a violência, além de injustificada e excessiva, servia aos propósitos mesquinhos de autoridades que usavam a farda para revanches pessoais. Criticado por um operário, que censurou nele seu "comportamento selvagem", um sargento da polícia

> Dirigiu-se então a casa desse pobre operário, do recesso do lar, de junto a sua esposa arrancou-o, mandando as praças que o levassem para a cadeia.
>
> Entre dois soldados foi, mais desgraçado "estaqueado" e também brutalmente espaldeirado até cair, depois pisou-lhe com os saltos do coturno por todo o corpo.
>
> A população inteira acha-se indignada e pede justiça.[27]

---

22 Citado por: RIBEIRO, Luiz Carlos. *Memória, trabalho e resistência em Curitiba (1890-1920)*. São Paulo, 1985. Dissertação de Mestrado em História (USP), 1985, pág. 123.
23 *Diário da Tarde*, 14/1/1910.
24 *Diário da Tarde*, 28/11/1903.
25 *Diário da Tarde*, 23/1/1910.
26 *Diário da Tarde*, 5/8/1908.
27 *Diário da Tarde*, 26/12/1907.

Alguns aspectos chamam a atenção nestas narrativas. A começar pela solidariedade da imprensa, veículo não raro disposto a fazer coro às sentenças oficiais, dada sua proximidade com as autoridades policiais, proximidade de que muitas vezes depende inclusive seu trabalho, garantindo a circulação das notícias. Nestes e em outros casos, ela serviu, no entanto, como uma brecha por onde vazavam queixas e críticas de indivíduos e grupos que, desprovidos de autoridade, sem outro canal de manifestação, muitas vezes só podiam contar com as vozes autorizadas de repórteres, cronistas e editorialistas para legitimarem suas falas.

Daí a necessidade de se colocar em perspectiva uma leitura mais ou menos generalizada acerca do papel político da imprensa feita por historiadores que tendiam a vê-la como mera extensão do poder do Estado ou das elites, espécie de "aparelho ideológico" cuja finalidade era legitimar, a partir de uma produção simbólica e imaginária, estratégias e projetos de dominação. Trata-se de uma explicação, ainda que pertinente, frágil e incompleta, pois as relações entre um jornal e seus leitores são um pouco mais complexas. Na modernidade, o jornalismo transformou-se em um instrumento privilegiado de formação e informação do imaginário social. Nas palavras de Tony Hara, "é um dos pólos privilegiados na constituição do imaginário e dos rituais de verdade produzidos em uma cidade ou região". O mesmo autor, no entanto, nos alerta também que o jornalismo "é manipulado ao mesmo tempo que manipula o imaginário".[28] Dito de outra forma, há entre o jornal e seus leitores – e mesmo entre o jornal e parte da comunidade/cidade, incluindo aí aqueles que não lêem jornais – uma relação de circularidade e troca, e não um jogo manipulatório puro e simples: não há como, pela produção de notícias, controlar plenamente o imaginário social. Não apenas porque nem todos lêem jornal, mas também porque não há como controlar a forma como as pessoas os lêem. E se os leitores não são apáticos descerebrados, incapazes de interpretar e usar de maneira diferenciada aquilo que lêem, podemos falar somente em tentativas de controle e manipulação, que se caracterizam como parciais e precisam, por isso, ser socialmente legitimadas.

Do ponto de vista do jornalismo, a melhor maneira de legitimar aquilo que se escreve e imprime diariamente, é produzir notícias cuja identificação com os anseios, temores, medos e desejos da comunidade – que é, apesar da denominação, sempre heterogênea – seja eficaz, se não imediata. Dito de outra forma: interpretar como uma via de mão única o discurso jornalístico, entendendo as críticas à violência institucional como extensão e expressão, mais uma vez, dos interesses das elites locais,

---

28 HARA, Tony. *Caçadores de notícias: História e crônicas policiais de Londrina 1948-1970*. Curitiba: Aos Quatro Ventos, 2000. p. 1-33.

irritadas ao ver a polícia, que deveria ser exemplo às classes trabalhadoras e subalternas, entregue à selvageria desenfreada, se não é de todo equivocado, me parece ao menos problemático. Tal leitura, ao não perceber na imprensa mais que uma correia de transmissão de interesses sempre os mesmos, mesmo quando estes interesses são expressamente contrariados por esta coisa insopitável a que chamamos "realidade", retorna sempre ao ponto de partida: mesmo as denúncias e críticas reforçam o ideal de dominação porque expõem, de um lado, os seus pontos frágeis e, de outro e como consequência lógica, a necessidade urgente de repará-los e harmonizá-los às diretrizes gerais de controle e disciplinarização. Não há saída, portanto: para onde quer que se olhe, lá estarão as "classes dominantes", harmonizadas em torno a um projeto minuciosamente orquestrado e cuidadosamente regido.

Não se trata de negligenciar os interesses e investimentos realizados pelas elites – econômicas, políticas, intelectuais, etc... – e seu desejo, utópico até, de criar uma cidade disciplinar, se não mesmo disciplinada. Mas me parece que a frequência com que as vozes destoantes, de trabalhadores e outros indivíduos marginalizados, aparecem na imprensa como vítimas da truculência policial, não denota apenas o quão frágil pode ser aquela utopia. Penso que é preciso avançar um pouco mais e afirmar que elas expressam, mais que a fragilidade, as fraturas no interior de qualquer projeto que pretenda à homogeneidade ou, para ser ainda mais direto, à dominação pura e simples de uma classe ou grupo sobre outro. Por mais fortes e articuladas que fossem as elites, por mais capazes que fossem de dar forma a seus interesses, apoderando-se entre outras coisas da máquina estatal, aparelhando-a, há sempre um ponto nevrálgico a partir de onde se esboçam as contradições, leituras e práticas outras que produzem formas distintas de compreensão e apropriação do espaço urbano.

A violência policial é, neste sentido, um fenômeno particularmente interessante, porque em não poucos casos ela é justamente o resultado prático das tentativas de se impor, desde cima, a ordem e a coesão sociais tidas como necessárias para que se afastasse da esfera pública, toda ameaça de violência ilegal e ilegítima, ou seja, não monopolizada pelo Estado. Ao denunciar, se não necessariamente a ilegalidade, mas a ilegitimidade de muitas das ações policiais contra cidadãos curitibanos, notadamente os mais pobres, alvos preferenciais da imensa maioria das agressões noticiadas, a imprensa deixa escapar aos historiadores de hoje os limites do processo de monopolização, pelo Estado, seus agentes e instituições, do recurso à violência. Parte desta dificuldade advinha, justamente, de um paradoxo inerente a este projeto, e não apenas no Brasil: imprescindível ao processo de institucionalização da violência e sua incorporação à máquina estatal, a polícia se constituiu como organização recrutando, para suas fileiras indivíduos originários dos grupos postos à margem, porque considerados potencialmente perigosos. Ou seja, o projeto civilizacional posto em curso pelas elites setecentistas e oitocentistas se apoiou, em um aspecto fundamental – a manutenção da segurança e da ordem –, justamente naqueles indivíduos que se pretendia civilizar.

O uso da farda, símbolo da autoridade delegada e, portanto, do vínculo do policial com os valores de que ele é o representante nas ruas da cidade, não era o suficiente para forjar de maneira mais efetiva aquela adesão. Mal remunerados, precariamente treinados, enfim, subvalorizados pelas autoridades de que eram o braço forte e armado, no dia-a-dia dos praças o que norteava sua ação era, frequentemente, a percepção de mundo e as redes de sociabilidade que já eram as suas desde antes de seu ingresso na corporação. Em muitos casos, a participação de policiais em quebra-quebras não se resumia a episódios como os narrados anteriormente, em que a arbitrariedade resulta do "cumprimento do dever": ao se envolver em uma briga no interior de um pequeno estabelecimento comercial, o soldado "Praxedes de tal" desfere tamanho golpe de cassetete em seu opositor, João Moka, que este "sahiu allucinado correndo pela rua, onde cahiu sobre um vallo".[29] Casado, pai de três filhos, 33 anos, Moka, que entrou na venda para cobrar uma dívida de um terceiro envolvido na confusão, morreu poucos dias depois.[30]

O interessante a observar é que, seja cumprindo o que considera sua obrigação ou por motivos alheios às suas atribuições rotineiras – como no caso de "Praxedes de tal" – a violência policial não é nunca um elemento intrínseco à natureza da instituição, um dado incontornável de sua identidade, cravado nela desde a sua origem. Não se trata de negar o que, ainda hoje, soa algo óbvio: o de que o uso da violência pela polícia, especialmente contra as classes, grupos e indivíduos mais pobres, é uma prática tanto generalizada quanto impune, raríssimas sendo as exceções. A sua banalização, no entanto, não pode justificar um olhar que a naturaliza, deixando de vê-la como resultado de experiências, de confrontos que opõem percepções e usos distintos do espaço público, protagonizados por dois grupos – os policiais e os "cidadãos comuns", tomados os últimos em uma acepção bastante elástica – sujeitos ambos de práticas culturais bastante familiares.[31]

---

29 *Conflicto*, Diário da Tarde, 14/1/1903.

30 *Pancada factal*, Diário da Tarde, 17/1/1903. Falando do policiamento das ruas de Paris do século XVIII, Arlete Farge e André Zysberg, mostram como muitas vezes era a própria ação da polícia que criava a desordem, provocando manifestações de violência que não raro terminavam em confrontos físicos entre policiais e população. FARGE, Arlette; ZYSBERG, André. Les théâtres de la violence à Paris au XVIIIe siècle. *Annales. Économies, Sociétés, Civilisations*. 34e année, n. 5, 1979, pág. 992-994.

31 ROSEMBERG, André, p. 366-370. Na Paris do século XIX os policiais eram denominados

Trata-se, portanto, de uma violência que é, em grande medida, recíproca. Reciprocidade que deriva, em parte e no que tange ao Brasil, especificamente, de uma "cultura da violência" de certa forma inerente a uma sociedade até muito recentemente assentada em relações escravistas e que tinha na arbitrariedade um ingrediente significativamente comum ao cotidiano de senhores, homens livres, escravos e libertos.[32] Além disso, e no período em foco trata-se de um elemento essencial, há um descompasso nada sutil entre o projeto republicano, ao qual aderiram os segmentos mais privilegiados, alguns deles monarquistas rapidamente convertidos ao novo ideário, e parcelas significativas da população, as chamadas "classes populares". Descompasso político e simbólico: o caráter autoritário e excludente do novo regime, liberal mas não democrático, vai de par com a produção e reprodução de velhos e novos estigmas a modelar a construção de um imaginário moderno que pretende reformar os mundos material e sensível.

O monopólio da violência pelo Estado, assegurado entre outras coisas pela projetada ampliação e profissionalização de seu aparato policial, deveria ser parte indispensável deste processo. Concebida para suportar e consolidar esta mudança nas ruas e entre a população, a polícia, no entanto, se viu refém das contradições do projeto modernizante republicano. Institucionalmente, como procurei demonstrar, ela não oferecia maiores atrativos para quem nela ingressasse; era um emprego, temporário e provisório como o são todos, e não necessariamente uma carreira. Um dos resultados desta provisoriedade era um corpo policial, além de parcamente equipado – ao menos nos primeiros anos da República –, pouco instruído e fragilmente imbuído do seu papel "civilizador". Originário ele próprio das camadas mais baixas, o policial agia de acordo com um diapasão que era o seu e o de seu grupo, e não o pretendido pelo Estado e seus dirigentes. Vista sob esta perspectiva, a brutalidade policial é também decorrência dos limites que são impostos à instituição desde seu nascimento. Se se trata de manter uma ordem que é estranha aos seus próprios membros, e se manter a ordem significa simplesmente lutar contra a

---

pelos grupos populares de "cogne", substantivo derivado do verbo "cogner", "espancar", "bater". BERLIÈRE, Jean-Marc. Du maintien de l'ordre républicain au maintien républicain de l'ordre? Réflexions sur la violence. *Genèses*, n. 12, mai. 1993, p. 21-27.

32 Sobre a "cultura da violência" na sociedade escravista brasileira: VELLASCO, Ivan de Andrade. *As seduções da ordem – violência, criminalidade e administração da justiça, Minas Gerais, século 19*. São Paulo: Edusc/Anpocs, 2004. Também fundamental é o trabalho pioneiro de Maria Sylvia Carvalho Franco. Ainda que muitas das premissas teóricas e metodológicas que sustentaram suas reflexões já tenham sido lidas criticamente por trabalhos posteriores e mais recentes – o de Ivan Vellasco, inclusive – suas descobertas e interpretações continuam sendo referência obrigatória para quem explora as relações entre violência e justiça no Brasil. FRANCO, Maria Sylvia de Carvalho. *Homens livres na ordem escravocrata*. São Paulo: Unesp, 1997.

desordem, numa guerra cotidiana interminável, as armas da violência são um recurso providencial, se não mesmo imprescindíveis. Nesta empreitada, como diria um antigo chefe de polícia parisiense, a doçura não logrará êxito.

Uma árdua missão: a modernização do aparato policial

> Sempre a heroica policia valentaça,
> Arbitraria e violenta em nossas ruas!
> Se na guerra, porem, sente a fumaça
> Da PÓRVA, ó céos, que é das bravatas suas?
> Como o macaco, que entre as pernas nuas
> Põe o rabinho, guarda o seu e passa...
> Passa? Corre veloz como as faluas
> Em intrepida e doida corrimaça.
> Foi o Essenfelder a victima –coitado!
> Nem bem os vio, ficou desafinado,
> A si mesmo a indagar: Abres? Não abres?
> Pois os meganhas, sem ouvir respostas,
> Quizeram no teclado de... suas costas
> Togar um tango bárbaro com os sabres.

Assinado com o pseudônimo "Barão da Flor de Alface", o soneto repercute matéria publicada nos jornais que dava conta do assalto, de que foi vítima Floriano Essenfelder, fabricante dos pianos Essenfelder, alguns dias antes. Irônico, ridiculariza a polícia taxando-a de autoritária contra os fracos ("arbitrária e violenta em nossas ruas"), mas covarde para lutar o bom combate ("Se na guerra porem, sente a fumaça..."), além de ignorante (grafa "pórva", em letras maiúsculas, no lugar de "pólvora"). O tom satírico, no entanto, acentua a seriedade da denúncia: os larápios responsáveis pelo crime eram "meganhas", cujo ofício, afinal, era justamente combatê-lo. O mesmo recurso é utilizado algumas páginas adiante. De autoria do mesmo falso nobre afeito às verduras, o segundo soneto comenta episódio semelhante, embora tendo como vítima um cidadão nem tão notável como Essenfelder.[33] Os eventos, por certo, não passaram despercebidos às autoridades locais: em seu relatório, o secretário de Negócios de Interior, Justiça e Instrução Pública, Claudino Ferreira dos Santos, registra indiretamente o ocorrido, ao mencionar que

---

33 *Ainda a policia* e *Coisas da epoca*, *Revista A Bomba*, Anno I, nr. 4, 10/7/1913.

> um ou outro elemento destacado, em uma corporação de caracteres hecterogeneos, aberra dos salutares princípios ali estabelecidos, mas este facto isolado, não deve deslustrar o esforço dirigente, nem ser levado a conta da collectividade quando o pensamento actual é justamente expurgar a corporação dessas unidades que por vicios innatos, incorrigíveis e mal domados, trazem no máo exemplo, e nos máos resultados, o desprestigio do nome a da funcção da corporação a que pertencem.[34]

Críticas à atuação da polícia veiculadas na imprensa não eram exatamente uma novidade, como tratei de demonstrar anteriormente. E nem sempre elas miravam exclusivamente a violência; em muitos textos, o que se criticava era justamente a sua inoperância e incapacidade de conter a onde de crimes, grandes e pequenos, que crescia na proporção inversa à atuação policial. Um dos exemplos mais significativos desta vertente foi a polêmica travada entre dois dos principais jornais circulantes na capital, *Diário da Tarde* e *A República* – cuja rivalidade comercial e política rendia, vez ou outra, trocas públicas de farpas entre os jornais e seus escrevinhadores[35] –, alguns anos antes dos sonetos de *A Bomba*. O quiproquó começa com um artigo do *Diário*. Sob o título "Com a polícia", o vespertino expressa sua preocupação com a onda de roubos ocorridos em Curitiba, "levados a effeito com notavel audacia, escolhidos para theatro das façanhas larapias os logares mais centraes da cidade". A preocupação é proporcional à ineficiência policial, cuja ação

> infelizmente não se faz sentir com presteza e argucia indispensaveis nos casos delictuosos, deixando-os muitas vezes nas trevas do insondavel mysterio e deixando livres os delinquentes.
>
> A impunidade é porta aberta à reincidencia e incitamento a novos attentados a hobra ou á vida dos cidadãos; por isso, lamentavel que a policia não sequestre do convivio social os individuos que se tornaram perigosos e merecedores dos castigos legaes, prescriptos no Código Penal do paiz.[36]

---

34 Relatório apresentado ao Dr. Carlos Cavalcanti de Albuquerque, Presidente do Estado do Paraná, pelo Dr. Claudino Rogoberto Ferreira dos Santos, Secretario dos Negócios do Interior, Justiça e Instrucção Publica, 1913.

35 Uma breve explicação se faz necessária: o *Diário da Tarde* e *A República* mantinham em suas páginas uma disputa que extrapolava a busca por novos leitores. "Orgam do Partido Republicano", conforme o estampado em seu frontispício, *A República* tendia, por razões óbvias, a uma defesa das políticas e ações públicas e oficiais. Já o *Diário*, coerente com sua postura de jornal independente, mantinha com o governo uma relação por vezes amistosa e, em outras, assumidamente oposicionista. Nessas ocasiões, principalmente, os dois jornais armavam-se até os dentes de argumentos na defesa de suas idéias e princípios, como mostra a polêmica que discuto brevemente aqui.

36 *Com a polícia*, *Diário da Tarde*, 28/8/1908.

O editorial provoca a reação de *A República*. Em defesa da instituição, o concorrente usa como primeiro argumento o fato de que os crimes têm aumentado mesmo naqueles "centros populosos e de melhor policiamento (...) tramados de tal modo que illudem a acção da policia, por mais activa que esta seja". O maior problema, alega, reside no crescimento cotidiano da população curitibana, notadamente no número de "indivíduos de várias nacionalidades que aqui chegam, ou por aqui passam, continuamente". Segundo o jornal "(...) o crime, em larga escala, está na dependência desses elementos estrangeiros introduzidos na população." O crescimento e a heterogeneidade populacionais seriam "um dos factos que podem explicar o crime entre nós, como também explicar a impunidade dos criminosos e muitas outras coisas".[37]

O *Diário da Tarde*, claro, não concorda. E a resposta vem rápida. O vespertino está de acordo que "em toda parte há delinquentes habilissimos que conseguem evitar a captura"; mas esses devem ser exceção, e não a regra. O fato de que seja o contrário em Curitiba reforça a crítica à polícia, acredita o jornal, para quem o "augmento da população (...) não é robusta justificativa; a collectividade coritibana, pela conquista de numerosos e variados contingentes ethnicos há se desenvolvido de modo notavel; mas parallelamente se desenvolveram também os recursos policiais".[38] Em sua resposta, *A República* afirma que uma maior atenção deveria ser dada ao aparelhamento da polícia, munindo-a, por exemplo, de um "serviço regular de estatística", o que a permitiria desenvolver de forma mais científica e eficaz seu trabalho. Apoiado em um autor francês cujo nome não cita, o articulista do periódico governista argumenta que "a civilização (o conjunto das condições sociaes mais aperfeiçoadas, entrevistas e realisadas pela união collectiva), não supprime, nem as predisposições criminosas, nem as solicitações capazes de engendrar o crime." No restante da citação, o jornal compara Curitiba a Paris e Londres para demonstrar que o crescimento da riqueza material e social e o aumento da população promovem o crime, porque despertam "taras organicas" e facilitam a mobilidade, condição *sine qua non* à proliferação da delinqüência. Escusado, mas ao mesmo tempo necessário dizer, que são as cidades, onde o progresso se faz mais visível, aquelas que sentem mais de perto as dores e as delícias da civilização moderna. A cidade

> (...) mescla-se cada vez mais, desclassifica-se e torna-se heterogenea. Desde então as tentações augmentam, sobretudo nas cidades, focos do vicio, onde se sentem todos mais ao abrigo da opinião; crimes e delictos progridem mais rapidamente que

---

37 *A polícia e os roubos*, A República, 29/8/1908.
38 *Com a polícia*, Diário da Tarde, 31/8/1908.

> a propria população, achando-se assim o progresso moral assás retardado em comparação com o progresso scientifico e industrial, - e a contradicção sobresahei.[39]

O contexto é mais ou menos o mesmo quando, alguns dias depois e ainda sustentando seus argumentos contra o concorrente, *A República* volta a afirmar que

> O crime, cujas causas são assás complexas, tem também as suas "leis"; e desde que se trate de uma "lei", ella manifesta-se em toda parte do mesmo modo. (…)
>
> (…) Logo, as causas [da criminalidade] de facto não estão nessa organização [policial], mas devem ser procuradas [ilegível]; - no augmento da população, no aperfeiçoamento da astucia e na habilidade dos criminosos, nos progressos da civilisação, nos progressos da indústria e até nos progressos da instrucção.[40]

Não pretendo me deter por mais tempo em todas as minúcias e desdobramentos do debate, que se estende por semanas. Não apenas porque ele é longo, mas também porque um exame apurado dos argumentos de um e de outro jornal revela repetições e recorrências que tornariam cansativas sua e leitura. Mas é plausível dizer que a polêmica tomou tamanha proporção num gesto quase que inconsciente das duas publicações. Ou seja, é provável que, de início, eles não tivessem seriamente a pretensão de levar tão longe uma discussão que poderia ter sido encerrada no segundo ou terceiro artigo, e que eles só a levaram adiante movidos muito mais por convicções políticas que necessariamente editoriais ou "científicas". Independente das razões veladas, no entanto, a querela revela facetas interessantes de certa sensibilidade expressa pela imprensa curitibana no alvorecer do século XX. A começar pelo mais óbvio: o enfrentamento não oculta o quanto há de comum nesses discursos, especialmente no que tange ao chamamento e reivindicação frequentes à ordem e à segurança. Temas, aliás, recorrentes nas páginas dos periódicos europeus e brasileiros durante boa parte do século XIX, transformando-se paulatinamente numa quase obsessão das elites e camadas médias citadinas, cada vez mais temerosas do perigo representado pela multidão de pobres que invadem a *urbs*.

É verdade que Curitiba não era exatamente uma metrópole, mas os ares modernizantes e modernizadores que já se faziam presentes desde pelo menos as últimas décadas do XIX, e a própria maneira como a cidade era *lida* não só pelas elites, mas também e principalmente pela inteligência local, justificavam a preocupação.

---

39 *A boa doutrina*. *A República*, 03/9/1908. Aspas e grifos no original.
40 *Inconsequencia*. *A República*. 05/9/1908.

Trocando em miúdos, no imaginário que perpassa essas camadas sociais, os leitores e "fazedores" de jornais, há um acento significativo naquelas características que fazem da capital uma cidade moderna, no duplo sentido da palavra: nos esforços e investimentos públicos para se "modernizar" o traçado urbano; mas também naqueles hábitos e costumes que caracterizam a "modernidade".

Nesse sentido, parece ficar claro outro aspecto que, apesar da intriga, unem *A República* e *Diário*: se por um lado, a modernidade trouxe o progresso e a civilização, ela engendrou também o seu avesso: a violência e o crime. Mas não é só. O próprio aumento nos índices de criminalidade denuncia que as conquistas do mundo moderno podem servir também às artimanhas dos "indivíduos perigosos e merecedores dos castigos legaes". O acesso ao admirável mundo novo da modernidade, com seu aparato técnico-científico e suas cidades repletas de becos e ruelas escuras, verdadeiros labirintos urbanos, fez facilitar e ampliar a degenerescência criminosa. E se os novos instrumentos de criminalidade foram forjados no interior da civilização moderna, é nela também que os homens e mulheres virtuosos encontrariam os "recursos valiosos, eficazes, capazes de, mais que a repressão penal, atenuar os efeitos, diminuir os sucessos, combater os resultados da criminalidade contemporânea".[41] Os investimentos em um policiamento mais eficaz e aparelhado será a resposta do Estado a estas demandas. Eles podem ser lidos também como o outro lado da aparente fragilidade da ação policial, analisada há pouco: se suas imagem e atuação são prejudicadas pelos deslizes dos seus integrantes, investir em um aparelhamento com vistas a assegurar-lhe um suporte técnico condizente com seus objetivos, pode ser uma saída possível ao melhoramento da instituição. Tal propósito já havia sido observado pelo Desembargador Manoel Bernardino Cavalcanti, chefe de Polícia, que reivindicava para a corporação "uma reforma compatível com a evolução social e harmonica com os progressos do Estado. Já é tempo de cuidar-se da reorganisação do serviço e de confiarem-se os cargos policiaes a pessoas que tenham elementos para se dedicarem a essa ardua missão". E conclui: "Passou a epoca em que fazer polícia era simplesmente effectuar prisões".[42]

Ele não estava sozinho. Desde mais ou menos meados do século XIX uma verdadeira "onda modernizadora" se alastrou entre as polícias das principais cidades europeias, e já vimos algumas das razões que explicam o aumento da força policial naquelas metrópoles. Em Londres, descrita ainda nos anos de 1840 por Engels como

---
41 CANCELLI, Elizabeth. *A cultura do crime e da lei*. Brasília: Editora Universidade de Brasília, 2001, p. 93.
42 Relatorio apresentado ao Dr. Mario Alvez de Camargo, Secretario dos Negócios do Interior, Justiça e Instrucção Publica, pelo chefe de Policia, Desembargador Manoel Bernardino Vieira Cavalcanti Filho, 1912.

um lugar onde a "desagregação da humanidade em células (...) esta atomização do mundo, é aqui levada ao extremo"[43], a ampliação e modernização da polícia provocaram, a um só tempo, fascínio e hostilidade. No primeiro caso, nem mesmo as provocações de Sherlock Holmes, alguns anos mais tarde, conseguiram eclipsar completamente o trabalho de um grupo de oficiais, os recém criados detetives da hoje internacionalmente conhecida Scotland Yard. Amparados em uma rígida capacidade de observação, somada ao que havia de mais moderno tecnologicamente, eles elevaram a polícia – ou parte dela – a um novo patamar, sendo responsáveis pelo que o escritor Wilkie Collins chamou à época de "febre detetivesca". No imaginário de muitos de seus contemporâneos, o detetive era "rígido, calmo e inexorável, uma *instituição*, mais que um homem".[44] O deslumbre, no entanto, convivia com uma hostilidade que, de acordo com Clive Emsley, perdurou especialmente entre as classes trabalhadoras, até o final do XIX. Entre estes, argumenta, persistiu uma percepção que tendia a ver a polícia como uma entidade ligada às elites burguesas e aristocráticas e, portanto, apartada e ignorante dos ritos e costumes das comunidades periféricas; uma imagem distante e distinta daquela dos detetives que seduziam parcelas da elite e das camadas médias urbanas no mesmo período.[45]

Na "capital do século XIX" os primórdios da "polícia científica" remontam às últimas décadas do centenário, estabelecida principalmente em torno ao serviço de identidade judiciária, organizado ao longo dos anos de 1880 por Alphonse Bertillon. Que ela tenha exercido "fascinação e surpresa" em seus contemporâneos não torna simples nem homogêneo o seu processo de consolidação.[46] De certa forma, trata-se de uma admiração que é o outro lado de uma preocupação acerca da criminalidade que beirava às raias da obsessão. Para além dos debates e discussões entre autoridades e especialistas, na Paris da *belle époque* o crime tornou-se mesmo um artefato de consumo, com tramas e personagens que enchiam de horror e fantasia páginas e páginas de folhetins, contos e romances. Além deles, a imaginação dos parisienses era alimentada pelos populares *fait divers*, uma criação da imprensa oitocentista para abrigar, como o nome sugere, notícias de todo tipo ligadas, de uma maneira ou outra,

---

43 ENGELS, Friedrich. *A situação da classe trabalhadora na Inglaterra*. Rio de Janeiro: Global Editora, s/d, p. 36.
44 SUMMERSCALE, Kate. *As suspeitas do sr. Whicher*. São Paulo: Companhia das Letras, 2009, pág. 77.
45 EMSLEY, Clive. La légitimité de la police anglaise: une perspective historique comparée. *Déviance et societé*, vol. 13, n. 1, 1989, p. 23-34.
46 ABOUT, Ilsen. La Police scientifique en quête de modeles: institutions et controverses en France et en Italie (1900-1930). In.: FARCY, Jean-Claude; KALIFA, Dominique; LUC, Jean-Noël (dir.). *L'enquête judiciaire en Europe au XIXe siècle*. Paris: Creaphis, 2007, p. 257-270.

a fatos diversos, normalmente delitos que a imprensa sensacionalista tratava de transformar em verdadeiros espetáculos.[47] Em uma sociedade onde, afinal, o crime havia se transformado em uma forma de entretenimento, sem deixar de provocar terror e medo, não surpreende que uma polícia tecnicamente mais bem amparada passasse a ser uma reivindicação constante de parte dela – aqueles grupos que se sentiam mais ameaçados pela desordem criminosa –, que exigia do Estado uma resposta à altura dos avanços das *classes dangereuses*.

O crime e seus tipos também viraram moeda de troca, ainda que um pouco adiante, entre leitores brasileiros, paranaenses inclusos. Analisada no primeiro capítulo, a novela curitibana *O desespero de Chan* desloca seus leitores, a certa altura, para uma das regiões periféricas da cidade, batizada no romance de *Trintannos*, "escuso sector urbano, velhacoito de desordeiros e malandros", onde habitava "uma multidão de famílias operarias, de praças de pré, de gente desclassificada, em promiscuidade de costumes. (…) O nome porque se celebrizara nascera de ser a região predilecta dos candidatos ou condemnados a trinta annos de penitenciária". Na passagem, a personagem central da trama, Benedicto Villaça, chega à *Trintannos* depois de informado que para a região havia se deslocado uma guarnição da polícia, com o propósito de prender "57", um ex-soldado do quartel de artilharia, e Benedicto decide acompanhá-la; queria "apreciar a proeza dos 'meganhas', prendendo o valentão". Não conseguem claro: contra o "tigre", ainda que armados, estava um grupo de "criançolas, desaffeitos a violencia… Nem sabiam ainda manejar com ha bilidade os fuzis…". Nem mesmo o sargento deu conta da empreitada, e sua tentativa de imobilizar o marginal resultou igualmente em fracasso.[48]

A descrição da ação policial na novela de Raul Gomes não é de todo negativa. Diferente das críticas da imprensa de alguns anos antes, ela é desafeta à violência. Por outro lado, a pequena tropa que vai a "Trintannos" com o propósito de justamente conter a fúria de um perigoso delinquente, notório por sua força e seu "raro vigor", é composta por "criançolas" sem maiores habilidades, inclusive para operar seu armamento. Trata-se de ficção, claro, e é preciso levar em conta o quanto há de invenção neste perfil para adequá-lo aos propósitos da trama. Ainda assim, a representação literária contrasta com os esforços reportados pelas autoridades que, especialmente na

---

47 KALIFA, Dominique. Crime, polices, État à la "Belle Époque". In.: CHEVRIER, Francis (dir.). *Le crime et le pouvoir – Les rendez-vous de l'Histoire*. Paris: Éditions Pleins Feux, 1999, p. 28-53. Sobre os *fait divers* e sua difusão na imprensa brasileira ver, entre outros: GUIMARÃES, Valéria. Sensacionalismo e modernidade na imprensa brasileira no início do século XX. *ArtCultura*, v. 11, nr. 18, jan-jun. 2009, p. 227-240.

48 GOMES, Raul. *O desespero de Chan, narrativa romântica*. Curitiba: Empresa Gráfica Paranaense, 1926 (Novella Paranaense n. 3), p. 50-54.

última década e meia, mais ou menos, se esforçavam por reorganizar a polícia, dando a ela uma estrutura condizente com o cotidiano urbano da capital.

O ano de 1912 representa, neste sentido, uma espécie de corte, um "antes e depois", ao menos por razões de ordem discursiva. Se até então menções às dificuldades da polícia eram, mesmo quando presentes, ofuscadas pelos elogios à "índole do povo paranaense" e a garantia de que "a ordem pública não havia sido alterada", naquele ano o chefe de Polícia, Manoel Bernardino, coloca enfim o dedo na ferida. Trata-se do mesmo que, reclamando do pequeno contingente que compunha a Guarda Civil reivindicava, além do aumento no número de homens, melhores salários e benefícios públicos, tais como assistência médica e odontológica. E que justificava seu pedido apelando à importância de se manter um corpo estável de oficiais, condição fundamental a um bom patrulhamento da capital, objetivo para o qual foi criada a Guarda Civil. Mas ele vai um pouco adiante e propõe, no mesmo relatório, sob a rubrica "Reorganisação policial", "uma reforma compatível com a evolução social e harmonica com os progressos do Estado". Para Bernardino, o "apparecimento de deliquentes astuciosos, de bôa apparencia e até de cultivo intelectual, patenteia a necessidade de hábeis investigadores, versados nos ensinamentos da moderna sciencia da policia. É tempo de irmos pensando na organisação de uma policia letrada e de carreira".

No projeto de reforma por ele esboçado, as delegacias das principais cidades do estado teriam, por titulares, "bacharéis em Sciencias Juridicas e Sociaes". As delegacias e sub-distritos de localidades pouco movimentadas ficariam "a cargo de cidadãos hábeis, porem não diplomados". E ele completa: "Considero de inteira justiça a remuneração as autoridades do interior, pois não se comprehende que um cidadão se dedique a misteres tão difficultosos gratuitamente". Para o bom policiamento da capital, Bernardino reivindica a criação de cinco delegacias, com delegados percebendo salários compatíveis com seu grau de responsabilidade. "De outro modo só poderemos ter boas autoridades transitoriamente, pois os diplomados aceitarão os cargos a espera de melhor collocação, os abandonando na primeira opportunidade com flagrante prejuizo para o publico serviço".[49]

É verdade que algumas ações, de certa forma, preparam o terreno para o grande salto proposto pelo chefe de polícia. Em março de 1903 a cidade vê inaugurar o Hospício de Nossa Senhora da Luz, no Ahu, um dos "mais brilhantes passos no caminho do progresso e da civilisação".[50] Embora destinado ao internamento e

---

[49] Relatorio apresentado ao Dr. Mario Alvez de Camargo, Secretario dos Negócios do Interior, Justiça e Instrucção Publica, pelo chefe de Policia, Desembargador Manoel Bernardino Vieira Cavalcanti Filho, 1912.

[50] "Hospicio de Nossa Senhora da Luz", *Diário da Tarde*, 25/3/1903.

tratamento dos alienados, já no dia seguinte à inauguração o "Diário da Tarde" noticia que um acordo firmado entre o prefeito, o chefe de polícia e a administração do nosocômio prevê a criação de um espaço destinado ao recolhimento dos mendigos, tanto o das ruas quanto aqueles que se encontram detidos nas cadeias da cidade. Para assegurar de vez a "limpeza" da cidade, um edital proibindo a prática da mendicidade é publicado no mesmo dia.[51] Dois anos depois, em abril de 1905, começa a funcionar o Gabinete Antropométrico, que utiliza como método de identificação o sistema de Bertillon; renomeado Gabinete de Identificação e Estatística, em 1907 foi introduzido sistema Vucetich de identificação criminal. Contemporâneos destes investimentos, como a demonstrar uma ação orquestrada por parte do estado com o intuito de modernizar e fortalecer o aparato de segurança, são a implantação ou revisão dos regimentos e regulamentos das prisões, da Estatística Policial e Judiciária, da Repartição Central de Policia, do Regimento de Segurança e a Consolidação das leis policiais, esta última datada de 1909, mesmo ano da inauguração da penitenciária. Finalmente, em 1911 o então chefe de Polícia, Estanisláu Cardozo, especula, para um futuro próximo, a criação de um

> pequeno corpo de Agentes de Policia composto de cidadãos moralisados, intelligentes e trabalhadores, regulamentado, com a sua organisação normal, com responsabilidades, garantias e ordenados especificados. (...) O officio da policia nem sempre é previnir e reprimir; a dedicação summa não é simplesmente evitar o mal e impor pela força a soberania da lei; existe o mister de investigar.
>
> (...)
>
> Somente o agente desconhecido do publico, o agente perspicaz, astucioso, educado nos segredos da investigação, conhecendo logares e pessoas, escaninhos e reputacções, pode com vantagem desvendar suspeitas, reunir probabilidades, dirigir sem inconveniencia o trabalho de reconhecimento da causa, tempo e meios de penetracção dos crimes e dos autores.[52]

---

51 "A mendicidade", *Diário da Tarde*, 26/3/1903. O recolhimento e conseqüente prisão dos mendigos constavam do Código Penal de 1890, que tratava do crime e das penas relativas à mendicidade no Livro III ("Das contravenções em espécie"), Capítulo XII ("Dos mendigos e ebrios"), artigos 391 a 396. Sobre o controle da mendicidade em Curitiba, ver: KARVAT, Erivan Cassiano. *A sociedade do trabalho: discursos e prática de controle sobre a mendicidade e a vadiagem em Curitiba (1890-1933)*. Curitiba: Aos Quatro Ventos, 1998.

52 Relatorio apresentado ao Dr. Mario Alvez de Camargo, Secretario dos Negócios do Interior, Justiça e Instrucção Publica, pelo chefe de Policia, Desembargador Estanisláu Cardozo, 1911.

A atuação do "secreta", do detetive a um só tempo anônimo e onipresente, treinado para, a partir de pistas e indícios não apenas desvendar tramas, mas reorganizá-las e reconstituí-las, enfronhando-se no labirinto narrativo de que são feitos os crimes e a ele sobrepujar-se e sobreviver, esse moderno Teseu, enfim, não era feito de pura intuição, de uma "massa cinzenta" privilegiada ainda que, certamente, uma inteligência acurada era pré-requisito fundamental. Diferente da literatura policial em voga no período, com seus Dupin e Holmes dotados de inteligência e senso de observação impares, e nada além disso para desvendar os mais intrincados mistérios, os detetives desta outra literatura que são os relatórios policiais carecem da técnica e da ciência e, sem elas, sabem que pouco podem contra o inimigo. Um dos mais destacados teóricos da polícia científica no Brasil, Elysio de Carvalho resumia esta mudança de paradigma com uma pequena história, retirada de reportagem de um dos jornais cariocas. Chamado à cena de um crime, um delegado de um dos distritos da Capital Federal se depara com um cenário propício ao trabalho investigativo:

> As gavetas haviam sido arrombadas, varios objectos de vidro foram mudados do seu lugar competente, pelo chão, e além das pegadas, varios objectos próprios para arrombar foram encontrados.
>
> Era possível que, pelos indícios, conduzidas as diligencias com intelligencia e critério, verificado na superfície dos vidros se os meliantes tinham deixado marcadas as suas impressões dactylocopicas, o que se verifica facilmente com o emprego de vários ácidos, se conseguisse, em curto lapso de tempo, deitar a mão aos bandidos.

Para sua frustração, no entanto, no lugar do "especialista" prometido pela repartição central, aparece na sua delegacia "um mulato pernóstico, de physionomia obtusa, cheirando a álcool", que se apresentou como sendo o "tal especialista". Depois de inspecionar amadoristicamente o lugar onde fora perpetrado o assassinato, disse que pouco podia fazer, porque o caso era grave, mas que chamaria um colega que estava na "semana da sorte" e que poderia "adivinhar a cousa". A resposta do delegado – a estas alturas já uma espécie de *alter ego* do próprio Elysio de Carvalho – é a "moral da história" desta pequena fábula: "Quer saber de uma cousa? – disse a autoridade, perdendo a paciência e não podendo conter a sua calma – fazer policia não é adivinhar. Para ser agente da polícia, hoje em dia, é necessário que o agente tenha qualidades muito especiaes, que seja intelligente observador, instruído e perspicaz".[53]

---

[53] CARVALHO, Elysio de. *A polícia carioca e a criminalidade contemporânea*. Rio de Janeiro: Imprensa Nacional, 1910, p. 63-65.

O contraponto entre o mulato etilicamente intuitivo e o delegado zeloso é o mote que ilustra e sustenta a defesa intransigente que Carvalho faz de que a "lucta contra o crime funda-se, modernamente, sobre uma organização racional, methodica, scientifica, dos meios preventivos, investigadores e repressivos". Era preciso, enfim,

> instituir definitivamente entre nós a policia de carreira, organizada technicamente, subordinada a regras fixas de accesso e pautada pelas exigências do preparo scientifico: a policia é, antes de tudo, uma sciencia experimental, é um conjuncto de conhecimentos especiaes, de methodos scientificos e de processos adequados, cuja acquisição não se faz da noite para o dia, senão como exercício continuado da funcção e com o estudo prévio, é uma verdadeira disciplina constituída para a defesa efficaz da sociedade.[54]

A formação de uma "polícia letrada e de carreira" foi o principal tema do 1º Convenio Policial Brasileiro, realizado em São Paulo de 7 a 12 de abril de 1912. Representaram o Paraná o diretor do Gabinete de Identificação, Miguel Severo de Santiago, e o Delegado Auxiliar, Mario de Castro Nascimento.[55] São deste último os dois documentos que reportam às autoridades do estado, as decisões do congresso e a participação, ao que parece, intensa, dos representantes paranaenses, especialmente do delegado. Fundamentalmente, a intenção do evento era estabelecer critérios e meios de cooperação entre as polícias dos 16 estados participantes.[56] Uma das prioridades era viabilizar os mecanismos de permuta de antecedentes dos "individuos considerados perigosos à Sociedade, e informações sobre as pessoas honestas que as solicitarem espontaneamente, para prova de identidade ou de bons antecedentes". Entre as medidas propostas no documento final do convênio, a tipologia dos indivíduos considerados perigosos pelos signatários – deportados e expulsos do território nacional; que praticaram o lenocínio e o abigeato[57]; os envolvidos em delitos graves contra a pessoa ou a propriedade, ou em delitos de falsificação de moeda nacional ou estrangeira; os incitadores de greves ou motins, etc... – e a padronização da ficha de

---

54 CARVALHO, Elysio de, p. 73 e 51 respectivamente.

55 O delegado auxiliar voltaria a aparecer nos relatórios de seus superiores no ano seguinte, mas desta vez por razões trágicas: em agosto de 1913, Mario Nascimento foi morto a facadas por um preso, dentro da Repartição de Polícia.

56 Estavam presentes ao evento representantes dos seguintes estados: Pará, Piauí, Ceará, Rio Grande do Norte, Pernambuco, Sergipe, Bahia, Espírito Santo, Rio de Janeiro, Distrito Federal, São Paulo, Paraná, Santa Catharina, Rio Grande do Sul, Goiás e Minas Gerais.

57 Furto de animais de seus currais, potreiros ou soltos no campo, desde que sejam considerados animais domésticos ou mansos.

identificação a ser adotada nacionalmente, baseado no sistema Vucetich, considerado à época mais completo e seguro que o Bertillon, por incorporar, além da fotografia, medições e demais marcas e sinais particulares, as impressões digitais, então ainda uma novidade. E seria a própria corporação a dar o primeiro passo: no artigo 11º ficou previsto que as "policias signatárias deste Convenio, a título de exemplo e ensinamento, procederão a identificação de todos os seus funccionarios ou autoridades, civis e militares, ficando estabelecido que não poderá ser admittido em nenhum de seus serviços candidato que não juntar a prova de identidade e o attestado de bons antecedentes, expedido pelo gabinete de identificação, procedendo sempre a nomeação a apresentação destes documentos".[58]

As deliberações finais do evento foram fruto de discussões anteriores, realizadas no âmbito de comissões incumbidas de, em plenária, dar o parecer aos trabalhos que eram apresentados pelos participantes. Foi nelas que se destacou a presença – talvez fosse mais correto dizer, a *onipresença* – de um dos representantes paranaenses, o delegado auxiliar Mario de Castro Nascimento. Incansável, ele apresentou uma longa Memória onde discorria sobre todos os temas do Convênio e sobre todos apresentava propostas. Coerente com os intuitos do encontro e com as demandas de seu estado, Nascimento sistematizou, em sua apresentação, os princípios gerais para a organização de uma polícia técnica e científica, preparada para não apenas combater o crime depois dele perpetrado, mas "conhecer-lhe as causas geradoras" adotando métodos de observação que tenham na estatística seu esteio, porque "sem ella a psychologia criminal não logrará prescrutar as causas dos crimes, sendo portanto impotente para expurgal-os". Mas uma polícia científica, "capaz de encarregar-se com vantagem das investigações criminaes, divorciada do espírito de rotina, e usando sempre dos meios preconizados pela sciencia para a descoberta dos delictos", não poderia, enfim, prescindir de uma escola onde sejam ministradas as noções básicas para a formação de um bom oficial. Não se trata, e Nascimento faz questão de deixar isso claro, de formar um "polyglotta, conhecedor de mechanica, psychologia, technica das armas, etc., em summa, um sábio". Mas também não se admite mais que a um policial, especialmente os de patente superior, sejam "estranhos os processos scientificos para a investigação criminal".[59]

---

58 1º Convenio Policial Brazileiro. Relatorio apresentado ao Exmo. Snr. Dezembargador Manoel B. Vieira Cavalcanti Filho, Chefe de Polícia do Estado do Paraná, pelo Delegado Auxiliar e Representante do Paraná, Dr. Mario de Castro Nascimento, 1912.

59 1º Convenio Policial Brazileiro. Convenio Policial Brazileiro reunido em S. Paulo. Polícia em Geral, Estatística Criminal, Regimen Penitenciário, Polícia Scientífica, Escolas de Polícia. Memória apresentada pelo Delegado Auxiliar e Representante do Paraná, Dr. Mario de Castro Nascimento, 1912.

O diligente representante sabia, certamente, que mesmo no Paraná, ainda que avanços pudessem ser festejados, muito havia por ser feito para alçar a polícia até o patamar a que aspiravam os artífices do Convênio Policial. O mesmo Manoel Bernardino já mencionado aqui, anunciava em seu relatório a criação, "a titulo de ensaio", de uma Escola de Polícia exclusivamente para a Guarda Cívica, confiada aos delegados João de Paula Moura Britto e – ele de novo – Mario de Castro Nascimento. A efetivação e ampliação da escola para toda a instituição era, para ele, fundamental, pois com a proliferação de "delinquentes instruídos e armados de artimanhas habilíssimas, para reprimenda dos quaes faz-se mister uma Policia conhecedora dos methodos de investigação scientifica". Também no mesmo ano do evento e em decorrência dele, foram adotados os novos prontuários de identificação e histórico individual, "não só em relação aos criminosos e indivíduos perigosos como também aos homens de trabalho, taes como cocheiros, carreteiros, mensageiros, etc...". A identificação de todos os funcionários da polícia civil e repartições anexas, foi tornada obrigatória.[60]

Nos anos imediatamente subsequentes, outras mudanças viriam. Os detetives que Estanisláu Cardozo apontava como necessários em 1911, passam a atuar em 1915, com a criação do Serviço de Agentes de Segurança Pública e de Investigação Policial, sendo seu primeiro inspetor o capitão da polícia Antonio Francisco Nauffal.[61] Já no ano seguinte a atuação da nova equipe é apontada como responsável "pelas constantes descobertas de crimes de apparencia mysteriosas" na capital e no interior, além da "captura de criminosos de todo gênero".[62] O fato de se tratar de um grupo formado apenas por homens que reuniam "os necessários requisitos de capacidade intellectual e moral"[63] não lhe garantiu maiores privilégios: em alguns dos relatórios reclama-se da má remuneração, fator que poderia colaborar para desestimular a permanência dos agentes no serviço. Além disso, três anos após o início de seu funcionamento, Francisco Nauffal ainda reclamava a ausência de um regulamento "no qual existam bem circunstanciadas as attribuições dos funccionarios desta corporação".[64] A demanda seria atendida anos depois, quando em 1927 é decretado o novo Regulamento Geral da Polícia Civil

---

60 Relatorio apresentado ao Dr. Mario Alvez de Camargo, Secretario dos Negócios do Interior, Justiça e Instrucção Publica, pelo chefe de Policia, Desembargador Manoel Bernardino Vieira Cavalcanti Filho, 1912.

61 ESTADO DO PARANÁ. Lei n. 1457 de 6/5/1915 e Decreto n. 740 de 05/11/1915.

62 Relatorio apresentado ao Dr. Eneas Marques dos Santos, Secretario dos Negócios do Interior, Justiça e Instrucção Publica, pelo Dr. Lindolpho Pessoa da Cruz Marques, Chefe de Policia, 1916.

63 Relatorio apresentado ao Dr. Eneas Marques dos Santos, Secretario dos Negócios do Interior, Justiça e Instrucção Publica, pelo Dr. Lindolpho Pessoa da Cruz Marques, Chefe de Policia, 1917.

64 Relatorio apresentado ao Exmo. Snr. Dr. Secretario dos Negócios do Interior, Justiça e Instrucção Publica, pelo Dr. Lindolpho Pessoa da Cruz Marques, Chefe de Policia, 1918.

do estado, que dedicava um de seus capítulos – o de número cinco – ao renomeado "Commissariado de Investigação e Segurança Publica". Entre as atribuições, estava a de "Organizar um promptuario ou índice relativo aos indivíduos suspeitos como ladrões, assassinos, cáftens e vagabundos, vigaristas, batedores de carteiras, etc..., devidamente classificados".[65] Antes, em 1922, foi aprovada a polícia de carreira, uma antiga reclamação[66], e reorganizada a antiga Guarda Civil, passando a denominar-se Guarda Cívica, com caráter militar. O número de guardas foi elevado a 100, com vencimentos enfim equiparados aos do Regimento de Segurança, ou seja, 250$000 para os de primeira classe, e 200$000 os de segunda.[67]

No mesmo ano é publicado o manual "Gyria dos delinquentes", organizado pelo tenente Aristóteles Xavier, instrutor da ainda exclusiva e provisória Escola Policial da Guarda Cívica. Trata-se de um levantamento semelhante ao realizado, anos antes, por Elysio de Carvalho, então diretor do Gabinete de Identificação e de Estatística e Diretor da Escola de Polícia do Rio de Janeiro.[68] Trabalho de cunho quase etnográfico, a intenção era fornecer aos policiais curitibanos uma ferramenta auxiliar ao seu trabalho de vigilância, ainda que muitos dos vocábulos ali traduzidos, já tivessem sido incorporados ao linguajar popular – o que não era exatamente um problema para uma polícia que, não raro, tendia a ver uns e outros, delinquentes e populares, sob uma mesma lente.[69] Ilustrativo deste esforço de aproximação à linguagem do "malandro" é a "Conversa de gatunos", o diálogo que encerra o manual, todo ele construído com as expressões do glossário:

> Afanamos hoje?
> O que?
> As miscarias da Arca de Noé. Tem pharóes, pinches, alegres e outras fumas.
> Parece que está interlineado.
> Sim, mas os soturnos são vichenchos.
> Como vamos trabalhar?
> Temos o rôlo, a trincha, a bordadeira e o cabello.
> É preciso ainda um capanga ou pivete touca.
> Onde é a farra?

---

65 ESTADO DO PARANÁ. Regulamento Geral da Policia Civil do Estado do Paraná. Decreto n. 785 de 1 de julho de 1927.
66 ESTADO DO PARANÁ. Lei n. 3052 de 8/4/1922.
67 ESTADO DO PARANÁ. Reorganização da Guarda Civil do Paraná. Decreto n. 559 de 2 de junho de 1922.
68 CARVALHO, Elysio de. *Giria dos gatunos cariocas*. Rio de Janeiro: Imprensa Nacional (Bibliotheca do "Boletim Policial"), 1913.
69 XAVIER, Aristoteles. *Gyria dos delinquentes (Dialecto dos malandros)*. Curityba: Escola Policial da Guarda Civica, 1922.

> No bulim, á sorna.
> Grella dois narizes...
> D'Auncum!
> Diaraques![70]

Uma Escola de Polícia efetiva e estendida a toda corporação, reivindicada já em 1912, não foi criada.

---

[70] Em "tradução livre":
Roubamos hoje?
O que?
As amostras expostas da Casa de penhores. Tem brilhantes, alfinetes de gravata, relógios e outros objetos de valor.
Parece que está guardado pela polícia.
Sim, mas os guardas noturnos são tolos.
Como vamos roubar?
Temos o gato de ferro, o ferro para arrombar, a pua para perfurar portas e a serra fina.
É preciso ainda um capanga ou pivete de confiança.
Onde é o ponto de encontro?
No meu quarto, á noite.
Olha dois homens...
Fique quieto *ou* mude de assunto! //Não diga nada!

Capítulo IV

Identificar é mais que reconhecer

> Se alguém está me observando, naturalmente
> devo me observar também;
> se ninguém me observa, mais razão ainda
> tenho para me observar.
>
> *Franz Kafka*

A proliferação das imagens é um dos elementos chaves para se entender a experiência da modernidade. Se esta pressupõe a mobilidade e a mudança constantes, a ausência de referências estáveis, a imagem, articulada aos novos recursos técnicos disponíveis, cumpre um papel essencial: ela pretende devolver à cidade a ideia de uma fixidez e solidez possíveis como antídotos ao incômodo gerado pela instabilidade. Trata-se, em linhas gerais, da possibilidade de "eternizar" o instante único. Esse desejo de perenidade, ainda que traduza uma necessidade psíquica inconsciente, cria e alimenta-se de uma ilusão: fixar no tempo aquela experiência que não pode ser plenamente vivida, ou só o pode frágil e transitoriamente. Estranho paradoxo: pela técnica, a modernidade quer preencher uma ausência de sentido em cujo tecido encontram-se, afinal, suas próprias digitais.

Um dos desdobramentos deste "regime de visualidade" é a própria espetacularização da cidade, a metrópole tornando-se, nas palavras de T. J. Clark, "um campo livre de signos e objetos expostos, uma massa negociável de imagens".[1] Há um impulso político por detrás desta nascente "sociedade do espetáculo" e é dele principalmente que trata este capítulo. O que pretendo aqui, além de certamente assinalar o desenvolvimento e uso de novas técnicas de identificação policiais, é problematizar a constituição de uma "cultura visual" como parte integrante de um mundo fragmentado e disperso. Parto do pressuposto de que a penetração da técnica na sociedade altera não apenas as formas de produção de imagens; ela modifica tanto o lugar do observador, daquele que vê, como o estatuto do objeto observado, que se desloca principalmente para o corpo e seus muitos sinais.

Tomar o corpo em sua especificidade é em grande medida uma reação aos perigos da multidão: em uma sociedade massificada, tomada de assalto por uma turba que usa a cidade e suas muitas artérias como território livre para sua ameaçadora obscuridade, é preciso saber distinguir vestígios, traços, indícios; fazer aparecer o perigo real ou potencial que, dissimulado, pretende-se inalcançável. Se a multidão assegura o anonimato, as novas técnicas incorporadas ao aparato policial instauram a possibilidade não apenas do reconhecimento, mas da constituição da identidade. Seu rápido desenvolvimento é sintoma de uma urgência indisfarçável, fruto de um temor que crescia proporcionalmente à percepção que se tinha da ameaça representada pelo outro: poucos anos separam Bertillon e Vucevitch, a medição antropométrica da datiloscopia, sua sucessora nos gabinetes e institutos de identificação. Em ambos, trata-se de um programa ambicioso, que prevê a "identificação dos prisioneiros, reconhecimento dos recidivos, vigilância dos criminosos liberados e transmissão de suas descrições aos comissariados".[2]

À imagem, portanto, será acrescida uma miríade de outros procedimentos, igualmente técnicos, cujo propósito é otimizar seu uso, aumentar sua eficiência, assegurar sua credibilidade e não menos importante, acessar as informações com o máximo de agilidade. Se a fotografia e os sinais datiloscópicos – e a antropometria antes deles – conferem visibilidade às marcas e sinais que denunciam a personalidade criminosa, o arquivo as organiza, classifica e dispõem em uma ordem que é a representação da dupla mudança registrada acima. O observador vê de um ponto de vista privilegiado, porque mediado pelo suporte técnico; o corpo observado é fichado, ressignificado, reduzido a detalhes e fragmentos (uma orelha, um nariz, marcas de nascença, pequenas deformidades), recombinados para que se restitua, nele, uma

---

1 CLARK, T. J. *A pintura da vida moderna: Paris na arte de Manet e de seus seguidores*. São Paulo: Companhia das Letras, 2004, p. 91.

2 ABOUT, Ilsen. Les fondations d'un système nacional d'identification policière en France (1893-1914). Anthropométrie, signalements et fichiers. *Genèses*, n. 54, mars 2004, p. 31.

unidade que é pura representação imagética, mas nem por isso menos contundente em seu predicado acusador.

É breve o hiato entre o aparecimento e os primeiros usos dos métodos de identificação pelas polícias europeias e sua introdução no Brasil. A polícia de São Paulo é a primeira a utilizá-los, em 1891, seguida da do Rio de Janeiro, em 1894; ambas utilizam como método, inicialmente, a antropometria. O governo do Paraná instala, em Curitiba, seu Gabinete Antropométrico em 1905, rebatizado para Gabinete de Identificação dois anos depois. Apesar dos problemas que vão aos poucos sendo registrados, ele cumpre uma importante função no processo de reaparelhamento e modernização policial no estado: mais do que corpos marcados pela infâmia, ele fornece dados – nomes e codinomes, ruas, praças, residências, atividades lícitas e ilícitas, número de detenções, etc… – que permitem traçar um mapa desta "cidade outra", heterotópica, que habita a cidade utópica planejada e acalentada por autoridades as mais diversas. Tornada peça importante do processo de constituição daquilo que Foucault denominou *governamentalidade*, a identificação se completará com a criação, já na década de 20, da Delegacia de Costumes. Como o próprio nome sugere, tratava-se de uma divisão especialmente voltada a policiar aquelas práticas que, se não constituem crime, são delinquências que perturbam a ordem e atravancam o progresso: a infância abandonada, o jogo, a prostituição, a mendicância e a vadiagem entram na mira da nova delegacia, que se vale no cumprimento de sua missão das fichas e arquivos do Gabinete de Identificação. Uma intervenção articulada que torna a realidade urbana mais intensa e complexa, produzindo novos problemas sob o pretexto de os tentar solucionar, mas que exatamente por isso forja as condições que a tornam não apenas necessária, mas indispensável.

Uma fisiognomia do perigo

Um dos assuntos que mobilizou o Senado naquele ano de 1906, o uso das novas técnicas de identificação criminal, percorrera até então um caminho breve desde sua chegada ao Brasil. O tema foi levado à casa pelo senador Barata Ribeiro, preocupado com a possibilidade que "policiais inescrupulosos" fizessem, das novas ferramentas, um uso abusivo. O fato de ser ainda uma novidade, aliado a certo hermetismo, justificavam as apreensões do parlamentar. Afinal, havia algo de invasivo nas técnicas de identificação em voga nas principais capitais do país desde o final do XIX, quando da sua adoção no Distrito Federal e logo depois em São Paulo. Em seu pedido de esclarecimentos às autoridades policiais, Barata Ribeiro sugere que fosse proibida sua utilização em presos não condenados, como um meio de evitar que a identificação compulsória representasse, além da humilhação desnecessária, a estigmatização e desclassificação "[d]aqueles sobre os quais a justiça não tinha culpa formada". Cioso de suas atribuições representativas, ele chamava a atenção de seus pares para o "vexame" de serem os detentos, independente de comprovada a culpa, obrigados a se desvencilharem de seus sapatos e parte das vestimentas para que se pudesse fazer deles as medidas antropométricas; bem como para a degradação de verem seus rostos, fotografados de frente e de perfil, ilustrarem as colunas policiais dos jornais da capital, ainda que a legislação prescrevesse o sigilo e proibisse o uso público das fotografias. O aviltamento era ainda mais grave se tal procedimento fosse utilizado não apenas em criminosos e delinquentes, mas em "mulheres de bem", expondo-as à "desonra pública" e causando-lhes um "dano moral" irreparável.[3]

A cruzada algo quixotesca do senador contrasta com o otimismo de outras autoridades, especialmente aquelas ligadas à segurança pública, para quem as modernas técnicas de identificação eram um instrumento a mais na verdadeira guerra urbana que se travava contra a desordem, a delinquência e o crime. Daí que sua voz – algo dissonante e quase isolada – e seus temores, não puderam frear aquelas alturas já não mais a introdução, mas a consolidação do uso, no Brasil, dos novíssimos métodos científicos há algumas décadas em franco desenvolvimento nas capitais europeias – dado que só colaborava para tornar ainda mais frágeis os argumentos indignados de Barata Ribeiro. Em abril do ano seguinte, as mesmas técnicas que o senador criticava são estendidas para além das fronteiras do mundo criminal e das delegacias de polícia com a instituição da identificação civil na capital federal, prática que rapidamente se espalha para outras capitais do país.

A indignação, enfim, não barrara o "progresso" porque este parecia oferecer respostas a outro sentimento, este mais generalizado, o medo, que se alastrava tal um rastilho de pólvora pelas avenidas, ruas, ruelas, becos e casas, e que era parte do preço que se devia pagar pela modernidade. E se o que nutria o medo era o estranho e desconhecido, tratava-se de tentar tornar tudo e todos, se não familiares, ao menos transparentes e identificáveis. Apreender o outro em sua alteridade, inscrevê-lo em um código a partir de onde ele será decodificado, arrancado de sua estranheza, esvaziado de sua diferença, é o novo desafio que se coloca ao olhar. Nas palavras de Haroche e Courtine, é "preciso poder *distinguir-se*, e o corpo de outrem torna-se uma colecção de detalhes a destacar, de índices a interpretar".[4]

---

3   CUNHA, Olívia Maria Gomes da. *Intenção e gesto: pessoa, cor e a produção cotidiana da (in)diferença no Rio de Janeiro, 1927-1942*. Rio de Janeiro: Arquivo Nacional, 2002, p. 17-18.

4   HAROCHE, Claudine; COURTINE, Jean Jacques. *História do rosto – Exprimir e calar as suas emoções (do século XVI ao início do século XIX)*. Lisboa: Teorema, 1995, p. 221.

Ainda que os séculos mais recentes, o XIX e o XX, tenham sido pródigos no refinamento e utilização da identificação criminal, primeiro e principalmente, mas depois também a civil, atribuindo-lhes um lugar central na escalada da ordem e do progresso contra a desordem e o atraso representados, principalmente, pelo crime e pelos criminosos, não foram nossos antepassados mais imediatos os primeiros a experimentarem os calafrios da febre identitária. Tampouco foram eles os primeiros a acreditarem ser possível ver, nas marcas externas do corpo, índices de um mapa que, de fora, permite ler os interiores mais profundos do indivíduo. Às vezes um corpo não é só um corpo, mas um emaranhado de indícios e signos que se apresentam desconexos, fragmentados, e que cabe ao olhar, um olhar atento e meticuloso, cartesiano, decifrar. Difundindo-se inicialmente "como uma doutrina popular de conhecimento e adivinhação do homem", a fisiognomia alcança ao longo do século XVIII um estatuto, se não necessariamente científico, acadêmico, com uma profusão de experiências e estudos devidamente traduzidos e sistematizados em um *corpus* discursivo de forte acento iluminista.[5] Via de regra, os estudos do setecentos retomam e atualizam, sob uma rubrica pretensamente mais intelectualizada, informada pelas concepções derivadas do *Aufklärung*, antigos preceitos, de matriz mais popular, que acreditavam ser possível ler, nos traços humanos, e no rosto notadamente, sinais de nossa ancestralidade animal.

Um dos expoentes desta "nova" fisiognomia, se não mesmo o principal entre eles, o teólogo e poeta suíço Johann Kaspar Lavater, reuniu e sistematizou grande parte dos resultados das pesquisas desenvolvidas até então em seu "La physiognomie ou l`art de connaître les hommes d`après les traits de leur physionomie". Enciclopédica, a obra não pretendia, no entanto, resumir-se a ser um índex das mudanças e do progresso da fisiognomia. Ainda que incorpore e discuta parte do conhecimento acumulado, Lavater pretende mais: ele anseia por fazer avançar a ciência a qual se dedica, dando menos atenção às eventuais semelhanças físicas entre os traços animais e humanos, e dedicando-se, principalmente, a interpretar os significados destas similaridades, aquilo que elas revelam acerca da personalidade, do caráter, das paixões, enfim, do temperamento de cada indivíduo. Se é lícito hoje afirmar que a doutrina de Lavater resultava de uma articulação de crenças populares e saberes acadêmicos e ilustrados, de pressupostos metafísicos atualizados por "ecos científicos", como defende Martine Dumont, não se pode perder de vista o

---

[5] BALTRUSAITIS, Jurgis. *Aberrações; ensaio sobre a lenda das formas*. Rio de Janeiro: Editora UFRJ, 1999, p. 47-48.

impacto que sua obra provocou em seus contemporâneos.[6] No verbete que lhe é dedicado na *Encyclopédie* de Diderot e D'Alembert, ela é apresentada como a arte que ensina a conhecer o humor, o temperamento e o caráter dos homens por meio dos traços de seu rosto. Algumas décadas depois, neste grande painel da vida burguesa parisiense no alvorecer do XIX que é *A comédia humana*, Balzac lhe concede um lugar privilegiado. Uma imensa galeria de seus personagens foi construída a partir das premissas e ensinamentos da fisiognomia, aprendidos pelo escritor francês da leitura atenta de Lavater. Em *Um caso tenebroso*, ao descrever um dos personagens centrais da trama, Michu, o narrador expressa sua crença aparentemente inabalável na disciplina, ao afirmar que as "leis da fisionomia são exatas, não só na sua aplicação ao caráter mas também relativamente à fatalidade da existência. Se fosse possível – e essa estatística interessa a sociedade – ter-se um desenho exato de quantos morrem no cadafalso, a ciência de Lavater e de Gall provaria irrecusavelmente que na cabeça dessas pessoas, mesmo dos inocentes, havia sinais estranhos". Algumas linhas adiante e Michu é descrito como "Pequeno e atarracado, brusco e ágil como um macaco (...). Seus olhos amarelados e claros tinham, como os do tigre, uma profundeza interior (...). A ação, rápida nesse homem, devia obedecer a um pensamento único, assim como nos animais a vida, sem reflexão, obedece ao instinto".[7]

O grande romancista francês não estava sozinho, bem o sabemos hoje, e o fascínio pelas "descobertas" da fisiognomia não amainaria ao longo do século. Sua permanência, no entanto, não se deu sem sutis descontinuidades. Nas décadas seguintes ao elogio balzaquiano, a influência da fisiognomia como "saber puro" declina. Sua falta de rigor, seu caráter algo anedótico, fruto de suas vinculações com crenças tidas como populares, a busca obsessiva e excêntrica pelos traços bestiais a marcar e revelar, nas cavidades do rosto humano, nossa ancestralidade animal, a tornam pouco

---

6   Para Dumont, o pano de fundo político das ideias de Lavater é a necessidade de afirmar como legítimos e naturais os valores de uma elite ilustrada, ameaçada pela ascensão das "classes populares". Para o sociólogo francês, "a fisiognomia luta contra as violências feitas à nobreza pelos excessos populares e traça à sua maneira a configuração da ordem social que resultará do período revolucionário". Cf.: DUMONT, Martine. Le succès mondain d'une fausse science. *Actes de la recherche en sciences sociales*. Vol. 54, septembre 1984, p. 2-30. Tradução do autor.

7   BALZAC, Honoré de. Um caso tenebroso. In: *A comédia humana (vol. XII)*. São Paulo: Globo, 1991, p. 42-43. Michu não é, como já disse, exemplar único. Por outro lado, as referências diretas à fisiognomia não são uma constante; Balzac preferia mencioná-la indiretamente, valendo-se dela para caracterizar seus personagens, a fazer de suas tramas um tratado científico. Quando a nomeia, ele o faz atentando para que seu aparecimento não comprometa o caráter literário da narrativa, como em "Um cura da aldeia", por exemplo, quando ao se referir a personagem Verônica, diz dela que "Seu queixo e a parte inferior de seu rosto eram um pouco cheios, na acepção que os pintores dão a esse termo; e essa forma um pouco espessa é, segundo as leis impiedosas da fisiognomia, índice de uma violência quase mórbida na paixão". BALZAC, Honoré de. Um cura da aldeia. In.: *A comédia humana (vol. XIV)*. São Paulo: Globo, 1992, p.21.

razoável em um período onde as ciências, no seu sentido mais positivo, passam a gozar de ampla aceitação. Por outro lado, e apesar de seu aparente outono, são seus restos, fragmentados e dispersos na maioria das vezes, que influenciam por caminhos distintos e mesmo peculiares, disciplinas e discursos aparentemente tão diferentes entre si. A crítica de arte, com Morelli; a literatura policial de Edgar Alan Poe e Conan Doyle; os primeiros trabalhos de psicologia social, devotados à multidão – no que se pode incluir, também, parte da então nascente sociologia –, além, claro, dos rápidos progressos nas técnicas de identificação policial e civil, que ganham impulso decisivo a partir, principalmente, da segunda metade do oitocentos, bebem todos, cada qual a seu modo, na fonte ainda fértil, embora igualmente discreta, da fisiognomia.[8] No caso da identificação criminal, são pelo menos três os caminhos percorridos para que, dos estudos ilustrados de Lavater, se chegasse aos métodos, ambiciosos em seu rigor técnico-científico, de Bertillon e, pouco depois dele, Vucevitch: as teorias raciais; o crescimento das cidades e o aparecimento da multidão como fenômeno social e objeto sociológico, respectivamente; e os avanços tecnológicos, especialmente os proporcionados pelo uso da fotografia.

₰

Ao esboçarem um princípio de hierarquização humana baseada na natureza, afastando-se das teses iluministas do século XVIII, que defendiam a unidade e universalidade dos homens, sua igualdade natural, as teses naturalistas representam, no começo do oitocentos, um primeiro esboço das doutrinas raciais que se aprofundarão nas décadas seguintes até a constituição da eugenia, doutrina por excelência da desigualdade humana.[9] Seu aparecimento e desenvolvimento coincidem e se cruzam com a proliferação de outros saberes – a antropologia e o darwinismo social, por exemplo – que por caminhos mais ou

---

[8] O gosto pelo detalhe também não escapou a Freud e a psicanálise. Além do seu trabalho sobre o Moisés de Michelangelo, já comentado pelo célebre texto de Ginzburg sobre o paradigma indiciário, em conferência ministrada a estudantes vienenses de Direito, Freud equipara o trabalho do analista ao do juiz. A analogia se apoia em outra, a comparação do criminoso com o histérico. "Em ambos defrontamos com um segredo, alguma coisa oculta", diz Freud, para em seguida assinalar uma diferença fundamental entre ambos: "O criminoso conhece e oculta este segredo, enquanto o histérico não conhece esse segredo, que está oculto para ele mesmo". A distinção, no entanto, nem por isso compromete a semelhança entre os processos desencadeados no divã e na investigação criminal. "A tarefa do terapeuta é a mesma do juiz de instrução. Temos de descobrir o material psíquico oculto, e para isso inventamos vários estratagemas detetivescos". FREUD, Sigmund. A psicanálise e a determinação dos fatos nos processos jurídicos. In: *Obras completas de Sigmund Freud (vol. IX)*. São Paulo: Imago, 1977, pp. 109-110.

[9] SCHWARCZ, Lilia Moritz. *O espetáculo das raças: cientistas, instituições e questão racial no Brasil, 1870-1930*. São Paulo: Companhia das Letras, 1993, p. 43-66.

menos distintos, defendem pontos de vista mais ou menos comuns: a de que a evolução humana é resultado imediato de leis biológicas e naturais e que são estas leis, e não o arbítrio individual, que determinam o comportamento humano. Sob esta ótica, as raças se constituiriam como o fenômeno final, e principalmente, como resultado irredutível do processo evolutivo no interior do qual se configuraram e cristalizaram as desigualdades. Esta naturalização das diferenças, que as retira dos âmbitos cultural e histórico para inscrevê-las nos da ciência e da biologia, legitima um conjunto de proposições com desdobramentos políticos bastante significativos. Se não existem diferenças culturais, mas desigualdades que são racialmente determinadas, e se estas desigualdades, porque estruturadas na própria natureza dos povos, são imutáveis, é possível a partir delas não apenas asseverar a superioridade de uma raça sobre outras – ou de uma civilização sobre outras – mas, a um nível mais cotidiano, microscópico, afirmar a determinação do grupo racial sobre o comportamento individual e, por extensão, a continuidade entre os caracteres físicos, racialmente determinados, e a conduta moral dos indivíduos.

Não apenas as teses eugênicas sistematizadas e difundidas por Galton e seus discípulos, mas também as teorias baseadas na ideia de degenerescência, cuja aplicação e limites foram estendidos especialmente por Max Nordau já no final do século XIX, bebem diretamente na fonte das teorias raciais – ou racialistas – abundantes no período. Uma e outra, a eugenia e a degenerescência, são o filtro por onde as teorias raciais impactam também na nascente criminologia, influenciando principalmente os autores da chamada "escola italiana". Em *O homem delinquente*, de Lombroso, tal influência aparece desde a estrutura da obra, que dedica seus capítulos iniciais demonstrando as diferentes manifestações de violência nas plantas e animais, antes de abordar sua presença nas comunidades e indivíduos humanos, mais próximos ao estado de natureza quanto mais violento é seu comportamento. Se para o mestre italiano, como já visto em capítulo anterior, a tendência ao crime é signo de um atavismo no limite da irreversibilidade, é na obra de um de seus principais discípulos, Rafael Garofalo, que tal proposição aparecerá de maneira ainda mais cristalina. Mesmo admitindo a influência do meio como elemento facilitador do comportamento criminoso, Garofalo não vacila ao afirmar que o contexto externo desempenha ali um papel secundário. O criminoso, afirma, é portador de uma "anomalia moral", de "certos caracteres especiais", visíveis na superfície do corpo, especialmente na sua estrutura craniana. As características físicas anômalas de um delinquente, diz, são proporcionais à sua "degeneração moral". Decorre daí a proximidade, física e psíquica, entre os criminosos e as "raças inferiores", negros e selvagens notadamente.[10]

---

10 GAROFALO, Raffaelle. *Criminologia – Estudo sobre o delicto e a repressão penal*. Lisboa: Typo-

Em certa medida, esta necessidade de nomear o estranho, tornando-o familiar ou, ao menos, inscrevendo-o em um universo conceitual inteligível, a atravessar os discursos criminológicos, se explica pela crescente preocupação, um predicado especialmente do último quarto do século, com o aparecimento da multidão e a necessidade de entendê-la, mas também de conter a ameaça que ela representa. Aprender a conviver com o novo fenômeno implica um processo de educação dos sentidos amplo e complexo o bastante para abarcar de literatos a cientistas sociais. Seja na poesia de um Baudelaire ou de um Rimbaud, nos romances naturalistas de Zola, ou nos textos de cunho mais científico de Gustave Le Bon ou Gabriel Tarde, a multidão passa a ser parte do novo vocabulário que pensa e significa a experiência urbana. Na França, principalmente, onde os levantes revolucionários foram mais constantes desde o final do século XVIII, e onde a revolução de 1848 e a Comuna de Paris de 1871, em especial, desempenharam papel fundamental na ascensão das classes populares à condição de protagonistas políticas, a palavra *multidão* passou a designar, no âmbito das ciências sociais, uma nova forma de barbárie, uma ameaça às fronteiras da civilização. Elas são "capazes dos piores excessos, são extremamente perigosas, agem sob o império dos mais vis instintos", nas palavras de Dominique Cochart, que estudou a sua presença em diferentes textos, literários e científicos, escritos sob o impacto da Comuna.[11]

Não deve causar estranheza, portanto, que também a criminologia tenha se dedicado a ela, e pelo menos dois textos dão testemunho desta preocupação. Em uma longa comunicação apresentada durante o III Congresso de Antropologia Criminal, realizado em outubro de 1892 na capital belga, Gabriel Tarde – um dos principais expoentes, ao lado de Lacassagne, da "escola francesa" de criminologia – se debruça sobre os crimes perpetrados pelas multidões dos grandes conglomerados urbanos, partindo da constatação de que as "novas e velhas escolas criminológicas" tinham se ocupado exclusivamente dos crimes individuais, menosprezando a importância e o impacto dos crimes coletivos.[12] Coerente com os pressupostos sociológicos da escola francesa em sua crítica ao determinismo biológico dos lombrosianos, Tarde nem por isso deixa de denunciar na multidão seu caráter retrógrado, comparando sua presença no interior das sociedades civilizadas a de uma besta impulsiva e maníaca a agir, tal um selvagem, "un animal d'ordre inférieur", por instintos que não controla e escapam

---

graphia do Porto Medico, 1908, p. 90-130.
11 COCHART, Dominique. As multidões e a Comuna: análise dos primeiros escritos sobre a psicologia das multidões. *Revista Brasileira de História*. São Paulo: Anpuh/Marco Zero, vol. 10, nr. 20, mar-1991/ago-1991, p. 119.
12 TARDE, Gabriel. Les crimes des foules. *Archives de l'Anthropologie Criminelle et de Sciences Pénales.*, Tome 7e, 1892, p. 353-386.

a qualquer racionalidade.[13] Suas ideias ecoam a de seu contemporâneo, o italiano Scipio Sighele – mencionado, inclusive, em sua comunicação – para quem

> O que há de incompreensível na multidão é sua organização repentina. (...) O próprio nome collectivo de multidão indica que as personalidades particulares dos indivíduos que fazem parte dela, concentram-se e identificam-se numa só personalidade; devemos portanto reconhecer forçosamente na multidão, - ainda que não possamos verificá-lo – a acção de qualquer coisa que serve provisoriamente de pensamento comum.[14]

Do diálogo com a sociologia francesa, e especialmente com Tarde, Sighele conclui da raridade com que os gestos heroicos impactam na multidão, sempre mais propensa ao tumulto, à convulsão e à violência. Testemunha das experiências socialistas e do crescimento do movimento operário, notadamente o anarquista, com suas greves e manifestações marcadas quase sempre pelo conflito com a "ordem", para ele a multidão é "um terreno em que o micróbio do mal se desenvolve facilmente, ao passo que o micróbio do bem morre quasi sempre, á míngua de encontrar condições de vida".[15] Tal disposição à ferocidade é característica dos ajuntamentos porque neles mesmo o mais pacato dos indivíduos, se vê impelido a agir movido por um impulso que ele não controla e suspende sua capacidade de escolher e agir racionalmente. A multidão brutaliza e faz emergir o instinto; ao fazê-lo, conduz à ação criminosa inclusive aqueles que, sozinhos e autônomos, seriam incapazes de um gesto de violência, mesmo os mais comezinhos.

Se a multidão tornou-se objeto de preocupação e estudos, nem por isso a criminologia perdeu de vista seu desígnio original. Antes pelo contrário, se Tarde e Sighele se voltam aos crimes coletivos perpetrados pelas massas bárbaras e irracionais é também para, a partir deles, ressaltar a importância de se fortalecer, nas sociedades urbanas, pela sua própria natureza mais complexas e diferenciadas, os mecanismos de defesa social. O percurso é coerente, lógico até: à medida que evoluem e se complexificam, as sociedades modernas carecem de instituições capazes de corresponder às novas e igualmente mais complexas necessidades de ordenação, normatização e controle sociais. "A diferenciação social", diz a antropóloga americana Mary Douglas,

> provoca uma tomada de consciência da sociedade e dos mecanismos de vida em comum. A diferenciação faz-se também acompanhar de certas formas de coerção social, de incentivos

---

13 TARDE, Gabriel, p. 358.
14 SIGHELE, Scipio. *A multidão criminosa – Ensaio de psicologia coletiva.* Lisboa: Antiga Casa Bertrand, s/d, p. 35.
15 SIGHELE, Scipio, p. 65.

materiais ao conformismo, de sanções punitivas particulares, de um corpo policial, de inspectores e de homens de progresso, todos especializados e que vigiam nossos actos, numa palavra, todo um aparato de controlo social que seria inconcebível numa economia restrita e indiferenciada.[16]

Não é gratuito, portanto, o entusiasmo com que são recebidos os progressos tecnológicos ou, para ser mais preciso, o alento dos contemporâneos diante das novas e inúmeras possibilidades que a tecnologia oferece no combate à desordem, a delinquência e ao crime. Trata-se, principalmente, de usar os recursos técnicos como suportes indispensáveis na tarefa de reeducar o olhar, acostumando-o a apreender e identificar, em um meio saturado de informações, o perigo real e imediato. Estas mudanças na maneira de olhar já foram observadas, entre outros, por Benjamin, que atribui aquele um papel fundamental para se entender as mutações advindas com a experiência da modernidade. Para o filósofo alemão, o ritmo intenso de algumas cidades européias produz um olhar impregnado, incapaz de absorver imagens que, produzidas e apresentadas em um ritmo vertiginoso, não se deixam apreender em sua integralidade. Daí a mediação da técnica na apropriação da cidade pelo olhar e a importância da fotografia, que permite restabelecer o controle das coisas e pessoas, lançando mão de artefatos mecânicos e tecnológicos cuja eficácia e precisão são consideradas soberanas em um tempo profundamente marcado pelo elogio à razão, à ciência e ao progresso.

O uso mais sistemático da fotografia como instrumento de identificação e controle aparece, de forma inaugural, na feroz repressão estatal que se segue à Comuna de Paris, em 1871. Não demorou a que se operasse uma transição fundamental: de fetiche mercadológico, ela rapidamente se transforma em instrumento de poder, controle e vigilância, um suporte necessário a autoridades de toda ordem, especialmente as policiais. Isto porque os recursos oferecidos pela fotografia permitiam, entre outras coisas, que o olhar vigilante e disciplinador da polícia adentrasse a multidão para, primeiro individualizar e identificar, depois classificar, categorizar, armazenar e transformar em informação o que, a olho nu, é massa anônima e homogênea. Dito de outra forma, se uma das características da modernidade, e das cidades modernas, é a velocidade, o trânsito, a mobilidade, o fluxo incessante de corpos e coisas – corpos, principalmente – a fotografia serviria como um recurso técnico capaz de transformar o corpo em "uma imagem transportável e totalmente adaptável aos sistemas de circulação e mobilidade que a modernidade exigia".[17]

---

16 DOUGLAS, Mary. *Pureza e perigo: Ensaio sobre as noções de poluição e tabu*. Lisboa: Edições 70, 1991, p. 112.
17 GUNNING, Tom. O retrato do corpo humano: a fotografia, os detetives e os primórdios do

E se é ao corpo que este olhar tecnologizado se dirige, não é por outro motivo se não para seqüestrá-lo de seu nomadismo e reinscrevê-lo em uma ordem onde ele será observado, estudado, tornado transparente. Trata-se de uma organização que ressignifica, em novos termos, a máxima da filosofia racionalista cartesiana: olhar é conhecer a coisa a ser conhecida em suas minúcias, em seus detalhes. A fotografia, certamente, não é o único recurso técnico mobilizado nesta busca pela identidade do corpo. Uma miríade de novas metodologias é proposta no sentido de assegurar o suporte *científico* a esse olhar que, cada vez mais e mais, se especializa. E se Lombroso, com a antropologia criminal e a teoria do criminoso nato, pretendeu oferecer a seus contemporâneos um mapa a partir de onde identificar os indivíduos que, desde dentro, ameaçavam a ordem social, o francês Bertillon transformou em técnica o conceito lombrosiano. A antropometria, por cujo desenvolvimento Bertillon é o principal responsável, foi considerada à sua época uma revolução copernicana nos métodos de identificação por conjugar três operações complementares – a fotografia, a medição antropométrica e a descrição de sinais –, e criar um sistema cruzado de informações supostamente impermeável a qualquer falsificação. A eficácia do método, no entanto, não se esgotava aí, pois seus princípios e resultados eram potencializados com o uso das novas possibilidades advindas com a "intersecção entre fotografia e estatística: a primeira, associada à antropometria e a uma descrição normalizada do indivíduo, permite constituir um registro 'microscópico'; a segunda possibilita a inserção desse registro num conjunto 'macroscópico', o arquivo".[18] Não estamos, afinal, tão distantes de Lavater. Se este pretendeu, coerente com o Iluminismo setecentista de que foi contemporâneo, iluminar com a razão antigas superstições populares, ressignificando-as e lhes dando um estatuto mais intelectualizado; Bertillon, a partir de um ponto de vista pretensamente mais científico, afim com o imaginário oitocentista, engajou a fisiognomia de Lavater a um novo tempo. Ao estabelecer os métodos e procedimentos técnicos a partir de onde as marcas, indícios e sinais externos finalmente revelariam, a um olhar treinado e especializado, mediado pela precisão tecnológica, os níveis mais profundos da personalidade, a antropometria alçou a fisiognomia a um nível mais elevado, é verdade, mas sem perder completamente de vista sua intenção primeira: revelar, para além da superfície visível dos corpos, sua natureza invisível e incontrolável.[19]

---

cinema. In.: CHARNEY, Leo; SCHWARTZ, Vanessa (orgs.). *O cinema e a invenção da vida moderna*. São Paulo: Cosac & Naify, 2004, p. 37.

18 FABRIS, Annateresa. *Identidades virtuais: uma leitura do retrato fotográfico*. Belo Horizonte: Editora UFMG, 2004, p. 47.

19 E se muito provavelmente não era a intenção de Bertillon ao dar novo sentido e direção à fisiognomia, ao ressignificá-la ele atualizou também aqueles conteúdos supersticiosos que a con-

Arquivar, classificar, nomear: o Gabinete antropométrico e a febre da identidade

Em relação a seu aparecimento na Europa, não é tardia, no Brasil, a entrada da antropometria. Apresentado pelo seu criador, Alphonse Bertillon, como a grande novidade do Congresso Penitenciário de Roma, realizado em novembro de 1886, o método chegaria ao Brasil já em 1894, primeiro no Distrito Federal. Quatro anos depois, instalava-se um Gabinete Antropométrico na Cadeia Pública de São Paulo, estado que já há alguns anos utilizava principalmente a fotografia como mecanismo privilegiado de identificação criminal.

Aqui como na Europa, o aprimoramento das técnicas de identificação coincidem com o processo de aceleradas mudanças experimentadas, no Velho Mundo, especialmente depois dos anos de 1840 – o que Renato Ortiz chama de o "segundo século XIX" – e no Brasil, com a proclamação da República e nos anos subsequentes. Mudanças que não se limitam ao mundo "objetivo" ou, para ser mais preciso, que não afetam apenas as estruturas e instituições políticas, sociais e econômicas. Se a urbanização crescente, especialmente nas capitais, ou um estímulo mais expressivo, a partir de políticas oriundas principalmente do Estado, entre outras coisas, fazem da República mais que mera continuidade do Império e justificam em parte seu discurso modernizador, administrar estas modificações é também a tarefa a que se lançam as elites republicanas. Trata-se de criar os mecanismos necessários para se fazer da manutenção da ordem garantia do progresso em um contexto de transições, e que no Brasil não são apenas políticas. A passagem da Monarquia à República coincide com a abolição da escravidão e a transição para o trabalho assalariado, ou com a presença mais expressiva de imigrantes, especialmente naquelas cidades onde as transformações, mais intensas, demandam a presença e a experiência de uma mão-de-obra industrial, praticamente inexistente no Brasil recém-saído do regime servil.

A abolição da escravidão, pouco mais de um ano antes do ocaso da monarquia, é um acontecimento emblemático, aliás, deste processo de constituição e conso-

---

denaram a uma relativa obsolescência ao longo do século XIX. Para Baltrusaitis, não apenas nos discursos científicos é possível identificar a permanência daquelas crenças populares que procuravam encontrar, na face humana, traços de nossa ancestralidade animal. Tal identificação aparece, por exemplo, em muitas das imagens modernistas já em pleno século XX, produzidas principalmente depois das duas guerras mundiais e sob o profundo impacto destas. Seja na linguagem artística ou, principalmente, nos discursos científicos, tal contradição não escapa ao olhar atento do historiador da arte, para quem "são as ideias inovadoras da ciência do homem que ressuscitam e difundem crenças primitivas definidas por uma visão e um sentimento. Até os nossos dias, o animal primordial manifesta-se em nossos movimentos e traços". Cf.: BALTRUSAITIS, Jurgis, p. 76.

lidação de novos valores políticos, sociais e culturais. Com o fim do regime escravo, é preciso revestir o trabalho de um caráter positivo e criar nos "homens livres" a noção de que, por ele, se alcançaria a dignidade, a honra e a ascensão social. Associada à idéia de trabalho estão as noções positivistas de "ordem" e "progresso" que, alçadas à condição de lema republicano, sintetizam o desejo, entre as nem tão novas elites, de elevar o Brasil à condição de país civilizado e moderno. Tragédias como a de Canudos ou o Contestado, estão aí a gritar, desde o passado, o preço que comunidades e culturas consideradas atrasadas tiveram de pagar para que a marcha do progresso se consolidasse. Mas é principalmente no espaço urbano, *locus* privilegiado do processo de modernização, que os contrastes e conflitos da modernidade se apresentam de maneira mais expressiva, porque cotidianamente atualizados. Ao crescimento da cidade e da presença sempre mais ostensiva do Estado, corresponde um aumento dos conflitos e tensões que, se não nascem, se intensificam à medida que o projeto modernizador – que incluía, entre outras coisas, um policiamento mais eficiente do espaço público – atingem em cheio aqueles grupos postos à margem da modernidade. Órfãos do progresso, aos pobres e desqualificados de todo tipo – jogados todos na vala comum da periculosidade – resta, muitas vezes, a alternativa da insubmissão e da revolta. A um nível mais ordinário, no entanto, prevalecem antigos e novos estigmas a assinalar, com a marca da periculosidade potencial, indivíduos e comunidades considerados à margem de tudo que se pretende moderno e civilizado. E são estes estigmas que orientam não apenas a ação policial mais cotidiana, mas também os investimentos públicos no sentido de melhorar o aparato técnico das polícias, principalmente naqueles estados e capitais que sentem mais profundamente os efeitos, nem sempre benéficos, do progresso. Falando aos seus contemporâneos, Elysio de Carvalho – um dos maiores entusiastas da polícia técnica no Brasil – sintetiza da seguinte maneira a necessidade da modernização do aparato policial:

> A sociedade progride, realmente, mas a criminalidade e seus meios de acção tornam-se mais intelligentes e requintados, e isto porque, segundo uma lei fatal, a lucta pela existência se torna cada vez mais intellectual, as formas anormaes desta lucta estando sempre intimamente ligadas as manifestações anormaes.
>
> O crime avulta, adquire novos aspectos, multiplica-se por toda parte. O criminoso de hoje é um producto da astucia e da intelligencia, da ousadia e da perversidade. (...) O ladrão de nossos dias, por exemplo, é um typo como qualquer de nós, vestindo-se com apurada elegância, (...) com todas as apparencias de um

verdadeiro gentleman, e, ainda mais, possuindo dotes excepcionaes como a astucia e a ousadia.[20]

A passagem é significativa, porque sintetiza algumas das questões que venho tentando problematizar ao longo das últimas páginas, a começar pelo caráter, diríamos, "democrático" do progresso, que se oferece sem distinção a quem quer que dele queira – ou possa – tirar proveito. Mas não é exatamente aí que reside a sua face mais danosa, mas sim na possibilidade, decorrência desta universalidade, de suspender, quando não mesmo eliminar, todo traço de diferença entre ordem e desordem, entre indivíduos retos e virtuosos, morigerados, e os outros, estranhos em sua indistinta perversidade, e não mais "sujos e repellentes" como os criminosos e delinquentes de antanho. E se a modernidade, como a entende Mary Douglas, é caracterizada pela diferenciação, ela também o é por outra, a indistinção, que a contradiz, sem necessariamente anulá-la. Se a multidão é perigosa porque impulsiva e violenta em sua irracionalidade, tal perigo é acentuado pela sua natureza homogênea e nebulosa; ameaça ainda mais significativa dada sua constância: se a impulsividade e a violência da multidão se revelam principalmente naquelas oportunidades em que sua perversidade e seus excessos encontram terreno fértil – as revoluções, por exemplo –, sua capacidade de suspender ou mesmo anular as diferenças, de estar sempre no limite da homogeneidade, carece de comoções públicas. Ela é um traço intrínseco às multidões, e disso estavam cientes os responsáveis pela segurança pública e pela defesa social. Penetrar nesta multidão anônima, sem rosto e identidade, para identificando-a e nominando-a, governá-la a partir de um controle a um só tempo individual e generalizado, passa a ser um dos objetivos centrais dos que chamaram para si a responsabilidade de resguardar as fronteiras da civilização contra a ameaça dos novos bárbaros.

✧

Sob o título "O Gabinete Anthropometrico" o *Diário da Tarde* trazia, em uma de suas edições de maio de 1905, o resultado de uma visita feita por um repórter a então novíssima repartição de polícia do estado, instalada nas dependências do Gabinete Médico Legal, na avenida Marechal Floriano, região central da cidade. Inaugurado em abril daquele ano, como parte dos esforços de modernização da instituição policial, o Gabinete atendia a uma demanda antiga especialmente dos delegados, que se queixavam da dificuldade de capturar e mesmo manter presos delinquentes e criminosos

---

20 CARVALHO, Elysio de. *A polícia carioca e a criminalidade contemporânea*. Rio de Janeiro: Imprensa Nacional, 1910, p. 68. Grifo meu.

recidivos na ausência de meios seguros de identificá-los. Na ocasião o repórter, que não assina o texto, assiste a "duas rigorosas identificações de sentenciados", um deles condenado por homicídio. E entre as observações técnicas que pululam ao longo do texto, num visível esforço de traduzir ao leitor comum as intrincadas benesses da antropometria, chama atenção as ponderações de caráter mais antropológico do diligente – e bem informado – repórter. Para ele, parecia claro que a "a missão dos nossos gabinetes anthropometricos perante a sciencia da anthropologia criminal, pode ser de inegável utilidade para a approximação do canon do homem normal". No entanto, alerta, no Brasil, onde imperam a mestiçagem e a presença de "raças" as mais distintas,

> será impossível e irrealisavel a fixação de um criterium uniforme e divisório, entre o homem normal e o criminoso. A própria taragem das observações europeas, só nos offerece bases nos casos particulares de exames de indivíduos de pura origem caucasiana. Si a depressão frontal e o prognathismo fossem seguros indícios de criminalidades, na mesma taragem, teríamos de condemnar parte importantíssima da nossa população, que os conserva como natural, consequencia de recente atavismo.[21]

Não é equívoco afirmar que estamos diante de um leitor mais ou menos atento da produção criminológica contemporânea. Talvez nosso zeloso e anônimo escriba lesse Nina Rodrigues, daí a referência à mestiçagem como elemento formador da "sub-raça sub-brazileira"; ou mesmo o anuário de Lacassagne e Tarde, porta voz privilegiado da criminologia europeia, especialmente a francesa. Impossível afirmar, peremptoriamente, o que e como ele lia. Mas seu texto oscila entre o deslumbramento – ele o encerra afirmando que o gabinete antropométrico "é uma dessas poucas repartições que honram o nosso Estado" – e um receio que faz lembrar aquelas preocupações levadas ao plenário do Senado um ano depois por Barata Ribeiro. Em ambos os casos a preocupação, mais "antropológica" no repórter paranaense, moralista no senador carioca, era justificada pelas características algo invasivas da antropometria.

Quando da conferência em que apresenta seu método aos participantes do Congresso Penitenciário de Roma, Alphonse Bertillon o descreve como um procedimento baseado em um sistema de sinais antropométricos "cujos indícios repousam essencialmente no conhecimento de diversos comprimentos de ossos, medidos no objeto examinado, tais como o tamanho, o comprimento do dedo médio, comprimento e largura dos pés, da cabeça, etc".[22] Segundo Bertillon, esses sinais são específicos em

---

21 *Gabinete Anthropometrico. Diário da Tarde*, 17/5/1905.
22 BERTILLON, Alphonse. De l'identification par les signalements anthropométriques. *Archives de l'Anthropologie Criminelle et de Sciences Pénales*. , Tome 1ᵉ, 1886, pp. 193-196. Tradução do autor.

cada indivíduo, irrepetíveis e indisfarçáveis; a exatidão de seus resultados o tornava, assim, um critério ainda mais seguro que a fotografia como metodologia de identificação criminal. Fundamentalmente, o caráter inovador de seu método repousava, nas palavras de Pierre Darmon, "sobre o critério objetivo da invariabilidade absoluta do esqueleto humano a partir dos vinte anos. Tal propriedade permitia estabelecer, por meio de uma série de medições, uma ficha sinalética rigorosamente pessoal de todos os delinquentes". Ao longo dos anos em que esteve à frente do serviço de identificação da polícia de Paris, Bertillon acumulou milhares de fichas de delinquentes os mais diversos, além de ter assumido pessoalmente a responsabilidade pela difusão da *bertillonnage*, nome algo informal com que foi batizada também a nova ferramenta, uma das muitas homenagens que lhe foram prestadas naqueles anos áureos.

O reconhecimento e o sucesso, conquistados depois da resistência inicial, inclusive por parte dos seus superiores, frutos de uma exatidão demonstrada e comprovada desde sua adoção definitiva pelas autoridades parisienses no começo dos anos de 1880, nem por isso eximiram criador e criatura de críticas. Um de seus mais ferrenhos adversários era o ex-chefe da polícia de Paris, Gustave Macé, que a considerava "incerta, anti-higiênica, vexatória e atentatória à liberdade individual", segundo ainda Darmon.[23] Talvez não por acaso, são exatamente estas as características que levam Barata Ribeiro e o repórter curitibano a relutarem, ainda que em graus e por motivos variados, diante do caráter supostamente revolucionário, porque assentado sobre as certezas científicas, da antropometria. E não foi por coincidência que, tão rápido quanto sua ascensão, ela se viu substituída por outra invenção, mais precisa e científica em seus resultados, a *dactiloscopia* – a identificação por meio de impressões digitais –, que diretamente de Buenos Aires em pouco tempo se espalharia pelo mundo, e paulatinamente condenando sua antecessora ao ostracismo e enfim, ao esquecimento oficial.

※

---

23 DARMON, Pierre, pp. 213 e 224. O envolvimento de Bertillon no caso Dreyfus contribuiu para o declínio de sua reputação. Convocado a dar seu parecer sobre uma das provas periciais, um bilhete supostamente escrito pelo oficial judeu, e mesmo sem ser grafologista, atestou como legítima a caligrafia constante no documento, emprestando seu prestígio para referendar a avaliação de outros técnicos anteriormente consultados pela acusação. Tal prova, como de resto todo o caso, mostrou-se depois forjada. Estudiosos apontam no seu anti-semitismo a motivação para o engajamento contra Dreyfus. Sobre o *affair* e suas repercussões, inclusive a participação de Bertillon, remeto ao trabalho do advogado e escritor americano Louis Begley, um estudo minucioso sobre esta que é uma das maiores farsas judiciais da história recente. Cf.: BEGLEY, Louis. *O caso Dreyfus – Ilha do Diabo, Guantanamo e o pesadelo da história*. São Paulo: Companhia das Letras, 2010.

Entre as autoridades policiais paranaenses, como mencionei, a demanda por uma estrutura de identificação mais moderna e apropriada ao crescimento do estado e principalmente da capital remonta, pelo menos, ao final do século XIX. No relatório de 1896, o chefe de Polícia Manoel Bernardino já reclamava a dificuldade na captura de criminosos "com uma população disseminada em vasto território, com os meios faceis de occultação para os criminosos, e a falta de sufficiente força para perseguil-os".[24] O Gabinete Antropométrico, criado e funcionando desde 1905, esperaria ainda alguns anos até sua efetiva regulamentação. No final de 1907, ele passa a ser designado Gabinete de Identificação e Estatística, e é finalmente regulamentado em junho do ano seguinte.[25]

O regulamento instituía em seu artigo 6º que o método de identificação utilizado pelo renovado Gabinete seria a "classificação dactyloscopica, de accordo com o methodo instituído por D. Juan Vucetich". O Paraná acompanhava uma tendência que se generalizava nas demais capitais do Ocidente, exceção feita a Paris que, talvez por bairrismo, insistia ainda em manter a antropometria como regime de identificação criminal. A própria brevidade do regulamento, de apenas 44 artigos, é sintoma das razões pelas quais as técnicas sistematizadas por Vucevitch – funcionário da polícia territorial argentina –, a partir de estudos desenvolvidos nos anos de 1880 pelo famoso eugenista inglês Sir Francis Galton, ganharam rápida notoriedade e ofuscaram Bertillon e sua *bertillonnage*. Em oposição aos critérios científicos – porque assentados essencialmente nas descobertas da biologia – da antropometria, a datiloscopia oferecia as vantagens da técnica na sua acepção mais instrumental: "a rapidez e o caráter mecânico da forma de proceder, a formação breve e de baixo custo dos operadores, a redução dos riscos de divergência entre as interpretações", nas palavras de Courtine e Vigarello. A vitória da técnica sobre a ciência é também a afirmação, naquele contexto, da supremacia da imagem sobre a identidade. Se o método francês permitia ainda "ver" o indivíduo criminoso em seus inúmeros traços e sinais, meticulosamente medidos e descritos, a datiloscopia substituía o indivíduo por seu referente abstrato, "uma mancha", nas palavras de um já ressentido Bertillon diante da iminência do ocaso de sua invenção. Ela disciplina o olhar, evitando o risco da distração que pode levar a imprecisão diante da necessidade de uma percepção holística do corpo, reduzindo ao mínimo o signo responsável pela mediação entre o olhar e o significante que se procura apreender.[26]

---

24 Relatorio apresentado ao Secretario dos Negócios do Interior, Justiça e Instrucção Publica, pelo chefe de Policia, Desembargador Manoel Bernardino Vieira Cavalcanti Filho, 1896.
25 ESTADO DO PARANÁ. Regulamento do Gabinete de Identificação e Estatística. Decreto n. 378 de 20/6/1908.
26 COURTINE, Jean-Jacques; VIGARELLO, Georges. Identificar – Traços, indícios, suspeitas.

A datiloscopia, no entanto, não se resumia a sua face mais visível. Para entender sua pretensão e seu alcance é necessário ampliar um pouco a escala de análise. Porque o recolhimento das impressões digitais só faz sentido do ponto de vista da identificação criminal – e é esse principalmente o mérito de Vucevitch –, se inserido em um grande sistema de organização, catalogação e serialização dos indivíduos identificados com vistas a facilitar o trabalho policial. Em outras palavras, como sua antecessora, a datiloscopia é um sistema baseado em dois pilares fundamentais, a identificação e o arquivo. Diferente da antropometria, no entanto, ela pretende reduzir a panaceia arquivística sem perder de vista – pelo contrário, potencializando – sua eficiência: abreviar para melhor ver, ver o máximo pelo mínimo, o mínimo revelando do corpo sua identidade irredutível.

Uma e outro – identificação e arquivo – merecem do regulamento do Gabinete de Identificação uma cuidadosa atenção. Identificar, diz o decreto em seu artigo 4º, é "confrontar, eliminando-se até encontrar figura ou imagem igual áquella que se tem em vista, devendo ser preferido tudo aquillo que offerecer para este confronto o maior número de pontos fixos, immutáveis, sempre iguaes a si mesmos e susceptíveis de recomposição fiel, pela própria natureza, ou por demonstração de technico competente". Para se atingir o grau de perfectibilidade pretendido, o artigo seguinte prescrevia que a identificação se faria pelo uso integrado

> a-) Da filiação morphologica e exame descriptivo, notas chromaticas, traços característicos, marcas e signaes particulares, cicatrizes, tatuagens, anomalias congenitas, accidentaes ou adquiridas, etc;
>
> b-) Photographia de frente e de perfil, na escala de reducção que mais convier;
>
> c-) Impressões das linhas papilares das extremidades digitaes, podendo tambem ser tomadas as impressões palmares, e, quando precisar, para qualquer pesquiza, as das plantas dos pés, que participam da mesma invariabilidade e diversibilidade comprovadas d'aquellas.[27]

In.: CORBIN, Alain; COURTINE, Jean-Jacques; VIGARELLO, Georges (orgs.). *História do corpo: as mutações do olhar: o século XX*. Petrópolis: Vozes, 2008, p. 357-358. As notícias sobre a morte da antropometria, no entanto, eram exageradas. Para Maurício Lissovsky, sua ruína faz emergir sua verdadeira vocação: o retrato falado. "O amontoado de fichas signaléticas e medidas antropométricas perde qualquer utilidade prática, mas seu vocabulário, aquilo que o estruturava, triunfa". Cf.: LISSOVSKY, Maurício. O dedo e a orelha: ascensão e queda da imagem nos tempos digitais. *Acervo*. Rio de Janeiro, vol. 6, n. 1-2, jan-dez/1993, pp. 55-74.

27 Regulamento do Gabinete de Identificação e Estatística, Capítulo II (Da identificação), artigos 4º e 5º.

E se era voluntária para "pessoas honestas e de bons antecedentes", ela era obrigatória para "todas as pessoas detidas, qualquer que seja sua idade, sexo ou condição social, sem excepção de crimes e contravenções".[28] Parte integrante do próprio processo que selaria seu destino no interior do sistema judiciário, a identificação era inscrita, depois de realizados os procedimentos mais técnicos, em um prontuário individual, espécie de narrativa fragmentada, mas ao mesmo tempo profundamente coerente, que sistematizava os dados disponíveis, organizando-os em uma sequência de informações facilmente legíveis e inteligíveis. Logo na capa, além do nome do identificado, o número do registro criminal e do prontuário. Um carimbo informava se se tratava de crime, contravenção ou ambos. Nas páginas internas, o roteiro de informações seguia uma lógica que ia do mais visível – fotografia de frente e de perfil – aquelas marcas e indícios nem sempre perceptíveis a olho nu: caracteres cromáticos (além da altura e cor da pele, o tipo de nariz e cabelo, o estado dos dentes, o formato das orelhas e do queixo, etc.); marcas, sinais particulares, cicatrizes e tatuagens. Fazia também um sumário das trajetórias, normalmente errantes, dos indiciados: qualificação (filiação, naturalidade, grau de instrução, etc.); folha de antecedentes (para contravenções e crimes); domicílios e lugares frequentados; antecedentes morais e religiosos. As digitais eram retiradas em uma ficha separada, cada dedo de ambas as mãos; a ficha era guardada junto ao prontuário.

Tais prontuários, construídos sempre a partir da perspectiva do poder, se são "(...) fragmentos do discurso que levam fragmentos de uma realidade da qual fazem parte (...)", e se a existência daqueles personagens condenados à infâmia faz-se ver a partir do que deles foi dito, registrado, catalogado e depois arquivado[29]; ainda assim nos revelam pedaços de existências que sobreviveram, num gesto que desafia pela ironia o poder que os procurou silenciar. Por meio delas, nos é possível saber que Antonio Alves, negro, duas vezes fotografado – em 1906 e 1930 – nascido em 1883, viúvo, analfabeto e auto-declarado operário, foi detido inúmeras vezes ao longo de mais de duas décadas por razões as mais diversas, de desordem e embriaguez a crime de falsificação de moeda, pelo qual foi condenado a 30 anos de prisão em 1902. Evadiu-se da Cadeia Pública da capital; capturado meses depois, teve a pena comutada para 11 anos em 1906 e foi finalmente perdoado pelo presidente do estado e libertado em setembro de 1910, quando das comemorações da independência. Três anos depois de sua última detenção em 21 de agosto de 1930, para simples "averiguação", Antonio

---

28 Regulamento do Gabinete de Identificação e Estatística, Capítulo I (Do Gabinete, sua natureza e seus fins), artigo 2º.

29 FOUCAULT, Michel. A vida dos homens infames. In.: *Ditos & escritos IV - Estratégia, poder-saber*. Rio de Janeiro: Forense Universitária, 2003, p 203-222.

Alves, agora identificado como Antonio Damaso, volta ao Gabinete, outra vez detido por embriaguez. A mesma letra que registra a ocorrência é a que anota, na capa do prontuário, o novo nome com o qual se apresenta agora o velho conhecido. Sobre ele, um dos muitos escreventes que manusearam seu prontuário registrou em 3 de abril de 1930, no item "Logares frequentados pelo registado": "Baixa sociedade".[30] A galeria de "vidas infames" é extensa, e os registros, idem. Dois exemplos ainda, pinçados quase ao acaso: Joaquim Simões de Oliveira[31] e Luiz Dalteri[32], brancos, tinham especial predileção pela frequência a "casas de diversões". O primeiro era lavrador, solteiro, de constituição robusta, voz grave, com uma cicatriz que ia do nariz ao lábio superior direito; tinha uma pequena deformidade na articulação do dedo médio direito e três dedos da mão esquerda fraturados em um golpe de facão. Seu companheiro de infortúnio, tinha voz média, queixo vertical e uma cicatriz obliqua de dois centímetros no dorso da mão direita. Casado, sabia ler e escrever, diferente de Joaquim Simões e Antonio Alves – ou Damasio, enfim –, analfabetos os dois. Diversos em quase tudo, os três tinham, no entanto, um aspecto comum: seus dentes estragados.

Não almejo aqui retomar e repetir o movimento inaugural que pretendia encerrar definitivamente aquelas existências em páginas padronizadas de prontuários policiais. Nem, tampouco, o gesto ingênuo de restituir-lhes a alteridade para sempre perdida. Mas me parece inegável que os procedimentos de identificação, em sua quase incontida ansiedade, quase sem querer, não apenas produziam sujeitos, mas acabaram por revelar indivíduos.[33] Por outro lado, é lícito imaginar que mesmo sob a ótica policial não se tratavam apenas de sujeitos: as muitas publicações do período não insistiam na necessidade de conhecer o linguajar e o comportamento dos delinquentes,

---

30 Gabinete de Identificação e Estatística do Estado do Paraná. Promptuario n. 1098. Registro Criminal n. 5 de Antonio Alves ou Antonio Damasio.

31 Gabinete de Identificação e Estatística do Estado do Paraná. Promptuario n. 161. Registro Criminal n. 9 de Joaquim Simões de Oliveira.

32 Gabinete de Identificação e Estatística do Estado do Paraná. Promptuario n. 945. Registro Criminal n. 18 de Luiz Dalteri.

33 Ainda que um tanto arbitrária, a distinção entre *sujeito* e *indivíduo* é aqui fundamental. Emprego a noção de sujeito na acepção que lhe confere o "segundo" Foucault, ou seja, como um "objeto historicamente construído sobre a base de determinações que lhe são exteriores", em uma aproximação, importante para minha argumentação, com as noções de *sujeição* e *assujeitamento*. O conceito de indivíduo a que me refiro é aquele que nasce com o Iluminismo e o liberalismo do século XVIII, em parte como reação à antiga ordem nobiliárquica e feudal, rígida em sua hierarquia. Indivisível e ao mesmo tempo distinto de outro, "um único exemplo de um grupo", o indivíduo está conectado à comunidade a que pertence preservando, ainda assim, sua autonomia e singularidade, sua "individualidade". Cf.: REVEL, Judith. *Foucault: conceitos essenciais*. São Carlos: Clara Luz, 2005, pp. 84-85; WILLIAMS, Raymond. *Palavras-chave: um vocabulário de cultura e sociedade*. São Paulo: Boitempo Editorial, 2007, pp. 226-230.

freqüentando inclusive aqueles lugares onde eles eram assíduos? Não se dizia, afinal, que a observação era uma *arte*, a exigir mais delicadeza que força bruta, por delicadeza entendido aqui o olhar meticuloso e atento, facilitado o seu trabalho pelo recurso à tecnologia e aos avanços da ciência? Neste sentido, não há discrepância entre uma coisa e outra; de certa forma, é preciso que se conheça o indivíduo – seu nome e alcunhas, trajetórias, lugares que frequenta, etc... – para que dele se produza o sujeito, passível de ser inventariado pela instituição policial no que tem de mais objetivo e visível – marcas, sinais, cicatrizes, etc... – sem que dele se perca, para voltar uma vez mais ao regulamento do Gabinete de Identificação e Estatística, "seus respectivos antecedentes, bons ou máos". Sobre isso, poucos conseguiram ser mais transparentes em suas intenções quanto o comissário de polícia Antonio Nauffal. Descrevendo as ações da delegacia de Investigações, sob sua responsabilidade, ele defende a tese de que a eficiência do trabalho policial não depende apenas dos recursos tecnológicos colocados à disposição da instituição:

> O que nos valeu neste mister [o combate ao crime e a delinquência] não foi a theoria nem tampouco a applicação de methodos scientificos mas, exclusivamene, a pratica adquirida nos trabalhos quotidianos que tem por fim a reacção e o embaraço a acção dos criminosos.
>
> Si os methodos scientificos, uma vez applicados, no decorrer das investigações nos fornecem elementos corroborantes para descoberta dos crimes e de seus autores, esses methodos são também falhos quando não são alliados aos meios práticos para a descoberta de delictos e delinquentes.
>
> E, para isto, é absolutamente indispensável ao policial, possuir o conhecimento technico dos methodos applicados pelos malfeitores, o conhecimento de suas acções maléficas, de seus costumes, e também o conhecimento dos logares que os mesmos tem por habito frequentar.[34]

Tinha razão, afinal, Barata Ribeiro: identificar é mais que reconhecer.

※

Analisando as mudanças no regime do olhar ao longo do século XIX, o historiador da arte americano Jonathan Crary observa que, na modernidade, os constantes estímulos e distrações tornam a atenção ainda mais necessária, vital. "A centralidade

---
34 Relatorio apresentado ao Exmo. Snr. Dr. Clotario de Macedo Portugal, Chefe de Policia, pelo Commissario de Investigações e Segurança Publica, Antonio Francisco Nauffal, 1927.

deste problema [da atenção] estava diretamente ligada ao surgimento de um campo social, urbano, psíquico e industrial cada vez mais saturado de informações sensoriais. A desatenção (...) passou a ser vista como um perigo e um problema sério (...)". Ao mesmo tempo, e contraditoriamente, são estas mesmas condições que impelem a uma percepção fragmentada e dispersa das coisas. "Parte da lógica cultural do capitalismo exige que aceitemos como *natural* a mudança rápida da nossa atenção de uma coisa para outra", afirma.[35] As maneiras de olhar o rosto humano passam por movimento semelhante. Um novo regime de facialidade toma forma ao longo do século XIX movido em grande medida pelas descobertas técnicas e estas, por sua vez, impulsionadas pela necessidade de esquadrinhar, em meio a uma multidão de anônimos, identidades possíveis. "O indivíduo", afirmam Courtine e Haroche, "é agora entregue a um observador exterior por intermédio de um conjunto técnico de regras e de processos de observação cuja rigorosa codificação afasta sempre mais o indivíduo observado do indivíduo observador".[36] Se o olhar humano já não é capaz, sozinho, de decifrar a quantidade de informações – textos, imagens, rostos – com os quais se choca não apenas diariamente, mas a todo instante, a técnica será a substituta do olho na tarefa de interpretar o outro.

Trata-se de um movimento ambíguo, que aproxima e afasta simultaneamente. Aproxima, porque o suporte técnico, especialmente a fotografia, popularizada sobretudo na segunda metade do oitocentos e rapidamente introduzida nos meios policiais, permite reproduzir o "real" em diferentes ângulos e perspectivas. Num certo sentido, quanto mais se desprende do original que lhe serve de modelo, maior sua capacidade de captar expressões e nuances imperceptíveis ao olho humano, de expressar "a natureza daquilo que a natureza não é", como queria Picasso. Mas a técnica, e as técnicas de identificação criminal particularmente, afastam porque especializam o olhar: parafraseando Foucault, não é qualquer pessoa que pode olhar qualquer coisa, em qualquer lugar. Se olhar é colocar em ordem o visível e organizar a experiência, o arquivo ocupa, nas sociedades urbanas modernas e suas polícias, um lugar central.

Mais que simplesmente organizar em uma sequência lógica informações dispersas e fragmentadas, o arquivo "de algum modo, capta a cidade em flagrante delito", ele "nasce da desordem"[37], e traduz a necessidade do Estado e seus agentes de atribuírem um sentido coerente a realidades e personagens que lhes são incompreensíveis. Ele

---

35 CRARY, Jonathan. A visão que se desprende: Manet e o observador atento no fim do século XIX. In.: CHARNEY, Leo; SCHWARTZ, Vanessa (orgs.), p. 67-69. Do mesmo autor, ver também: CRARY, Jonathan. *Suspensões da percepção – Atenção, espetáculo e cultura moderna*. São Paulo: Cosac Naify, 2013, especialmente p. 33-105.
36 HAROCHE, Claudine; COURTINE, Jean Jacques, p. 218.
37 FARGE, Arlette. *O sabor do arquivo*. São Paulo: Edusp, 2009, p. 31.

captura da multidão compacta aqueles que nela representam a ameaça, imediata ou potencial, real ou imaginada, e os inscreve em uma ordem que é tanto política quanto discursiva. Ordenando-as, ele pretende não apenas dizer delas a verdade, mas dispô-las de acordo com uma racionalidade instrumental que concretiza a seu modo e ironicamente, a utopia igualitária e universalista desejada pelo Iluminismo desde o século XVIII.

Os três anos que separam a criação do Gabinete Antropométrico e sua reinvenção em Gabinete de Identificação e Estatística, enfim regulamentado, parecem ter sido fundamentais para que dele se extraísse o máximo de eficiência, inclusive arquivística. O cuidado em dispor de informações precisas e de maneira ágil, aparece já no primeiro artigo do regulamento, onde se lê que compete ao Gabinete "organisar convenientemente separado do registro civil, e sobre a base da identificação, o registro criminal, de sorte a poder habilitar a Policia, o Ministerio Publico e a Justiça em geral, com todos os elementos de informação que possam ser úteis para provar o gráo de temibilidade dos delinquentes sujeitos a processo". E não era apenas à policia paranaense que o Gabinete deveria ser útil. No mesmo artigo, nos incisos finais, fala-se na importância de "generalisar a adopção do systhema dactyloscopico, de sorte a estabelecer entre as Policias dos diversos Estados um serviço regular de informações". A identidade de indivíduos deportados por crimes políticos deveria ser devidamente distribuída a todos os portos e cidades fronteiriças. Caberia ainda ao novo órgão consolidar a permuta de informações entre os países com os quais o Brasil possuía convênios policiais, especificamente Austria, Hungria e os estados vizinhos da Argentina, Uruguai, Paraguai e Chile.[38] Para uso privativo das autoridades policiais ou vítimas de furto, o regulamento previa a organização de "uma galeria dos ladrões conhecidos", sendo proibido o desnudamento, mesmo que parcial, dos detentos, e a exibição pública do seu acervo fotográfico.[39]

O regulamento do Gabinete paranaense acompanha algumas tendências crescentes nas polícias brasileiras e estrangeiras. Uma relativa impessoalidade – assegurada pela frieza e distanciamento da padronização e da técnica – e, ao mesmo tempo e pelo menos na letra da lei, o respeito à integridade física e moral dos delin-

---

38 Regulamento do Gabinete de Identificação e Estatística, Capítulo I (Do Gabinete, sua natureza e seus fins), artigo 1º, incisos d, h, i, j.

39 Regulamento do Gabinete de Identificação e Estatística, Capítulo II (Da identificação), artigos 7º, 8º e 9º. Todo um capítulo do regulamento é dedicado a normatizar a identificação de vadios, cf.: Regulamento do Gabinete de Identificação e Estatística, Capítulo III (Da verificação das reincidências nos casos de vadiagem), artigos 14 a 16. Sobre a prevenção e repressão à mendicidade e a vadiagem em Curitiba ver: KARVAT, Erivan Cassiano. *A sociedade do trabalho: discursos e prática de controle sobre a mendicidade e a vadiagem em Curitiba (1890-1933)*. Curitiba: Aos Quatro Ventos, 1998.

quentes – respeito, ao menos em parte, também decorrente da uniformização técnica, mais talvez que de um improvável rompante de sensibilidade. Mas não só. Se o crime era um fenômeno que não reconhecia fronteiras, os meios de detê-lo deveriam estar também à altura da criminalidade moderna, "globalizada". Para tanto, a estandardização das informações passa a ser, cada vez mais, condição fundamental para a permuta de subsídios entre polícias de diferentes línguas. O já mencionado 1º Convenio Policial Brasileiro, realizado em 1912, no Rio de Janeiro, se mostrou atento a esta nova demanda e estabelece, entre suas deliberações que

> As policias dos Estados do Pará, Piauhy, Ceará, Rio Grande do Norte, Pernambuco, Sergipe, Bahia, Espírito Santo, Rio de Janeiro, Districto Federal, São Paulo, Paraná, Santa Catharina, Rio Grande do Sul, Goyaz e Minas Geraes, por seus respectivos representantes, convencionaram e se compromettem a permutar, directamente entre os respectivos serviços de identificação, durante a vigência deste Convenio, os antecedentes dos individuos considerados perigosos à Sociedade, e informações sobre as pessoas honestas que as solicitarem espontaneamente, para prova de identidade ou de bons antecedentes.

O mesmo documento indica, logo adiante, a necessidade de um primeiro Congresso Policial Sul Americano, que "terá por fim principal a uniformidade dos princípios geraes de prevenção e repressão da criminalidade, e de modo a tornar efficaz a acção da polícia continental". No que tange especificamente a polícia brasileira, os delegados deliberam que

> Os gabinetes [de identificação] effectuarão a identificação de todas as pessoas detidas, qualquer que seja a sua edade, sexo ou condição social, sem excepção de crimes, contravenções ou motivos, respeitadas as excepções legaes, devendo a autoridade policial juntar a todos os processos a individual dactyloscopica do accusado, considerada para todos os effeitos como base da instrucção criminal pelo conhecimento exacto que ella faculta do indiciado, com os seus antecedentes bons ou maos, de sorte a poder habilitar a justiça, a polícia e o ministério publico com todos os elementos de informação que possam ser úteis para estabelecer o gráo de temibilidade dos indiciados sujeitos a processo.[40]

Os estados que ainda não possuíssem um gabinete adequado se comprometeram a fazê-lo até o final daquele mesmo ano. Não era, claro, o caso do Paraná, já de-

---

40 1º Convenio Policial Brasileiro. Relatorio apresentado ao Exmo. Snr. Dezembargador Manoel B. Vieira Cavalcanti Filho, Chefe de Polícia do Estado do Paraná, pelo Delegado Auxiliar e Representante do Paraná, Dr. Mario de Castro Nascimento, 1912.

vidamente equipado desde há quatro anos. Em seu relatório, o Chefe de Polícia Manoel Bernardino reafirma, mediante inclusive as deliberações do Convenio, o acerto da decisão tomada em 1908, substituindo o sistema de Bertillon pelo datiloscópico, "que com brilhante successo tem sido adoptado pelas Policias das capitaes cultas".[41] A estas alturas, não parecia haver mais dúvidas da eficácia e da necessidade da identificação criminal, entendida como ferramenta imprescindível à defesa social. As vantagens da identificação não livraram o Gabinete de amargar algumas das dificuldades apontadas em capítulo anterior para outros setores da polícia. No mesmo ano em que felicitava seu superior pela instalação da Casa de Detenção, o chefe de Polícia Albuquerque Maranhão falava sobre o Gabinete em tom bastante depreciativo: ele estava "mal installado, em salas acanhadissimas, onde o pessoal sente-se contrafeito para a boa execução dos trabalhos que lhe são confiados. (...) Poderoso instrumento de investigação policial e utilíssimo auxiliar da Justiça merece este instituto, todo o nosso carinho e boa vontade".[42] Alguns anos depois, o desembargador paranaense Antonio de Paula sintetizaria de maneira exemplar o entendimento que tinham dos métodos em voga, especialmente o de Vucevitch, os responsáveis pelas forças de segurança. Citando Afranio Peixoto, de Paula define a identidade como "um conjuncto de signaes ou propriedades que caracterizam um individuo entre todos ou entre muitos e o revelam em determinada circumstancia". Mediante as complexas demandas das sociedades urbanas modernas, a identificação "é o processo de assegurar esta identidade de maneira rigorosa e absolutamente exacta. Como medida de prevenção adoptada pela polícia, é a identificação, pelo seu processo mais moderno, o meio mais relevante de prophylaxia policial pela segurança e certeza dos seus resultados".[43]

Daí, para o autor, a necessidade de estender seu uso para além dos com-

---

41 Relatorio apresentado ao Dr. Mario Alvez de Camargo, Secretario dos Negócios do Interior, Justiça e Instrucção Publica, pelo chefe de Policia, Desembargador Manoel Bernardino Vieira Cavalcanti Filho, 1912.

42 Relatorio apresentado ao Exmo. Snr. Coronel Alcides Munhoz, Secretario Geral de Estado, pelo chefe de Policia, Desembargador Luiz de Albuquerque Maranhão, 1925. As reclamações apareceriam nos relatórios seguintes. Em dois anos consecutivos – 1927 e 1928 – os chefes de polícia reclamam melhorias para o bom funcionamento da repartição. Se em 1927, Clotário Portugal se limita a reivindicar a ampliação do quadro de pessoal, no ano seguinte seu sucessor, Arthur Ferreira dos Santos, é mais específico ao afirmar que "o Gabinete de Identificação e Estatística precisa, também, de profundas modificações na sua estructura. A sua acção actual é falha e não attende as necessidades do serviço". Cf.: Relatorio apresentado ao Exmo. Snr. Coronel Alcides Munhoz, Secretario Geral de Estado, pelo chefe de Policia, Desembargador Clotario de Macedo Portual, 1927; Relatorio apresentado ao Exmo. Snr. Dr. José Pinto Rebello, Secretario dos Negócios do Interior, Justiça e Instrucção Publica, pelo chefe de Policia, Dr. Arthur Ferreira dos Santos, 1928.

43 PAULA, Antonio de. *Do Direito Policial*. Curityba: Tipographia da Penitenciária do Estado, 1928, p. 94.

provadamente recidivistas, objetivo original de Bertillon e Vucevitch. Apoiado nas teses do jurista e professor argentino Luis Reyna Almandos, de Paula defende a obrigatoriedade de que todos os habitantes de um Estado sejam "obrigados a registrar suas impressões digitaes em repartições próprias", como meio de prevenir a ação delituosa. "A prophylaxia social poderá, sem embargo, ter um êxito completo, estabelecendo-se a identificação obrigatória de cada indivíduo".[44] Não estávamos longe disso, bem o sabemos hoje.[45] Também no Brasil o "Leviatã" se dispersara; fragmentado, o Estado soberano cede lugar e vez a outra economia de poder, edificada mais em "uma trama cerrada de coerções materiais do que [n]a existência física de um soberano".[46] E se o *poder disciplinar* nunca realizou completamente o projeto de uma *sociedade disciplinada*, suas estratégias e táticas, as novas tecnologias de dominação que com ele emergem, alteram profundamente a gestão da cidade e o governo dos corpos que nela circulam.

Fronteiras diluídas: vícios privados, costumes públicos

Se uma das principais características da vida cotidiana ao longo da chamada Idade Média e mesmo durante boa parte do Renascimento é a inserção do indivíduo na comunidade, lugar de sociabilidades, de lazer, de segurança, de sobrevivência, enfim, a consolidação da vida moderna constrói aos poucos um novo cenário. Se até o século XVIII, aproximadamente, os arranjos sociais se davam no interior do grupo, é a partir deste período que o Estado passa a interferir com maior frequência no espaço social. A proibição dos duelos na maioria dos países europeus e a instituição, na França, das *lettres de cachet*, por exemplo, transformam as comunidades, antes praticamente autônomas em relação ao Estado, em um objeto de controle direto deste.

A assunção da vida pelo poder, fenômeno que se desdobrará e aprofundará ao longo do século XIX, já se insinua, portanto, no século das duas grandes revoluções

---

44 PAULA, Antonio de, p. 94.
45 Em julho de 1934 é organizado por Felinto Muller, então diretor do Instituto de Identificação da capital federal, um Congresso Nacional de Identificação. O evento contou com a participação de todos os Estados da Federação, sob presidência de Luiz Reyna Almandos, aquelas alturas, e depois da morte de Vucevitch – a quem substituiu na Universidade de La Plata, em Buenos Aires – considerado a maior autoridade na área em toda a América Latina. Como resultado principal do encontro é criado o Registro Nacional de Identificação, responsável pela orientação técnica de todos os serviços de identificação oficiais existentes no Brasil, tornando obrigatória a identificação, além dos brasileiros, de todo estrangeiro que fosse residir no país ou nele permanecesse por prazo superior a 30 dias.
46 FOUCAULT, Michel. *Em defesa da sociedade*. São Paulo: Martins Fontes, 2000, p. 42.

liberais, a Americana e a Francesa. Aos poucos, o indivíduo desliza dos discursos e enunciados filosóficos, insinuando-se nos gabinetes e projetos dos Estados e governos. E nem poderia ser diferente em um centenário marcado, como já dito, pela acentuada distinção entre os espaços público e privado e a crescente importância atribuída a este último. Distinção que não é meramente conceitual. Ela opera desde transformações no âmbito familiar e na ocupação e distribuição do espaço doméstico; ou a proliferação da reflexão silenciosa e solitária, de novas formas de devoção religiosa e de uma literatura da intimidade; até a constituição de novas sensibilidades e códigos de civilidade, tais como os novos códigos de etiqueta que orientam o comportamento em público, exigindo um maior rigor no controle dos gestos e atitudes.

O aumento do autocontrole se articula ao surgimento da literatura de civilidade, que passa a enunciar e significar esta atitude nova em relação ao corpo. É o surgimento do pudor, por exemplo, antes praticamente inexistente; pudor que constrói, ao redor do corpo, um espaço preservado que o guarda do olhar e do contato de outros corpos, isolando-o. O surgimento dos diários íntimos, cartas e confissões, livros de memórias, além da consolidação do romance como gênero literário – em uma relação direta com a difusão da leitura individualizada –, atestam também a vontade, no indivíduo moderno, da reflexão solitária, do segredo e do isolamento.

O gosto pela solidão vai delimitar ainda os novos arranjos do ambiente doméstico. Nada a estranhar, afinal. Se o homem paulatinamente passa a usufruir mais de seu espaço privado, visto em parte como uma trincheira, um refúgio frente a um mundo que se complexifica e é continuamente representado como inóspito e violento, há a necessidade de rearranjá-lo e remodelá-lo, tornando-o estética e funcionalmente mais que simplesmente habitável, agradável. A diminuição da dimensão dos cômodos, com a multiplicação dos pequenos ambientes; a criação de espaços de comunicação, a especialização dos aposentos, uma preocupação crescente com a distribuição do calor e da luz, com o conforto, enfim, revelam a importância que a casa passa a assumir neste novo contexto.

Estas mudanças, no entanto, não se apresentam isoladamente. Na sua evolução, elas passam a constituir estruturas unitárias, responsáveis também pela reorganização do cotidiano. A conquista da intimidade é uma delas, preenchendo assim os espaços que a interferência do Estado e o recuo da sociabilidade comunitária deixam livres. Os grupos de convivialidade tomam o lugar antes reservado à comunidade, servindo como uma fonte intermediária entre a solidão absoluta e o caos da multidão: preserva-se, assim, a intimidade, sem se perder de vista a necessidade de uma convivência social, ainda que restrita e praticada no espaço privado. Mas é a família quem vai, com o tempo, concentrar boa parte das manifestações da vida privada, independente, inclusive, das classes sociais. A tendência, cada vez mais, é ela tornar-se um lugar de refúgio, de afetividade e atenção – e não mais apenas uma unidade econômica, responsável pela sobrevivência material e física de seus membros.[47] No século XIX, ela praticamente absorveu o indivíduo, separando-se do espaço público com o qual antes se comunicava e, por vezes, se confundia.

A crescente importância que a esfera privada adquire nas sociedades urbanas modernas deve ser entendida, em grande medida, pelo fortalecimento, no mesmo período, da esfera pública. Segundo Hannah Arendt, "o termo público significa o próprio mundo, na medida em que ele é comum a todos nós e diferente do lugar que nos cabe dentro dele". Para a pensadora alemã, no entanto, trata-se – e isso é ainda mais fundamental – de um mundo construído pelos homens e em seu benefício, daí também seu caráter ambíguo. Se o mundo moderno é o das relações mais complexas e plurais, se estar nele é assumir nossa porção de diferença em relação ao outro, a capacidade da esfera pública de estabelecer o que há de comum entre os homens resulta fragilizada ou, pelo menos ressignificada: a ela cabe, também, criar e consolidar os mecanismos intermediários pelos quais os homens, diversos entre si, se relacionam em condições e em espaços comuns sem renunciarem completamente – e não o poderiam mesmo que quisessem – a sua diferença. "Embora o mundo comum seja o terreno comum a todos", diz Arendt, "os que estão presentes ocupam nele diferentes lugares, e o lugar de um não pode coincidir com o de outro (...). Ser visto e ser ouvido por outros é importante pelo fato de que todos vêem e ouvem de ângulos diferentes".[48]

---

[47] É o crescimento da importância da família que justifica a interpretação original que faz da novela "A metamorfose" o filósofo Karel Kosik. Contrariando leituras consagradas, ele defende que é Grete, a irmã, e não Gregor Samsa – que um dia "encontrou-se em sua cama metamorfoseado num inseto monstruoso" – a personagem central da trama kafkaniana. Na leitura de Kosik a transformação grotesca ocorre, efetivamente, quando Grete deixa de ver seu irmão como um ser humano, reduzindo-o a uma coisa, a um bicho, concluindo que sua presença na casa se transformou em um incômodo. Quando Gregor finalmente morre, ela se recusa a sepultá-lo, encarregando a empregada de varrê-lo para fora da residência. Os seus sentimentos, a seguir a interpretação proposta pelo pensador tcheco, expressam de maneira exemplar o lugar e o papel da família na sociedade e na vida dos indivíduos modernos. Na interpretação de Kosik, que assume a voz de Greta: "Se fosse humano, se fosse meu irmão, teria em relação à família um sentimento de consideração, evitaria perturbar-lhe a tranquilidade e sairia de casa por sua própria iniciativa. A família, afinal, precisa de paz; tudo que a incomoda é ruim, precisa ser removido." Cf.: KOSIK, Karel. O século de Grete Samsa: sobre a possibilidade ou a impossibilidade do trágico no nosso tempo. *Matraga*, n. 8, março de 1996.

[48] ARENDT, Hannah. *A condição humana*. Rio de Janeiro: Forense Universitária, 1993, pp. 59-68.

É em torno a relação entre estes dois espaços e suas fronteiras sempre incertas e inconstantes, que se constituiu uma parte do moderno aparato policial, notadamente aquele voltado a um policiamento mais ostensivo daqueles indivíduos e grupos que transitavam e habitavam as franjas da cidade. Resíduos inassimiláveis e irredutíveis à toda tentativa de normalização, vagabundos, mendigos, jogadores, prostitutas e bêbados, entre outros, habitavam nas grandes cidades as fronteiras entre o legal e o ilegal, onde "as energias criminais, latentes e ignoradas, se desenvolvem nesta coletividade estática reunida ao acaso e que nós chamamos multidão".[49] Alçados à condição de objeto por criminologistas e autoridades policiais, foram alvo privilegiado de discursos e práticas os mais diversos. Em linhas gerais, almejava-se a sua inserção naquela zona neutra onde, devidamente informados pelos padrões de conduta familiares ao espaço privado burguês, mas sem dele participarem efetivamente, porque ainda atrelados pela dependência – e no limite, sujeição – ao espaço público, suas normas e instituições; almejava-se, enfim, tornar menos lesiva e ameaçadora, pela sua disciplinarização e normalização, existências antes desregradas. Uma prática que se sustentava em uma dialética da *exclusão* e *inclusão*, num jogo de tensões permanentes: é preciso "excluir" o que é anormal, para "incluí-lo" a uma ordem que se julga necessária (disciplinar, produtiva, etc.). Mas, a condição para "incluí-lo" a esta ordem é "excluí-lo" do convívio social, ainda que em um universo simbólico e discursivo – embora nem sempre.

Em Curitiba, a preocupação com o que, desde os estudos dos italianos Alfredo Nicéforo e Scipio Sighele, se convencionou chamar de *la mala vita* remonta aos anos do Império e ao governo provincial. Ao longo da Primeira República, no entanto, e em parte por conta dos investimentos mais expressivos no aparato policial, especialmente na capital, o tema ganha relevância e aparece praticamente todos os anos nos relatórios dos chefes de Polícia, além de merecer da imprensa local atenção privilegiada. Segundo Maria Ignes de Boni a "vigilância constante, patrulhamento efetivo, conhecimento de todos os espaços públicos e acontecimentos, levavam a policia a atingir o cotidiano da cidade, principalmente das classes pobres, em seu trabalho ou lazer".[50] Vagabundos, mendigos e prostitutas, são os mais visados. Sobre os primeiros, a se dar crédito ao chefe de Polícia de 1894, a preocupação não era apenas com o seu "avultado número", mas com a propensão que têm de entregarem-se a "vagabundagem e ociosidade, importantes factores nas causas dos crimes contra a segurança individual, contra a propriedade

---

49 SIGHELE, Scipio; NICÉFORO, Alfredo. La mala vita dans les grandes villes. *Archives d'anthropologie Criminelle, de Criminologie et de Psychologie Normale et Patologique*. Tome 14, 1899, p. 664. Tradução do autor.

50 DE BONI, Maria Ignês Mancini. *O espetáculo visto do alto: vigilância e punição em Curitiba (1890-1920)*. Curitiba: Aos Quatro Ventos, 1998, p. 76.

e contra a liberdade pública".[51] O teor não é diferente quando, dois anos depois, se reclama que os vagabundos, "essa classe que infelizmente é numerosa em nosso Paiz", corroborava para o aumento nas estatísticas criminais, já que a força policial a disposição das autoridades era insuficiente para fazer valer o que prescrevia o Código Penal acerca da vagabundagem.[52]

A apreensão aumenta com o decorrer dos anos e leva a paulatina adoção de medidas que visam um controle mais rigoroso daquelas práticas. Em 1911, Estansláu Cardozo, chefe de Polícia, faz baixar uma normativa que autoriza a prática da mendicância somente aqueles comprovadamente incapazes para o trabalho. A mesma medida delimita ainda "permitir esmolar somente perante as Redações dos jornaes ou Associações Pias ou de Caridade, com a necessária licença ou carteira de Identidade adoptada pela Polícia".[53] Outras ações seriam tomadas nos anos subsequentes e que incluíam também o controle da prostituição. Em 1916 é criada uma guarda noturna, exclusiva da capital e mantida com recursos oriundos do comércio local, especialmente o da região central da cidade.[54] Apesar das seguidas tentativas, o problema parece crônico, a tomar-se como referência a afirmação do mesmo Lindolpho Marques em seu relatório do ano seguinte:

> Não obstante os constantes esforços empregados pela Policia para reprimir a vagabundagem, esse objectivo ainda não foi alcançado de uma maneira completa. E o não será, certamente, enquanto a Polícia não estiver apparelhada dos efficazes meios de repressão. Como reprimir a vagabundagem, se o Estado não dispõe de uma colônia correccional, ondeos vagabundos possam produzir e adquirir hábitos de trabalho? Processal-os para que cumpram a pena em um Posto Policial, seria reduzil-os a maior inércia e degradação e onerar inutilmente os cofres do Estado.[55]

Como se vê, estamos longe do sentimento algo benevolente que lançava às margens parisienses o romancista Eugene Sue, nas primeiras décadas do XIX. O autor francês retratou em *Os mistérios de Paris* – obra seminal da chamada literatura urbana,

---

51 Relatorio do Chefe de Polícia apresentado ao Exmo. Sr. Governador, 1894.
52 Relatorio apresentado ao Secretario dos Negócios do Interior, Justiça e Instrucção Publica, pelo chefe de Policia, Desembargador Manoel Bernardino Vieira Cavalcanti Filho, 1896.
53 Relatorio apresentado ao Exmo. Snr. Secretario dos Negócios do Interior, pelo chefe de Policia, Dr. Estansláu Cardozo, 1911.
54 Relatorio apresentado ao Exmo. Snr. Dr. Enéas Marques dos Santos, Secretario dos Negócios do Interior, pelo chefe de Policia, Dr. Lindolpho Pessôa da Cruz Marques, 1916.
55 Relatorio apresentado ao Exmo. Snr. Dr. Enéas Marques dos Santos, Secretario dos Negócios do Interior, pelo chefe de Policia, Dr. Lindolpho Pessôa da Cruz Marques, 1917.

publicada inicialmente em forma de folhetim entre junho de 1842 e outubro de 1843 –, as classes subalternas, os grupos marginais e os indivíduos de vida dissoluta a partir de um olhar que, embora os descrevesse coerentemente com os saberes que lhe eram coevos, buscava dar-lhes uma aura de dignidade e humanidade que os anos e décadas após tornariam praticamente inviáveis. Nem mesmo a literatura, sempre mais propensa a relativizar verdades por demais absolutas, escapou à voracidade da ciência. A capital que se descortina diante dos olhos do leitor em *O ventre de Paris*, de 1873, é distinta da de Sue, e não apenas em sua geografia. Se neste mesmo os decaídos podem encontrar ao final sua redenção, ainda que na morte, no romance de Zola cada personagem carrega a marca da degenerescência como uma sina da qual não poderá escapar.[56] A literatura feita do outro lado do Atlântico não escapou à tendência dita naturalista, exceção feita aqueles poucos autores que movidos por razões as mais diversas, biográficas inclusive, mantinham uma posição algo cética em relação ao discurso científico e suas certezas inabaláveis, como é o caso do já mencionado Lima Barreto.

No campo da ciência, as interpretações variavam pouco. No diapasão de criminologistas, juristas, eugenistas, higienistas e outros "istas", sejam por razões sociológicas ou biológicas – atavismo, hereditariedade, degenerescência, etc. –, a vagabundagem, o alcoolismo, a mendicidade e a prostituição, principalmente, se não eram crimes no sentido jurídico do termo, eram indubitavelmente "ocasiões de criminalidade", na feliz definição de Afranio Peixoto.[57] A diferença crucial entre uns e outros era a natureza de suas condutas em relação à norma: se a rigor a inadaptação

---

56 Amparado principalmente nas teses médicas em voga no período, para Zola "a literatura que mergulhava na ciência deveria produzir personagens que apresentassem temperamentos, caracteres físicos e mentais herdados e lutassem cotidianamente para sobreviver, da melhor forma possível, em determinados ambientes, com condições específicas de vida e trabalho", de acordo com Marília Rodrigues. Os personagens, no entanto, deveriam cumprir algumas funções básicas, principalmente emprestar às sagas de que eram protagonistas, a coerência e o realismo necessários. Daí porque, segundo ainda Rodrigues, "grande parte deles se comporta como as pessoas que Zola cruzava diariamente: em ambientes miseráveis, deixavam vir à tona a 'besta humana', buscavam alívio no álcool, regulavam o convívio pela violência. Para sobreviver, era necessário roubar, se prostituir". Cf.: RODRIGUES, Marília Mezzomo. "Sou um historiador e não um fornecedor de imundícies" – medicina experimental e hereditariedade no naturalismo de Émile Zola. *Revista de História Regional*. Ponta Grossa: UEPG, vol. 14, nr. 2, inverno/2009, p. 47-48.

57 PEIXOTO, Afranio. *Criminologia*. São Paulo: Companhia Editora Nacional, 1936, p. 211. Uma leitura do mesmo objeto que divergia, ainda que sutilmente, da voz da maioria, foi a de Evaristo de Moraes, que criticava principalmente a tendência a tratar o problema da vagabundagem apenas pelo "lado repressivo". Para o criminalista carioca, não raro a vagabundagem e a mendicidade, aliás confundidas nos discursos oficiais, eram um problema social e deveriam ser vistos e tratados como tais. Cf.: MORAES, Evaristo de. *Ensaios de pathologia social*. Rio de Janeiro: Leite Ribeiro, 1921, principalmente pp. 7-43. Sobre Evaristo de Moraes e sua trajetória, de rábula a jurista, ver: MENDONÇA, Joseli Maria Nunes. *Evaristo de Moraes, tribuno da República*. Campinas: Editora da Unicamp, 2007, especialmente p. 133-249.

caracterizava criminosos e infratores indistintamente, nos primeiros a incapacidade de adaptar-se era principalmente legal, ao passo que nos segundos, moral.[58] A atuação da polícia, por outro lado, nem sempre levava em conta esta diferença, talvez sutil demais para uma corporação que via sua atividade como parte indissociável e mesmo fundamental do direito de punir, competência do Estado, e de defender-se, prerrogativa por excelência da "boa sociedade".

O recurso frequente às chamadas prisões correcionais é um indicativo interessante para se medir, mesmo que precariamente, o alcance dos instrumentos de controle social no período. No relatório de 1920, por exemplo, Albuquerque Maranhão apresentava como indicativo dos bons resultados de seu trabalho na repressão à vagabundagem o número de processos instaurados "contra esses contraventores que, condenados cumpriram ou estão cumprindo na Penitenciaria a respectiva pena".[59] Em seu estudo, Maria Ignes de Boni mostra, a partir de dados recolhidos nos relatórios policiais, que o número de prisões por contravenção ou para simples averiguação excede sempre o de prisões por crimes. Ou seja, para o período entre 1895 e 1922, e nos anos onde foi possível fazer tal levantamento estatístico, há uma defasagem entre pessoas presas e processadas, evidenciando a preocupação das autoridades públicas em não apenas prevenir e punir o crime, a criminalidade e os criminosos, mas "agir com redobrada atenção na vigilância da população, principalmente no controle de comportamentos considerados inadequados ou causadores de delitos".[60] A inquietação policial nem sempre mirou, no entanto, apenas e somente os considerados juridicamente desviantes, como demonstrou em seu trabalho Erivan Karvat. A mesma vigilância dirigida a vagabundos, por exemplo, "deveria voltar-se também para o próprio trabalhador morigerado, *presa fácil* às ideias subversivas (...) Se por um lado, o vagabundo, encarnando a negação ao trabalho, era objeto/alvo do olhar policial, por outro, e em certa medida, as mobilizações operá-

---

58 Estudando os discursos científicos sobre a "mala vita" na criminologia espanhola e argentina deste mesmo período, Ricardo Marín mostra que para muitos autores, contrariando os postulados mais duros da escola lombrosiana, nem sempre estes desvios de conduta traziam marcas visíveis e legíveis no corpo do desviante. Segundo Marin, "na maioria dos malviventes não se apareciam traços diferenciadores do resto das classes populares. Os estigmas se centravam principalmente no plano moral e social". A tatuagem, o nomadismo e o alcoolismo eram alguns destes estigmas. Cf.: MARIN, Ricardo Campos. Los fronterizos del delito. Las relaciones entre crimen y mala vida en España y Argentina a comienzos del siglo XX. In.: MIRANDA, Marisa; SIERRA, Álvaro Girón (coord.). *Cuerpo, biopolítica y control social: América Latina y Europa en los siglos XIX y XX*. Buenos Aires: Siglo XXI/Editora Iberoamericana, 2009, p. 135-136. Tradução do autor.
59 Relatorio apresentado ao Exmo. Snr. Dr. Secretario Geral de Estado, pelo chefe de Policia, Dr. Luiz Albuquerque Maranhão, 1920.
60 DE BONI, Maria Ignês Mancini, p. 76-77.

rias também o eram (ou não eram menos)".[61] Em Curitiba, como em outras capitais, a polícia não vacilou ao aproximar classes trabalhadores e perigosas; nivelando-as, legitimou sua presença mais ostensiva em regiões e comunidades periféricas sob o pretexto da prevenção e da intervenção educativa e civilizadora.

✤

A criação em 1928 da Delegacia de Costumes representa um momento emblemático deste processo que podemos classificar, seguindo as pegadas de Foucault, de "assunção da vida pelo poder".[62] No relatório daquele ano, o chefe de Polícia, Arthur Ferreira dos Santos, credita a criação de duas novas delegacias – além da de Costumes, foi instituída também a de Segurança Pública –, às graves deficiências percebidas na atuação policial; à "precariedade de seus recursos materiaes e a estructura incipiente" dificultavam sobremaneira, alegava, o cumprimento da missão maior da corporação, "manter a estabilidade da ordem publica, elemento primacial para o progresso dos povos". Com as duas novas divisões ele esperava suprir parte desta carência. No caso da delegacia de Costumes, tratava-se de criar um corpo policial especializado na fiscalização e prevenção da ação de prostitutas, menores infratores, mendigos e vagabundos; combate e repressão ao alcoolismo, ao jogo e crimes de defloramento e atentado ao pudor, entre outros, além da censura a espetáculos teatrais e cinematográficos, "serviço esse, creado na actual administração policial".[63]

Logo após a criação da delegacia para a qual foi nomeado titular, em março, Francisco Raitani apresentou-a à comunidade curitibana em uma longa entrevista concedida ao jornal Gazeta do Povo. Nela, elenca as principais funções do novo distrito e seu impacto na rotina da capital, que viu progredir nos últimos tempos "certos costumes máos, que sendo o característico das grandes cidades, é preciso combater, extirpando-se os cancros sociaes que corroem os organismos dos centros populosos". A sua fala repercute a abertura da matéria, que apresenta Curitiba como uma capital que "vae, dia a dia, ganhando foros de grande cidade. Ruas que se abrem, arrabaldes que se estendem, uma agitação febril começa a fazer da nossa cidade o centro de vida activa e dynamica

---

61 KARVAT, Erivan, p. 121.
62 FOUCAULT, Michel. *Em defesa...*, p. 285.
63 Relatorio apresentado ao Dr. José Pinto Rebello, Secretario dos Negócios do Interior, Justiça e Instrucção Publica, pelo chefe de Policia, Dr. Arthur Ferreira dos Santos, 1928. Na já mencionada obra "Do direito policial", publicada no mesmo ano em que foi criada a Delegacia de Costumes, Antonio de Paula assim define sua função e importância: "A polícia de costumes tem por fim vigiar e prevenir os actos offensivos da moral e da honestidade publicas. É ella a guarda vigilante do decoro e da decência social, impedindo que elles sejam offendidos por palavras, por gestos, por actos e por factos". PAULA, Antonio de, p. 117.

que todos nós não cansamos de prever para daqui a pouco".[64] O relatório anual retoma em parte e com um acento mais oficial, algumas das premissas que haviam sido expostas na preleção com o jornalista da Gazeta meses antes. Ainda que trate de outros temas e problemas, me interessa aqui o que o delegado tinha a dizer sobre a vagabundagem, a mendicidade e a prostituição, objetos não exclusivos, mas privilegiados de outros relatórios e de ações policiais mesmo antes da criação da Delegacia de Costumes. Sobre os dois primeiros, defende a necessidade de submetê-los a um rigoroso exame médico,

> para então prestar assistência material e moral aos que querem trabalhar e não encontram trabalho; recolhimento aos hospitais e asylos aos doentes e desvalidos; repressão enérgica aos que tendo saúde e aptidão para trabalhar não queiram exercer profissão, officio ou qualquer mister em que possam ganhar honestamente a vida.
>
> Felizmente, entre nós, o problema de assistência social se acha perfeitamente organizado. O Governo, desde há muito, tem dispensado a essas classes de pessoas cuidadosa atenção.

A existência de uma rede de assistência pública, que assegura o internamento diferenciado a quem dele necessita – abrigos, orfanatos, leprosários, hospitais e sanatórios – é, sob a ótica de Raitani, uma das garantias fundamentais para a continuidade, de resto necessária, do trabalho iniciado naquele ano. Entre os resultados positivos já alcançados, o afastamento de boa parte dos mendigos da via pública, possível graças a uma parceria com a "iniciativa particular" e aprofundando o trabalho iniciado alguns anos antes com a tentativa de disciplinar a prática da mendicância pelas ruas da cidade.

A prostituição era um problema um pouco mais sério e de difícil regulamentação. Se para os vagabundos e mendigos há sempre e em última instância, ao menos em tese, a solução rápida do internamento, o mesmo não se pode dizer da prostituição. Diferentes dos pedintes, prostitutas não são visíveis a "olho nu". E talvez por isso, ainda que seu espetáculo seja visualmente menos degradante, elas sejam mais perigosas. Além disso, aos lugares de prostituição estão associados "vadios, turbulentos, bebados, suspeitos", seus habituais frequentadores, segundo o delegado. Um problema para as autoridades, enfim, obrigadas a montar estratégias de controle a transgressões que, com relativa insistência, ultrapassavam o limite do tolerável, especialmente porque muitas das casas de meretrício localizavam-se em regiões residenciais, quando não mesmo centrais – muitas vezes disfarçadas de pensões, como as localizadas nas ruas Pedro Ivo e Ratcliff ou na praça Senador Correia –, a frequência aos prostíbulos se confundindo com moradores e demais transeuntes. A sugestão dada foi a regulamentação, duplamente benéfica, sob a ótica do

---

64 *Uma grande obra de saneamento moral e social*. Gazeta do Povo, 10/4/1928.

delegado: limitava sua prática – delimitando e normatizando lugares e condutas – e a inscrevia em um controle que permitiria ao Estado salvaguardar a "saúde e a moralidade publicas"[65] por meio de um domínio mais minucioso sobre os corpos das mulheres e seus locais de trabalho, obrigando-as, por exemplo, a exames médicos periódicos e a visitas, em seus locais de trabalho, de técnicos responsáveis pela higiene pública.[66]

Falando sobre algumas das características do Estado moderno, Michel Foucault anota, na passagem do século XVIII para o XIX, o que ele chama de um "ponto de inflexão": a emergência de um dispositivo não apenas disciplinar, a agir sobre o "corpo individualizado" em espaços fechados tais como prisões, hospícios, asilos, etc..., mas de uma tecnologia outra, voltada a gerir a vida do corpo social. É a "estatização do biológico", que marca o nascimento do *biopoder*. As tentativas, bem sucedidas ou não, de regulamentar práticas desviantes, tais como a vagabundagem, a mendicidade e a prostituição, entre outras ações que pretendem higienizar, modelar, civilizar o espaço urbano, revelam, para além de suas intenções manifestas, outra faceta de uma política que em nome do progresso e sob o manto da ciência, segrega e exclui pobres e indesejáveis às margens, estigmatizando-os. Trata-se de um duplo exercício do poder, que incide tanto sobre o *indivíduo*, na tentativa de disciplina-lo e docilizá-lo, tornando-o útil e produtivo quanto sobre a *população*, normatizando seus espaços, hábitos, costumes, instituindo códigos e normas de conduta.[67] Em ambos, o corpo é o objeto privilegiado – corpo individualizado, medido, identificado; corpo social, segmentado, vigiado e regulamentado.

---

65 Relatorio apresentado ao Chefe de Polícia, Dr. Arthur Ferreira dos Santos, pelo Delegado da Polícia de Costumes, Francisco Raitani, 1928. Ainda que por outro viés, uma vez mais o já mencionado desembargador Antonio de Paula se mostra afinado com as demandas de seus conterrâneos. Tratando da importância, a seu ver fundamental, da polícia nas sociedades urbanas modernas, ele a define como "a guarda vigilante da estabilidades social e collectiva, cujo bem estar material cumpre-lhe defender dos elementos que a tentam perturbar. (...) Sendo, pois, o escopo (...) da polícia a garantia da sociedade (...) a acção preservadora da mesma se dirige não só a collectividade como aos indivíduos em particular, aos bens de publico dominio e aos bens particulares, desdobrando sobre todos e sobre tudo a sua autoridade vigilante e protectora". PAULA, Antonio de, p. 36.

66 Novamente, o Gabinete de Identificação mostrou-se utilíssimo: a partir de 1928, como parte da regulamentação proposta pela Delegacia de Costumes, todas as prostitutas da capital passaram pelo Gabinete, onde foram devidamente identificadas. Infelizmente, a primeira ficha de identificação não sobreviveu ao tempo, perdendo-se nos escaninhos da burocracia e da indiferença estatais. Ainda assim, há dezenas de prontuários que revelam rostos, identidades, hábitos e lugares da prostituição em Curitiba nos anos de 1920 e 1930. Aliás, pertence a Helena Bayer o prontuário de número dois. Nele, há duas fotos de Helena, datadas de 1/4/1929 e 9/3/1937, respectivamente. Neste período, ela trabalhou, de acordo com os registros, em três lugares diferentes, todos na região central: nas ruas Pedro Ivo e Ratcliff e na praça Senador Correia. Cf.: Gabinete de Identificação e Estatística do Estado do Paraná. Promptuario n. 2 de Helena Bayer. Ver: AGUIAR, Nayara Elisa de Moraes. *Um incômodo moral: o meretrício e seus meios de controle em Curitiba (1929-1937)*. Dissertação de Mestrado em História (UFPR), 2016

67 FOUCAULT, Michel, p. 285-314.

Capítulo V

A ciência pensa a pena

O castigo doma o homem, mas não o melhora.

Friedrich Nietzsche

Dos muitos problemas postos pela criminologia desde seu aparecimento no final do século XIX, o da punição foi dos mais pungentes. O tema não era inteiramente novo e não foram poucos os pensadores que ao longo do XVIII afirmaram a necessidade de adequar a pena aos limites propostos pelo humanismo liberal e iluminista. Grosso modo, o século assiste a emergência de um discurso que, longe de condenar a pena, reivindica o abandono da dor e do suplicio físico e sua substituição por uma punição que estimule a remissão da culpa e a reforma moral. Parte desta mudança se relaciona a formação de uma nova sensibilidade, também ela mais humanista, que tem no tema da felicidade, recorrente na literatura liberal do setecentos, um de seus paradigmas. Para Baumer, "dar ênfase à procura da 'felicidade terrena', como meta conscienciosa, e mesmo como um 'direito que suplantava a ideia do dever', significava uma revolta contra o ascetismo e o ultramundanismo cristãos" e, por este caminho, a afirmação de uma moral e uma ética laicas, assentadas em uma ainda que relativa disposição à empatia para com o outro.[1]

---

1 BAUMER, Franklin L. *O pensamento europeu moderno – Séculos XVII e XVIII (vol. 1)*. Lisboa: Edições 70, 2002, p. 163-182.

Os projetos concebidos por reformistas como Beccaria, Howard e Bentham, bem como os regimes penitenciários que nascem já nos primeiros anos do século XIX, na Europa e nos Estados Unidos são, em certa medida, desdobramentos teóricos e políticos desta mentalidade, resultando naquilo que Michel Foucault denominou de "nova economia penal". Mas é também o oitocentos que acusará nestes mesmos regimes a impossibilidade de alcançar os objetivos a que se propuseram. Saber novo, a penalogia surge no emaranhado de ciências que moldaram o imaginário moderno tanto censurando o conteúdo ideal e metafísico das reformas e modelos precedentes, como reivindicando que as práticas e instituições penais fossem implementadas e geridas a partir de critérios científicos. Não se tratava de modificar a "natureza" do criminoso, mas de evitar que o isolamento e a ociosidade das prisões contribuíssem para degenerar ainda mais aquele que já era, por sua própria constituição, um degenerado. Às prisões caberiam, portanto, um papel pedagógico, além de punitivo. A punição, por sua vez, deveria colaborar para a regeneração do criminoso e não apenas vingar, pelo castigo, o delito.

Apesar de conflitantes em muitos aspectos ambos, reformistas e penalogistas, não são de todo antagônicos. Ambos atualizam, a um nível secular, uma longa história do pecado e da culpa na história do Ocidente. Ainda que forte nas tradições monoteístas, a culpabilização não é um fenômeno estritamente religioso – e certamente não exclusivamente cristão –, como o demonstrou Jean Delumeau. Ela é, de acordo com o historiador francês, elemento intrínseco à constituição da nossa cultura, ao ponto mesmo de herdarmos, inscrito na longa duração, o que ele define como um "excesso de culpa", em linhas gerais, a desproporção entre a importância demasiada conferida ao pecado em relação ao perdão e sua capacidade reparadora.[2] Esta mesma desproporção foi notada antes por Freud, que não tangencia ao representar o "sentimento de culpa como o mais importante problema no desenvolvimento da civilização".[3] Na religião ou na psicanálise – e respeitadas aqui as diferenças, algumas instransponíveis, entre elas – o sentimento de culpa exerce sobre o indivíduo e desempenha na vida social função exemplar: em um nível ideal, ela promove o encontro do individuo consigo mesmo pelo exame de consciência, a admissão do erro e a produção do remorso.

A ciência penitenciária ressignifica este processo: ela não vê na vontade e na consciência individuais alicerces confiáveis a partir de onde se produz o arrependimento e, por meio dele a reforma moral necessária à reinserção do indivíduo crimino-

---

2 DELUMEAU, Jean. *Le péché et la peur: la culpabilisation en Occident (XIIIe-XVIIIe siècles)*. Paris: Fayard, 1983, p. 315-338.

3 FREUD, Sigmund. O mal-estar na civilização. In.: *Obras completas de Sigmund Freud (vol. XXI)*. São Paulo: Imago, 1977, p. 158.

so na vida social. Por outro lado, a culpabilização legitima, do ponto de vista social, a necessidade da punição reparadora e regeneradora, ainda que para tal seja necessário deslocar a tarefa de punir da esfera religiosa – que investia principalmente no castigo – para a estatal. Daí a importância crescente da instituição penitenciária no pensamento criminológico, e que este capítulo procura explorar. Nas páginas que seguem minha intenção é analisar, a partir de algumas pistas fornecidas pelo pensamento foucaultiano, a produção de uma série de discursos que tomam a prisão como objeto e como problema. Não menos importante é investigar os caminhos, raramente lineares, pelos quais estas ideias informam decisões políticas e investimentos governamentais, as relações entre os pensamentos, as ideias e as instituições.

Trata-se, em outras palavras, de evitar duas abordagens contraditórias, mas similares em suas conclusões simplistas. Uma, que afirma serem os projetos e investimentos governamentais na construção ou reformas penitenciárias a realização, no campo do "real", das formulações, demandas e sugestões teóricas de criminologistas e penalogistas; outra, que assevera a total incompatibilidade entre estas e aqueles. Penso que acerca disso a sutileza analítica de Michelle Perrot é providencial. Ao comentar o projeto benthaminiano, a historiadora francesa chama a atenção para o fato de que o Panóptico, em seu sentido literal, nunca foi realizado nem na Inglaterra, berço de seu idealizador, nem na França, para onde Bentham chegou a enviar um resumo em 1791, persuadido de que em um governo revolucionário seu empreendimento receberia a atenção merecida. Por outro lado, diz, "o panoptismo, considerado como princípio de vigilância central (o essencial aos olhos de Bentham), ia, pouco a pouco, modificar o sistema carcerário e a arquitetura penitenciária" ao longo do século XIX.[4] Como toda utopia, o Panóptico falará mais à posteridade que ao presente. Mas o futuro é indisciplinado, e veremos mais adiante por quais caminhos descontínuos a potência utópica de Bentham, enfim, se realizará.

A penitenciária no debate criminológico europeu

Em *Vigiar e punir*, Michel Foucault procura articular o nascimento da prisão hodierna e das novas tecnologias de dominação à emergência do que chama de "moderna era do controle social", localizando-a entre fins do século XVIII e início do XIX. Para o filósofo francês, as prisões não nascem como signos do progresso e da humanização propostos pelo Iluminismo, nem tão pouco são desdobramentos "lógicos" do abandono da barbárie do suplício, obra da Revolução Francesa. Atento às descontinuidades históricas, ele mostra que elas resultam da sofisticação nas formas

---

[4] PERROT, Michelle. O inspetor Bentham. In: SILVA, Tomaz Tadeu (org.). *O Panóptico*. Belo Horizonte, Autêntica, 2000, p. 130.

de controle e exercício da violência, sofisticação onde se assenta a disciplina prisional e que adquire um estatuto mais amplo quando articulado às mudanças sociais e econômicas advindas com a modernidade: o controle do corpo, que no interior das prisões "deve ser formado, reformado, corrigido (...) deve adquirir aptidões, receber um certo número de qualidades, qualificar-se como corpo capaz de trabalhar".[5] Em outras palavras, reduzir a *força política* do corpo e maximizar sua *força útil*.

O filósofo francês observa, no entanto, que há um deslocamento que altera profundamente os significados atribuídos à corporeidade no projeto penitenciário moderno. Ainda que boa parte dos esforços do sistema penal esteja articulada aquilo que ele denominou "ciência do corpo", é inequívoco que a regeneração moral do delinquente é o que mais interessa aos reformadores penais. No interior desta racionalidade que se consolida principalmente ao longo do oitocentos, embora já estivesse a ser gestada desde o século anterior, o corpo é um meio para se atingir um fim, condição indispensável para que se *produza*, a partir dele, a "alma". Daí a necessidade premente, no interior das prisões, que os corpos sejam submetidos a uma exigência que os transforma e aperfeiçoa, e cuja função e fim último é o adestramento.[6] Adestrar e disciplinar o corpo é tornar dócil também a alma, modelada no interior de um código onde impera a obediência e a submissão, o medo, o castigo e a culpa.

Certamente, não é linear nem homogêneo os percursos temporal e espacial das ideias que constituem como que o pano de fundo destas assertivas. Na Europa, o século XVIII é profundamente marcado pelo aparecimento paulatino de uma nova concepção de homem, portador de deveres e direitos, dentre eles o de ser respeitado na sua dignidade e integridade física. É também o período de uma reconfiguração e reordenação do espaço público e das funções do Estado, cuja interferência na esfera pública passa a ser mais intensa e contínua. A apenas aparente contradição, em que a valorização do indivíduo convive com uma maior organização e presença do Estado, precisa ser explicada. Em algumas sociedades europeias do setecentos já se configuram algumas das características da vida urbana que aparecerão, de maneira mais intensa, ao longo do século XIX. Trata-se, em linhas gerais, da formação daquelas sociedades complexas e heterogêneas, cujo ordenamento e normatização já não se fazem mais em bases comunitárias tradicionais, mas que carecem de um aparato burocrático mais moderno e eficiente. É o período, enfim, em que se afirma um dos

---

5   FOUCAULT, Michel. *A verdade e as formas jurídicas*. Rio de Janeiro: Nau Editora, 1996, p. 119.

6   A este respeito ainda, ver a afirmação de Foucault no curso de 5 de março de 1975: "A direção das almas poderá se tornar tanto mais alusiva, por conseguinte tanto mais silenciosa, quanto mais vigoroso o policiamento do corpo". Cf.: FOUCAULT, Michel. *Os anormais*. São Paulo: Martins Fontes, 2001, p. 294.

elementos fundamentais no processo de consolidação do Estado, iniciado alguns séculos antes: o monopólio da violência. Tal privilégio não se faz, no entanto, apenas com o recurso ao aparato repressivo e à força bruta. É justamente a capacidade de, cada vez mais, lançar mão de uma violência que é mais simbólica que física, institucional que repressiva, um dos pressupostos que contribui para diferenciar o Estado contemporâneo – aquele cujo perfil se desenha ao longo do século XVIII pelas mãos das democracias liberais –, dos regimes absolutistas em suas versões mais tradicionais. Nos termos de Hannah Arendt, trata-se de pensar a distinção entre *violência* e *poder*, sendo a primeira o atributo de instituições que se impõem pela força e recusam a busca da legitimidade. Para a pensadora alemã, não é a violência, mas o poder, a "essência de todo governo"; e o poder "não precisa de justificação, sendo inerente à própria existência das comunidades políticas; o que ele realmente precisa é de legitimidade".[7] Ora, se não há legitimidade que se imponha pela violência, nem violência que aspire a legitimidade, um governo será mais legítimo quanto mais sólidas forem as bases jurídicas onde se assenta, ou seja, quanto maior for sua capacidade de fazer do direito e da lei instrumentos de um exercício de poder cuja função é garantir, além da liberdade e da vida, a segurança e a felicidade dos seus governados.

⁂

Se a assunção da vida pelo poder já se delineia, portanto, no século das grandes revoluções liberais, trata-se ainda assim de um processo que se desdobrará e aprofundará no século XIX. É nele, principalmente, que o indivíduo e a população descolam dos discursos e enunciados filosóficos, insinuando-se nos projetos dos governos e Estados. Por razões de ordem mais estritamente econômica – com as novas demandas oriundas das revoluções industriais que modificaram as relações de trabalho em boa parte da Europa e Estados Unidos entre fins do XVIII e início do XIX – ou de cunho cultural e social – como o crescimento das cidades e o aparecimento da multidão na paisagem urbana, por exemplo –, o problema da punição, ou mais especificamente, a emergência de novas formas de penalização de delinquentes e criminosos se articula de diferentes maneiras a este contexto.

Embora diretamente ligado a decisões e projetos estatais, o tema não é de interesse exclusivo dos gabinetes governamentais e tão pouco nasce neles unicamente. Em seu estudo, John Bender mostra como algumas narrativas literárias contribuíram para a construção de novas representações acerca do aprisionamento, contrastando às antigas penitenciárias os novos modelos delineados pela escrita ficcional, elas próprias

---

[7] ARENDT, Hannah. *Sobre a violência*. Rio de Janeiro: Relume Dumará, 1996, p. 41.

relacionando-se, por caminhos não lineares, aos discursos e reivindicações reformistas do século XVIII. Para Bender, alguns romances britânicos, ao imaginarem e trazerem para o centro de suas tramas a ideia de correção por meio do confinamento, exerceram papel fundamental na consolidação da penitenciária como meio punitivo privilegiado ainda no final do setecentos.[8] O século XIX amplia e aprofunda esta relação, alimentando a imaginação de inúmeros leitores com os dramas de personagens marcados pelo ambiente e pelo estigma prisional, ao ponto de alguns títulos – tais como *O conde Monte Cristo* e *O homem da máscara de ferro*, publicados em 1844 e 1847, ambos de Alexandre Dumas – terem se tornado à época verdadeiros fenômenos literários.

A curiosidade em torno à vida nas prisões foi em parte sustentada pelas significativas mudanças na concepção de pena que emergem neste período. Se uma das principais características da modernização do aparato punitivo é, segundo ainda Foucault, a supressão da "ostentação do suplício", substituindo a "sociedade do espetáculo" pela "sociedade da vigilância", o castigo público e exemplar pela racionalização e rentabilidade da punição, a sociedade e o Estado modernos forjaram entre si e com as novas práticas penais uma relação ambígua. Privados do espetáculo que punia o infrator, mas que servia igualmente para reforçar o poder do soberano e promover uma espécie de catarse coletiva por meio da expiação da culpa do outro, governantes e governados precisaram significar práticas que, se aspiravam "humanizar" as penas, por outro se sustentavam sobre o oculto e o segredo. Assim, ao minimizar, pelo menos em um nível ideal, o uso da força – ou sua manifestação pública –, o Estado empreendeu um esforço fundamental à consolidação do monopólio do uso da violência; uma violência já nem sempre e não somente física, mas simbólica, distribuída e mediada pelas inúmeras instituições, ritos, leis, normas e regras que agiam em seu nome. Por outro lado, ao retirar da pena seu caráter público e espetacular, a própria capacidade do Estado de punir, mas principalmente, punir de forma justa e plena, acabou por ser posta sob suspeição. Nas palavras de Marcos Bretas, "negando o espetáculo da punição, o Estado restringiu a imaginação pública a adivinhar o que se passava atrás das paredes das prisões e fortalezas. Este vácuo foi preenchido pelas representações escritas e orais, que serviram para dar conteúdo e significado para a angústia e a desconfiança do público. A literatura dos séculos XVIII e XIX construiu prisões como espaço de terríveis punições e locais de injustos sofrimentos".[9]

Em outra esfera discursiva que não a ficcional, as reflexões e os debates em torno ao problema da pena foram protagonizados, principalmente a partir da segun-

---

8 BENDER, John. *Imagining penitentiary: fiction and the architecture of mind in Eighteenth-Century England*. Chicago: The University of Chicago Press, 1987, pp. 11-40.

9 BRETAS, Marcos. O que os olhos não vêm: histórias das prisões do Rio de Janeiro. In.: BRETAS, Marcos *et al* (orgs.). *História das prisões no Brasil (vol. 2)*. Rio de Janeiro: Rocco, 2009, p. 186.

da metade do século XIX, por autores ligados de diferentes maneiras às principais escolas criminológicas do período. Se o tema da punição é indissociável do criminoso, nada mais coerente que assim o fosse. Isto não freia os avanços e a constituição da "sciencia penitenciaria", que adquire rapidamente uma significativa autonomia em relação a criminologia, ensejando inúmeras publicações e congressos os mais diversos. Estes últimos, especialmente os internacionais, serviram principalmente para sistematizar as discussões, pesquisas e experiências de diferentes países, representados por seus delegados, bem como estimular e facilitar, pela deliberação e unificação de políticas, uma maior aplicabilidade da "nova ciência".[10] É que a penalogia, assim como a criminologia, pretendia-se uma disciplina cujos limites e capacidades ultrapassassem os da reflexão teórica. Fornecer mais que conceitos, meios e ferramentas para uma melhor aplicação da pena: eis, mui resumidamente, o propósito que definiu o seu lugar entre as muitas "ciências" que fecundaram o imaginário do oitocentos.

Publicado no terceiro número dos "Archives de Anthropologie Criminelle", o estudo de Emile Gautier, "Le monde des prisons", rapidamente se tornou referência entre os estudiosos do mundo prisional.[11] Anarquista, ele passou pouco mais de dois anos e meio – janeiro de 1883 a agosto de 1885 – na penitenciária de Saint-Pélagie, em Paris. Seu texto é, em grande parte, fruto de sua experiência nos cárceres franceses, o que explica seu viés algo antropológico, sua observação atenta dos costumes e hábitos dos prisioneiros e, principalmente, sua crítica contundente à instituição, onde ecoa, ainda que timidamente, restos de seu passado libertário – advogado e jornalista, Gautier abandonou a militância depois de sua passagem pela prisão.[12]

---

10 Entre 1872, ano do primeiro Congresso Penitenciário Internacional, e 1950, quando se realizou o último, foram organizados 12 congressos, reunindo delegados de diferentes países, principalmente dos continentes americano e europeu. Os dois primeiros, de 1872 e 1878, foram realizados, respectivamente, em Londres e Estocolmo. A partir do terceiro, os encontros passaram a ser quinquenais e tiveram como sede Roma (1885), São Petersburgo (1890), Paris (1895), Bruxelas (1900), Budapeste (1905), Washington (1910), Londres (1925), Praga (1930), Berlim (1935) e Haia (1950). As duas guerras mundiais impediram a realização dos congressos de 1915, 1940 e 1945.

11 GAUTIER, Emile. Le monde des prisons (notes d'un témoin). *Archives de Anthropologie Criminelle et de Sciences Pénales.*, Tome 3e, 1888, p. 417-437 e 541-563.

12 Assim como Gautier e outros tantos anarquistas, Kropotkin amargou dois períodos na prisão: de 1873 a 1876 na Rússia, e de 1882 a 1886 na França. Diferente de Gautier, no entanto, Kropotkin não abandonou sua militância libertária. Isso explica porque seu texto, que não tem a pretensão científica de seu contemporâneo, é mais visceral em sua denúncia da desumanização promovida pelas prisões. Para o teórico russo, a "origem da supressão sistemática da vontade individual dos prisioneiros, a sistemática redução de homens à condição de máquinas irracionais, executada du-

Marcadamente influenciado pelas concepções criminológicas em voga, seu estudo não se filia diretamente a nenhuma das escolas. Embora reconheça a existência do que ele define "um tipo *detento*" ("le type *détenu*") – a exemplo do "tipo criminoso" da criminologia italiana – Gautier defende, por outro lado, que tal tipologia não é fruto de uma natureza anômala – ou atávica, como defendiam Lombroso e Garofalo acerca do "criminoso nato". Ela é resultado da "atmosfera e do regime penitenciário", segundo Gautier, para quem

> (...) o mundo das prisões é um mundo absolutamente original, absolutamente distinto do comum dos mortais onde, no entanto, é recrutado. É uma nação na dentro nação, igualmente diferente do meio social que engendra e constitui, por assim dizer, o dejeto, as escórias, os produtos de desassimilação, que poderia ser uma tribo de ciganos.
>
> Sim, é um mundo à parte, que tem sua história, suas tradições, seus hábitos, seus costumes, suas idéias, suas necessidades, sua moralidade, sua vaidade, seus herois, suas glórias, sua linguagem, sua própria literatura, sua arte e sua poesia. É um mundo que nao vê, não ouve, não pensa, não sente, não vê não faz e nem vive como as pessoas honestas, das quais ele mesmo se sabe muito bem separado por um abismo intransponível.[13]

Um mundo à parte, "uma nação dentro da nação", e que produz seus próprios vícios e vicissitudes, portanto. A argumentação se desenvolve seguindo principalmente dois eixos, complementares. O primeiro, mais sutil, problematiza a urgência de se repensar a necessidade da pena nas sociedades modernas e os meios para sua aplicação, tema que mobilizará outros pensadores coevos. O segundo põe em parênteses a própria eficácia da prisão ou, para ser mais específico, do aprisionamento como meio punitivo, e ao fazê-lo coloca em perspectiva crítica os modelos penitenciários

---

rante os longos anos de encarceramento é facilmente explicável: ela surgiu do desejo de impedir qualquer quebra da disciplina e da necessidade de manter o maior número possível de prisioneiros sob o controle do menor número possível de carcereiros". Cf.: KROPOTKIN, Peter. A prisão e seus efeitos (Nas prisões russas e francesas, 1887). In.: WOODCOCK, George (org.). *Os grandes escritos anarquistas*. Porto Alegre: L&PM, 1981, p. 115.

13 "(...) le monde des prisons est un monde absolument original, absolument distinct du commum des mortels, ou, cependant, il se recrute. C'est une nation dans la nation, aussi différente du milieu social qui l'a engendre et dont il constitue, pour ainsi dire, le déchet, les scories, les produits de déssassimilation, que pourrait l'être une tribu de *gitanos*.
Oui, c'est un monde à part, qui a son histoire, ses traditions, ses moeurs, ses coutumes, ses conceptions, ses besoins, sa morale, sa vanité, ses héros, ses gloires, son langage, sa littérature même, son art et sa poésie. C'est un monde qui ne voit, n'entend, ne pense, ne sent, ne veut, n'agit, ni ne vit comme les gens honnêtes, dont il se sait lui-même pertinemment separe par un infranchissable abîme.. GAUTIER, Emile, p. 421. Tradução do autor.

europeus e americanos erigidos nas décadas anteriores como resultado das demandas reformistas inspiradas no Iluminismo.

Ainda que diferentes em aspectos fundamentais, os principais regimes penitenciários nascidos na Europa e Estados Unidos na virada dos séculos XVIII para o XIX – Filadélfia, Auburn e Irlandês[14] –, mantinham entre si algumas semelhanças bastante expressivas. E que denunciavam cada qual a seu modo uma origem igualmente comum: em que pese a influência iluminista, os princípios religiosos impulsionaram igualmente as reformas e os modelos penitenciários que delas derivaram. Por irônico que pareça, a vida monástica, com a exigência do confinamento e da disciplina, com suas regras draconianas e a disciplina, com a imposição do silêncio e da solidão, exerceram papel tão significativo nos modelos mencionados quanto a razão e suas Luzes.[15] A privação da liberdade, elemento indissociável aos três regimes, se substitui, como dito, o espetáculo bárbaro do suplício, nem por isso renuncia completamente a ideia do castigo e a necessidade da dor – ainda que, em um caso e noutro, e sempre idealmente, o castigo e a dor não sejam mais exclusivamente físicos, visando a correção da alma mais que o sofrimento do corpo. Comentando a estreita relação entre isolamento e disciplina nos modelos penitenciários modernos, Michel Foucault notou que por meio daquele é possível assegurar "a submissão total (...) o encontro do detento a sós com o poder que se exerce sobre ele". Além disso, a solidão do isolamento exerce "uma espécie de auto-

---

14 Concebido por William Penn, o modelo de "Filadélfia" foi criado em 1790. Ele preconizava o isolamento total, assentado no regime fechado e celular puro, sem trabalho ou visita, ficando o preso restrito apenas à leitura da bíblia. O modelo de "Auburn", implantado originalmente em 1832 na cidade homônima, no estado de New York, manteve alguns aspectos do primeiro. Flexibilizou-os, no entanto: durante o dia, os presos viviam em regime de comunidade, respeitando o mais absoluto silêncio; o trabalho era obrigatório. À noite, isolamento celular. O mais complexo dos três regimes, o modelo "Irlandês" – também conhecido por "Crofton", em homenagem ao seu idealizador, Walter Crofton, ou ainda "Progressivo" – foi implementado em 1853, incorporando aspectos dos dois regimes anteriores e acrescentando a eles aspectos novos. Seu criador elaborou "quatro fases a serem percorridas pelo condenado, desde sua entrada na penitenciária até a liberdade total". Na primeira etapa, isolamento total por um período variável entre oito e nove meses; na segunda, trabalho diurno, coletivo e em silêncio, e isolamento noturno; nas terceiras e quarta fases, a preparação para a liberdade. Primeiro, com a transferência para estabelecimentos intermediários, com vigilância diminuída e relativo grau de autonomia – não era preciso usar o uniforme e os presos podiam conversar, por exemplo –, e por fim, a concessão da liberdade condicional. Cf.: SÁ, Geraldo Ribeiro de. *A prisão dos excluídos: origens e reflexões sobre a pena privativa de liberdade*. Juiz de Fora: Editora da UFJF/Rio de Janeiro: Diadorim, 1996, pp. 93-98.

15 De acordo com Pedro Bodê, é "do encontro e articulação entre leis religiosas e seculares que começa a ser gestada a ideia da *prisão* como forma de *punição* e ao mesmo tempo de *penitência* e de *correção*. A prisão moderna é um híbrido de práticas religiosas e penitenciais medievais com o mundo moderno e o processo de laicização, racionalização e eficácia (...)." Cf.: MORAES, Pedro Rodolfo Bodê de. *Punição, encarceramento e construção de identidade profissional entre agentes penitenciários*. São Paulo: IBCCRIM, 2005, p. 138. Grifos no original.

regulação da pena, e permite uma como que individualização espontânea do castigo: quanto mais o condenado é capaz de refletir, mais ele foi culpado de cometer seu crime; mas mais também o remorso será vivo, e a solidão dolorosa; em compensação, quando estiver profundamente arrependido, e corrigido sem a menor dissimulação, a solidão não lhe será mais pesada".[16] Há um significado latente na importância concedida ao isolamento do corpo, tão fundamental quanto a institucionalização e mesmo estatização da vingança: tornar mais frágil e alquebrada a alma, estágio final de uma docilização que, ao fim e ao cabo, visava a produção de uma subjetividade dócil e submissa.

Ora, a crítica de Gautier mira justamente estes que são os pilares dos regimes penitenciários. Ao reconhecer que "o sistema é perfeito para produzir pessoas dóceis", ele não faz desta constatação motivo de apologia ao cárcere, mas o contrário. A prisão, defende, "envenena, embrutece, deprime e corrompe", ela é "uma fábrica de tuberculosos, loucos e criminosos"[17], que submete os detentos a um regime de intimidação e horror. O "tipo detento" é, portanto, fruto de um ambiente em que vigoram a promiscuidade, o medo, a monotonia, a tristeza e um sem número de obrigações pautadas pela disciplina silenciosa a produzir uma existência mecanizada e uniforme. E não se trata de uma crítica pontual; ao expor as mazelas do mundo das prisões, Gautier não intenta denunciar apenas as condições subumanas que encontrou em Saint-Pélagie. Segundo ele

> (...) Toda organização atual das prisões combinou para apartar o indivíduo, anular seu pensamento, comprimir sua vontade. A uniformidade da regra, que pretende manter todos os 'sujeitos' no mesmo molde, o rigor calculado e a regularidade de uma vida monótona onde nada foi deixado ao acaso, a proibição de se comunicar com outros além da curta e banal carta mensal, tudo, eu disse, até os passeios morosos e bestiais, em fila indiana (...) destina-se a mecanizar o prisioneiro, cujo sonho é fazer dele uma espécie de autômato inconsciente. (...) A expressão dominante do tipo prisioneiro é a de cães chicoteados: eles têm também a resignação, as maneiras servis, a dissimulação.[18]

---

16 FOUCAULT, Michel, p. 212.
17 GAUTIER, Emile, p. 555.
18 "(...) Tout dans l'organisation actuelle des prisons a été combiné pour aplatir l'individu, annihiler sa pensée, laminer sa volonté. L'uniformité de la règle, qui prétend couler tous les 'sujets' dans le même moule, la rigueur calculée et la régularité d'une vie monocale où rien n'est laissé à l'imprévu, l'interdiction d'entretenir avec le dehors d'autres relations que la courte et banale lettre mensuelle, tout, dis-je, jusqu'à ces promenades moroses et bestiales, à la file indienne (...) est destine à mécaniser le prisonnier, dont on revê de faire une sorte d'automate inconscient. (...) J'ai dit que l'expression dominante du type prisonnier est l'air de chiens battus: ils en ont aussi la résignation, les allures rampantes, la sournoiserie". GAUTIER, Emile, p. 552-553. Tradução do autor.

A conclusão soa óbvia: tal como concebidos, os modelos penitenciários são incapazes de corrigir ou reformar, limitando-se a vingar a sociedade pelo crime cometido. Uma vingança ainda assim deletéria, pois o preço a se pagar é a reprodução e potencialização, no ambiente fechado e isolado das prisões, dos vícios e desvios que contribuíram para a produção do criminoso. Sob o pretexto de corrigir, ela perpetua o delito. Nasce para defender, mas expõe a sociedade ao perigo da violência criminosa, exacerbando em indivíduos de natureza já débil, seus instintos baixos e bestiais. Escola do crime, ela é capaz de contaminar com o "germe da imoralidade" inclusive os que vivem do lado de fora de seus muros, ao exacerbar a atração "misteriosa e complicada (…) o gosto incoercível" que mesmo indivíduos moralmente sadios nutrem, secretamente, "pelo horrível, o anormal e o monstruoso".

※

O ex-anarquista Gautier não estava sozinho em sua denúncia veemente da falência dos regimes penitenciários hodiernos. Alguns de seus contemporâneos enfrentaram o mesmo dilema e afirmaram, se não a falência, as gritantes contradições dos modelos, o abismo existente entre o que deles se pretendia e o que eles efetivamente realizavam. Em texto escrito poucos anos antes de morrer, e ao que parece influenciado pelas muitas críticas que lhe eram dirigidas pelos seus opositores, especialmente da escola francesa, Cesare Lombroso atenua a defesa intransigente dos anos anteriores acerca do caráter atávico e biológico da personalidade criminosa, para conceder, mesmo que tangencialmente, certa importância aos fatores ambientais. Mais especificamente, Lombroso – conhecedor das prisões italianas, que frequentou e utilizou como laboratórios para parte das pesquisas descritas em seu "L'uomo delinquente" – percebe, assim como seu colega francês, a natureza incongruente da instituição penal. Para ele, "um dos grandes fatores do crime é a prisão: nós cremos defender e vingar a sociedade aprisionando os criminosos, e nós lhes fornecemos, ao contrário, os meios de se associar e de se instruir reciprocamente no mal e mesmo encontrar prazer nisso".[19] A crítica não era inteiramente nova. Ela retoma e amplia um olhar cético lançado à prisão na obra seminal da criminologia, publicada 30 anos antes: já em 1876, o mestre italiano afirmava que o sistema penitenciário, ao invés de prevenir, era a causa principal dos recidivos e, portanto, fator multiplicador da criminalidade. Três décadas depois, Lombroso retoma o diagnóstico para ampliá-

---

[19] LOMBROSO, Cesare. *Le crime – causes et remèdes*. Paris: Félix Alcan Éditeur, 1907, p. 250. Traduçãodo autor.

lo: se reconhece aspectos positivos nos modelos penitenciários assentados sobre a imposição do isolamento e do silêncio porque eliminam, "ao menos em parte", diz, "a possibilidade de associações de malfeitores", por outro favorecem "a inércia do detento e o transforma em um autômato, incapaz de lutar para a vida".[20]

De certa forma, a censura aos modelos penitenciários acompanha as críticas da criminologia e do direito penal positivo à chamada escola clássica, e mais ou menos pelas mesmas razões. Se, como tentei demonstrar em capítulo anterior, critica-se nos clássicos seu "idealismo metafísico" e sua crença ingênua no livre arbítrio, no discurso penitenciário não se pretende por em questão o direito da sociedade de punir o criminoso, mas de fazer da pena um meio tanto de prevenção quanto de regeneração. No primeiro caso, trata-se de, em nome da tese da *defesa social*, conferir à sociedade o direito de defender-se da ação dos criminosos por intermédio do Estado e suas instituições – a polícia, as prisões –, negar-lhes a liberdade não tanto para fins punitivos, mas apelando à necessidade de prevenir-se contra potenciais ameaças à segurança e a ordem públicas. Nas palavras, uma vez mais, de Lombroso, "se há uma necessidade do crime, há também a necessidade da defesa e, por consequência, da pena".[21] Esta, por sua vez, não pode sustentar-se senão na ciência, condição para fazer da punição um meio possível de correção. Se não se trata mais de vingar o crime, mas de tratá-lo, não será a rigidez uniforme dos regimes em voga, ideais e utópicos, ainda que pretensamente racionais, que cumprirá tal desígnio. A pena será mais eficiente quanto mais cientificamente respaldada. Repercutindo Garofalo, um dos principais teóricos da antropologia criminal ao lado de Lombroso e Ferri, o "*meio penal deve ser determinado pela possibilidade de adaptação do réu, isto é, pelo exame das condições de existência em que pode presumir-se que elle cesse de ser temível*".[22]

Não era o caso, certamente, de fazer tábula rasa do passado, mas de garantir, a partir de uma intervenção no presente, que as instituições penais desempenhassem, em um futuro próximo, um papel mais efetivo na defesa social. O consenso que se construiu em torno à necessidade da pena se estendeu de certa forma, à constatação algo generalizada de que era igualmente necessário definir a partir de critérios mais claros sua execução: quais e quem são os tipos imputáveis e inimputáveis; qual o grau de punição para cada tipo de crime e delito; como assegurar a efetiva recuperação dos "criminosos de ocasião" e, ainda mais importante, como manter apartados da sociedade aqueles criminosos irrecuperáveis, cuja existência, por si só, se configura uma ameaça, mesmo que virtual, ao bem

---

20 LOMBROSO, Cesare. *L'homme criminel*. Paris: Félix Alcan Éditeur, 1895, tome 1, pp. 401-408.
21 LOMBROSO, Cesare, p. 460.
22 GAROFALO, Raffaelle. *Criminologia: estudo sobre o delicto e a repressão penal*. Lisboa: Typographia do Porto Medico, 1908, p. 346. Grifos no original.

estar e segurança da coletividade? Se as respostas a estas e outras questões foram variadas e em alguns casos até conflitantes, elas convergiram em pelo menos dois aspectos.

O primeiro, de caráter mais simbólico, procura aproximar o discurso da ciência penitenciária com o das demais ciências sociais, reafirmando a recusa – que é também a da criminologia – da natureza clássica e metafísica do direito. Se uma das características do discurso jurídico é seu apelo ao passado, permanentemente atualizado pela força da narrativa que presentifica, na representação ritualística da lei, um pretérito ausente, a penalogia, coerente em sua aspiração preventiva – *prever* é *ver antes* – argumenta que a punição deve ser, principalmente, um investimento no futuro. A utilidade da pena, nas palavras do jurista francês Raymond Saleilles, estava em sua capacidade de regenerar o criminoso, tornando-o um "homem honrado" sempre que possível, ou quando não o fosse, afastá-lo da "oportunidade de causar danos":

> A pena tem um fim social que está por vir; até então, somente se via nela uma consequência e uma continuação necessária de um ato passado: estava fundada e dimensionada no ato realizado, sem referência ao que podia produzir no futuro! E, assim, não produzia mais do que reincidentes!
>
> Não se via, então, mais do que o ato executado; hoje só se vê o resultado que se há de obter. A finalidade da pena não está no sentido estrito da palavra punir por um ato passado, como se se tratasse de satisfazer um sentimento de vingança individual ou coletiva, mas de buscar um resultado no futuro.[23]

A alegada inutilidade do castigo e da dor física presente nos discursos dos penalogistas é o contraponto à importância crescente atribuída ao Estado nestes mesmos discursos. Em um de seus cursos no Collège de France, Michel Foucault fala, ao abordar o que ele define como "sociedade punitiva", de uma concentração dos sistemas judiciário e penal ao longo do século XIX, "a integração comum de ambos num aparelho de Estado centralizado; (...) a instauração e o desenvolvimento de toda uma série de instituições (parapenais e, por vezes, não-penais) que serviam de ponto de apoio, de posições avançadas ou de formas reduzidas ao aparelho principal".[24] A presença e a organização do Estado, sua capacidade de punir será, inclusive, um dos termômetros pelos quais se mede o grau de civilização de uma dada sociedade. Se na

---

23 SALEILLES, Raymond. *A individualização da pena*. São Paulo: Rideel, 2006, p. 30. A primeira edição da obra na França, com prefácio de Gabriel Tarde, é de 1898.
24 FOUCAULT, Michel. *Resumo dos cursos do Collège de France (1970-1982)*. Rio de Janeiro: Jorge Zahar Editor, 1997, p. 38.

origem da pena está o desejo de retaliação, nas sociedades modernas, nas palavras de Garofalo, "os sentimentos de vingança experimentam uma acção temperante da civilisação", fruto da "convicção adquirida no correr de muitos seculos de que ao Estado pertence a punição dos criminosos". Para o criminologista e jurista italiano, o conceito de equivalência do mal – "só a dor, como consequencia necessária do peccado, pode purificar o malvado" – praticado pelas culturas ancestrais, não se sustenta se inquirido pela ciência moderna. Se o que caracteriza a maioria dos delinquentes é a ausência do remorso, infligir-lhe a dor não o cria, não produz no criminoso a consciência do mal praticado, nem o obriga a expiar a culpa. Mas, principalmente, o padecimento físico não torna sensível o insensível e, ao invés de tornar mais humano o culpado, desumaniza o inocente: "A fraqueza de um sentimento, como a de um órgão, pode reparar-se, quer educando o sentimento mesmo, quer, se isso é impossível, pondo obstáculos ás acções que elle determina. É inconcebível, porém, que a dor social do crime seja compensada e neutralisada por uma dor a que se submetta o delinquente, e que o mal seja reparado por um novo mal".[25]

Analisando os discursos penitenciários da segunda metade do século XIX, o historiador Peter Gay nota, com pertinência, que mesmo a constatação do fracasso dos modelos tecidos poucas décadas antes não esmoreceu as convicções dos novos cientistas: "a cura para os fracassos da ciência era mais ciência", afirma, não sem uma ponta de ironia.[26] Mais ciência e mais Estado, eu completaria: nos extremos da criminologia e da penalogia está a instituição e seu aparato dispersivo e relacional de poder. É ele quem incentiva, estimula, financia e em alguns casos organiza empreendimentos, pesquisas, publicações e congressos cuja função é fazer avançar as novas disciplinas; é a ele, principalmente, que se destinam grande parte dos resultados daquelas mesmas pesquisas; será ele, uma vez mais, quem decidirá como, quando, com que recursos e prioridades serão aplicados os remédios fornecidos pela ciência.[27]

---

25 GAROFALO, Raffaelle, p. 281-283.
26 GAY, Peter. *A experiência burguesa da Rainha Vitória a Freud – O cultivo do ódio (vol. 3)*. São Paulo: Companhia das Letras, 1995, p. 164.
27 Criada em 1877, a Sociedade Geral das Prisões, na França, é um dos mais significativos exemplos do consórcio do Estado com grupos e iniciativas privadas no sentido de promover a modernização e maior eficiência das prisões. No texto de abertura do seu primeiro boletim, o secretário geral da Sociedade, Fernand Desportes, afirma que "o sucesso de uma reforma não depende da boa vontade da administração. É necessário que se promova na opinião pública um concurso moral". DESPORTES, Fernand. Société Générale des Prisons. *Bulletin de la Société Générale des Prisons*. Paris: Imprimerie Centrale des Chemins de Fer, 1877, p. 3.
Martine Kaluszynski fala de uma "filiação do penal ao social" ao explicar a importância da SGP como "laboratório da legislação penal", impulsionando e animando os debates e constituindo-se como um grupo de "pressão política inspirando uma ação oficial e oficiosa". Cf.: KALUSZYNSKI, Martine. Réformer la société: les hommes de la Société Générale des Prisons

A estatização do biológico, fenômeno que está na origem do que Michel Foucault denominou de *biopoder*, delineia-se a partir desta submissão do político ao científico ou, em outras palavras, da cientificização do político e da política que é um dos traços do século XIX. Ao tomar a cidade como problema, estendendo seus domínios para além das instituições, e voltar-se ao homem como espécie e não apenas em sua corporeidade individual, o biopoder se configura, na modernidade, como a antítese do poder soberano, que substituiu historicamente. Se este se caracteriza pelo "direito de fazer morrer ou deixar viver", aquele inverte a premissa e busca a legitimação de seu exercício no direito de todo governo de "fazer viver" e "deixar morrer".[28] A construção de uma "ciência penitenciária" e as demandas que ela produz são parte integrante e significativa desta mudança.

Um problema complexo: criminologia e penalogia no Brasil

Peça importante no processo de ordenamento jurídico e de consolidação do Estado brasileiro, o Código Criminal do Império de 1830 o foi também ao incorporar à lei penal brasileira o ideário iluminista da escola clássica de direito, estabelecendo um corte significativo com as bases absolutistas e religiosas que orientavam o *Livro V* das *Ordenações Filipinas*, em vigor desde o século XVII. Os fundamentos iluministas e liberais que orientarão o Código já aparecem na Constituição de 1824, que prevê, em seu artigo 179: "A inviolabilidade dos Direitos Civis e Politicos dos Cidadãos Brazileiros, que tem por base a liberdade, a segurança individual e a propriedade, é garantida pela Constituição do Imperio". O item XVIII apontava as diretrizes desta garantia ao afirmar que os códigos civil e criminal, a serem organizados "quanto antes", seriam apoiados nas "solidas bases da Justiça e Equidade". No que diz respeito especificamente às formas de punição, a Constituição prescrevia, nos itens XIX e XXI do mesmo artigo, que seriam "abolidos os açoites, a tortura, a marca de ferro quente, e todas as mais penas cruéis", e que as cadeias "serão seguras, limpas, e bem arejadas, havendo diversas casas para reparação dos Réos, conforme suas circumstancias e natureza dos seus crimes".[29]

O Código Criminal desdobra e aprofunda estes preceitos, repercutindo no tratamento conferido ao crime e ao criminoso os princípios iluministas e liberais

---

1877-1900. *Genéses*, n. 28, septembre 1997, p. 75-93.
28 FOUCAULT, Michel. *Em defesa da sociedade*. São Paulo: Martins Fontes, 2000, pp. 285-315.
29 Constituição Política do Império do Brazil (de 25 de Março de 1824). Disponível em: https://www.planalto.gov.br/ccivil_03/Constituicao/Constituiçao24.htm. Acesso em: 14 de julho de 2010.

que nortearam a formulação da Constituição, seis anos antes. Mas também como a Constituição, a carta penal mantém uma distinção que é tanto um sintoma dos vícios de um bacharelismo já presente e mesmo arraigado na cultura política brasileira, quanto dos filtros aristocráticos e absolutistas que, desde Portugal, relativizaram a influência do iluminismo entre nós. Ao apresentar como antípodas dois princípios que se pretendiam coevos – os liberais e os democráticos – e optar pelos primeiros em detrimento dos segundos, políticos e intelectuais do Império criam e consolidam uma contradição que se estenderá pelas décadas seguintes: no Brasil, o liberalismo caminhou *pari passu* ao aprofundamento das desigualdades políticas e sociais.

No caso do Código Criminal há ainda outro elemento a ser considerado e que contribuiu na formação de sua peculiar modernidade e seu curioso humanismo: a escravidão. É que no Brasil os ideais liberais inspiradores das letras jurídicas que estruturaram e consolidaram o Estado, foram forjados e precisaram ser acomodados a um regime social e econômico não apenas assentado, mas fortemente dependente da mão de obra escrava. Para Gizlene Neder, parte do aparato jurídico constituído neste período de formação do Estado nacional se prestou a dar legitimidade e legalidade às estruturas escravistas sobre as quais se ajustavam boa parte das relações políticas, sociais e de produção. De acordo com a historiadora carioca, "os valores emitidos pelos ideólogos da sociedade escravista, que buscavam legitimidade pelo discurso jurídico, construíram uma visão de mundo da classe dominante imperial que deve ser identificada enquanto uma concepção de mundo ampla, difusamente propagada pela classe escravista, que usou de seus intelectuais justamente para confirmarem, através da lei, um conjunto de sentimentos e normas premidos pela experiência cotidiana".[30] Na letra da lei, esta "concepção de mundo ampla" foi traduzida em uma distribuição desigual das penas e punições. Algumas das piores entre elas – as galés e a pena de morte –, se não visavam exclusivamente, tinham como objeto principal a população negra, escrava ou liberta. A pena capital, por exemplo, era aplicada em casos de homicídio, latrocínio e em líderes de insurreições escravas.[31] Ainda que, aos nossos olhos, soe discrepante e mesmo excên-

---

30 NEDER, Gizlene. *Iluminismo jurídico-penal luso-brasileiro: obediência e submissão*. Rio de Janeiro: Revan/Instituto Carioca de Criminologia, 2007, p, 188.

31 Cf. artigos 113 e 114, Parte Segunda (Dos crimes públicos), Título IV (Dos crimes contra a segurança interna do Império e publica tranquilidade), Capítulo IV (Insurreição); e artigo 192, Parte Terceira (Dos crimes particulares), Título II (Dos crimes contra a segurança individual), Capítulo I (Dos crimes contra a segurança da pessoa e vida), Seção I (Homicídio). A pena de morte é prevista e regulamentada nos artigos 38 a 42, Parte Primeira (Dos crimes e das penas), Título II (Das penas), Capítulo I (Da qualidade das penas, e da maneira por que se hão de impor). *Código Penal do Imperio do Brasil, com observações sobre alguns de seus artigos pelo Doutor Manoel Mendes da Cunha Azevedo*. Recife: Typographia Commercial de Meira Henriques, 1851.

trico aplicar a mesma pena, e de tal gravidade, a homicidas e líderes rebeldes, no contexto de uma sociedade escravocrata conduzir uma revolta entre cativos configurava-se um "crime público contra a segurança interna do Império";[32] daí a necessidade de puni-la e, principalmente, punir exemplarmente seus principais artífices.

As prisões, como visto anteriormente, já haviam sido objeto de artigo específico na Constituição de 1824, onde eram assinaladas as diretrizes gerais que deveriam orientar sua organização. O Código Criminal previa as penas de prisões com trabalho e simples. Na impossibilidade do cumprimento da prisão com trabalho, o condenado deveria cumpri-la em prisão simples acrescido, ao tempo de condenação "a sexta parte do tempo porque aquellas deverião impor-se".[33] Mas como na prática a teoria é outra, o modelo prisional almejado nunca foi efetivamente implantado e mesmo as tentativas de viabilizá-lo tiveram de esperar alguns anos após a promulgação da lei. Apenas dois anos depois do Código, o Relatório do Ministério da Justiça reclamava a inexistência de "casas destinadas para prisão com trabalho", e acusava a ironia de que o "Código Criminal não faz quasi nenhum uso das penas de morte, galé, degredo, e desterro; a maior parte dos delitos tem a pena de prisão com trabalho, e entretanto não existe no Império huma só casa para esse fim!!".[34] Reclamações do mesmo teor são encontradas nos relatórios dos anos subsequentes, e as medidas para atende-las demorariam ainda alguns anos. A principal instituição prisional do Império, a Casa de Correção da Corte, só seria oficialmente inaugurada em 1850, duas décadas depois da promulgação do Código![35] Seu funcionamento, no entanto, é errático, e os problemas aparecem logo nos primeiros anos. Em seu relatório de 1868, o Ministro da Justiça, José de Alencar, reclamava inclusive da provisoriedade da instituição, que depois de 18 anos de funcionamento era ainda "o começo apenas do edifício projectado em 1833. Sómente um raio acha-se concluído, que funciona desde 1850". E arrebata: "Muitas obras provisórias se tem construído posteriormente e sem nenhum systema. Cumpre adoptar um

---

32 NEDER, Gizlene, p, 195-196.

33 Cf. artigos 46 a 49, Parte Primeira (Dos crimes e das penas), Título II (Das penas), Capítulo I (Da qualidade das penas, e da maneira por que se hão de impor). Código Criminal do Império.

34 Relatório do Ministro da Justiça, Honório Hermeto Carneiro Leão, para a Assembléia Geral Legislativa, 1832.

35 É verdade que desde anos antes já funcionava o presídio de Fernando de Noronha, que serviu ao governo imperial como "laboratório" das ideias de reformas penitenciárias, de acordo com o historiador Marcos Costa. Suas muitas peculiaridades como instituição prisional, no entanto – a começar pela sua localização insular – o tornam um caso que mereceria, pelo menos, uma discussão à parte que não pode ser feita nos limites propostos por este trabalho. Sobre o presídio, ver: COSTA, Marcos Paulo Pedrosa. *O caos ressurgirá da ordem – Fernando de Noronha e a reforma prisional no Império*. São Paulo: IBCCRIM, 2009.

plano definitivo de accordo com a experiência dos dezoito annos decorridos, e a lição de outros paizes".[36]

As reclamações são semelhantes nos anos anteriores e posteriores, e não se limitam à Casa de Correção da Corte. Nas cadeias das províncias o diagnóstico é ainda mais dramático, e são frequentes as queixas acerca das más condições físicas e da falta de um regime disciplinar adequado, que contribuiriam não para a esperada correção moral dos criminosos, mas para "provocar e excitar [neles] o crime". Basicamente, se reclama a implantação de um regime penitenciário único, pautado nas orientações do Código Criminal – estas, por sua vez, fortemente influenciadas pelo humanitarismo penitenciário europeu – que criasse uma estrutura, na capital e províncias, capaz de assegurar um efetivo e eficiente programa de recuperação dos criminosos, habilitando-os para sua reinserção nos limites do "contrato social". É a constatação da precariedade das prisões brasileiras, fruto da incongruência entre a letra da lei e as condições de sua execução, que dá ensejo a um amplo debate, a partir do final dos anos de 1860 e ao longo da década seguinte, onde se reivindica uma ampla e profunda reforma penitenciária no Brasil.

A insistência com que se debate, especialmente a partir dos anos de 1850, a necessidade da reforma prisional no Brasil é inédita e coloca, pela primeira vez, o "problema penitenciário" em pauta. Que a Constituição e o Código Criminal apontassem a necessidade de humanizar o tratamento dispensado pelo Estado aos delinquentes e criminosos é significativo, mas não suficiente. É preciso assegurar que as práticas e políticas institucionais espelhem as intenções jurídicas, o que não seria possível sem que reformas profundas fossem realizadas no modelo penitenciário vigente no país. No adentrar da última década do Império, a Reforma Penitenciária que durante anos mobilizou atenções ainda não se concretizara. Em relatório apresentado em 1882 e referente aos dois anos anteriores, o Ministro da Justiça, Manoel Pinto de Souza Dantas é, sobre o tema, lacônico: "Como sabeis, existem apenas no paiz, além da casa de correcção da corte, duas penitenciarias em S. Paulo e Bahia. (…) Sobre o estado das outras prisões no Imperio refiro-me ao que consta dos relatorios anteriores".[37]

---

36 Relatório do Ministro da Justiça, José Martiniano de Alencar, para a Assembléia Geral Legislativa, 1868. Trata-se, o Ministro José de Alencar, do mesmo José de Alencar que se tornou famoso, nos compêndios de história de literatura, menos por sua passagem pelo ministério e mais por sua extensa e valiosa obra literária. Quando assumiu o Ministério, em 1868, ele já havia publicado algumas de suas principais obras – *O guarani*, *Lucíola* e *Iracema*, por exemplo, datam respectivamente de 1857, 1862 e 1865 –, e era um escritor festejado na Corte. O trânsito entre a vida intelectual e o ambiente político não era exatamente uma novidade no ambiente do Segundo Império, como dão testemunho outros tantos escritores do período, Machado de Assis entre eles.

37 Relatório apresentado a Assembléia Geral Legislativa na Primeira Seção da Décima Oitava Legislatura pelo Ministro e Secretario de Estado dos Negócios da Justiça, Conselheiro Manoel Pinto de Souza Dantas. Rio de Janeiro: Typographia Nacional, 1882.

Alguns eventos, no entanto – reformas e ampliação de antigas instituições, revisão ou promulgação de novos regimentos, entre outros – apontavam na direção de possíveis e desejadas melhoras. O advento da República, no entanto, provocaria mudanças no tratamento da questão penal, e não apenas da parte do Estado. O novo regime coloca em cena novos atores e discursos que problematizam por novos vieses o problema penitenciário no Brasil.

Em opúsculo publicado em 1923, após uma breve retrospectiva da história e condições das prisões no Brasil, Evaristo de Moraes, há muitos anos envolvido nas reflexões e debates criminológicos, conclui pela precariedade dos estabelecimentos penitenciários, insuficientes em número e incapazes em sua estrutura e funcionamento, de atender as necessidades de prevenção e combate ao crime, e de correção do criminoso.[38] Não é muito diferente o balanço de outro renomado homem das leis, Lemos Brito, em texto escrito alguns anos depois. Embora faça menções rápidas e elogiosas às penitenciárias de Recife, Salvador, Ouro Preto, Porto Alegre e Curitiba, admite que "o problema penitenciário brasileiro é, ainda, bastante complexo". A exceção é o estado de São Paulo; sua "penitenciária modelo", diz Lemos Brito, mereceu elogios de ilustres criminalistas, tais como Enrico Ferri, que em sua passagem pelo Brasil, considerou-a "maravilhosa (...) a mais perfeita do mundo".[39] Ambos, brasileiro e italiano, se referiam a Penitenciária do Carandiru, inaugurada em 1920 e a primeira integralmente construída segundo os preceitos do Código Penal de 1890 – ainda que não faltassem, ao longo das três décadas entre a promulgação do Código e o funcionamento da instituição paulista, tentativas de viabilizar estabelecimentos penais em maior ou menor grau inspirados na matriz "científica" preconizada na lei.

Promulgado em outubro de 1890, o Código Penal nasce em meio a controvérsias: alguns juristas e criminalistas o consideravam um tanto eivado demais pelos princípios da escola clássica. A sua formulação e recepção, no entanto, devem ser pensadas em um contexto um pouco mais amplo, especialmente porque as discussões que resultam na nova lei começam pelo menos duas décadas antes, no outono do Império e em meio a discussões exaltadas acerca do futuro político do país. A sua promulgação aparece, então, como um dos desdobramentos de uma tríade - trabalho, ordem e

---

38 MORAES, Evaristo de. *Prisões e instituições penitenciarias no Brazil*. Rio de Janeiro: Livraria Editora Conselheiro Candido de Oliveira, 1923.
39 BRITO, Lemos. *Les prisons du Brésil*. Rio de Janeiro: Imprensa Nacional, 1930, p. 3-15.

progresso - sobre a qual se assenta a república recém instituída. É ela quem alimenta o imaginário moderno das nem sempre novas elites, estabelecendo seus limites e fronteiras. Grosso modo, se à utopia da modernidade corresponde a necessidade da ordem, a segurança aparece no interior daquela aspiração como um elemento fundamental, do qual dependerá a proteção da sociedade contra toda futura desordem.

Não que o Código Penal, por si só, representasse essa garantia. Como já dito, ele estava longe de ser unanimidade entre juristas e criminalistas, especialmente entre os partidários do direito positivo, que apontavam o seu descompasso em relação aos avanços e as conquistas da "moderna ciência criminológica". Para Fernando Salla, ele "não aparece como a conseqüência da incorporação destas inovadoras tendências que o mundo jurídico-penal apresentava. E nem mesmo foi o desdobramento lógico do novo regime político, republicano, que se implantava". Híbrido em seu arcabouço teórico, que congregava elementos da Escola Penal Positiva – tais como a concepção de que a pena, especialmente a de reclusão, visava não apenas a punição do crime, mas especialmente a possibilidade de recuperação do criminoso –, sem renunciar completamente aos pressupostos da Escola Clássica – como por exemplo, o entendimento sutil de que a ação criminosa é fruto da vontade soberana de um indivíduo livre e consciente –, o Código também o era no modelo de regime penitenciário proposto pelos legisladores brasileiros. Ele incorporava características de três modelos distintos, forjados ao longo do século XIX na Europa e nos Estados Unidos – os já mencionados sistemas de Filadélfia, Auburn e o Irlandês ou Progressivo – ao propor em seu artigo 45 que

> A pena de prisão cellular será cumprida em estabelecimento especial com isolamento cellular e trabalho obrigatório, observadas as seguintes regras.
>
> a) si não exceder de um anno, com isolamento cellular pela quinta parte de sua duração;
>
> b) si exceder esse prazo, por um período igual á quarta parte da duração da pena e que não poderá exceder de dous annos; e nos períodos successivos, com trabalhos em commum, segregação nocturna e silencio durante o dia.[40]

---

40 Código Penal do Brazil, Livro I ("Dos crimes e das penas"), Título V ("Das penas e seus effeitos; da sua applicação e modo de execução"), artigo 45. Apesar da afirmação atribuída ao Ministério da Justiça, de que o Código "lançou as bases do systema penitenciario, que ao governo parece mais conveniente adoptar. É o systema de Philadelphia combinado com o de Auburn, e modificado pelo methodo irlandez, numa palavra, o de Crofton", em seus comentários o jurista Oscar Macedo de Soares aponta, no entanto, algumas diferenças no modelo brasileiro em relação ao de Crofton. Segundo ele, o "systema penitenciário do Cod. não é propriamente o progressivo Irlandez de Crofton. (…) É possível que o pensamento do legislador fosse crear um systema

Mas se por um lado a lei não atendia integralmente as expectativas de juristas e criminologistas ligados à escola positiva, por outro ela como que autoriza e legitima a série de inovações técnicas e institucionais que passariam a ser incorporadas ao aparato policial e jurídico brasileiro nos anos subsequentes. Ao menos em parte, elas são uma forma de compensar o descompasso, ou mesmo a defasagem, entre o que se esperava dela e aquilo que ela de fato veio a ser. As primeiras prisões republicanas, por exemplo, tentam cumprir esta função.[41] De acordo ainda com Salla, as teorias positivistas serviram

> de esteio para justificar as práticas de gestão e operação nas instituições que surgiram na passagem do século, além de respaldar a intervenção do Estado junto à sociedade no contexto dos controles e inserções que promovia por meio destas instituições. (...) O Estado republicano (...) é assim peça fundamental no delineamento da ordem pública. (...) E isto se dava, entre outras coisas, por meio da implantação de uma rede de instituições especializadas, mas ao mesmo tempo articuladas, destinadas a alcançar, incorporar e controlar setores cada vez mais amplos da sociedade.[42]

Não por acaso Elysio de Carvalho, um dos principais divulgadores da "polícia científica" no Brasil defendia, logo no começo do século XX, uma estrutura penal mais eficiente e moderna, consonante com os pressupostos da penalogia. Para o teórico carioca as prisões, antes um "regimen de terrores, martyrios e vexames de toda sorte", tornaram-se, por força e influência da ciência criminal moderna "não um castigo, mas uma especie de remédio capaz de preservar, curar, attenuar a criminalidade, afim de que a ordem jurídica conserve o luminoso e perfeito equilíbrio, sem o qual a planta humana não poderá viver, desenvolver-se, fructificar".[43] Carvalho mostra-se em consonância com outros criminologistas

---

mixto ou *gradual progressivo*, estabelecendo no art. 45 do Código as bases geraes do systema (...). Teríamos então um systema *progressivo brasileiro*, diverso do *irlandez* e do adoptado no Codigo Italiano". Cf.: *Código Penal do Brazil*. Commentado por Oscar de Macedo Soares. Rio de Janeiro: Garnier, 1908, pp. 143-144.

41 Alguns autores chamam a atenção para a estreita ligação entre o avanço da criminologia no Brasil e os debates em torno à implantação do regime penitenciário após a promulgação do Código republicano. Nas palavras de Cristina Rauter, pode-se definir o "momento de constituição da criminologia de 'momento de observação dos cárceres'". A se seguir esta lógica, criminologia, penalogia e políticas estatais alimentam-se e retroalimenta-se reciprocamente, uma característica que, registre-se, não é exclusiva à experiência brasileira. Cf.: RAUTER, Cristina. *Criminologia e subjetividade no Brasil*. Rio de Janeiro: Revan, 2003, p. 32.

42 SALLA, Fernando. *As prisões em São Paulo (1822-1940)*. São Paulo: Annablume/Fapesp, 1999, p. 145-151.

43 CARVALHO, Elysio de. *A polícia carioca e a criminalidade contemporânea*. Rio de Janeiro: Im-

e juristas brasileiros que, com diferenças mais ou menos sutis, defendem antes e depois dele, reformas urgentes no sistema penitenciário, tido por obsoleto e anacrônico mesmo em relação aos avanços, mesmo que tímidos, propostos pelo Código de 1890.[44] Para determinados críticos era necessário, no mínimo, adequar as prisões brasileiras, reformando as já em funcionamento e, se necessário, construindo novas onde a reforma se mostrasse inviável, ao que determinava o Código em seus artigos 43 a 45 – que instituam a pena de prisão celular e as condições necessárias ao seu funcionamento – e o 53, que obrigava o Estado a garantir ao sentenciado, "nos estabelecimentos onde tiver de cumprir a pena, trabalho adaptado ás suas habilitações e precedentes occupações".[45]

Os debates e políticas reformadores não se limitam ao Brasil. Nas décadas subsequentes aos anos de 1820, os principais países da América Latina promulgam seus códigos penais, inspirados em diferentes modelos europeus – no Brasil, são em 60 anos, o Código Criminal do Império, de 1830, e o Código Penal republicano, de 1890. O mesmo acontece com as penitenciárias: a partir de 1825, quando é decretada a construção da Casa de Correção de Lima, no Peru – que permaneceu inacabada –, um bom punhado de outras instituições ou iniciativas similares – principalmente decretos visando a construção de novas prisões ou reformas penitenciárias – pipocaram nas capitais latino americanas.[46] Embora não se possa falar, ao menos inicialmente, de um movimento coordenado, a convergência de esforços é expressiva, e está ligada ao processo de formação e consolidação dos estados nacionais. Após os processos de independência, era preciso não apenas cons-

---

prensa Nacional, 1910, p. 9-10.

44 Entre outras coisas, o Código republicano aboliu a prisão perpétua, a pena de morte e as demais chamadas "penas infamantes" em seus artigos 43 e 44. Estabeleceu também como pena máxima, no artigo 294, a prisão celular de 30 anos para crime de homicídio com agravante.

45 Código Penal do Brazil, Livro I ("Dos crimes e das penas"), Título V ("Das penas e seus effeitos; da sua applicação e modo de execução"), artigos 43 a 45 e 53.
Evaristo de Moraes é categórico em sua crítica do Código Penal, ao afirmar que ele propõe um modelo que não pode ser implantado no Brasil. "Até o momento em que escrevemos [1923], somente o Estado de São Paulo possue uma penitenciaria em condições satisfactorias". MORAES, Evaristo de, p. 71. Oscar Macedo segue a mesma direção. Segundo ele, o Brasil não possuía "penitenciarias preparadas para o regimen do Cód."; a maioria delas, diz, construídas no tempo do Império baseava seu funcionamento no modelo de Auburn, e não no regime misto proposto pela lei penal republicana. Daí, para Oscar Macedo, "a reforma penitenciaria é uma questão de actualidade que impõe-se ao nosso legislador". Cf.: *Código Penal do Brazil*, p. 144.

46 DEL OLMO, Rosa. *A América Latina e sua criminologia*. Rio de Janeiro: Revan, 2004, p. 167-170.

truir, mas legitimar os esforços de construção dos estados, com suas constituições, leis e instituições, como forma de assegurar não apenas a autonomia política recém-conquistada, mas o rompimento com o passado colonial considerado pré-moderno e a entrada do continente na modernidade. Ainda de acordo com Aguirre, as penitenciárias "foram imaginadas como parte deste projeto" e ocuparam um lugar privilegiado na modernização concebida por uma parcela das elites latinas.

Entre alguns dos novos dirigentes políticos mas, notadamente, para parte da intelectualidade latina, os modelos penitenciários praticados nos países desenvolvidos, desde que devidamente adaptados às distintas realidades locais, poderiam representar uma alternativa viável à prevenção e combate da criminalidade e na recuperação de criminosos mediante sua inserção em uma rotina de trabalho e disciplina, tal como preconizados pelos regimes prisionais. A avaliação não era unânime, no entanto, e o apreço pelos modelos americanos e europeus não se generalizou. Concorreram para isso ao menos duas razões. A primeira, mais objetiva, foi de ordem econômica: a construção de penitenciárias tais como as concebidos pelos diferentes regimes, era um empreendimento de alto custo e nem todos estavam convencidos que tal investimento traria, afinal, o retorno esperado. Em se tratando das nossas "classes perigosas", "massas incivilizadas e bárbaras, e não cidadãos ativos e ilustrados", nas palavras de Aguirre, "as formas tradicionais de castigo eram consideradas muito mais apropriadas". No fim das contas, os debates acerca dos modelos punitivos traduziram não apenas o desejo de modernização, mas também os anseios e os medos que "as elites latino-americanas sentiam das massas rurais, iletradas e de cor, quase sempre percebidas (incluindo aqueles reformadores bem intencionados) como bárbaras, ignorantes e incapazes de *civilizar-se*". Neste contexto, mais que um empreendimento modernizador, as prisões acabaram por aprofundar e sustentar "uma ordem em que a exclusão política e social de amplos setores se converteu em um de seus baluartes".[47]

As tensões internas às elites acarretaram em contradições que, no médio prazo, praticamente inviabilizaram qualquer perspectiva de se erigir instituições penitenciárias cujo funcionamento fosse coerente com os discursos reformadores. A falta de investimentos mais significativos, somada em muitos casos à ausência de vontade política, limitou a construção de novos estabelecimentos às capitais, alijando das reformas províncias mais distantes dos centros políticos e administrativos. Em não poucos casos, a rápida superlotação das penitenciárias foi um dos resultados desta centralização. Superlotadas, as instituições lidavam com problemas não previstos pelos seus idealizadores, tais como a convivência, no mesmo espaço ou em espaços

---

47 AGUIRRE, Carlos, p. 41 e 44.

muito próximos, de diferentes "tipos criminosos"; a impossibilidade de assegurar a todos os condenados o acesso à educação e ao trabalho; a insalubridade a fragilizar a saúde de prisioneiros, principalmente, mas também a de guardas e demais funcionários, entre outros problemas.[48] Estas e outras adversidades impactavam de forma direta na manutenção da ordem e da disciplina, fundamentais ao cumprimento da função regeneradora a que se destinavam as prisões.

Para o argentino José Ingenieros, um dos mais renomados criminologistas da América Latina no começo do século XX, tal como configuradas a maioria das penitenciárias espalhadas pelo continente acabavam por reforçar, justamente, aquilo que se pretendeu superar com o abandono do direito clássico: o caráter meramente repressivo da punição. Não se trata, diz, de negar à sociedade o seu direito de defesa contra a "atividade anti-social dos delinquentes", mas de entender que "a profilaxia e a prevenção da delinquência tem maior importância que a repressão mesma".[49] O quadro é outro, no entanto. A ausência de políticas de defesa social mais amplas e unificadas, de que resulta a exclusividade do encarceramento como medida punitiva, e a "anarquia carcerária", sintoma da inexistência de critérios racionais e de um planejamento efetivo na construção de novas prisões – ou na reforma das antigas – generalizaram-se por praticamente todos os estados e governos latino americanos. Segundo Ingenieros

> A construção dos cárceres foi feita mediante a urgência de necessidades imediatas, em obedecer a um plano de conjunto e sem responder a uma visão definida das funções de defesa social.
>
> (...)
>
> A *defesa social* deve ser algo mais que uma reforma do Código Penal, da lei de procedimentos, da organização carcerária e dos

---

48 Uma discussão sobre uma experiência mais específica, a chilena, mas que não deixa de abordar, ainda que rapidamente, o problema penitenciário nos principais Estados do continente, pode ser encontrada em: GÓMEZ, María José Correa. Paradojas tras la Reforma Penitenciaria. Las Casas Correccionales en Chile (1864-1940). In.: DI LISCIA, Maria Silvia; BOHOSLAVSKY, Ernesto (edits.). *Instituciones y formas de control social en America Latina 1840-1940: una revisión*. Buenos Aires: Prometeo Libros/Universidad Nacional de General Sarmiento, 2005, pp. 25-48. Embora sua análise recaia sobre uma colônia correcional de menores, o trabalho da historiadora María Zapiola permite um vislumbre das contradições do projeto de reforma penitenciária na capital argentina. Cf.: ZAPIOLA, María Carolina. ¿Escuela regeneradora u oscuro depósito? La Colonia de Menores Varones de Marcos Paz, Buenos Aires, 1905-1919. In.: PESAVENTO, Sandra; GAYOL, Sandra (orgs.). *Sociabilidades, justiças e violências: práticas e representações culturais no Cone Sul (séculos XIX e XX)*. Porto Alegre: Editora da UFRGS, 2008, p. 199-224. Acerca da experiência prisional na Argentina, ver também: CAIMARI, Lila. *Apenas un delincuente: crimen, castigo y cultura en la Argentina, 1880-1955*. Buenos Aires: Siglo Veintiuno, 2012.

49 INGENIEROS, José. *Criminologia*. Buenos Aires: Talleres Gráficos de L. J. Rosso y Cia., 1916, p. 278.

regulamentos disciplinares de cada cárcere. É tudo isso, sem dúvida; porém necessita ser muito mais. Os delitos são atos subordinados a causas determinantes; a defesa social contra os delinquentes deve adaptar-se, no possível, a essas causas.[50]

O contexto em que Ingenieros escreve é diverso daquele de décadas antes. De maneiras bastante distintas, é verdade, os estados nacionais se consolidaram desde os processos de independência e consolidaram, igualmente, suas instituições. Como parte deste processo, houve certa projeção continental no cenário internacional, com a inserção de parte da América Latina nos debates e eventos que tratavam especificamente das ciências criminal e penitenciária: nomes de intelectuais aparecem com relativa frequência nos sumários de periódicos europeus, inclusive o conceituadíssimo "Archives d"Anthropologie Criminelle", e delegados de diferentes países são enviados aos congressos penitenciários internacionais. Que as penitenciárias continuassem a ser um problema, diz não apenas da impossibilidade de se realizar integralmente os modelos e projetos ideal e utopicamente arquitetados, mas também das escolhas políticas que contribuíram para ampliar e aprofundar as inúmeras desigualdades que atravessam a história do continente.

❦

Não há diferenças significativas entre o contexto brasileiro e dos países vizinhos. Também aqui, principalmente a partir dos primeiros anos do século XX, o interesse pelas prisões aumenta de forma expressiva, e junto com ele as narrativas que procuram traduzir o que se passa dentro de seus muros. São romancistas, cronistas, repórteres, prisioneiros políticos que, pela voz ficcional, a observação cotidiana ou por meio de testemunhos de inspiração autobiográfica, abolem simbolicamente as fronteiras entre os mundos livre e cativo. Não há dúvidas quanto ao papel que tal literatura desempenhou no processo de vulgarização de um certo imaginário do crime e do criminoso junto a um público leitor mais amplo. De forma perspicaz, Michel Foucault mostra que a imprensa e os romances policiais produziram representações apenas aparentemente distintas. Enquanto a primeira "por sua redundância cotidiana, torna aceitável o conjunto dos controles judiciários e policiais que vigiam a sociedade;

---

50 "La construcción de cárceles suele hacerse bajo el urgente apremio de necesidades inmediatas, sin obdecer a un plan de conjunto y sin responder a una visión definida de las funciones de defensa social. (...) La *defensa social* debe ser algo más que una reforma del Código Penal, de la ley de procedimientos, de la organización carcelaria y de los reglamentos disciplinarios de cada cárcel. Es todo eso, sin duda; pero necesita ser mucho más. Los delictos son actos subordinados a causas determinantes; la defensa social contra los delincuentes debe adaptarse, en lo posible, a esas causas". INGENIEROS, José, p. 251-252. Tradução do autor.

conta dia a dia uma espécie de batalha interna contra o inimigo sem rosto"; o romance de crime "tem por função principalmente mostrar que o delinquente pertence a um mundo inteiramente diverso, sem relação com a existência cotidiana e familiar". A contradição, no entanto, é enganosa e os discursos jornalístico e ficcional acabam por cumprir funções, principalmente políticas, complementares. Neles, "a delinquência aparece como muito familiar e, ao mesmo tempo, totalmente estranha, uma perpétua ameaça para a vida cotidiana, mas extremamente longínqua por sua origem, pelo que a move, pelo meio onde se mostra, cotidiana e exótica".[51]

Apesar de sua importância, não é objetivo deste capítulo discutir estes textos e seus autores; gostaria de voltar uma última vez aos trabalhos de cunho mais pretensamente científico. Especialmente depois da promulgação do Código republicano o número de publicações – livros, teses, monografias, revistas, etc. – é expressivo.[52] De certa forma, pretende-se que os debates acadêmicos supram as deficiências da legislação penal, não apenas apontando seus lapsos, mas propondo alternativas. Portanto, ainda que sua circulação tenha sido mais restrita e seu alcance mais limitado se confrontados com a imprensa ou a literatura, eles problematizam a recepção e adaptação da "sciencia penitenciaria" no Brasil, sua inserção problemática nos domínios da política e seus quase sempre frágeis desdobramentos práticos.[53]

As similaridades com a experiência dos demais países da América Latina são muitas e significativas. A começar pelo lugar que o Estado ocupa nos discursos dos criminologistas. Em "A funcção de punir", originalmente sua tese de

---

51 FOUCAULT, Michel. *Vigiar e punir...*, p. 251-252.
52 Acerca desta produção, remeto principalmente aos trabalhos de: ALVAREZ, Marcos César. *Bacharéis, criminologistas e juristas – saber jurídico e nova escola penal no Brasil*. São Paulo: IBCCRIM/Método, 2003; RIBEIRO FILHO, Carlos Antonio Costa. Clássicos e positivistas no moderno direito penal brasileiro: uma interpretação sociológica. In.: HERSCHMANN, Micael M.; PEREIRA, Carlos Alberto Messeder (Org.). *A invenção do Brasil moderno*. Rio de Janeiro: Rocco, 1994..
53 Já tive a oportunidade de afirmar, em capítulo anterior, que as fronteiras entre os discursos ficcionais e científicos – ou que se pretendem como tal – não são fixas. Narrativas literárias uns e outros, ainda que lancem mão de procedimentos nem sempre os mesmos, eles empreendem um constante diálogo, fornecendo-se mutuamente conceitos, imagens, situações, personagens, exemplos. No Brasil esta troca é responsável por alguns dos principais títulos da produção romanesca da Primeira República, especialmente a denominada "naturalista", como é o caso de "O cortiço", de Aluizio Azevedo, que se utilizou das teorias científicas do período na caracterização de seus personagens. Por sua vez, Lemos Brito publicou em 1946 "Crimes e criminosos na literatura brasileira", em que dialoga com a obra de Ferri, "Os criminosos na arte e na literatura", na tentativa de apreender e interpretar a construção e a presença de personagens, sentimentos, sociabilidades, enfim, de uma *cultura marginal* nos textos literários brasileiros, presentes nas figuras do criminoso e do delinquente. A separação formal entre textos de ficção e científicos justifica-se aqui, portanto, por uma necessidade meramente metodológica.

doutoramento em Direito, Candido Motta Filho, seguindo os passos de Garofalo, afirma a diferença entre o sentimento de vingança e a pena tal como proposta pelo direito contemporâneo, especialmente o positivo. Para ele, se aquela dá vazão a sentimentos e instintos individuais e irracionais, esta é a expressão da justiça e legitima, nas sociedades modernas, o "direito de punir como direito público", assegurado e coordenado pelo Estado: "O indivíduo não tem a capacidade de, por si só, reagir contra o crime (...). Assim, a funcção de punir, desde seu inicio, tende para uma funcção de governo (...)".[54] No Brasil, particularmente, trata-se de um debate que ultrapassa as fronteiras da reflexão teórica. Após a proclamação da República, desenvolve-se um esforço conjunto, simbólico e institucional, visando atribuir sentido ao novo regime e divorciar o país de seu recente passado monárquico. No primeiro caso, destacam-se os investimentos na construção de um aparato imagético e discursivo objetivando não apenas a legitimação e justificação da República, mas também o seu extravasamento para outras camadas da sociedade que não apenas as elites republicanas.

No segundo, me interessa o papel que desempenharam as leis na organização do novo Estado. Sabe-se que o processo de afirmação republicana foi conturbado, seja por divergências internas ao grupo responsável pela sua condução – como as disputas políticas e ideológicas entre facções que alimentavam expectativas distintas sobre o regime –, ou por conta dos seguidos conflitos, urbanos e camponeses – a Revolução Federalista, os movimentos de Canudos e do Contestado, a Revolta da Vacina e a greve geral anarquista, por exemplo –, que manifestaram de diferentes maneiras, o grau de descontentamento de setores da população com o governo. Some-se a isto o acelerado crescimento populacional[55] e tem-se o quadro por detrás das muitas ações repressivas do Estado, amparadas em um uso da lei onde ela assume, principalmente, um "caráter punitivo, instrumento direto de repressão e controle do poder constituído sobre aqueles que significavam uma ameaça ao novo regime. Acima de tudo, aqui a lei aparecia como garantia de defesa da ordem política e social instituída".[56] Os esforços,

---

54 MOTTA FILHO, Candido. *A funcção de punir*. São Paulo: Livraria Zenith, 1928, pp. 15-40. A citação está na página 39.

55 Entre o primeiro censo realizado no Brasil, em 1872 e o de 1920, a população passou de 9,9 para 30,6 milhões, um crescimento de aproximadamente 310% em menos de cinco décadas. Somente no período da Primeira República, passou-se de 14,4 para cerca de 35 milhões de habitantes. Ainda que a população urbana fosse menor que a rural – quadro que só alteraria a partir dos anos de 1940 – algumas das principais cidades do país, notadamente as capitais, já enfrentavam alguns dos problemas característicos dos grandes centros urbanos. Fontes: *IBGE: Brasil: 500 anos de povoamento* e *IBGE: Estatísticas do Século XX*. Disponíveis respectivamente em: www.ibge.gov.br/brasil500/index2.html e www.ibge.gov.br/seculoxx/seculoxx.pdf. Acesso em: 19/1/2012.

56 SANT'ANNA, Marilene Antunes, p. 122.

nem sempre felizes, de modernização do aparato policial, explorados em capítulo anterior, inscrevem-se neste tópico: eles traduzem as tentativas de fornecer ao Estado os mecanismos para prevenir-se contra seus muitos "inimigos": delinquentes e criminosos comuns, certamente, mas também monarquistas, militares, jornalistas e militantes de esquerda, especialmente os anarquistas, foram objeto de inúmeras investidas policiais, mais ou menos violentas de acordo com o contexto – e o inimigo.

Mas se a lei serviu para reprimir, ela foi igualmente necessária para a organização do país: a convocação de uma Assembleia Constituinte e a elaboração de uma nova Constituição, sancionada em 1891; a extinção dos títulos nobiliárquicos, ordens honoríficas e outros privilégios de nascimento, outorgados pelo antigo regime; a promulgação dos novos códigos eleitorais, penal e civil, entre outras medidas, revelam uma tentativa "de trazer a população para dentro da sua esfera de atuação [do Estado]", segundo José Murilo de Carvalho.[57] Para além de inaugurar uma nova relação entre a esfera política e a sociedade, tais mudanças denotam igualmente o desenvolvimento de estratégias institucionais e simbólicas cujo objetivo central era consolidar o Estado como detentor do monopólio do uso da violência – elemento aliás essencial na edificação da política moderna e, no caso específico do Brasil, de ruptura definitiva, sob a ótica republicana, com seus passados colonial e monárquico. De acordo com a historiadora Elizabeth Cancelli, "o lugar do Estado legal-burocrático era um dos pontos fundamentais dos impasses da modernidade",[58] apontando a estreita ligação entre a organização jurídica da República e o projeto modernizador – e mesmo civilizador – encampado por ela.

※

As elevadas expectativas em relação à capacidade organizacional e modernizadora do Estado podem explicar, mesmo que parcialmente, algumas das muitas censuras ao Código Penal por parte de juristas e criminologistas. O ponto fulcral das críticas, como já observado, eram os resquícios da Escola Clássica a atravessar a legislação, atravancando a necessária modernização penal e, por extensão, também a penitenciária. Um dos seus mais radicais críticos foi o advogado e jornalista Plínio Barreto, para quem as nossas leis penais eram "mal redigidas e mal coordenadas, nem se approximam dos princípios theoricos vencedores na sciencia, nem satisfazem ás necessidades praticas da

---

57 CARVALHO, José Murilo de. Cidadania, tipos e percursos. *Estudos históricos*. Rio de Janeiro: FGV, vol. 9, nº 18, julho-dezembro de 1996.
58 CANCELLI, Elizabeth. *A cultura do crime e da lei*. Brasília: Editora Universidade de Brasília, 2001, p. 201.

defesa contra o crime".[59] Ele acusava no Código Penal, além de sua ineficácia, os riscos que apresentava à defesa social, ao favorecer, em seu anacronismo conceitual e doutrinário, "delinquentes degenerados" e "delinquentes alienados", uns e outros utilizando as brechas de uma legislação anti-científica para gozar uma imerecida e temida liberdade. Pragmátic, para ele uma reforma penal era necessária e urgente, devendo abranger também o regime penitenciário. Sobre este, ele não tinha dúvidas que se possibilidade de regeneração houvesse, ela estava no trabalho: "Combater tão pernicioso mal [a ociosidade] é uma obra da humanidade, é um lucro econômico, é um dever social".[60] A eliminação do ócio deveria vir acompanhada de uma disciplina rígida e do mínimo de confinamento: o isolamento preconizado por alguns dos modelos vigentes não levava ao erguimento moral; antes, comprometia a regeneração do criminoso confiando em sua capacidade de reflexão e arrependimento:

> A acção therapeutica do isolamento só se manifesta em certos espíritos superiores, (...) capazes de progresso moral pelo simples influxo da razão, e homens dessa tempera é muito raro cahirem nas penitenciarias... Não é entre elles que se recruta o grosso do triste exercício da delinquência. (...) Não se deve esperar, portanto, dos delinquentes, mais desprovidos de senso moral que o commum dos homens e menos aptos para o esforço mental, que as abstracções requerem, prodígios de espiritualidade. (...) A reforma e readaptação do criminoso consiste, em duas palavras, no trabalho de obrigal-o a trocar de idéas e no esforço de provocar na sua alma uma florescência de energias novas. (...) O isolamento absoluto é a fallencia dessa tentativa.[61]

Embora por razões distintas, as recriminações de Plínio Barreto, tanto ao Código Penal quanto ao regime penitenciário, ecoam em outros autores. A importância do trabalho, conjugada à disciplina – e na maioria dos autores, também à educação escolar e religiosa – substitui assim a solidão e o silêncio que caracterizaram os discursos dos reformistas do setecentos. Entre a auto-regulação da pena, que levaria ao remorso – ideal informado pela noção de livre arbítrio e responsabilidade individual, característicos do Iluminismo – e as necessidades da nova "sociedade do trabalho" que emergia no mesmo período, prevaleceram as segundas. Primeiramente, as prisões representavam a possibilidade de uma força de trabalho relativamente farta e significativamente barata. Além disso, era uma mão de obra, ao menos na teoria,

---

59 BARRETO, Plínio. *Questões criminais*. São Paulo: O Estado de São Paulo, 1922, pp. 71-72.
60 BARRETO, Plínio, p. 10.
61 BARRETO, Plínio, pp. 67-68.

mais facilmente controlável, uma perspectiva sedutora diante dos movimentos reivindicatórios que cresciam em quantidade e qualidade entre a classe trabalhadora. Para além dos interesses mais estritos do capital, no entanto, o trabalho penitenciário atendia igualmente demandas estatais – com o ressarcimento aos cofres públicos, pelo preso, de parte dos custos de sua manutenção – e morais; a vontade de trabalhar passa a ser um critério fundamental para se medir o grau de reabilitação do detento e as possibilidades de sua reintegração à vida social.[62]

Se parte integrante – e fundamental – no processo de soerguimento moral do criminoso, ele deverá ser mais que um martírio; seu propósito não será produzir a agonia e infundir a dor. Um dos mais respeitados e citados autores do período, João Chaves defendia, em consonância com os debates internacionais, que o trabalho, embora atividade individual, possui um caráter e alcance coletivos. Afinal, argumenta, são os interesses sociais que predominam sempre que se "reforma" um criminoso, tornando-o "um elemento de progresso e aperfeiçoamento sociaes":

> Apenas se deve ter como banida da penalogia moderna o conceito do trabalho como mero instrumento de afflicção, como um simples castigo.
>
> (...)
>
> Olhado por outros prismas, o trabalho é um magnífico meio de disciplina e um poderoso elemento de reforma. Magnífico meio de disciplina porque o emprego da actividade dos delinquentes impede as insubordinações, que a história das prisões

---

[62] CARNEIRO, Augusto Accioly. *Os penitenciários*. Rio de Janeiro: Henrique Velho, 1930, pp. 178-179. O trabalho foi uma das principais pautas do Congresso Penitenciário Internacional de São Petersburgo, realizado em 1890. É possível resumir as conclusões dos debates em seis tópicos que expressam, de certa forma, um certo consenso entre os congressistas: *a)* será coerente com o direito penal e sistema penitenciário vigentes; *b)* não estará em contradição com o regulamento, nem afetará a segurança e a disciplina da instituição; *c)* estará de acordo com as reais necessidades do trabalho do estabelecimento; *d-)* não será inútil ou improdutivo, nem prejudicará a saúde do detento; *e)* responderá aos interesses da sociedade e à reabilitação individual do prisioneiro; *f)* não concorrerá com o trabalho e a indústria livres. Cf.: *Actes du Congrès Penitentiaire de Saint-Petersbourg (vol. III)*, 1890, especialmente pp. 16-28 e 36-54. Como observado por um dos participantes, a preocupação não era nova e a matéria já havia sido proposta, ainda que de maneira mais restrita, no Congresso anterior, realizado cinco anos antes, em Roma. Em alguns países – notadamente França, Inglaterra e Estados Unidos – o trabalho prisional já estava sensivelmente avançado por volta das três últimas décadas do século XIX. Acerca da experiência francesa, Michel Pierre afirma que nos primeiros anos da Terceira República – as décadas de 1870 e 80 – não havia duvidas quanto aos seus benefícios: "O trabalho ocupa e moraliza o prisioneiro e contribui com as finanças do Estado". Cf.: PIERRE, Michel. Les prisons de la IIIe République (1875-1938). In.: PETIT, Jacques-Guy et al. *Histoire des galères, bagnes et prisons, XIIIe – XXe siècles. Introduction à l'histoire pénale de la France*. Toulouse: Privat, 1991, p. 279.

demonstra serem frequentes com a sua ociosidade (...). Além do que o próprio esforço despendido methodicamente em occupação adaptada á natureza do criminoso, disciplinando sua actividade, é por isto só uma condição de ordem. Poderoso elemento de reforma porque, de um lado, o esforço que o produz é útil á saúde e dignifica o homem e, do outro, porque, aperfeiçoando-o em suas aptidões diversas, assegurando-lhe os meios de viver honestamente na sociedade, concorre fortemente para a sua reclassificação.[63]

Como anotado anteriormente, a criminologia e a penalogia não restringiram – ou não pretenderam restringir – seu papel a formulações teóricas e conceituais sobre o crime, o criminoso e as formas de punição. Sobre a primeira, Cristina Rauter afirmou que seu discurso teve "uma contrapartida prática, no nível das transformações que foi capaz de operar nos dispositivos de poder".[64] O mesmo vale para a segunda. Por outro lado, a relação destes discursos com os dispositivos de poder, especialmente com o Estado e suas instituições, aparece de forma tensa, às vezes contraditória, não raro conflituosa. Muitos destes conflitos deslizam e se reproduzem nos estados da federação e seus respectivos governos; a cada um deles coube, em diferentes momentos e caminhos, reafirmar o seu papel na articulação, construção e consolidação da nova ordem pública. Fazer uma história das práticas e instituições penais é escrevê-la, portanto, sob este duplo prisma, o geral e o particular; buscar estabelecer, em meio às políticas unificadoras do Estado, as especificidades de cada contexto.

---

63 CHAVES, João. *Sciencia penitenciaria*. Rio de Janeiro: Jacintho Ribeiro dos Santos, 1923, p. 230-231.
64 RAUTER, Cristina, p. 74.

Capítulo VI

"Um bom estímulo a regeneração"

> A expressão "detento" significa por si mesma
> um homem que não pode querer.
>
> *Dostoiévski*

Ao explicar seu interesse e pesquisas sobre o universo prisional, o filósofo Michel Foucault disse certa vez que o chocava, particularmente, a puerilidade e o cinismo com que se exerce o poder no interior das penitenciárias, que aparece "sob a forma mais arcaica, a mais pueril, a mais infantil. (…) A prisão é o único lugar onde o poder pode se manifestar em estado nu, nas suas dimensões as mais excessivas, e se justifica como poder moral".[1] Em perspectiva distinta, o tema foi revisitado por Nils Christie mais recentemente. Segundo o criminologista norueguês, depois da morte "o encarceramento é a maior demonstração do exercício do poder à disposição do Estado. Todos somos submetidos a alguma forma de sujeição (…). Mas com exceção da pena capital e da tortura física – que são usadas de forma muito limitada na maioria dos países [do Ocidente] (…) – nada é tão completo, em termos de constrangimento, degradação, e de demonstração de poder quanto a prisão".[2]

---

[1] FOUCAULT, Michel. Os intelectuais e o poder. In: *Estratégia, poder-saber. (Ditos & escritos IV).* Rio de Janeiro: Forense Universitária, 2003 p. 41.

[2] CHRISTIE, Nils. *A indústria do controle do crime: a caminho dos GULAGs em estilo ocidental.* Rio de Janeiro: Forense, 1998, p. 15.

É este caráter totalitário da prisão que inspira e perpassa os projetos e modelos penitenciários modernos. E é ele também que move as reflexões e reivindicações em torno à necessidade de uma instituição penal, moderna e científica, na capital paranaense. A preocupação remonta ao final do século XIX, principalmente, quando se tentou pela primeira vez a efetivação de um "regimen penitenciário" no estado, mas é só no começo do século XX, em 1909, que a primeira penitenciária paranaense é, enfim, inaugurada. O seu cotidiano, no entanto, compromete radical e irremediavelmente as pretensões iniciais construídas em torno a ela. Por volta de uma década após a inauguração, problemas decorrentes da segurança precária e do número excessivo de presos, entre outros, já denunciavam a sua fragilidade. Esta rotina problemática e conflituosa, distante das certezas científicas da penalogia e das expectativas disciplinares contidas no regimento, escapa principalmente nas entrelinhas dos relatórios do seu primeiro diretor, Ascânio Ferreira de Abreu, e dos livros de matrícula dos prisioneiros, duas fontes privilegiadas ao longo deste capítulo.

Nelas, um universo de conflitos e violência, de insubmissões e castigos, obriga a outro olhar sobre a instituição prisional, tomando-a e a sua rotina como uma experiência heterotópica em relação aos discursos que a pensaram e regulamentaram. A intenção é vislumbrar o surgimento e funcionamento do que Gresham Sykes denominou "sociedade dos cativos"; uma *sociedade dentro de uma sociedade*, onde prevalecem outras estruturas de poder, laços de sociabilidade e valores morais.[3] O empreendimento se apoia principalmente em uma abordagem da história das prisões que, embora reconheça a fundamental contribuição de Michel Foucault, busca outro viés interpretativo. Em sua leitura crítica do legado foucaultiano, Maria Silvia Di Liscia e Ernesto Bohoslavsky fazem principalmente quatro críticas à abordagem proposta pelo filósofo francês: o exagero concedido à importância das novas instituições penitenciárias surgidas no século XIX e sua capacidade de reordenar a realidade; o protagonismo, em boa parte das pesquisas, das percepções e dos discursos oriundos das esferas oficiais e das elites dirigentes; a ausência de uma leitura mais cuidadosa das diferentes – e por vezes conflitantes – maneiras de circulação, apropriação e interpretação dos saberes especializados; uma tendência a homogeneizar e mesmo universalizar experiências que, se válidas para capitais e metrópoles, nem sempre repercutiram da mesma maneira em cidades e regiões interioranas.[4] Já nos anos de 1970, como parte dos debates que se seguiram à publicação

---

3 SYKES, Gresham. *The society of captives: a study of a maximum security prison*. New Jersey: Princeton University Press, 2007.

4 DI LISCIA, Maria Silvia; BOHOSLAVSKY, Ernesto. Para desatar algunos nudos (y atar otros). In. DI LISCIA, Maria Silvia; BOHOSLAVSKY, Ernesto (edits.). *Instituciones y formas de control social en America Latina 1840-1940: una revisión*. Buenos Aires: Prometeo Libros/

na França de "Vigiar e punir", Jacques Léonard chamava a atenção para alguns dos aspectos retomados e problematizados recentemente pelos historiadores argentinos.[5] Ele criticava, ainda, a rapidez com que Foucault percorria três séculos de história sem deter-se com o devido cuidado nas especificidades de cada período. Reprovava igualmente o que considerava um exagero na racionalização e normalização da sociedade francesa da primeira metade do século XIX, minimizando o papel desempenhado pelas permanências de antigos hábitos, das resistências cotidianas e das muitas desordens que abalaram, de diferentes maneiras, as aspirações e imposições da ordem e o avanço das novas tecnologias de dominação e disciplinarização.

Nas páginas que concluem a tese, procuro retomar algumas das premissas que perpassaram este trabalho, principalmente a convicção de que os discursos sobre o crime e necessidade de segurança não estão limitados ao campo jurídico e à esfera governamental, mas se articulam a diferentes domínios e territórios. Eles mobilizam autoridades e especialistas, certamente, bem como acionam dispositivos técnicos e justificativas racionais. Por outro lado, a maneira como circulam e a importância que adquire a penitenciária mostram que não se trata de preocupação e ansiedade exclusivas às chamadas elites. Se entre as utilidades do regime está a que permite aos responsáveis pela ordem subtrair da esfera pública indivíduos considerados nocivos e fixá-los em um espaço onde serão submetidos a uma rotina que pretende banir todo o risco do acaso por meio de um minucioso domínio sobre o corpo; as insubordinações, as brigas, os inúmeros e nem sempre resolvidos conflitos entre presos e entre estes e os guardas, as tentativas de fuga, o mergulho na loucura, os casos de suicídio e, por fim, a rebelião, mostram a inviabilidade daquele projeto e a extrema precariedade da instituição penal. É a arqueologia deste fracasso que pretende este capítulo.

Uma utopia penitenciária no Paraná

A inserção de Curitiba no chamado "projeto burguês de sociedade" remonta a meados do século XVIII e atravessa o XIX. Há de se levar em conta, para entender este contexto, a elevação do Paraná à condição de Província, em 1853, e sua escolha para capital, como marcos fundamentais na aceleração destas mudanças, pois é a partir daí que o estado, enquanto estrutura administrativa e principal mediador político

---

Universidad Nacional de General Sarmiento, 2005, p. 9-22.
5   LÉONARD, Jacques. L'historien et le philosophe. A propos de *Surveiller et punir: naissance de la prison*. In: PERROT, Michelle (dir.). *L'impossible prison*. Paris: Éditions du Seuil, 1980, p. 9-28. A resposta de Foucault aparece no mesmo volume e, no Brasil, foi publicada na coleção "Ditos & Escritos". Cf.: FOUCAULT, Michel. A poeira e a nuvem. In: *Estratégia, poder-saber. (Ditos & escritos IV)*. Rio de Janeiro: Forense Universitária, 2003 p. 323-334.

da sociedade, se institui e consolida. A emancipação política se fez sentir, entre outras coisas, na necessidade de estruturar urbanisticamente a nova capital. No que tange a segurança pública, são especialmente três os focos de investimento: a regulamentação dos ritos e festividades populares; a inserção do escravo na vida urbana; e a crescente presença do imigrante na capital, especialmente a partir de meados do século. Igualmente importante foi a criação de um aparato jurídico capaz de suportar a modernização urbana e política ensaiada após a emancipação.

Com a autonomia, portanto, se acentua aquilo que Magnus Pereira chamou de "proliferação das leis"; o objetivo era fortalecer o poder público, e não apenas como máquina repressiva e policial, mas legitimando-o como mediador privilegiado das relações sociais a partir de sua consolidação como instância administrativa, institucional e jurídica.[6] Trata-se, falando resumidamente, de investir na construção de novas configurações e condutas sociais que, se não racionalmente planejadas, nem por isso são desprovidas de ordem; antes pelo contrário, trata-se de um processo que visa justamente responder aos anseios e necessidades de uma sociedade que, aos poucos, não apenas cresce numericamente, mas amplia e complexifica suas redes de relações. Em sua análise do processo civilizador, Norbert Elias chama a atenção para o fato de que o Estado moderno não se define apenas pelo monopólio do uso da violência, mas também pelo seu caráter simbólico, uma vez que desempenha um papel privilegiado na produção de mecanismos capazes de fortalecer, nos indivíduos, o autocontrole necessário à vida nas sociedades complexas.[7] Se civilizar é também tornar mais uniforme, construindo indivíduos e relações polidas, pautadas em códigos estritos de civilidade, os desdobramentos deste processo afetam de maneira intensa a constituição de um novo espaço público, cuja normalização e normatização são fruto da capacidade das instituições governamentais de não apenas controlá-lo, mas forjar novos *habitus* que, internalizados, pautam condutas, modelam comportamentos, produzem sentidos.

O que me traz de volta ao problema da disciplina e ao terceiro foco das ações voltadas à segurança pública apontadas anteriormente. A presença cada vez mais significativa de imigrantes europeus, especialmente a partir dos anos de 1850, fez aumentar a diversidade étnica e cultural em diferentes regiões do Paraná, notadamente na capital. No caso de Curitiba, não tardou para que uma parcela dos imigrantes passassem a ser vistos, pelo ainda precário aparato policial, como fontes de problemas mais que de soluções. Tanto a presidência da província como a municipalidade con-

---

6 PEREIRA, Magnus Roberto. *Semeando iras rumo ao progresso: ordenamento jurídico e econômico da sociedade paranaense, 1829-1889*. Curitiba: Editora da UFPR, 1996, p. 73-76.

7 ELIAS, Norbert. *O processo civilizador: Formação do Estado e civilização (v. 2)*. Rio de Janeiro: Jorge Zahar, 1993, p. 198-206.

tribuíram para forjar, neste sentido, mecanismos de controle e disciplina mais eficientes sem que isso implicasse, necessariamente, o uso da repressão pura e simples. Não raro, as leis, regulamentos e códigos que visavam uma reorganização e reordenação do espaço público, reforçavam fronteiras simbólicas que colocavam, de um lado, as "classes dominantes" e, de outro, indivíduos e grupos considerados "perigosos, imorais e não-morigerados", na definição de Magnus Pereira; basicamente, "escravos, libertos, criados, agregados, jornaleiros, mendigos e salteadores".[8]

A tarefa, no entanto, não era das mais fáceis. Entre outras coisas, porque o crescimento populacional e uma maior heterogeneidade étnica e cultural, não foram acompanhados por um melhor aparelhamento da força policial. De acordo com Roberto Lamb, mesmo as autoridades provinciais reconheciam as inúmeras deficiências da polícia, "com seu pequeno número de praças, pouco disciplinados, disseminados por localidades diversas e que, quando algum conflito exigia sua presença, não eram encontrados ou chegavam tarde". Alternativas foram buscadas para minimizar a situação precária, entre elas a criação, entre fins dos anos de 1870 e começo dos 80, dos "Inspetores de Quarteirão", grupos compostos por indivíduos nomeados pelo delegado de polícia e "encarregados de garantir a moral e os *bons costumes* entre a população de seu quarteirão, através de uma contínua ação vigilante".[9] A parceria com a população civil, ou com os extratos moralmente elevados dela, não repercutiu necessariamente em uma avaliação positiva da segurança pública, especialmente na capital. Por esta mesma época o chefe de Polícia, Carlos Augusto de Carvalho, apontava as inúmeras dificuldades enfrentadas pelos policiais na tarefa de manter a ordem pública em uma cidade que convivia diariamente com homens livres, cativos e libertos pouco ordeiros, sempre no limite do conflito. Entre os problemas apontados, os castigos excessivos impostos pelos senhores aos seus escravos, a provocar não raro o desejo de vingança e o recurso à violência; o uso de armas proibidas; e as reuniões e bailes de imigrantes em ambientes carregados de "vapores alcoólicos". Sobre a Cadeia Pública seu parecer é ainda mais contundente: "Na mesma prisão, respirando o mesmo ar, sob as mesmas influências deletérias, no mais íntimo congraçamento, réprobos e inocentes, monstros humanos e infelizes que se deixaram abater em um momento de fadiga moral. Perversos, fracos, inocentes, bêbados, desordeiros e até loucos, todos de envolta na mesma sentina!".[10]

---

8 PEREIRA, Magnus Roberto, p. 89-91.
9 LAMB, Roberto Edgar. *Uma jornada civilizadora: imigração, conflito social e segurança pública na Província do Paraná, 1867 a 1882*. Curitiba: Aos Quatro Ventos, 1999, p. 79-80.
10 *Apud* STRAUBE, Ernani Costa. *Polícia Civil: 150 anos, história*. Curitiba: Edição do autor, 2005, pp. 150-151.

A discussão em torno à situação das prisões na Província, e em especial na capital, não era nova. Medidas já haviam sido tomadas no sentido de melhorar a condição das cadeias, tornando-as ambientes mais salubres. Em março de 1857, a Lei Provincial número 30 designava o valor de 10 Contos de Réis para que se iniciasse a construção de uma penitenciária.[11] Atendia, provavelmente, a uma demanda do chefe de Polícia interino, Luiz Francisco da Camara Léal que, em relatório enviado ao vice--presidente da Província, José Antonio Vaz de Carvalhaes, nos primeiros dias daquele mesmo ano, reclamava das péssimas condições das instituições penitenciárias. Depois de observar que nenhuma das cadeias públicas, nem mesmo a da capital, reunia as condições mínimas para o seu bom funcionamento, Camara Léal reclama a urgência da uma penitenciária, porque o "progresso dos conhecimentos humanos reclâma que em toda parte se crêem táes estabelecimentos".[12]

Os Contos de Réis, no entanto, não foram suficientes para que a penitenciária se concretizasse. O mais perto que se chegou da reivindicação do chefe de Polícia foi a instituição, no ano seguinte, de um regulamento para as cadeias públicas.[13] Embora, na prática, ele não fizesse mais que remediar um problema que, a se dar crédito ao relatório de Carlos de Carvalho mais de uma década depois, só faria crescer, tratava-se, ainda assim, de uma tentativa de modernizar o tratamento penal no Paraná, tornando-o mais uniforme e eficiente. Dividido em 11 capítulos e 59 artigos, o regulamento normatizava desde as visitas de inspeção das autoridades policiais às cadeias da capital e do interior[14] até as atividades administrativas, estabelecendo os cuidados a se tomar com os oito livros de registro, responsabilidade direta dos carcereiros.[15]

---

11 PRÁ, Alcione. *Paraná: das Cadeias Públicas às Penitenciárias (1909-2009)*. Curitiba: Instituto Memória, 2009, pp. 21-22.

12 Relatório do Chefe de Polícia Interino, Luiz Francisco da Camara Léal, ao vice-presidente da Província na abertura da Assembleia Legislativa Provincial em 7 de janeiro de 1857.

13 Regulamento para as Cadeias da Província. Repartição de Policia do Paraná, 2 de janeiro de 1858. No total, eram 11 as cadeias públicas na Província, localizadas em Curitiba, Guarapuava, Castro, Antonina, Guaratuba, Paranaguá, São José dos Pinhais, Ponta Grossa, Lapa, Palmas e Palmeira.

14 De acordo com o regulamento, em seus artigos 1º a 5ª do Capítulo I, as visitas deveriam ocorrer ao menos uma vez por mês. A lista de itens a serem inspecionados é significativa: são 16 ao todo, e entre eles há a preocupação com o asseio e o bem-estar dos presos e suas celas, mas também com a manutenção de uma disciplina rígida que proíbe, entre outras coisas, que os presos conversem entre si ou mesmo com os carcereiros, a não ser quando necessário e mediante autorização. O propósito da inspeção era um olhar à totalidade da instituição, observando e fiscalizando presos e carcereiros, uns e outros, ao menos no contexto do regulamento, igualados em sua condição de sujeitos institucionalizados ou, em outros termos, sujeitados ao fenômeno da "prisonização".

15 Os oitos livros, que aparecem regulamentados no Capítulo X, artigo 45, eram destinados ao registro das entradas e saídas de presos; termos de óbitos; assentamento de condenados em cumprimento de sentença; ordens de prisão e soltura; assentamento de recrutas; entradas para averiguação; escravos não criminosos e um último contendo o índice dos presos em ordem alfabética.

Embora bem intencionado, o regulamento teve pouco, quase nenhum efeito prático. No ano seguinte o mesmo Camara Léal reclama, uma vez mais, das péssimas condições da cadeia pública de Curitiba. Ele chega a sugerir, ante as desordens constantes e ameaças de fuga, a transferência de presos mais perigosos para alguma instituição prisional do Império mais bem estruturada, como a Casa de Correção, no Rio de Janeiro, ou mesmo para a ilha de Fernando de Noronha, onde cumpririam o restante de suas penas nas galés.[16] A situação mudaria muito pouco nos anos seguintes, no que o Paraná acompanha a situação das demais províncias do Império, a se pautar pelos relatórios e pela extensão do debate em torno à necessidade da reforma penitenciária. Já no outono do regime, no entanto, uma visita e um projeto voltariam a alimentar, entre as autoridades provinciais, o sonho da construção da primeira penitenciária.

Não deixa de ser contraditório o diagnóstico do chefe de Polícia Luiz Barreto de Menezes acerca da segurança pública da província, expresso no relatório apresentado no começo de 1880. Se exalta, nas primeiras linhas, o "lisonjeiro estado" de "plena tranqüilidade", assegurados pela "índole, o respeito e obediência ás instituições do paiz, [bem como] as tradições políticas dos filhos desta província", nas páginas seguintes os registros de desordens e as reivindicações por um aparato de segurança mais coerente com as necessidades do Paraná e, notadamente, da capital, conflitam com o quadro algo bucólico que abre o relatório. Sobre a situação da Cadeia Pública de Curitiba, especificamente, anota as melhorias realizadas nos últimos meses, mas observa que elas não são suficientes para assegurar o seu pleno funcionamento. A crítica incide, principalmente, sobre o regime comum a que estão condenados os presos, considerado "antigo, anachronico e imprestável (...) condemnado hoje em todos os paizes civilizados, como anthitese verdadeira do diseratum social, – a regeneração moral dos presos." Recorrendo a Constituição do Império para fundamentar seus argumentos, Barreto de Menezes reivindica aos superiores que dêem a devida atenção à necessidade de se construir, no Paraná,

> um novo regimen penitenciário (...) que se concilie com o trabalho (...) que é uma outra cousa, um typo, uma organisação differente d'isso, que vemos nas nossas cadêas, onde póde o preso requintar na depravação, no caminho da gangrena moral, mas que nunca conseguirá os effeitos desejados, isto é, castigar e cor-

---
16 Relatorio do Chefe de Polícia, José da Camara Léal, ao Presidente da Província, José Francisco Cardoso, 7 de junho de 1859.

rigir, curar e restabelecer, punir o réo e approveitar o cidadão. A sociedade moderna tem erigido a altura de um dogma o dever de regenerar o criminoso (...). Muito desviadas andam, entretanto, d'esses intuitos as nossas atuaes prisões. (...) Ergastulos mephiticos, são as cadêas um instrumento abominável de todo gênero de morte, moral e physicamente considerada.[17]

O anúncio da visita do Imperador D. Pedro II apontaria no horizonte a possibilidade de mudar este quadro já crônico de deficiência. Sua majestade chega a Província no final do mês de maio de 1880. Em Curitiba, onde desembarca nos primeiros dias de junho, cumpre uma extensa agenda, registrada em relatório oficial e noticiada pelo jornal "Dezenove de Dezembro". Na tarde do dia 2 de junho a comitiva imperial e as autoridades provinciais se dirigiram a um terreno localizado em uma planície a leste da estrada da Colônia do Assunguy, distante cerca de quatro quilômetros da capital. Lá, em um local "iluminado e enfeitado com arcos e bandeiras" e com uma "guarda de honra do 2º Corpo de Cavalaria [...] fazendo as devidas continências", Pedro II lançou a pedra fundamental da futura penitenciária do Paraná. Segundo a descrição que do evento faz a reportagem do periódico local, o auto de inauguração, depois de lavrado e assinado pelo Imperador e demais autoridades, "foi encerrado numa caixa de mármore, acompanhado de moedas correntes do Império e jornais".[18]

A visita imperial é a senha para a continuidade de algumas ações que a antecederam. Em julho do mesmo ano, o engenheiro Francisco Antonio Monteiro Tourinho apresenta ao presidente da Província, Manoel Pinto de Souza Dantas Filho, um projeto detalhado da futura penitenciária, cuja construção havia sido autorizada em abril do mesmo ano pelo artigo 6º da lei provincial 603.[19] O projeto, "delineado no estylo panoptico", e inspirado na "casa de correcção da Côrte (...) que (...) iguala em perfeição os melhores modelos que a Inglaterra e os Estados Unidos offerecem no gênero das prisões cellulares", foi inspirado na leitura do "interessante relatório do Conselheiro Fleury sobre a casa de correcção da Côrte".[20] Se o relatório a que se refere o engenheiro Tourinho é o da comissão que, em 1873, inspecionou as instalações e o funcionamento da instituição da capital, anteriormente mencionado, e da qual fazia parte o Conselhei-

---

17 Relatório do Chefe de Polícia, Luiz Barreto Correa de Menezes, ao Presidente da Província, Manuel Pinto de Souza Dantas Filho, 31 de janeiro de 1880.
18 *Penitenciária*. "Dezenove de Dezembro", 5/6/1880.
19 Relatório com que o Exmo. Sr. Dr. Manuel Pinto de Souza Dantas Filho passou ao Exmo. Sr. Dr. João José Pedrosa, a administração da Província, em 4 de agosto de 1880.
20 Descripção e orçamento do Projecto da penitenciária de Curityba pelo Engenheiro Francisco Antonio Monteiro Tourinho, apresentado ao Presidente da Província, Manuel Pinto de Souza Dantas Filho em 8 de julho de 1880.

ro José Augusto de Padua Fleury – o que é bastante provável – a leitura que ele fez do documento soa um pouco enviesada.[21] Ele negligencia, por exemplo, a crítica da comissão que acusa de precipitada a adoção do modelo panóptico na Casa de Correção, como a não observância das medidas e proporções necessárias na construção do edifício, no que resultou, nas palavras da própria comissão, na aprovação de uma planta "que era pura copia, sem pensamento assentado, nem conhecimento do systema". Desconsidera, igualmente, a denúncia acerca das condições físicas da instituição e seu precário funcionamento. Ao contrário do que sugere o projeto, a Casa de Correção não era exatamente um modelo a ser copiado, nem em suas dimensões físicas, tão pouco em seu funcionamento interno, incapaz de cumprir os propósitos para os quais foi construída – e a visita da comissão, justamente, visava não apenas diagnosticar um problema já conhecido, mas apontar alternativas para solucioná-lo.

Não se sabe se alheios a estes problemas, ou se simplesmente seduzidos demais pela ideia de uma penitenciária para dar a devida atenção a eles, as autoridades locais aprovaram o projeto do engenheiro Tourinho, sem dúvida, ambicioso: depois de pronta, a instituição seria cercada por "uma muralha de 5,5 metros de altura e 1 de espessura, formando um recinto rectangular de 110 metros de frente e 130 de fundo". À frente, erguer-se-ia o "*avant-corps*, edifício de dous pavimentos: no térreo achão-se as divisões para o porteiro, corpo da guarda, secretaria, archivo, e uma estação telegraphica estabelecendo communicação com a secretaria da polícia; o pavimento superior destina-se á habitação do director da penitenciária." O edifício projetado para as galerias das celas – a penitenciária no sentido mais estrito do termo – consistia em um grande pavilhão hexagonal para cujo centro convergiam seis raios, destinados a prisões e oficinas. No térreo seriam acomodados o médico, um padre e demais empregados; no centro, ficava o posto de vigilância e a superintendência da instituição. O engenheiro também não se esqueceu do suporte tecnológico, antevendo que a árdua tarefa de administrar uma instituição penal seria facilitada com o "auxilio de telephonos e campainhas electricas". No pavimento superior do edifício central ficaria a capela.

Os raios das prisões, também de dois pavimentos com 24 células – 12 de cada lado – contariam com uma enfermaria cada. O bem-estar dos detentos e funcionários estava assegurado com a abertura, até o teto, de galerias que receberiam a luz de claraboias estrategicamente instaladas. Nos pavimentos superiores, balcões ou sacadas e, entre os raios, "pequenos pateos ajardinados onde os detentos poderão espairecer nas horas determinadas pelo regulamento". O sistema, além da salubridade, tencionava facilitar

---

21 Relatório da Commissão Inspectora da Casa de Correcção da Corte, anexo ao Relatório do Ministro da Justiça, Manoel Antonio Duarte de Azevedo, para a Assembléia Geral Legislativa, 1873.

também a vigilância, já que a instalação de pontes para a passagem entre as galerias tornaria possível que, a cada instante, uma ou duas sentinelas fizessem a ronda de todas as celas e dos 144 prisioneiros que a penitenciária poderia abrigar. O orçamento total estava previsto em 400:000$000 e a sugestão do engenheiro Tourinho era construí-la por etapas, inclusive porque a conclusão do primeiro raio permitiria utilizar a mão-de--obra dos 48 detentos já instalados, diminuindo o custo final do empreendimento.[22]

Mas nem o clima festivo com a presença do imperador, nem a vontade política das autoridades públicas foram suficientes para garantir a continuidade da obra, paralisada logo depois de inaugurada a pedra fundamental, em função das dificuldades financeiras do governo. No ano seguinte, era o próprio presidente da Província, João José Pedrosa, quem comunicava à Assembleia Legislativa, em seu relatório anual, que um dos alicerces do projeto havia sido destruído e o cofre, contendo moedas e documentos – incluindo a ata da inauguração – arrombado. As moedas sumiram e a ata, um item provavelmente pouco valioso sob a ótica do larápio, destruída.[23] Apesar das instruções ao chefe de polícia para que os autores do "lamentável facto" fossem rapidamente descobertos e punidos, o responsável nunca foi identificado e a construção da penitenciária teria de esperar ainda alguns anos para ser, enfim, concretizada. Antes dela, outras mudanças viriam, a informar novidades tanto no campo das ideias, quanto na organização do aparato policial, discutidas nos capítulos anteriores. O corpo real, afinal, não fora capaz de operar milagres. Sinais de novos tempos, mais céticos e seculares.

Contribuições "doutas": a penitenciária em discussão

Em julho de 1898 um incêndio no prédio da Cadeia Pública, localizada na Praça Tiradentes, centro de Curitiba, encerrou definitivamente a trajetória do quase bicentenário edifício. Inaugurada nas primeiras décadas do século XVIII, o prédio há muito era objeto de críticas as mais contundentes. Na imprensa e entre autoridades,

---

22 O projeto é confuso ao tratar do número máximo de prisioneiros que a penitenciária poderia abrigar. De acordo com Tourinho, "cada galeria seria composta por dous pavimentos, tendo cada um vinte e quatro cellulas, doze de cada lado, de sorte que a penitenciária projectada tem capacidade para 144 detentos". Na parte final, no entanto, ele fala em 48 prisioneiros quando da conclusão do primeiro raio, o que permite sugerir o equívoco do engenheiro quando do primeiro cálculo e da primeira descrição. Se o regime previsto era o celular, com isolamento dos presos em células individuais, não seriam dois pavilhões com um total de 24 celas, *mas dois pavilhões com um total de 24 celas em cada andar*, totalizando os 48 cubículos e os 48 prisioneiros disponíveis como mão-de-obra depois de concluída a primeira parte da obra. Se a minha suposição estiver correta, o número total de prisioneiros também seria outro: não os 144 indicados, mas exatamente o dobro, 288 prisioneiros.

23 Relatório apresentado a Assembléia Legislativa do Paraná pelo presidente da Província, o Exmo. Snr. Dr. João José Pedrosa, em 16 de fevereiro de 1881.

era apontada a precariedade de suas instalações e os danos causados à efetiva recuperação dos criminosos, obrigados a respirar em "um ambiente de perversão moral", que mais facilitava que corrigia suas tendências perversas. Após o incêndio, o prédio foi vendido e os presos transferidos para as dependências do Regimento de Segurança, localizado na rua São José (atual Marechal Floriano Peixoto), também na região central, onde foram acomodados em celas preparadas no pavimento térreo do quartel.[24]

O sinistro agravou ainda mais uma situação já bastante precária. Frustrado o projeto de 1880, a construção de uma penitenciária no Paraná continuaria uma pedra na sola do sapato dos governantes, um problema que sobreviveria à queda do regime sem que nada de novo surgisse no horizonte após a proclamação da República. Cinco anos após a promulgação do Código Penal, o Chefe de Polícia, Benedito Carrão, reclamava das "péssimas condições hygienicas" da Cadeia Pública da capital, desprovida inclusive – suprema infâmia! – de uma "prisão particular, onde se possa recolher um preso de certa condição social que tenha de ser detido preventivamente, antes de convencido de seu crime". Como medida mitigadora, ele sugere a revisão do regulamento para as cadeias públicas do estado, em vigor desde 1858, harmonizando-o "com os progressos da actualidade e amoldado as libérrimas disposições das novas leis".[25] Seu sucessor, Manoel Bernardino Vieira, é ainda mais enfático no relatório que apresenta ao seu superior no ano seguinte:

> É deplorável e contristador o estado do edifício que serve de cadeia n'esta capital.
>
> Não só é elle antigo e de péssima construcção, como também não offerece nenhuma condição hygienica nem segurança.
>
> As prisões ali existentes são imundas, vivendo n'ellas agglomerados os criminosos, sem esperança de rehabilitação moral e antes convencidos de que em pouco tempo, terão sua saúde completamente estragada!
>
> A construcção da projectada penitenciaria, n'esta capital, é uma necessidade imprescindível.[26]

---

24 Relatorio apresentado ao Secretario dos Negocios do Interior, Justiça e Instrucção Publica pelo Chefe de Policia Interino, Major Augusto Silveira de Miranda, 1898.
Para a acomodação da Cadeia Pública, foi aproveitada uma das alas do quartel do Regimento de Segurança, onde foram construídas 20 celas, uma cozinha, e um alojamento para o carcereiro que serviu também como arquivo, obra orçada em 27:639$268. Cf.: Relatorio apresentado ao Dr. José Pereira Santos Andrade, Governador do Estado do Paraná, pelo Secretario dos Negocios de Obras Publicas e Colonisação, Engenheiro Civil Candido Ferreira de Abreu, 1898.

25 Relatorio apresentado ao Secretário dos Negócios do Interior, Justiça e Instrucção Publica pelo Chefe de Policia Interino, Benedito da Silva Carrão, 1895.

26 Relatorio apresentado ao Secretário dos Negócios do Interior, Justiça e Instrucção Publica pelo

Celas exíguas e superlotadas, ambiente insalubre e promíscuo, funcionários pouco treinados e parcamente remunerados são algumas das razões apontadas para justificar o apelo contínuo pela construção de uma penitenciária, "necessidade imprescindível". Além dos motivos de ordem mais objetiva, a precariedade da cadeia impedia também que se a conduzisse a partir de um regime, qualquer regime, coerente com os princípios da penalogia moderna. No mesmo relatório em que comunica as providências tomadas após o incêndio, o major Augusto Miranda reitera a solicitação. Para ele, as atuais condições sanitárias e o estado de promiscuidade em que vivem os presos "faz com que indivíduos entrão nas prisões corrompidos e sahião d'ellas gangrenados. N'essa comunhão inevitável não há possibilidade de conseguir-se o fim mais importante da pena, a correcção moral do individuo, a sua regeneração social".[27]

As sempre alegadas dificuldades financeiras, principalmente, impediram ações mais consistentes, ainda que o próprio secretário de Negócios de Interior e Justiça e Instrução Pública, Octavio Ferreira do Amaral, tenha reconhecido em um de seus relatórios o descompasso da segurança pública no Paraná com as possibilidades renovadoras preconizadas pelo Código Penal:

> Como sabeis o nosso Código Penal (...), nos seus artigos 43 e seguintes institui o sistema progressivo ou da diferenciação da pena, de Walter Crofton. (...) São decorridos 10 anos daquela data e ainda não pudemos por em execução o moderno sistema penitenciário, consagrado pelo nosso Código Penal, por absoluta falta de estabelecimentos apropriados.
>
> Por isso (...) a pena entre nós (...) é cumprida, em geral, na Cadeia desta capital, a qual, composta de cubículos, em sua metade, humidos, sem ar e sem luz, alem de offerecer o grande inconveniente da sua collocação no interior do Quartel do Regimento de Segurança, não corresponde a nenhum dos fins moraes do instituto da pena.
>
> Reduzida esta á simples reclusão, em vez de corrigir e emendar o criminoso, convertendo-o em um ente sociável, desenvolve-lhe a aguça-lhe os máos instinctos.
>
> (...)

Chefe de Policia, Dr. Manoel Bernardino Vieira Cavalcanti Filho, 1896.

27 Relatorio apresentado ao Secretário dos Negócios do Interior, Justiça e Instrucção Publica pelo Chefe de Policia Interino, Major Augusto Silveira de Miranda, 1898.

> Assim, a pena – arma da sociedade para debellar o crime, apresenta-se com dois gumes, um dos quaes voltados contra a própria sociedade; e desmentindo aos seos fins, é um perigo social.[28]

As queixas das autoridades repercutem na imprensa, especialmente no *Diário da Tarde*, um dos principais jornais do período, cuja linha editorial um tanto mais independente que o concorrente *A República*, permitia um conteúdo mais ácido no tratamento do tema em suas matérias e editoriais. Antes que as primeiras medidas de modernização do aparato de segurança, comentadas em capítulo anterior, começassem a ser implementadas, um dos cronistas do vespertino lamenta que "é deveras entristecedor o quadro da estatística dos crimes que se verificam neste Estado, e nomeadamente nesta capital". E prossegue constatando que, apesar da ainda pequena população, o "Paraná no entanto assiste ao desenrolar contínuo de crimes sobre crimes".[29]

O máximo que se avança neste sentido é a redação de um novo regimento para as cadeias, promulgado cinco anos depois de ter sido sugerida sua revisão.[30] Entre as determinações, mantém-se a obrigação de visitas mensais das autoridades para inspeção das cadeias, já presentes no regulamento anterior, verificando não apenas as condições físicas das instalações e o número máximo de detentos, mas se se respeitam, em seu interior, a ordem e a disciplina necessárias ao seu bom funcionamento, coibindo-se práticas como os jogos de azar, o consumo de bebidas alcoólicas ou se os presos conversam entre si ou com os funcionários sem prévia autorização. Há uma miríade de obrigações a serem cumpridas, e não apenas por presos: elas incluem guardas e o carcereiro, em cuja autoridade repousa a responsabilidade por manter o ambiente asseado e os internos sob controle. A preocupação central, no entanto, é mesmo a de tentar adequar minimamente as prisões paranaenses – e eu arrisco dizer, especialmente a da capital – aos procedimentos e exigências da "ciência penitenciária" e do Código Penal. O artigo 6º do terceiro capítulo, por exemplo, determina que

> Os presos serão separados e classificados do modo seguinte:
>
> 1º - As mulheres em prisão própria e differente das dos homens.
>
> 2º - Os menores em prisão especial.
>
> 3º - D'entre os maiores, serão separados os condemnados a pri-

---

28 Relatório apresentado ao Presidente do Estado, Dr. Francisco Xavier da Silva, pelo Secretário do Interior, Justiça e Instrução Pública do Paraná, Dr. Octávio Ferreira do Amaral e Silva, 1900.
29 ERASTO. *Conversando*. *Diário da Tarde*, 29/4/1902.
30 ESTADO DO PARANÁ. Decreto n. 318, de 28 de novembro de 1900. Regulamento para as Cadeias do Estado.

são cellular; os de crime inaffiançavel; os pronunciados, os indiciados; e os presos por infracção de posturas e regulamentos, por crimes policiaes e para averiguações.[31]

O descompasso entre o pretendido e o executado escapa por entre as entrelinhas do próprio regimento, que deixam entrever a impossibilidade de se instituir normas mais rígidas e mesmo que um arremedo de regime penitenciário em uma estrutura física tão limitada, incapaz inclusive de impedir o contato do encarcerado com a rua e seus transeuntes: na alínea 10 do artigo 24, por exemplo, os presos são proibidos de "subir ás grades das prisões; e menos fallar para rua com quem quer que seja, ou desattender e insultar a quem passa".[32] Nas disposições gerais, o responsável pela redação da nova norma assume, indiretamente, a distância entre esta e a legislação vigente ao afirmar que: "Logo que houver enfermarias regulares, e sallas para trabalhos nas respectivas cadeias, o Chefe de Polícia additará este Regulamento, com as necessárias disposições ou instrucções, submettendo á approvação do Governo do Estado".[33] Não seria o novo regulamento o remédio esperado para os "males socaies" que acometiam Curitiba, e a construção de uma penitenciária continua na ordem do dia por algum tempo. Ela seria finalmente anunciada alguns anos depois, embora sua concretização e funcionamento tardassem ainda um pouco mais.

*

Um acordo firmado em abril de 1905 entre o secretário de Estado dos Negócios, Obras Públicas e Colonização do Paraná, Francisco Beltrão, e o provedor do Asilo de Alienados, Monsenhor Alberto José Gonçalves, previa a cessão, por parte do segundo, do prédio do asilo para a instalação da Penitenciária do Estado. O modelo a ser adotado seria definido de acordo com as necessidades e conveniências do "meio".[34] O contrato, assinado no dia 28 de abril, determinava um prazo de até 18 meses para que a Santa Casa de Misericórdia, mantenedora do asilo, entregasse o prédio, suas dependências e pertences, ao governo do estado. Para a avaliação e posterior fixação do valor total dos bens uma comissão de especialistas foi nomeada pela secretaria do Interior, Justiça e Instrução. A partir do mês de julho de 1906, o estado pagaria a

---

31 Artigo 6º, Capítulo II ("Da classificação, ordem e segurança das prisões").
32 Artigo 24, Alínea 10, Capítulo V ("Dos presos").
33 Artigo 44, Capítulo X ("Disposições Geraes").
34 ESTADO DO PARANÁ. Decreto n. 611, de 6 de abril de 1905. Concede ao Estado autorização para aquisição da Santa Casa de Misericórdia.

Santa Casa 10:000$000 (dez contos de reis) mensais até a quitação total da dívida e de acordo com o valor estipulado pela comissão. O governo do estado auxiliaria ainda a Santa Casa de Misericórdia na aquisição de um novo terreno para a construção do edifício do Asilo com a quantia de 5:000$000.[35] Apesar da urgência, a penitenciária demorou quase dois anos mais que o novo hospício, inaugurado em julho de 1907 no antigo Prado (atual bairro Prado Velho), onde permanece até hoje.

O anúncio de que medidas mais efetivas seriam tomadas para a solução do problema prisional foi feito no começo do ano, em fevereiro, na tradicional mensagem que o presidente do estado enviava aos deputados na abertura dos trabalhos legislativos. Acusando as péssimas condições da cadeia pública da capital, Vicente Machado enfatiza a urgência de uma ampla reforma prisional e pede aos deputados que lhe concedam "os meios para attender esse serviço e remover os inconvenientes apontados. Exigem-n'os os deveres de governo e até os de simples humanidade".[36] O apelo dramático, no entanto, não resulta necessariamente em eficiência. Decorridos dois anos do acordo, o Secretário dos Negocio do Interior, Justiça e Instrução Pública, Lamenha Lins, critica pouco sutilmente a demora do poder público em fazer funcionar as novas instalações penitenciárias. A crítica se estende ao contrato entre o governo e a Santa Casa, que o secretário considera, além de oneroso, um entrave a mais na já longa espera pela nova instituição.[37] Somente em 1908 é enfim sancionada a lei que autorizava a constituição da Penitenciária do Estado, ao mesmo tempo em que criava e instituía o seu regulamento e regime, o de Auburn.[38] Em janeiro de 1909, sem pompa nem circunstância, a primeira penitenciária do Paraná entra em funcionamento.

*

É temerário afirmar que o aparecimento, na imprensa local, de artigos que tinham como objeto a penitenciária e seus modelos, tenha relação direta com o anúncio feito por Vicente Machado em 1905. Afinal, tratava-se de um tema de interesse

---

35 Contracto para acquisição do prédio onde funcciona o Azylo de Alienados. *Apud*: Relatório apresentado ao Exmo. Snr. Presidente do Estado, Dr. Vicente Machado da Silva Lima, pelo Secretário do Interior, Justiça e Instrucção Pública do Paraná, Bacharel Bento José Lamenha Lins, 1905.

36 Mensagem ao Congresso Legislativo do Estado do Paraná dirigido pelo Dr. Vicente Machado da Silva Lima, Presidente do Estado, 1905.

37 Relatório apresentado ao Vice-Presidente do Estado, Dr. Joaquim Monteiro de Carvalho e Silva, pelo Secretário do Interior, Justiça e Instrucção Pública do Paraná, Bacharel Bento José Lamenha Lins, 1907.

38 ESTADO DO PARANÁ. Decreto n. 564, de 23 de setembro de 1908. Regulamento da Penitenciária do Estado.

amplo e que extrapolava as fronteiras inclusive nacionais. Mas creio que a expectativa em torno a criação de uma instituição há muito esperada tenha exercido sobre alguns intelectuais certa atração. E como se tratava de assunto, além de delicado, pleno de nuanças e sutilezas, nada a estranhar também que tenham sido a de advogados e juristas as vozes autorizadas a avaliar e sugerir ao governo qual o melhor e mais adequado modelo prisional para o Paraná.

A primeira das contribuições é de Pamphilo de Assumpção, um dos mais renomados intelectuais curitibanos, em dois artigos onde discorre acerca das condições propícias ao cumprimento de suas funções regeneradoras pelas "colônias correcionaes".[39] Se já nas primeiras linhas o advogado não deixa margem de dúvidas acerca de seu posicionamento, reivindicando a organização da penitenciária segundo "um critério scientifico", os parágrafos seguintes são dedicados a esclarecer as razões daquele primeiro apelo seguindo uma argumentação que tenta, ao menos em parte, fugir à aridez de um discurso estritamente jurídico. É que no artigo, apesar de autoridade instituída e reconhecida, Assumpção não se dirigia diretamente a seus pares. Ele almejava principalmente falar a leitores leigos em direito e criminologia, daí o didatismo que cumpre, entre outras, justamente a função de re-afirmar e autoridade do autor sobre seus leitores na matéria em questão.

Trata-se de um artigo curioso: nele, Pamphilo de Assumpção não trata especificamente de penitenciárias ou de criminosos, preferindo aludir aos delinquentes ou "vagabundos", suas diferentes tipologias e os melhores meios para sua recuperação. Ele propõe inicialmente uma divisão dos delinquentes, ou "vagabundos", em três categorias: o "*vagabundo imbecil*", vítima de uma alienação congênita; o "*alcoolico chronico*", caracterizado por uma degenerescência moral e física; e o "*vagabundo desordeiro*", física e moralmente normal, mas habituado pelo meio a uma vida sem regras, à inutilidade e à vadiagem. Esta primeira serve como mote a uma segunda e ainda mais fundamental divisão, que diz respeito à distribuição dos internos nas colônias correcionais. O tratamento destes distintos perfis, afirma, deve ser individualizado e

---

39 PAMPHILO DE ASSUMPÇÃO. *Colônia Penal. Diário da Tarde*, 12/4/1907. Durante a pesquisa, encontrei apenas um dos artigos, o segundo. Ainda que haja neste uma menção direta do autor a um texto anterior, ele não foi localizado em nenhuma das edições do *Diário da Tarde* de até quatro meses antes da sua publicação, que foram cuidadosamente revistas. Acho pouco provável que um assunto desta natureza tivesse um primeiro artigo publicado num espaço de tempo superior a cento e vinte dias do segundo, pois a distância certamente atrapalharia o fluxo de idéias e sua apreensão pelos leitores. Uma hipótese possível para esta ausência é a de que o autor tenha escrito os dois textos concomitantemente e os tenha entregado juntos ao jornal. Este, por alguma razão – editorial, comercial, de espaço – não publicou o primeiro e tão pouco fez uma revisão do segundo. Trocando em miúdos: a menção ao primeiro artigo no texto publicado teria sido simplesmente um lapso de revisão do editor.

de acordo com seu perfil, previamente traçado. A instituição que idealiza ao longo do artigo ancora-se em três princípios, que considera fundamentais: classificação, higiene e instrução, pilares de um estabelecimento moderno e cientificamente orientado.

O princípio de classificação é essencial para que não convivam em um mesmo ambiente e não sejam tratados igualmente "o vagabundo imbecil, o desordeiro [e] o alcoolico", que por sua vez devem também estar separados dos "perversos e [dos] difficilmente corrigiveis". Devidamente separados "distribuídos e classificados (...) segundo a sua natureza", os presos "tomam um banho de asseio e vestem o uniforme do instituto". Começa a funcionar o princípio de higiene, que inclui ainda uma visita ao médico e a vacina no primeiro dia, e ao longo da sua estada na penitenciária a aplicação de técnicas de "desenvolvimento do systema muscular, duchas, *massages*, gymnastica e boa dietética".[40] A higiene, no entanto, não deve ser apenas física, mas também moral: "Durante dois dias [o detento] é encerrado em cellula para reflectir sobre o seu crime e preparar-se para a reforma". Esta se constitui, basicamente, de horas dedicadas aos estudos e ao trabalho – o princípio de instrução, terceiro e último -, cuidadosamente distribuídas e disciplinadas de forma a não permitir ao preso incorrer no pecado da ociosidade. Quanto mais exemplar o comportamento do detento, maiores suas chances de ascender no rígido sistema de classificação da instituição; a cada nova promoção, um número estipulado de pontos é acrescido na ficha do detento, diminuindo sua pena.

Quando escreve sobre o que considera um modelo ideal de instituição penal, Assumpção está integrado ao que há de mais novo em matéria de teoria e "ciência" penitenciárias. Ele sabe que as idéias que chegam da Europa desde as últimas décadas do século precedente defendem que as instituições penais não devem mais ser lugares de castigo, mas de regeneração física e moral ou, nas palavras do próprio, de "prophylaxia criminal". Neste sentido, a recorrência a nomes e experiências oriundas de "civilisações mais antigas" – entre eles, o de Cesare Lombroso – não deve ser lida como um reconhecimento puro e simples de nosso

---

40 Em um tempo, o nosso, onde um número mais que razoável de pessoas considera "normal" que 111 presos sejam chacinados por policiais, o modelo proposto, com visitas ao médico, dieta alimentar balanceada e "massages", pode chocar pelo excesso de complacência. Mas não nos deixemos enganar. A atenção ao corpo do prisioneiro não era unanimidade, nem mesmo na Europa, que parece servir de referência a Pamphilo de Assumpção. Dominique Kalifa mostrou, acerca disso, que no começo do século XX, ao menos na França, algumas vozes se insurgiram contra a predominância de leis que estariam a favor dos malfeitores: prisões confortáveis e higiênicas, lei de *sursis*, a ameaça da supressão da pena de morte. O que estes críticos chamaram de "crise da repressão" estaria, segundo eles, na origem da multiplicação do número de criminosos e no aumento do sofrimento de suas vítimas. Cf.: KALIFA, Dominique. *Crime et culture au XIXe siècle*. Paris: Academique Perrin, 2004, pp. 271-297.

atraso ou mesmo de certa subalternidade intelectual. Ela é uma tentativa de, ao buscar construir uma interação com outras práticas discursivas, cuja legitimidade está já sedimentada no tempo, inscrever seu próprio discurso em uma exterioridade que amplia seu sentido e sua eficácia. Em outras palavras, a recorrência à história tem aqui um propósito claro: a experiência do passado deve iluminar o presente, condição necessária para assegurar o "progresso material", mas também e principalmente o civilizacional e humano, prevenindo se possível, remediando quando necessário. E é também por apostar no caráter preventivo das medidas propostas, que Assumpção opta não por descrever um modelo ideal de *penitenciária*, no sentido estrito do termo, mas de uma instituição que dela deriva, e a complementa, sem igualar-se inteiramente a ela. Ao apresentar seu projeto de *colônia penal*, precedendo-o da caracterização dos tipos vagabundos, o jurista produz um efeito de sentido que permite pensar Curitiba como uma capital que, moderna, preserva ainda aqueles caracteres sociais e institucionais, capazes de comportar um progresso que se desenharia sem fissuras ou contradições. A civilização, sim, mas sem o alto preço da barbárie.

✧

Também atento à urgência do debate, João Macedo Filho se propõe a "expender sobre esse assumpto algumas ligeiras ideas", com o objetivo de mostrar "que não há entre as nossas necessidades sociaes uma que se imponha mais imperiosamente ao patriotismo do governo, do que a applicação em nosso Estado de um verdadeiro systema penitenciario". Seus artigos – sete no total, publicados entre os dias 27 de maio e 15 de junho de 1908 – cumprem mais que esse modesto propósito. Eles pretendem avaliar os modelos penitenciários disponíveis e em vigência nos Estados Unidos e Europa para, a partir dessa avaliação, tentar estabelecer qual o melhor a ser adotado no sistema penitenciário paranaense. Ele justifica seu intento no primeiro texto:

> Até hoje somente se tem procurado, entre nós, prover as prisões de segurança para que os encarcerados não possam fugir: eis o critereo unico que preside a construcção e a organisação das prisões paranaenses.(...)
>
> (...) Mas isto não é o bastante para a realização dos fins da penalidade. Nada mais anti-scientifico, nada mais em contraste com a nossa civilisação, sob todos os pontos de vista, do que a actual cadeia de Coritiba! (...)

> (...) É inadiavel a refórma, sejam quaes forem os dispendios a fazer; é preciso para isso que o governo não meça sacrificios porque as compensações não tardarão.[41]

Um a um, os modelos penitenciários são analisados e devidamente criticados, em suas vantagens e desvantagens, nos artigos subsequentes, tendo como eixo três perguntas: quais as condições essenciais para uma penitenciária; qual o sistema penitenciário preferível; e qual melhor se adapta às circunstâncias sociais de Curitiba? Nos quatro textos seguintes ele analisa e rejeita alguns dos principais modelos vigentes, ainda que admita que sua adoção representaria certo avanço – especialmente no caso do de Auburn – dadas as condições precárias do regime de encarceramento no Paraná. Para Macedo, o problema comum a esses modelos é que eles "não cogitam (...) de um problema de magna importancia e que constitue, por certo, a mais logica applicação da pena de accordo com seu actual conceito: quero falar da individualização da pena". De maneira geral, explica, os códigos prescrevem penas determinadas para cada espécie de crimes, atenuando ou agravando a punição de acordo com as circunstâncias em que o crime foi cometido. Nada mais retrógrado. Se o criminoso, de acordo com as teorias criminais então em voga, "não é mais que um doente, um individuo affectado de anormalidade na maioria dos casos curavel", não há como prescrever *a priori* qual o tempo necessário para sua regeneração.

> Do mesmo modo que a medicina moderna estuda mais os doentes que as molestias, para applicar mais efficazes remedios, assim também a sciencia criminal estuda mais os criminosos do que os crimes para prescrever meios de maior força regeneradora.
>
> Um mesmo crime commettido por individuos de diversos caracteres e temperamentos deve ser, pois, reprimido diversamente, relativamente, de accordo com os effeitos que a pena produz em cada um.[42]

A crítica tem um alvo certo: a escola clássica de Direito e suas noções de responsabilidade penal, duramente combatidas pelos positivistas, alinhados em torno à antropologia criminal, mas ainda presentes no Código Penal, inspirando entre outras passagens aquela que trata do regime de reclusão. A fala de Macedo Filho é, mais uma vez, significativa do grau de sintonia entre Curitiba e o que de mais atual se discutia nos grandes centros urbanos em termos de direito penal e criminologia. E é também a razão pela qual, no último artigo da série, ele usa da pena para uma defesa apaixonada

---

41 JOÃO MACEDO FILHO. *A Penitenciária (I)*. "A República", 27/5/1908.
42 JOÃO MACEDO FILHO. *A Penitenciária (VI)*. "A República", 12/6/1908.

do "systema Irlandez ou Progressivo", que o autor considera o que "melhor satisfaz as aspirações da moderna penologia e bem em condições de ser adoptado no Paraná".

Em linhas gerais, o modelo parte do princípio de que a pena "deve ser executada de modo differente relativamente aos effeitos que ella pode produzir em cada criminoso". Coloca assim, "a sorte dos condenados nas suas próprias mãos e implanta-lhes a esperança no coração". A sentença é cumprida em três etapas. O prisioneiro é primeiro isolado por nove meses - nos quatro meses e meio iniciais, ele é privado de comunicação e tem direito a uma alimentação diminuta e pouco substancial, para que possa operar uma "transformação em seu organismo moral". Os meses restantes ele os passa lendo a sua sentença e recebendo comida abundante. Uma preparação para a segunda etapa, constituída pela adoção do modelo de Auburn. Os presos são então classificados segundo a conduta e tendências manifestadas. São quatro classes, podendo o sentenciado ser "promovido" sempre que apresenta alguma melhora em relação ao estado anterior. "Pode portanto [o prisioneiro] ou permanecer por longo tempo em uma das classes ou percorrel-as todas com rapidez. É uma magnifico incentivo para a regeneração." O terceiro e último estágio é a prisão intermediária, onde "já quase que desapparece o caracter penitenciario. O condenado goza de alguma liberdade, trabalha em commum com os outros, tem habitação melhorada e pode occupar lugares de confiança. Procura a administração relacional-o com a sociedade, pondo-o em comunicação directa com os directores e operarios dos estabelecimentos industriaes".

Findo o período de prisão intermediária, o condenado permanece dois anos em liberdade condicional, apresentando-se periodicamente às autoridades e informando sobre sua vida, ocupações, condutas e companhias. Ele recebe, durante o tempo da condicional, assistência das sociedades de patronato, cujo papel é "amparar os egressos das prisões (...) protegendo-os e dando-lhes emprego, para evitar nova queda". Verificada a regeneração, é lhe enfim franqueada a liberdade plena. Macedo Filho não tem dúvidas quanto as virtudes do modelo:

> Ele toma o individuo ao receber a sentença de condenação, mostra-lhe o caminho do bem, incita-o a seguil-o e faculta-lhe os meios de vencer todas as escabrosidades para alcançar um dia o termo da jornada - que é o livramento condicional. Alcançada este, ainda se fez sentir a influencia benefica do regimem. Guiou elle o condenado na conquista da regeneração do caracter; depois, fazia-se mister não o deixar ao abandono, pois sahido da prisão, sem occupação que lhe garanta a subsistência, mal visto e suspeito de todos, o desespero levol-o-á talvez a reincidencia, desmoronando assim a obra a tanto custo terminada. (...)

(...) Cogitando do importante problema da sciencia penologica – o do dia seguinte ao da sahida da prisão – só isto bastava para fazer este regimen sobrepujar muitissimo a todos os outros.[43]

Mesmo possíveis problemas, como o custo para a construção e manutenção das penitenciárias, deixariam de sê-lo: os dispêndios seriam "apenas para a installação e o resultado moral que dahi advirá, merece bem um pouco de sacrificios". Além disso, o trabalho penal, depois de devidamente instalado, permitirá à futura penitenciária do Paraná em pouco tempo chegar ao "*self supporting* dos inglezes". A urgência do labor, aliás, é tema recorrente nos debates. Perpassando-o, está a concepção de que o crime e o criminoso representam o avesso de uma moral assentada sobre o valor do trabalho, fruto de uma degeneração que é, tanto inata ao indivíduo, quanto produto de padrões morais e de comportamento fundados na ociosidade e no vício. Em pelo menos dois estudos de consagrados penalogistas do período ele aparece como condição fundamental à recuperação do criminoso. Para Paulo Vianna ele possui um "caráter educativo".[44] E não é demais lembrar o que disse João Chaves sobre a necessidade de banir da "penalogia moderna o conceito do trabalho como mero instrumento de afflicção, como um simples castigo", reafirmando sua função pedagógica e disciplinadora.[45]

※

É o trabalho penitenciário principalmente o objeto do artigo do advogado Flávio Luz, escrito logo depois da inauguração da Penitenciária do Ahu.[46] Crítico do modelo Irlandês e defensor do regime de Auburn, ele argumenta a favor deste em seus dois artigos partindo do pressuposto de que é este que oferece as melhores condições para a introdução de "uma instituição maravilhosa, de um valor inestimavel nessa obra ideal de regeneração dos criminosos: o trabalho como correctivo auxiliar da pena e como elemento capital na manutenção da ordem e da disciplina no estabelecimento penitenciário". Para Luz, o conceito moderno de pena não consiste mais apenas na punição; seu foco deve ser a recuperação e regeneração "progressivamente e por processos essencialmente praticos". A meta

---

43 JOÃO MACEDO FILHO. *A Penitenciária (VII)*. A República, 15/6/1908.
44 VIANNA, Paulo. *Regimen penitenciario*. Rio de Janeiro: Jacintho Ribeiro dos Santos, 1914, p. 24
45 CHAVES, João. *Sciencia penitenciaria*. Rio de Janeiro: Jacintho Ribeiro dos Santos, 1923, p. 230-231.
46 FLAVIO LUZ. *O trabalho penal (I)*. Diário da Tarde, 24/9/1908.

é devolver à sociedade não mais um criminoso, mas "um homem capaz de boas acções, instruído e trabalhador". Por isso

> Negar a poderosa inffluencia do trabalho como elemento regenerador e como factor indispensavel da disciplina e moralidade do regimen penitenciario interno, é facilitar a propagação do mal terrivel e irremediavel produzido pela ociosidade. (...)
>
> (...) Não há regeneração possivel sem um regimen bem applicado de trabalho. Abandonar um criminoso ao isolamento absoluto de uma cellula, obrigando-o por força da occiosidade a practica de certos actos prejudiciaes a saude, tolhendo-lhe a actividade productiva e encaminhando-o destarte ao mais completo desprendimento da vida social, a qual mais tarde virá a ser restituido, é applicar-lhe indirectamente a pena de morte, é converter um criminoso passional de occasião, em um homem viciado e cheio de deffeitos; é embrutecer os bons sentimentos e corromper o caracter (...)

Daí a conclusão de que o "trabalho é pois elemento primordial na funcção da pena", e de que, ocupados, os prisioneiros-operários "entretem o pensamento (...) applicando-o na execução do seu officio. Despertam ardorosamente o interesse e afastam por completo as más ideas e machinações prejudiciais ao bom funcionamento da pena". Conclusão parcial, porque o tema será ainda objeto de uma segunda reflexão e de um segundo artigo. E que seria um simples arremedo do primeiro, não fossem as digressões de Luz acerca do sofrimento e da aflição. Para o advogado e articulista, é justamente o esforço obrigatório do trabalho diário que "produzindo o sofrimento, torna a pena mais afflictiva e por consequencia mais apta para produzir os resultados esperados." Isso desfaz a primeira impressão, falsa, de que o trabalho penal "caracterisa a serenidade de um regimen penitenciario". Confrontando dialeticamente suas próprias reflexões, ele parte dessa afirmação para uma conclusão que parece contradizê-la: um parágrafo adiante, e o "regimen do trabalho torna mais suave o estadio na prisão, pois que despertando a animação e o interesse, constitue uma agradavel distracção".[47]

Se lidas tendo em perspectiva o artigo publicado no dia anterior, essas passagens parecem indicar outra contradição, latente nas reflexões de Flavio Luz. Há nelas um amálgama de matrizes "científicas" e veleidades "metafísicas": a penitenciária será tanto um lugar de regeneração pelo trabalho e a disciplina; como de expiação moral, pela aflição e o sofrimento. Se boa parte de sua digressão se sustenta nos preceitos científicos da "penalogia moderna", ele a temperou com uma premissa – a

---

47 FLAVIO LUZ. *O trabalho penal (II)*. Diário da Tarde, 25/9/1908.

do suplício físico como elemento de elevação moral – que muito possivelmente, e ao menos a um nível teórico, desagradariam seus pares mais ortodoxos. E por caminhos sutis, fez encontrar clássicos e positivistas naquilo que lhes é comum: o poder regenerador do trabalho, ainda que ambos tivessem um entendimento diferente do significado da palavra "regeneração".

O funcionamento da norma: o cotidiano da prisão

Embora só começasse a funcionar em janeiro de 1909, com a remoção dos primeiros presos da Cadeia Pública – ainda "provisoriamente" instalada no quartel do Regimento de Segurança –, formalmente a Penitenciária do Ahu passa a existir como instituição a partir da promulgação de seu regimento, em setembro de 1908. Em seu relatório no final daquele ano, o secretário do Interior, Justiça e Instrução Pública, Luiz Antonio Xavier, anuncia a sua instalação, ressaltando que "não será ainda uma instituição perfeita, com todas as modernas exigências, porquanto o prédio não foi especialmente para isso construído". Por outro lado, diz, "será consideravelmente melhorada a sorte dos presos, de fórma a poderem encontrar no trabalho um elemento para a regeneração, principal objectivo moral desses castigos sociaes".[48] O novo edifício também é mencionado na mensagem do presidente do Estado ao parlamento no começo do ano seguinte:

> Este vasto prédio contem cellulas em que os condemnados se conservarão isolados durante a noite, como exige o Codigo Penal, e compartimentos para officinas de trabalhos em commum.
>
> Esta, pois, iniciado o regimen penitenciário. O trabalho nas prisões, ao passo que mitiga a pena, distrahindo o condemnado, lhe proporciona a aprendisagem d'uma profissão, de um officio, que lhe ministrará meios de subsistência, quando, cumprida a pena, recuperar a liberdade.[49]

Um pouco mais cético, em seu relatório o secretário de Obras Públicas e Colonização, Claudino Rogoberto Ferreira, justifica a demora na conclusão do novo empreendimento apesar do acordo, firmado quase quatro anos antes, visar justamente o contrário. Segundo o secretário

---

48 Relatório apresentado ao Exmo. Snr. Dr. Francisco Xavier da Silva, Presidente do Estado do Paraná, pelo Coronel Luiz Antonio Xavier, Secretário d'Estado dos Negócios de Obras Públicas e Colonisação, 1908.

49 Mensagem ao Congresso Legislativo do Estado do Paraná dirigido pelo Dr. Francisco Xavier da Silva, Presidente do Estado, 1909.

> (...) o edifício em questão [do Asilo de Alienados] não podia por sua natureza ser facilmente adaptado a uma Penitenciaria e por maiores que tivessem de ser as despezas a realisar nesse intuito, jamais se chegaria à obtenção de um estabelecimento modelar, conforme convinha. (...) Grandes reformas foram necessárias realisar e ainda assim o numero de cellas é diminuto, a segurança do prédio não póde ser considerada rigorosa e há a observar a ausência da muralha de retorno (...).[50]

As ressalvas de Rogoberto Ferreira pouco ou nenhuma diferença fazem na apreciação da penitenciária pelos seus pares. No relatório de sua pasta, o coronel Luiz Xavier apresenta-a como uma "prisão hygienica onde o recluso se não habitue a ociosidade e ao contrario se affeicoe ao trabalho e que exerça sobre elle benéfica influência"; para que se cumprisse tal intento explica que "desde logo serão montadas oficinas de alfaiataria e marcenaria, além de uma secção de typographia e de encadernação".[51] A avaliação do chefe de Polícia não é menos otimista:

> Installou-se em Janeiro e vai funccionando com toda regularidade, a Penitenciaria do Ahu.
>
> Pelos trabalhos executados no estabelecimento, pela ordem que alli tem reinado, verifica-se que vamos conseguindo o esperado com a sua fundação.
>
> (...)
>
> Os condemnados, de forças inactivas, de existências prejudiciaes ao Estado, de fermentos de novos crimes, na escala das reincidencias, pelo castigo brutalmente infligido, encontram, agora, entre nós, n'uma casa de trabalho, na actividade productiva, o mais efficaz derivativo ao soffrimento moral e, ao mesmo tempo, indemnisam seu debito pelos productos manufacturados.
>
> Ao influxo da sociabilidade laboriosa adaptam-se á existencia, firmam-se na orientação do trabalho honesto, que é a lei suprema da vida, tornando-se aptos para luctar e vencer, quando forem livres.[52]

---

50 Relatório apresentado ao Exmo. Snr. Dr. Francisco Xavier da Silva, Presidente do Estado do Paraná, pelo Bacharel Claudino Rogoberto Ferreira, Secretário d'Estado dos Negócios de Obras Públicas e Colonisação, 1909.

51 Relatório apresentado ao Exmo. Sr. Francisco Xavier da Silva, Presidente do Estado, pelo Coronel Luiz A. Xavier, Secretário do Interior, Justiça e Instrucção Pública, 1909.

52 Relatorio apresentado ao Secretario dos Negocios do Interior, Justiça e Instrucção Publica pelo Chefe de Policia Interino, Desembargados João Baptista da Costa Carvalho Filho, 1909.

O entusiasmo alcança o Procurador Geral da Justiça, que em seu relatório de 1910 fala da penitenciária como um "utilíssimo estabelecimento (...) attestado vivo de progresso do Paraná".[53] Enfronhado diuturnamente no cotidiano da instituição, o relatório do diretor da penitenciária, major Ascanio Ferreira de Abreu, soa mais equilibrado. Se faz dos primeiros meses de regime um balanço positivo – "(...) O trabalho bem distribuído e a instrucção bem ministrada, eis a meu ver, os vehiculos que com mais segurança e rapidez percorrem a grande estrada do reerguimento physico e moral dos delinqüentes", diz a certa altura –, enfatiza igualmente a urgência de alguns investimentos necessários ao seu melhoramento: a construção de uma muralha em torno ao edifício, para impedir ou ao menos diminuir o risco de fugas e recepção de objetos não permitidos pelo regulamento; o aumento no número de guardas; e a construção de dois novos pavilhões, destinados à enfermaria e oficinas de alfaiates, sapateiros e tipógrafos, "que se acham pessimamente installadas em salas improprias e acanhadas".[54]

A moderação de Ascanio de Abreu me parece a melhor maneira de medir o impacto e a importância da penitenciária naqueles primeiros meses de seu funcionamento. Além dos problemas já apontados pelo secretário de Obras e pelo diretor, há pelo menos outro igualmente significativo e não mencionado nos relatórios, a lotação excedente, a contrariar um dos princípios caros ao regime de Auburn, adotado no Ahu: da população inicial de prisioneiros, era 49 homens e seis mulheres, todos condenados por homicídio, totalizando 55 presos para as 52 celas disponíveis. A solução foi alojar os homens em celas individuais e duas mulheres em cada uma das três células restantes. Por outro lado, e do ponto de vista especialmente das autoridades estaduais, a sua criação representava um avanço significativo, quase uma recompensa pelos inúmeros esforços empreendidos nos últimos anos na tentativa de melhorar a situação da segurança pública no Paraná, modernizando-a.

Mesmo o habitualmente arredio *Diário da Tarde* assim o reconhece em matéria publicada no mês de maio, meses após a inauguração. Visitando "accidentalmente" a penitenciária, o repórter descreve minuciosamente ao longo da reportagem suas impressões da instituição, a começar pelo refeitório e a cozinha, onde os guardas se alimentavam enquanto o cozinheiro chefe e os presos preparavam as refeições a serem servidas no dia seguinte: pão e café pela manhã, carne seca e verde e feijão preto para o almoço e a ceia. Conheceu ainda as oficinas de sapataria e a tipografia e as galerias, onde constata que "relativamente a triste situação dos sentenciados não

---

53 Relatório apresentado ao Exmo. Sr. Dr. Francisco Xavier da Silva, Presidente do Estado, pelo Desembargador Procurador Geral de Justiça, José Maria Pinheiro Lins, 1910.

54 Relatório apresentado ao Chefe de Polícia, Desembargador João Baptista da Costa Carvalho Filho, pelo Director da Penitenciária do Ahu, Major Ascanio Ferreira de Abreu, 1909.

podem ser mais confortáveis as cellas. Todas recebem luz e ar directos, são altas e espaçosas, severamente limpas, não se sente alli o menor cheiro desagradável, como se nota em quase toda parte onde há assim agglomeracção de indivíduos". Cada cela era mobiliada com "uma cama de ferro, com colchão, colcha, lençol e dois cobertores, um lavatório de ferro com bacia e jarro, uma mesa e uma lâmpada de luz eléctrica, perfeitamente clara de dia e de noite". Além disso, "impressionam bem ao visitante é não se lhe depararem as grossas grades de ferro, as portas pesadas, as grandes chaves que caracterisariam uma prisão antiga. Tudo ali é leve e até elegante". Acerca dos detentos a avaliação é ainda mais positiva:

> Os presos não apresentam esse aspecto doentio dos detentos de outras prisões.
>
> Conservando o cabello e a barba no seu natural, sem a raspagem regulamentar de quase todas as casas de correcção não tem aquelle aspecto que inspira comiseração e receio.
>
> Tem o ar melancholico dos que vêm segregados da sociedade, mas parecem resignados porque a sociedade não os maltrata.
>
> Na galeria dos pavimento superior da ala esquerda, junto á grade, um preto ainda moço lia um livro. Approximando-nos perguntamos o que estava lendo? O segundo livro, respondeu; eu não sabia ler agora é que estou aprendendo. Outros presos também estavam aprendendo.[55]

O ambiente e a expectativa gerada por anos de espera, bem como a sensação crescente de insegurança, corroboraram para a sequência de efemérides em torno à instituição, todas alvissareiras. Se não é difícil entender as razões que motivaram estes discursos, tarefa mais delicada – e necessária – é ultrapassar a barreira do senso comum, oficial ou não, e apreender as muitas contradições da instituição, algumas manifestas, outras dissimuladas, mostrando-a em suas múltiplas facetas. Tentarei este itinerário a partir de três caminhos de leitura das fontes, que se cruzam. Em um primeiro momento, uma análise mais fina do regimento almeja revelar os mecanismos sutis que pretendem colocar em funcionamento uma máquina concebida não apenas para regenerar, mas punir e castigar. Em um segundo, uma "leitura a contrapelo" da documentação oficial, especialmente dos relatórios do diretor Ascanio Ferreira de Abreu, buscará lançar luz sobre alguns dos problemas da instituição – o reduzido número de guardas e celas, a segurança precária, etc... – que revelam a crescente dificuldade de assegurar a ordem e a disciplina necessárias ao cumprimento de suas funções

---

55 *Na penitenciaria*. "Diário da Tarde", 26/5/1909.

originais. Se a penitenciária foi erguida em nome do progresso e da civilização, seu funcionamento e rotina gestaram e fizeram o parto do avesso de que ambos são inseparáveis, porque parte intrínseca a eles: a barbárie. E enfim, especialmente nos livros de registros de presos a intenção é apreender um cotidiano intramuros marcado por conflitos, desordem, desentendimentos e violências de toda ordem, especialmente contra os detentos, continuamente submetidos a castigos os mais diversos.

※

A instalação da Penitenciária do Estado obedece aos novos preceitos legais no que tange à construção e funcionamento das instituições penais. O regulamento, elaborado, aprovado e transformado em decreto ainda em 1908, foi organizado em três títulos, de forma a dar conhecimento dos deveres e atribuições da direção e dos funcionários (primeiro título), do regime disciplinar e de trabalho dos condenados (segundo título) e do regime econômico e serviços domésticos (terceiro e último título). De maneira geral, ele organiza o funcionamento do aparato técnico-burocrático da prisão, que tem como princípio um jogo que a um só tempo descentraliza e centraliza o poder, distribuindo-o, fazendo-o circular de forma que ele atravesse todo o corpo funcional - guardas, carcereiros, amanuenses, médicos, enfermeiros, etc..., num fluxo contínuo, operacional e relacional de controle e vigilância.

No interior dessa rede de relações, o diretor exerce um papel fundamental: além de a ele estarem subordinados todos os empregados da penitenciária, ele é responsável direto pela segurança da instituição e pela observância no cumprimento de seu regulamento. Essa hierarquização, no entanto, não tem como função localizar o poder de forma a nomeá-lo ou personificá-lo em torno de um nome ou um cargo. Ao assentar-se sobre uma estrutura relacional e capilar, a direção torna-se, mais que um cargo, uma *função* e uma *representação*. Dito de outra forma, substituindo a *repressão* pela *autoridade*, a prisão faz do asilamento uma síntese dos valores morais burgueses, ao reconstituir simbolicamente no espaço prisional a relação familiar, baseada numa moral pura e uniformizada, guardada pela autoridade vigilante, reta e virtuosa do pai.

Nos 15 capítulos e 61 artigos do primeiro título, o regimento estabelece principalmente as condições da rotina administrativa do estabelecimento, delimitando as muitas obrigações e funções do diretor e demais funcionários – médico, almoxarife, professor, amanuense, inspetor, guardas, porteiro e servente. Como parte do corpo funcional residia no mesmo edifício da penitenciária, o regimento obriga a todos "guardar o maior asseio e limpeza no traje e nos compartimentos que occuparem", e aos internos especialmente usar os "uniformes da caza, segundo o modelo que for adoptado".[56] A eles era fornecida, também, uma ração diária, além do salário mensal.[57] Uma leitura atenta deste primeiro título permite apreender algo mais que o privilégio que parece conceder à organização das funções e tarefas administrativas inerentes ao dia-a-dia da instituição. Nele já aparecem claramente definidos, os princípios pedagógicos que atravessam toda a estrutura institucional – mesmo quando se consomem dezenas de caracteres para definir as atribuições do almoxarife ou, laconicamente, aquelas poucas que dizem respeito ao amanuense. No relacionamento com os sentenciados, por exemplo, é vedado a qualquer funcionário manter algum preso a seu serviço, aceitar destes ou de seus familiares algum tipo de presente ou ainda "Encarregar-se, sem permissão especial do Director, de levar ou trazer objetos pertencentes aos condenados, servir-lhes de intermediario, entre si, ou com outras pêssoas, dar noticias ou favorecer correspondências".[58] Ao inspetor dos guardas compete entre outras coisas "acompanhar o movimento dos presos, durante a passagem de um lugar para o outro, no passeio, nas visitas e na reunião da Escola".[59] Com os guardas, a norma é mais específica e ainda mais rígida, já que são normalmente eles os que lidam diretamente com os sentenciados: eles devem "Exercer a maior vigilância sobre os condenados, espreitando suas ações e movimentos e observando se elles cumprem seus deveres". Em caso de desvios leves os guardas são incumbidos de "advertir com docilidade os presos (...) tratando--os com humanidade e justiça, mas sem familiaridade". Um silêncio absoluto lhes foi imposto, já que era proibido "conversar com os condenados, nem entre si, na occasião

---

56 Artigo 4º do Capítulo II ("Dos Empregados. Suas nomeações e exonerações"), Título I ("Do pessoal. Suas atribuições") do Regulamento da Penitenciária.

57 O maior salário era o do diretor, 480$000 mensais, seguido do almoxarife e amanuense, que recebiam respectivamente 300$000 e 240$000. O inspetor dos guardas e guardas eram pagos em diárias, de 5$000 e 3$500 respectivamente. Em diferentes relatórios da direção, encontrei menções aos baixos salários e diárias pagos aos funcionários. Alguns exemplos: no relatório de 1916, o diretor afirma que "a exiguidade dos vencimentos dos funccionarios deste estabelecimento, posta em face dos serviços que prestam e da rigorosa disciplina a que estão sujeitos, é injustificável e colloca-os a todos n´um pé de tão clamorosa desegualdade, em relação ao serviço e vencimentos dos outros funccionarios públicos (...)". Para o ano de 1917, o orçamento aprovado para a Penitenciária foi de 66:000$000, considerado insuficiente por Ascanio de Abreu, que propõe uma revisão da planilha original elevando o projeto de orçamento para 95:040$000, aí somados, além de conservação, reparos e outras despesas, os salários dos funcionários do estabelecimento, incluindo o seu próprio. No relatório de 1927 ele aproveita uma solicitação para a ampliação do número de guardas – de 9 para 15 – e pede "para reparar uma grave injustiça, augmentando, também, o salário do pessoal diarista e dividindo-os em classes".

58 Artigo 9º do Capítulo II ("Dos Empregados. Suas nomeações e exonerações"), parágrafos I a VI, Título I ("Do pessoal. Suas atribuições").

59 Artigo 44 do Capítulo IX ("Do inspetor dos guardas"), Título I ("Do pessoal. Suas atribuições") do Regulamento da Penitenciária.

do serviço, respondendo em poucas palavras e em voz baixa as perguntas relativas ás suas funcções com as necessidades dos condemnados".[60]

À medida que se desloca das atribuições mais genéricas aquelas particulares, o regulamento se esmera em ordenar e coordenar uma rede de atribuições em que tudo – das funções administrativas às oficinas de trabalho – convergem para aquele duplo efeito de que falei antes. Assim, de um lado mesmo aqueles que prestam serviço à penitenciária, sem serem a ela diretamente vinculados – caso dos mestres de oficina e do professor – têm suas obrigações e responsabilidades claramente definidas dentro da instituição. Nas salas de aula, por exemplo, o professor deve exercer a autoridade necessária para assegurar, desde a pontualidade e a freqüência, obrigatória, até o silêncio necessário durante as lições de leitura, escrita, aritmética elementar, noções rudimentares de gramática, noções de geografia e história do Brasil e dos direitos e deveres morais e políticos. Uma biblioteca, contendo livros de "leitura amena e edificante, para uso dos condemnados, segundo o grao de intelligencia e disposições moraes de cada um"[61] estaria ainda sob a guarda do docente.

Por outro lado, tudo e todos dentro da instituição estão submetidos a autoridade vigilante e competente do diretor, cujas atribuições, muitas, fazem lembrar a onipresença e a onipotência do "Grande Irmão" orwelliano. Os dois primeiros artigos do capítulo quarto, que tratam das suas obrigações, não deixam margem de dúvidas acerca deste exercício totalizante de poder. De acordo com o artigo 15, ao diretor estão "subordinados todos os empregados da Penitenciária"; no seguinte lemos que "Elle é directamente responsavel pela segurança e pela execução das leis e regulamentos referentes ao serviço e das ordens emanadas do Governo".[62] Entre a rotina administrativa e o zelo para com a observância dos códigos disciplinares, tanto por parte dos funcionários quanto dos detentos, ele é ainda o elo entre a penitenciária e as autoridades públicas que, na hierarquia estatal, são as primeiras e principais responsáveis por ela. Informá-las por meio de estatísticas, números, mapas, comunicados e relatórios enviados periodicamente ao chefe de Polícia – e deste ao secretário de Interior, Justiça e Instrução Pública e depois ao governador do estado – é parte de suas "attribuições e deveres".[63]

---

60 Artigo 45 do Capítulo X ("Dos Guardas"), parágrafos I a VI, Título I ("Do pessoal. Suas atribuições").

61 Artigos 50 a 54 do Capítulo IV ("Das attribuições e deveres do Director"), Título I ("Do pessoal. Suas atribuições").

62 Artigos 15 e 16 do Capítulo XII ("Do Professor. Da instrucção escolar"), Título I ("Do pessoal. Suas atribuições").

63 Que constam, mais especificamente, nos itens I, VIII, XI, XII, XV, XVI, XVII, XX, XXIII, XXVI, XXVII e XXXII do artigo 17 do Capítulo IV ("Das attribuições e deveres do Director"),

Os dois capítulos seguintes – "Do regimen disciplinar e do trabalho" e "Regimen economico e serviço doméstico", respectivamente – esmiúçam, até ao detalhe, o aparato e as intenções disciplinares e pedagógicas da prisão. Tudo ali é expressão de um intuito, velado ou não, de gerir minuciosamente gestos, comportamentos e atitudes, por meio de uma racionalização do cotidiano transformado em uma rotina onde tudo e todos serão permanentemente administrados, vigiados e controlados. O trabalho compulsório, o silêncio, a uniformização das roupas e dos gestos, o isolamento noturno, os cuidados com a higiene, as sanções disciplinares, etc…, são fragmentos de uma prática que, ao inscrever-se na superfície dos corpos, tornando-os dóceis, obedientes e socialmente produtivos, pretende moldar pedagogicamente as "almas". Daí a necessidade premente que os corpos sejam submetidos a uma exigência que os transforma e aperfeiçoa, e cuja função e fim último é o adestramento.

Na Penitenciária do Ahu, este controle aparece desde o momento em que o sentenciado adentra a instituição. Matriculado e conduzido à sua célula, ele recebe as primeiras instruções acerca das normas internas; é o momento em que o inspetor dos guardas lê, em voz alta, "as disposições do Regimento relativas á disciplina e aos seus deveres".[64] Inscrito na rede de poderes que se articulam uns aos outros no interior da prisão, o sentenciado será, a partir daí, objeto de uma severa, cuidadosa e permanente vigilância. Sobre ele, incidirão um sem número de normas e preceitos que pretendem gerir até mesmo o gesto mais ordinário. O zelo com a vigilância, recorrente em todo o regulamento, torna-se mais visível nos dois títulos finais, especialmente o segundo. Dentro e fora das celas – nos corredores, oficinas de trabalho, enfermarias, pátios, etc… – o trânsito dos condenados é supervisionado por um circuito de olhares que não se esgota nos guardas e seu inspetor. Ela pode conter tanto os olhares dos mestres, professores ou enfermeiros – quando da permanência dos prisioneiros na escola, oficinas de trabalho ou na enfermaria, por exemplo –, quanto dos seus próprios companheiros, já que a estrutura da prisão incentiva, ainda que indiretamente, que os cativos espiem uns aos outros e a si mesmos.

Essa miríade de olhos e olhares que de todos os lados e por todos os ângulos perscrutam corpos não é aleatória.[65] O poder exercido por transparência, cujo per-

---

Título I ("Do pessoal. Suas atribuições").

64 Artigos 63 e 64 do Capítulo XVI ("Do serviço e regimen disciplinar"), Título II ("Do regimen disciplinar e do trabalho").

65 Nas "Disposições gerais", em um dos artigos derradeiros do regulamento, lê-se que "Nos corredores e nas cellulas, haverá as luzes necessarias para que não escape á vigilancia dos guardas, qualquer movimento dos condemnados". Artigo 206, Capítulo XXVII ("Disposições Geraes"),

curso genealógico nos remete ao Panóptico de Bentham, vamos encontrá-lo também no modelo adotado pelas autoridades paranaenses, o de Auburn, mais de um século depois do pensador inglês ter trazido à luz seu projeto arquitetônico. Sabemos que aquele projeto nunca foi implementado tal e qual seu idealizador o concebeu. Mas não é estranho igualmente o potencial utópico do panoptismo, que desliza para fora dos muros das prisões e demais instituições disciplinares, espraiando-se em outros espaços e temporalidades, inspirando novos modelos e dando a conhecer novas possibilidades de confinamento e regeneração daqueles considerados anormais – criminosos, delinquentes e desviantes de todo tipo, tais como mendigos, vadios, prostitutas, loucos e pervertidos sexuais.

As similaridades, no entanto, não cessam nestas armadilhas da visibilidade. Tanto no Panóptico quanto em Auburn, o trabalho será um fator fundamental à recuperação do criminoso.[66] No regulamento da penitenciária, ele deveria observar principalmente três critérios: ser de fácil e curta aprendizagem, isento de insalubridade e produtivo.[67] A estes primeiros e essenciais cuidados, seguem-se outros tantos, que regulamentam desde os horários de atividade e de descanso, até a distribuição das tarefas entre os prisioneiros, cuja "força e aptidões" devem ser consultadas.[68] Entretanto, em que pese a exigência à produtividade, não parece ser este o papel fundamental do trabalho penitenciário. Esta clareza têm os próprios defensores do regime, para quem é o esforço obrigatório que, ao produzir o sofrimento, torna a pena mais aflitiva e apta a produzir os resultados esperados. Dito de outra forma, o labor diário cumpre dois desígnios fundamentais. Primeiro, intenciona fazer do corpo do prisioneiro um lugar capaz de acolher os valores de uma sociedade da qual ele não participará a não ser na condição de excluído. Segundo, condiciona este mesmo corpo a um sofrimento incessante, e por isso didático. Evidente que não se trata aqui da tortura física, barbárie que a penalogia moderna, científica, pretendeu transformar em coisa do passado. No interior das prisões, mesmo a dor deve ser fruto de uma racionalidade que produz e legitima

---

Título III ("Regimen economico e serviço domestico").

66 O problema do trabalho como força motriz por detrás da maioria dos modelos penitenciários do século XIX vem sendo problematizado pelo menos desde o trabalho, hoje referência, dos alemães George Rusche e Otto Kirchheimer, publicado originalmente em 1939. Além de "Vigiar e punir", de Foucault, que toca no tema, remeto ao estudo dos historiadores italianos Melossi e Pavarini. Cf.: MELOSSI, Dario; PAVARINI, Massimo. *Cárcere e fábrica: as origens do sistema penitenciário (séculos XVI-XIX)*. Rio de Janeiro: Revan/ICC, 2006, especialmente p. 149-233.

67 Artigo 96, Capítulo XVII ("Do trabalho. Sua natureza"), Título II ("Do regimen disciplinar e do trabalho").

68 Artigo 97, Capítulo XVII ("Do trabalho. Sua natureza"), Título II ("Do regimen disciplinar e do trabalho").

a regularidade e o procedimento, a eficiência e a rigidez, recusando ao corpo o direito ao instinto e ao desvio, ao erotismo e a espontaneidade.

A aprendizagem pela dor[69], no entanto, não começa nem se esgota no trabalho, ele próprio organizado e gerido de forma a estabelecer e fixar rígidos padrões de conduta, tanto física como moral.[70] Ela faz ainda mais sentido quando articulada a uma distribuição das punições no interior da prisão. Todo um capítulo é dedicado as chamadas "penas disciplinares", que vão da privação de visitas a solitária com restrição alimentar, distribuídas de acordo com a classificação do criminoso e de seu crime e da gravidade da falta cometida.[71] Para o antropólogo americano Erving Goffman, a distribuição de privilégios e castigos "são modos de organização peculiares às instituições totais", por meio dos quais se sustentam e cristalizam redes de autoridade e submissão. Ele observa, no entanto, que enquanto o castigo – "definidos como consequências de desobediência às regras" – são de uma severidade exemplar, os privilégios "não são iguais a prerrogativas, favores ou valores,

---

69 A relevância da dor na cultura do Ocidente já havia sido notada por Nietzsche, para quem ela cumpre inclusive uma função mnemônica. Para o filósofo alemão, aprendemos e internalizamos, como um axioma, que "apenas o que não cessa de *causar dor* fica na memória (...). Jamais deixou de haver sangue, martírio e sacrifício, quando o homem sentiu a necessidade de criar em si uma memória; (...) tudo isso tem origem naquele instinto que divisou na dor o mais poderoso auxiliar da mnemônica". Cf.: NIETZSCHE, Friedrich. *Genealogia da moral: uma polêmica*. São Paulo: Companhia das Letras, 2002, p. 50-51.
O tema é retomado entre outros por Jacques-Alain Miller em seu comentário ao "Panóptico". Para o psicanalista francês, o sofrimento é o "objeto único que elas [as leis] comentam, variam, traduzem, dividem e repartem". No projeto utópico de Bentham, expressão de uma utopia que informa a própria organização da sociedade contemporânea, "a dor, com efeito, é mais segura que o prazer". Cf.: MILLER, Jacques-Alain. A máquina panóptica de Jeremy Bentham. In.: SILVA, Tomaz Tadeu da (org.). *O Panóptico*. Belo Horizonte: Autêntica, 2000, p. 103.
Em sua tese de doutorado, o sociólogo Pedro Bodê nota, acerca do encarceramento moderno, que para seus idealizadores ele é definido como "a possibilidade de impor a "justa medida da dor" e como uma forma mais humana de punir, porquanto menos cruel". Em certa medida, esta percepção da dor, entendendo-a como elemento regenerador, é fruto de um trabalho de distanciamento, de uma "produção social da indiferença", nas palavras de Nils Christie, que torna o prisioneiro um elemento estranho, desumanizando-o e autorizando, por meio deste processo, que se lhe inflija a dor sem que, com isso, se cometa um ato de desumanidade. Cf.: MORAES, Pedro Rodolfo Bodê de. *Punição, encarceramento e construção de identidade profissional entre agentes penitenciários*. São Paulo: IBCCRIM, 2005, p. 103-108; CHRISTIE, Nils, p. 171-176.

70 Assim, por exemplo, o artigo 102 do capítulo XVII ("Do trabalho. Sua natureza"), Título II ("Do regimen disciplinar e do trabalho"), determina que "Introduzidos os condemnados nas officinas á voz do respectivo mestre, tomarão os lugares que lhes estão designados, e d'ahi só poderão sahir ao toque de que tratam os artigos seguintes". A norma reaparece adiante, ampliada, no artigo 215 do Capítulo XXVII ("Disposições Geraes"), Título III ("Regimen economico e serviço domestico"): "Todos os exercícios e movimentos dos condemnados, como o de levantar-se, deitar-se depois da refeição, trabalho, passeio e ida para a escola, serão annunciados pelo toque da sineta (...)".

71 Artigos 116 a 138 do capítulo XIX ("Das penas disciplinares"), Título II ("Do regimen disciplinar e do trabalho").

mas apenas a ausência de privações que comumente a pessoa não espera sofrer. As noções de castigos e privilégios", diz, "não são retiradas do padrão da vida civil".[72]

Este "modo peculiar de organização" é ainda mais significativo em uma instituição que tem por finalidade a punição e a penitência e onde a produção da dor é o meio para se atingi-las. Não há, por exemplo, um capítulo que defina quais os direitos dos prisioneiros, e se existem práticas que podem ser consideradas como tais – visitas periódicas, recebimento e envio de correspondências, passeios ao sol, atendimento médico, pagamento de pecúlio pelo trabalho nas oficinas, educação, etc... –, elas são, além de parte do processo de recuperação do criminoso, mais um conjunto de concessões da instituição, que as regulamenta e controla, que exatamente um direito na acepção iluminista e liberal do termo. Se concedidas e reguladas institucionalmente, elas também podem ser suprimidas se alguma autoridade prisional considerar tal medida necessária – e ela será necessária sempre que um prisioneiro infringir uma regra.

Se inexistem direitos, há além dos muitos castigos, inúmeros deveres: obedecer sem ressalvas e murmúrios os encarregados da vigilância; manter-se sempre em silêncio; mostrar-se polido e respeitoso com os empregados e visitantes; nunca interromper as tarefas que lhe forem impostas; manter as celas limpas e conservadas as roupas de uso diário, etc...[73] Como em "A colônia penal", o célebre conto de Kafka, a imputação do castigo por meio da tortura e da dor física, tornada obsoleta, foi substituída por outra gestão do poder, capilar e insidioso, e pelo refinamento das formas de dominação. Nas palavras de Deleuze e Guattari, indissociáveis das leis, as "máquinas abstractas" cumprem uma função política basilar: elas não apenas mudam e atualizam antigas práticas de violência, como instituem e justificam novas técnicas de sujeição e imputação da dor.[74] O exercício deste poder aparece profundamente

---

72 GOFFMAN, Erving. *Manicômios, prisões e conventos*. São Paulo: Perspectiva, 1992, p. 49-58.

73 Artigos 201 a 205 do capítulo XXVI ("Deveres dos condenados"), Título III ("Regimen economico e serviço doméstico"). Do rol de deveres, alguns chamam particularmente a atenção. O parágrafo 2º do Artigo 201 prescreve que todo condenado deve "Compenetrar-se da sua posição, da necessidade de evitar punições e de merecer pela bôa conducta a benevolencia dos empregados da casa". O Artigo 202 estabelece: "Nas passagens de um para outro ponto, nos pateos e em qualquer lugar onde não tenham alguma ocupação os condenados marcharão uns após outros, sem estrepito". Todo condenado que se julgar vítima de uma injustiça, reza o Artigo 203, poderá reclamar ao diretor ou diretamente ao Chefe de Polícia se a injustiça for praticada por aquele. Não serão aceitas, no entanto, petição ou reclamação coletiva, e serão "punidos como crime de sedicção ou ajuntamento illicito as reuniões formadas pelos condenados para a pratica dos actos previstos nos artigos 118 e 119 do Código Penal [que descrevem e estabelecem a pena para os crimes de sedição e ajuntamento ilícito]". Além disso, o "condenado que der queixa infundada expõe-se a ser punido com a pena do artigo 116 numero cinco [restrição alimentar] de trez a seis dias".

74 DELEUZE, Gilles; GUATTARI, Félix. *Kafka: para uma literatura menor*. Lisboa: Assírio &

articulado às diferentes possibilidades de constituição do sujeito, aquilo que Foucault chamou de "práticas divisórias", entendendo-as como uma tecnologia onde ele "é dividido no seu interior em relação aos outros. Este processo o objetiva. Exemplos: o louco e o são, o doente e o sadio, os criminosos e os 'bons meninos'".[75] No interior das prisões pretende-se que este sujeito se constitua pela sujeição, que sua identidade seja forjada pela obediência à norma mas, principalmente, que seu corpo seja marcado pelos muitos poderes que o atravessam, sujeitam e identificam.

☙❧

Nos anos imediatamente subsequentes a sua inauguração, entre queixas mais ou menos pontuais e reivindicações por melhorias, especialmente no que tange à ampliação de seu espaço físico, a apreciação da penitenciária mantém, em linhas gerais, o caráter positivo. A ênfase recai sobre as condições de salubridade oferecidas, desde sua localização geográfica, "onde o clima é ameno e saudável, recebendo fortemente, por todos os lados, luz e ar; o que muito tem contribuído (...) para o seu lisongeiro estado sanitário"[76], passando pelas instalações internas, que autorizam, sob a ótica do poder público, a afirmação em tom um tanto ufanista de que

> No Ahú trabalha-se pela regeneração dos detentos, não só aproveitando suas actividades nas diversas officinas, como também se lhes ministrando instrucção conveniente, de modo a tiral-os do analphabetismo e tornal-os aptos, consequentemente, a distinguir o acto licito do prohibido por Lei.
>
> Alojados que são os detentos em cellulas espaçosas e hygienicas, dedicando-se aos trabalhos industriaes de accordo com suas aptidões e tendências, recebendo instrucção, provavelmente não perderão grande parte das energias corporaes e ao serem restituídos a sociedade, poderão se apresentar como indivíduos úteis.[77]

Alguns anos depois, mesmo diante da lotação excessiva – 114 presos para 52 celas – a comprometer o próprio modelo adotado quando da sua instalação, o relató-

---

Alvim, 2003, pp. 80-94.
75 FOUCAULT, Michel. Sujeito e poder. In.: RABINOW, Paul; DREYFUS, Hubert. *Michel Foucault, uma trajetória filosófica (para além do estruturalismo e da hermenêutica)*. Rio de Janeiro: Forense Universitária, 1995, p. 231.
76 Relatório apresentado ao Chefe de Polícia, Desembargador João Baptista da Costa Carvalho Filho, pelo Director da Penitenciária do Ahu, Major Ascanio Ferreira de Abreu, 1910.
77 Relatório ao Secretário do Interior, Justiça e Instrucção Pública do Paraná, Dr. Marino Alves de Camargo, pelo Chefe de Polícia, Desembargador Manoel Bernardino Cavalcanti Filho, 1912.

rio do chefe de Polícia pondera que "dado o lamentável atrazo do Brazil, em matéria penitenciária, podemos affirmar, sem receio de contestação, que a Penitenciária do Paraná é uma das melhores do paiz. Sem preencher os requisitos de um modelar estabelecimento, offerece, no entanto, condições de conforto, segurança e hygiene".[78] Um lapso do diretor Ascânio de Abreu, no entanto, abre uma senda para outras possíveis interpretações. No seu balanço anual das atividades da instituição que dirige, ele anota, sobre o ano de 1916: "A disciplina continua a ser mantida sem discrepancia n'este estabelecimento. (...) Os reclusos, em geral, *são dóceis e se compenetram da necessidade que têem de evitar castigos, submettendo-se à disciplina*".[79] Se os atos falhos expõem verdades que escapam à censura do super ego, a verdade revelada pelo diretor não apenas contesta as versões oficiais – ainda que seja, ela própria, oficial –, mas contradiz o próprio projeto sobre o qual se assentou a "ciência penitenciária": não é o trabalho, a educação ou o regulamento draconiano que asseguram a disciplina, mas o temor do castigo. A regeneração, se regeneração houvesse, nasceria do medo da dor e da angústia gerada pela expectativa do sofrimento.

Nos anos seguintes o teor do discurso muda e o tom algo prosaico destes primeiros relatórios, aos poucos cede lugar a um conteúdo em que são ressaltados os muitos problemas, já nem tão pontuais, e que vão da crescente superlotação às condições insalubres do terreno e do prédio, passando pela segurança precária e a carência de vagas nas oficinas. Seja pelas dificuldades financeiras ou por simples vontade política, em um curto espaço de tempo a situação se deteriora e, pouco a pouco, torna-se cada vez mais difícil manter em vigor o projeto original: no décimo aniversário do regulamento, são 104 sentenciados a ocupar os 52 cubículos, dez a menos que os 114 detentos que encerraram o ano anterior. Para o diretor, "Innumeras são as difficuldades que o excesso da população cellular acarreta a administração, mais se destacando a impraticabilidade do systema penitenciário por nós adoptado, pois impossível manter o silencio e a segregação nocturna exigidas pelo mesmo".[80] Dois anos depois, com 105 prisioneiros, ele acusa a "pratica verdadeiramente anômala de recolher á mesma cellula dois e mais reclusos", que "depõe contra nossos foros de povo laborioso e progressista".[81]

---

78 Relatório ao Secretário do Interior, Justiça e Instrucção Pública do Paraná, Dr. Enéas Marques dos Santos, pelo Chefe de Polícia, Lindolpho Pessoa da Cruz Marques, 1916.
79 Relatório apresentado ao Chefe de Polícia, Lindolpho Pessoa da Cruz Marques, pelo Director da Penitenciária do Ahu, Major Ascanio Ferreira de Abreu, 1916. Grifos meus.
80 Relatório apresentado ao Chefe de Polícia, Lindolpho Pessoa da Cruz Marques, pelo Director da Penitenciária do Ahu, Major Ascanio Ferreira de Abreu, 1918.
81 Relatório apresentado ao Chefe de Polícia, Luiz Albuquerque Maranhão, pelo Director da Penitenciária do Ahu, Major Ascanio Ferreira de Abreu, 1920.

O aumento no número de prisioneiros é agravado pela deterioração física da penitenciária. Não bastasse a "anomalia" de conviverem mais de um preso por cela, as oficinas funcionam precariamente; o ensino, nas palavras do próprio diretor, "faz progressos relativos" – a escola seria fechada em 1924 e reaberta apenas quatro anos depois; e a biblioteca se ressente da falta de obras, pois seu já diminuto acervo se encontrava bastante danificado depois de anos de uso. O quadro geral é resumido por Ascanio de Abreu em tom algo dramático no relatório de 1923. Recorrendo ao mestre Lombroso, credita à prisão em comum a responsabilidade pela maioria dos males que afligem a penitenciária. Para ele, trata-se de uma "enorme fábrica de crimes, onde ninguém entra sinão para perverter-se e de onde ninguém sahe sinão para tornar a entrar". "O cárcere", diz, citando o também criminologista italiano Augusto Setti, "é como o chacal, o animal immundo que torna a comer o alimento vomitado":

> É facto comprovado que n'um meio corrupto, infecto, deletério, quem não estiver couraçado uma grande fortaleza moral resvalará para o atascadeiro dos vícios, mergulhando cada vez mais nos lenteiros do crime. (...) A dignidade, a vergonha, a honestidade, pouco e pouco irão soffrendo a metamorphose determinada pelos exemplos e pela crápula. (...) e, em breve trecho, os caloiros da universidade do crime, os criminosos primários, estarão completamente pervertidos e rivalizado no semvergonhismo e no deboche com os contumazes, os reincidentes, os veteranos da grilheta.[82]

O acúmulo de problemas não era exclusivo à Curitiba. O próprio regime adotado na Penitenciária do Ahu, o de Auburn, embora recebido com entusiasmo pelas autoridades locais, já merecera duras críticas de alguns dos principais penalogistas brasileiros. Paulo Vianna, por exemplo, censura a promiscuidade gerada pela vida em comunidade durante o dia, duvidando da capacidade das instituições de assegurarem o silêncio necessário entre os presos nas salas de aula, oficinas e demais espaços comuns. Segundo Vianna, "este systema do mais rigoroso silencio é absolutamente inexeqüível, por mais vigilante e astuto que seja o mestre da officina, pois com simples olhar, gestos, signaes e com os proprios instrumentos de trabalho podem os delinquentes communicarem-se e combinar alguma cousa".[83] Ainda mais contundente em sua apreciação, Augusto Carneiro considera o regime "defeituoso e mesmo imprestável"; ao fundir os sistemas de comunidade e celular, Auburn ampliou os vícios e

---

[82] Relatório apresentado ao Chefe de Polícia, Luiz Albuquerque Maranhão, pelo Director da Penitenciária do Ahu, Major Ascanio Ferreira de Abreu, 1923..

[83] VIANNA, Paulo. *Regimen penitenciário*. Rio de Janeiro: Jacintho Ribeiro dos Santos, 1914, p. 13.

defeitos de ambos – a promiscuidade da convivência comum do primeiro, que leva ao desregramento, e a solidão do segundo, que produz, pela clausura, males físicos e psíquicos. Como seu colega, Carneiro acredita também que os presos se valem de diferentes expedientes para burlarem a lei do silêncio imposta pelo regulamento: "A sua manutenção [do silêncio] não se observaria, sem que houvesse os castigos corporaes, do que advém a desordem, a indisciplina e a sublevação collectiva dos sentenciados e a cruel applicação dos castigos corporaes".[84]

No caso de Curitiba, uma das alternativas para contornar a crise é a criação de uma Casa de Detenção, destinada ao recebimento e reclusão dos presos pronunciados e ainda não sentenciados. O prédio para a detenção é adquirido em 1923 e a instituição entra em funcionamento dois anos depois.[85] Também em 1925 começam as obras de ampliação da penitenciária, com a construção da nova ala, com 40 novas celas, entregues depois de três anos. Os investimentos repercutem positivamente. Nos relatórios de 1925 e 1926 as queixas escasseiam, resumindo-se basicamente à necessidade de ampliar a segurança externa da instituição e o número de guardas. Com a entrega das novas células, 1928 parece ser, após muitos percalços, um dos melhores anos da instituição. Pela primeira vez depois de muito tempo a direção pode tentar fazer cumprir o regulamento e o regime implantados, pois junto com as celas começam a funcionar também as novas instalações das oficinas de trabalho, algumas inclusive com novo maquinário, e a sala de aula é, finalmente, reaberta. Ascanio de Abreu observa que outras melhorias são necessárias, e o problema da vulnerabilidade do edifício volta a aparecer: o aumento no número de guardas, a construção de uma muralha para a vigilância e a de novos e mais adequados alojamentos para os praças da Força Militar, além do reparo em parte do muro colocado abaixo em um acidente durante os trabalhos de ampliação do prédio, completariam os investimentos já feitos, tornando a instituição mais sólida e segura. Ao fazer o comparativo da condição atual com a de anos anteriores, ele reconhece, no entanto, a importância das mudanças realizadas:

> De há muito, attendendo a anomalia de ficarem recolhidos à mesma cellula dois e mais reclusos, vinha esta Directoria clamando por providencias que fizessem cessar este mal, pois o condemnado sistema de communidade, então praticado, não só deturpava o systema penitenciario em boa hora por nós adoptado, como ainda aberrava dos nossos foraes de civilização e de progresso, transformando esta Casa, na phrase candente de Garraud, em verdadeira escola normal do crime.[86]

---

84 CARNEIRO, Augusto Accioly. *Os penitenciários*. Rio de Janeiro: Henrique Velho, 1930, p. 94.
85 ESTADO DO PARANÁ. Decreto n. 965, de 29 de Agosto de 1925. Regulamento da Casa de Detenção.
86 Relatório apresentado ao Chefe de Polícia, Arthur Ferreira dos Santos, pelo Director da Peni-

A percepção, a esta altura já forte, de que o cotidiano dentro dos muros da prisão não era pautado exatamente pela ordem e a disciplina, atravessa ainda as falas oficiais. Ela parece dizer, vista em retrospectiva, que o tímido otimismo das autoridades locais, especialmente do diretor da Penitenciária, frente aos investimentos enfim realizados na melhoria do Ahu, não é mais que a calmaria que precedeu a tempestade que estava por vir.

Do modelo à distopia

No caso da Ahu, a violência transparece em uma série de conflitos e tensões que atravessam a história das duas primeiras décadas da instituição. Uma de suas faces mais recorrentes são as inúmeras solitárias aplicadas, a título de "penas disciplinares", aos presos considerados insubmissos ou flagrados em algum dos delitos tipificados no regimento. Elas abundam nos livros de matrícula dos presos e em seus prontuários, devidamente anotadas em alguns casos pelo próprio diretor. No primeiro caso, insubmissão, aparecem ocorrências de presos que desrespeitaram e mesmo agrediram fisicamente mestres de oficina, professores, guardas e, em um caso, o diretor Ascânio de Abreu, ameaçado de morte por João Cerejo.[87] Mas afloram principalmente os episódios de fugas frustradas, punidas algumas delas com até 180 dias de solitária – o regimento previa 90 dias de reclusão e o dobro da pena em casos de reincidência –, parte deles com restrição alimentar, quando o preso, de acordo com o artigo 136 do regimento, recebia "por unico alimento 85 grammas de pão pela manhã e igual quantidade á tarde".[88]

Os indícios recolhidos nos livros de matrícula, principalmente, contradizem uma das máximas foucaultianas, segundo a qual a "primeira das grandes operações da disciplina é então a constituição de "quadros vivos" que transformam as multidões confusas, inúteis ou perigosas em multiplicidades organizadas".[89] Os delitos cometidos, anotados e punidos apontam, antes, para "multiplicidades desorganizadas", ainda que sejam inegáveis as muitas tentativas – incluindo o castigo – de controlá-las. Por

---

tenciária do Ahu, Major Ascanio Ferreira de Abreu, 1928.

87 Condenado em 1921 a seis anos por crime de homicídio, João Cerejo amargou 48 dias de solitária, 12 com restrição alimentar. Cf.: João Cerejo, preso n. 21. Livro de matrículas dos presos sentenciados, v. III.

88 Às vezes a tentativa resultava em tragédia: condenado em 1914 a pena máxima por homicídio, Francisco Rodrigues de Campos caiu de uma altura de aproximadamente 10 metros enquanto tentava a evasão. Gravemente ferido e removido à Santa Casa de Misericórdia, faleceu dois dias depois, em 6 de outubro de 1922. Cf.: Francisco Rodrigues de Campos, preso n. 109. Livro de matrículas dos presos sentenciados, v. IV.

89 FOUCAULT, Michel. *Vigiar e punir*, p. 135.

outro lado, é igualmente equivocado afirmar que se tratava de algum tipo de resistência que não aquela cotidiana e multiforme, suscitada pelas próprias relações de poder internas à prisão. Ou seja, talvez à exceção da rebelião que, além de motivada por razões mais ou menos claras, pressupõe uma organização e capacidade de articulação prévias, na maioria das vezes estas pequenas subversões não pretendem, de forma deliberada, romper a ordem instituída, alterando o funcionamento da instituição. Entre outras coisas, porque o efeito destas ações apenas muito raramente ultrapassa os limites, normalmente bastante rígidos, dos muros da prisão, e seu alcance é bastante limitado.[90] Elas são produto, portanto, do "sistema peculiar" que é a própria prisão, lugar onde, nas palavras de Augusto Thompson, "foram alteradas, drasticamente, numerosas feições da comunidade livre".[91] E se para Thompson o que caracteriza esta peculiaridade é a centralidade do poder – ele define a prisão como um *sistema de poder* –, Sykes insiste no efeito sobre os prisioneiros das inúmeras privações a que são submetidos desde seu ingresso na prisão e ao seu regulamento: a liberdade, primeiro e fundamentalmente; mas depois dela os bens materiais; uma vida afetiva e sexualmente ativa; sua autonomia; o sentimento de segurança; e, enfim, seu valor como indivíduo para a "sociedade legítima":

> Privados dêsses suportes do ego (...) o recluso é forçado a olhar o seu colega criminoso com afeição e respeito ou tornar-se completamente isolado das relações significativas de grupos. O prisioneiro, então, é um homem que se acha frustrado num número de áreas importantes; suas "soluções" para estes problemas causam as principais dores de cabeça para os administradores penais. Em parte, naturalmente, os padrões prévios de comportamento criminoso do recluso são ferramentas eficientes no tratamento com o ameaçador ou denegado ambiente da prisão.

---

[90] Para Michelle Perrot, uma tripla muralha de silêncio cerca os prisioneiros: o analfabetismo, o cerceamento imposto pela instituição – "ela recusa a palavra e esconde o escrito, quando não o destrói" – e a "vergonha social, o estigma infligido pela prisão". Para a historiadora francesa, "esses prisioneiros, desaparecidos de sua história, têm de ser rastreados no que se diz deles". Cf.: PERROT, Michelle. Delinquência e sistema penitenciário na França no século XIX. In.: *Os excluídos da história: Operários, mulheres, prisioneiros*. Rio de Janeiro: Paz e Terra, 1988, p. 238.
Trabalhos mais recentes, poucos ainda, têm conseguido furar estes muitos obstáculos. Na França, Philippe Artières há tempos vêm se debruçando sobre a coleção de autobiografias de criminosos reunida pelo médico e criminologista francês Lacassagne. No Brasil, Cláudia Moraes Trindade desenvolve pesquisa visando reconstruir parte do cotidiano prisional da Casa de Prisão com Trabalho, primeira penitenciária baiana, a partir da correspondência dos presos. Cf.:, respectivamente: ARTIÈRES, Philippe. Crimes écrits. La collection d'autobiographies de criminels du professeur A. Lacassagne. *Genèses*, n. 19, avr. 1995, pp. 48-67. TRINDADE, Cláudia Moraes. Para além da ordem: o cotidiano prisional da Bahia oitocentista a partir da correspondência de presos. *História*. Unesp, v. 28, n.2, 2009, p. 377-420.

[91] THOMPSON, Augusto. *A questão penitenciária*. Rio de Janeiro: Forense, 1980, p. 21.

> Coação física, chicanice ou roubo podem simplesmente ser usados para ganhar as comodidades da vida; e assim aparece uma característica dominante da vida da prisão, a exploração de um prisioneiro pelo outro.[92]

As facetas desta relação abusiva são diversas e traduzem tanto os conflitos e tensões existentes entre os presos, como entre estes e a instituição e seus representantes mais próximos – e não por acaso, são normalmente os guardas os mais diretamente atingidos pelas manifestações muitas vezes violentas de insubordinação.[93] Mas eram as brigas entre presos e a prática de atos considerados imorais os motivos recorrentes de punição. Na maioria das vezes o motivo das altercações não chega a ficar claro, mas alguns presos cumpriram parte significativa de suas sentenças na solitária por conta delas. Um bom exemplo é o de José Theophilo: condenado a 15 anos de prisão por homicídio em junho e recolhido à penitenciária em outubro de 1913, teve sua pena comutada por decreto governamental em janeiro de 1920 e libertado dois meses depois. Ao longo de seus pouco mais de seis anos no Ahu, foram sete recolhimentos à solitária, todos por envolvimento em brigas com outros prisioneiros, totalizando 460 dias de confinamento. Em uma destas ocasiões, bastaram três dias para uma nova reclusão: liberado em 15 de abril de 1914, ele chegou "as vias de facto com seu companheiro" de cela e foi novamente recolhido à solitária no dia 18.[94] Mas há aqueles casos em que não pairam dúvidas sobre as razões do banzé: em abril de 1929, Agenor Carlota e Antonio Xavier da Costa foram recolhidos por 40 dias à solitária, 15 deles com restrição alimentar, por terem "aggredido a murros" Luiz Soares Junior, "em virtude de haver este vindo queixar-se a Directoria de umas tantas anormalidades que se passavam na galeria".[95] Não há menção à natureza de tais "anormalidades", mas não é preciso registro para se saber o que já é do senso comum: nas normas não

---

92 SYKES, Gresham. *Crime e sociedade*. Rio de Janeiro: Bloch Editores, 1969, p. 94.
Para o sociólogo brasileiro Edmundo Campos Coelho, trata-se "de um duro e perigoso aprendizado ao fim do qual o indivíduo terá perdido sua "identidade" anterior. É um processo de transformação que cria uma segunda prisão: o interno torna-se cativo da "sociedade dos cativos", totalmente dependente dela para sobreviver". COELHO, Edmundo Campos. A oficina do diabo. In.: *A oficina do diabo e outros estudos sobre criminalidade*. Rio de Janeiro: Record, 2005, p. 83.

93 Um exemplo: no dia 28 de outubro de 1923, João da Costa Moreira, vulgo "João Justino", quebrou os móveis de sua cela e arremessou os pedaços "sobre os empregados que procuravam, chegando as grades de sua prisão, chamal-o a ordem e a boa conducta. Para contel-o foi necessário o emprego da força physica para amarral-o e assim conduzil-o a solitária, onde foi recolhido e desarmado". Como pena disciplinar, passou 56 dias recluso, 15 deles com restrição alimentar. Cf. João da Costa Moreira, preso s/n. Livro de matrículas dos presos sentenciados, v. III.

94 José Theophilo, preso n. 47. Livro de matrículas dos presos sentenciados, v. II.

95 Agenor Carlota, preso n. 246; Antonio Xavier da Costa, preso n. 275. Livro de matrículas dos presos sentenciados, v. IV.

escritas da "sociedade dos cativos", não importam as razões, o alcaguete comete o que é certamente um dos piores delitos do mundo prisional.

As noções de moralidade e imoralidade não são, pois, idênticas se tomados como parâmetros os valores das sociedades cativa e livre, ainda que sejam os valores desta que informam as normas e procedimentos que devem ser obedecidos naquela. No regimento, os atos considerados imorais não se restringem a sua prática entre prisioneiros, conforme o estabelecido no artigo 126: "O condemnado que tentar a pratica de actos immoraes com outro soffrerá a pena do artigo 121 [de quatro a 12 dias de solitária]". A pena podia ser inclusive maior – de seis a 15 dias – se "o condemnado proferir palavras obscenas, escrevel-as nas paredes ou em objecto de seu uso, em bilhete ou carta", de acordo com o artigo 125.[96] Foi provavelmente este o artigo acionado para justificar "a solitária disciplinar por 10 dias com restricção alimentar por metade deste tempo" imposta em janeiro de 1919 a Francisco Ribeiro de Lima, que teve sua "carta amorosa a senhorita Sophia" interceptada possivelmente pelo pai da moça, o tenente Angelo de Mello Palhares, comandante do destacamento militar responsável pela segurança da penitenciária.[97] Mas Francisco de Lima é um caso raro: a se pautar pelos prontuários e os livros de matrícula, os presos não escreviam, ou escreviam pouco, e este pouco não sobreviveu à sanha silenciadora das autoridades – aliás, mesmo a carta de amor destinada a "senhorita Sophia" pereceu e dela só nos chegou notícia porque, no fim das contas, foi o motivo de solitária para seu autor. Se era ou não ridícula, como ridículas parecem ser todas as cartas de amor, jamais saberemos.

Se escassas as escritas imorais, os atos abundam. Alguns soam algo inocente, se não cômicos: em maio de 1922 Joaquim Francisco da Silva foi penalizado com dez dias de solitária, sem restrição alimentar, "por estar do interior de sua cellula exhibindo um boneco de madeira grandemente immoral á admiração e ao gracejo torpe de outros sentenciados que estavam de recreio no pateo". Considerado mais responsável que Joaquim, mero exibidor, o fabricante do boneco, Vicente de Paula Nascimento, foi recolhido à solitária por 20 dias, sem restrição alimentar.[98] Na maioria das vezes, no entanto, a imoralidade vinha acompanhada de violência. Em agosto de

---

Ironicamente, Luiz Soares sofreu pena similar em julho do mesmo ano, depois de ter ameaçado de morte o guarda Faustino Fontoura. Cf.: Luiz Soares Junior, preso n. 281. Livro de matrículas dos presos sentenciados, v. IV.

96 Artigos 125 e 126 do capítulo XIX ("Das penas disciplinares"), Título II ("Do regimen disciplinar e do trabalho").

97 Francisco Ribeiro de Lima, preso n. 77. Livro de matrículas dos presos sentenciados, v. II.

98 Joaquim Francisco da Silva, preso s/n; Vicente de Paula Nascimento, preso s/n. Livro de matrículas dos presos sentenciados, v. III.

1925, Alexandre de Paula tentou violentar seu colega de cela, Pedro Luiz dos Santos, ameaçando-o com um "ferro de marmita que previamente aguçara", delito pelo qual cumpriu 14 dias na solitária, cinco com restrição alimentar.[99] Como estavam ambos embriagados, mais um indício, aliás, de que eram falhos os mecanismos de controle da disciplina interna à instituição, era de se esperar que Pedro dos Santos também fosse punido, o que não foi o caso. Mas se escapou à solitária neste episódio, foi recolhido a ela em outras três ocasiões, sempre por agredir outros prisioneiros; em uma delas, a primeira, a vítima da agressão, João Miguel Agge, estava ferida e imobilizada na enfermaria do presídio. Em outra, a segunda, armado com um "grosso porrete" feriu seriamente na cabeça e nos braços Manoel Luiz Gonçalves, ameaçando-o depois com uma faca feita de um pedaço de arco de marmita.[100]

Há outros exemplos, e eu poderia perfilá-los ao longo de muitos parágrafos e notas de rodapé. Mas não é necessário, e fazê-lo seria correr o risco de repetir histórias, motivos e punições, embaralhando-as e subtraindo delas sua singularidade. Além disso, o contraste entre o conteúdo dos relatórios do diretor Ascânio de Abreu e a rotina dos prisioneiros parece suficientemente clara. Se se esperava da penitenciária o "reerguimento physico e moral dos delinqüentes", ela corroborou na produção – ou reprodução – de um comportamento antissocial que só fez aprofundar o abismo que separava os criminosos de seus conterrâneos e contemporâneos livres. Para Michelle Perrot, esta capacidade da prisão não está ligada apenas às suas condições materiais degradantes, mas "a sua própria essência, seu abismo, seu vazio sideral, a ausência de direitos individuais cuja existência foi negada até uma data recente".[101] E são este "abismo e o vazio sideral" que estão, pois, na origem da rebelião que afetou drasticamente a imagem e a história da Penitenciária do Ahu.

❦

A primeira rebelião na Penitenciária do Ahu foi breve e intensa: na manhã do dia 17 de maio de 1931, um domingo, um grupo de presos liderados por João Papst e Rodolpho Kindermann, rendeu as sentinelas responsáveis pela abertura das celas. O objetivo inicial era a fuga, mas entre a galeria e os portões de saída havia barreiras a transpor: guardas armados tentaram impedir o sucesso do intento. Os presos,

---

99 Ele faleceria poucos meses após este episódio, no dia 22 de dezembro, em consequência de insuficiência cardio-renal. Alexandre de Paula, preso s/n. Livro de matrículas dos presos sentenciados, v. III.
100 Pedro Luiz dos Santos, preso n. 25. Livro de matrículas dos presos sentenciados, v. III.
101 PERROT, Michelle. *História dos quartos*. São Paulo: Paz e Terra, 2011, p. 308.

por sua vez, em busca de armas, invadiram os alojamentos dos guardas que estavam de folga, onde também enfrentaram resistência. Guardas e presos trocaram tiros pelas galerias e no pátio durante cerca de 40 minutos, até que o levante foi, enfim, sufocado. O resultado: três militares e dois sentenciados mortos – o cabo João Manoel Amaral e os praças José Brandy e João Gonçalves Machado, e os presos João Baptista e Sebastião da Silva –, 10 evadidos, a maioria deles capturados nos dias que seguiram a rebelião, além de guardas, praças e presos feridos, incluindo Rodolpho Kindermann, atingido por um tiro durante a tentativa de fuga. Já a punição aos envolvidos não foi menor que os 90 dias previstos regimentalmente, embora à maioria tenha sido imposta a reclusão por períodos que ficaram no limite do máximo permitido pelo regimento, que era de seis meses; em alguns casos apenas foram aplicados os 180 dias de solitária. A restrição alimentar de 15 dias foi generalizada.[102] Como o número de acoimados excedeu a disponibilidade da solitária, a maioria cumpriu a pena confinada e incomunicável em suas próprias celas.

Embora o projeto fosse mobilizar recursos e imobilizar a guarda para facilitar a fuga do grupo de prisioneiros amotinados, os que tiveram seu intento frustrado souberam canalizar a rebelião para expressar seu descontentamento com as condições do cárcere. Amparados na ampla repercussão que o evento mereceu na imprensa, especialmente nos editoriais e colunas que acusavam as condições precárias da penitenciária – ainda que as denúncias tivessem como objeto as péssimas condições de segurança –, João Papst e Rodolpho Kindermann revelaram um lado sombrio da instituição sobre o qual os relatórios oficiais da direção tangenciavam. As principais queixas recaíram sobre as condições degradantes da prisão[103] – especialmente a "diminuta e péssima" alimentação – e os maus tratos corriqueiros a que os presos eram submetidos, aí incluídos os castigos desmedidos, em especial o uso excessivo do recurso à solitária. Em entrevista concedida à "Gazeta do Povo", Papst é incisivo: "O

---

[102] Um dos presos, João Nogueira de Lima, que cumpriu três meses de solitária, tentou o suicídio em sua cela poucos dias depois de liberado do castigo. Embora seja impossível aferir com segurança quais os critérios utilizados pelas autoridades na distribuição dos castigos, é bastante provável que a pena disciplinar tenha sido mais rigorosa quanto maior o grau de implicação. Cf.: Livro de matrículas dos presos sentenciados, v. III, IV e V.

[103] No período coberto pela pesquisa, foram 13 presos mortos. Destes, dois pereceram durante a rebelião, um durante tentativa de fuga e outros dois cometeram suicídio – Paulo Renhardt e João Cruz da Silva. As oito mortes naturais foram causadas por meningite, tuberculose e, principalmente, por "síndrome cardio-renal", uma doença que compromete o funcionamento dos rins e que acomete normalmente pacientes com problemas cardíacos, agravando-se concomitantemente as funções cardíaca e renal. Moléstia ainda hoje considerada de difícil tratamento e recuperação, ela pode ser agravada e tornar-se fatal de acordo com as condições de salubridade e nutrição do paciente, além da terapêutica adequada, respeitando-se os limites impostos ao corpo pelo comprometimento de dois órgãos fundamentais ao bom funcionamento do organismo.

que succedeu era inevitável. Estamos cansados de soffrer maos tratos. (...) O senhor não pode imaginar o que é isto aqui. Creio que não existe inferno igual".[104]

Os eventos do dia 17, nas palavras de um dos repórteres que cobriu a rebelião, "alarmaram a opinião pública" curitibana. Eles receberam ampla atenção na imprensa local e um cine jornal foi produzido pela Groff Filmes, do diretor João Baptista Groff, e exibido nos cinemas ao longo dos dias seguintes, com os anúncios publicados nos jornais chamando a atenção para as cenas com os rebelados e, principalmente, seus líderes.[105] A repercussão justificava-se: desde sua inauguração, a penitenciária ocupou um lugar fronteiriço nos esforços de modernização da segurança pública no Paraná. De um lado, ela é o desdobramento de investimentos que visavam a implementação de um aparato policial mais presente no cotidiano da cidade, capaz de combater de maneira mais eficiente as crescentes e constantes ameaças da violência. Mas ela é também a instituição em torno a qual novos e mais significativos esforços do poder público visavam criar, não apenas uma polícia mais hábil e moderna, mas também uma estrutura penal coerente com o discurso modernizador e positivista que grassava pelo país.

Ambos os jornais informaram dos acontecimentos no Ahu em suas edições vespertinas, algumas horas depois de debelada a rebelião. As narrativas tecidas em torno à rebelião de maio de 1931 nos dois principais jornais do período – *O Dia* e *Gazeta do Povo* – oscilam entre o exagero rocambolesco, a sentença acusatória, o tom épico e heróico das grandes tragédias e a sobriedade do drama. Independente do estilo escolhido há um esforço por tentar traduzir em suas páginas a perplexidade e o horror diante de um evento cujo desfecho resultou na morte de cinco homens – três deles, guardas – e a fuga de outros dez, além de expor de maneira irremediável, as condições precárias de uma instituição tida, até ali, como modelar. O impacto pode ser medido por outros indícios além da urgência narrativa: "O Dia", por exemplo, imprimiu um "Segundo clichê" de sua edição dominical, onde a trama da rebelião é contada e analisada em tons que beira ao folhetinesco:

---

[104] *Nossa reportagem entrevistou os cabeças do motim.* "Gazeta do Povo", 18/5/1931.

[105] O filme, intitulado "A revolta na Penitenciária" e anunciado como um "verdadeiro *tour de force*" pelos jornais, foi exibido nos dias seguintes à rebelião em pelo menos dois cinemas da cidade, o "Theatro Palacio" e o "Cine República". Coincidentemente, na mesma semana entrava em cartaz no "Palacio" "O presídio" ("The big house", no original em inglês), produção hollywoodiana dirigida por George W. Hill e estrelado por Robert Montgomery, Chester Morris e Wallace Beery. Indicado ao Oscar de melhor filme em 1930, perdeu-o para "Nada de novo no front", de Lewis Milestone, mas venceu nas categorias de melhor roteiro e som. No filme, o personagem Butch, interpretado por Wallace Beery, lidera uma rebelião dentro de um grande presídio americano. A coincidência não passou despercebida aos exibidores, que anunciaram sessões "casadas" dos dois filmes, o curitibano abrindo para a produção da Metro Golden Mayer.

> A "cidade dos proscritos" é a terra maldita em que ninguém quer morar. Mas aquelles que para ella vão, porque assim dictaram os códigos de justiça humana, só se sentem mal no convívio das grades quando a tára não lhes permitta o reconhecimento do próprio erro.
>
> Os sentenciados, que num momento de loucura fizeram-se involuntariamente criminosos, isto é, aquelles que não possuem instincto criminoso, esses recebem a segregação do convívio social, como justa expiação do seu erro, da sua ira, da sua própria exaltação. Mas os outros, aquelles que estão cumprindo pena por que são perversos e máos, que não reconhecem a sua própria culpa porque isso não lhes faculta o próprio instincto, esses não acceitam a reclusão, não se submettem ao castigo e, sempre que podem, revoltam-se.
>
> Isso foi o que aconteceu na amanhã brumosa de hoje.
>
> Os factos ocorridos na Penitenciaria, pela sua brutalidade, não permittem rodeios na sua desripção. A opinião publica está anciosa por detalhes. Não quer saber de romance, por que o romance das Penitenciarias ella conhece tão bem como o jornalista.

Talvez motivado pela pressa, *O Dia* chega a falar logo adiante de uma "lucta titanica" de "400 sentenciados" mantidos "encurralados (...) por 33 soldados apenas", mais que um simples exagero, um erro grosseiro frente aos cerca de 130 presos que ocupavam as celas da penitenciária.[106] Mais equilibrado, o concorrente *Gazeta do Povo* fala em "cerca de 70 sentenciados" que "sahiram das sombras, abandonando as suas cellas e precipitaram-se para a porta de entrada do edifício".[107] Nos dias seguintes, os periódicos continuam a destacar a insurreição, mas a cobertura jornalística divide espaço com análises que procuram diagnosticar as razões da tragédia. Navegando na direção contrária a opinião dominante, inclusive a de caráter noticioso, que afirmava e liderança dos detentos João Papst e Rodolfo Kindermann nos eventos do dia 17 de maio, um dos jornalistas de *O Dia*, Eloy de Montalvão, defende em sua coluna que

> A revolta, não teve cabeça.
>
> Foi collectiva.

---

[106] *Revolta dos sentenciados*. O Dia, 17/5/1931.
Na quase absoluta falta da documentação oficial relativa ao ano de 1931, baseio meu palpite nos relatórios disponíveis: em 1928, eram 122 presos na Penitenciária do Ahu. Dois anos depois da rebelião, em 1933, o número era de 151 presos.

[107] *A sangrenta tragédia da Penitenciária do Estado*. Gazeta do Povo, 17/5/1931.

> Os presos todos que tomaram parte, pensaram, é claro, de commum accordo, estudaram a maneira de se revoltarem para fugir.
>
> Deixem dois homens com ideias de revoltas, de sublevação, em maio uma collectividade que possua ideias contrarias e verão o que podem os dois conseguir!
>
> Depois, isso de se revoltas é natural, é cabível.
>
> Si quem está solto se revolta, quanto mais quem está preso.[108]

Um dia antes, em longo editorial, a *Gazeta do Povo*, estranhava a "relativa facilidade com que os detentos conseguiram evadir-se das grades e, em turba revoltada, invadiram o alojamento da guarda, onde massacraram os pobres policiais que dormiam". Além de impressionar "profundamente o espírito público", anota o editorialista, a ousadia dos rebelados "deixou provado, a evidencia, que a vigilância naquelle, presídio, é bem precária":

> Fomos dos que sempre fizeram justiça a administração do sr. Major Ascanio de Abreu e porisso mesmo, coherentes com os elogios que mais de uma vez lhe fizemos, queremos tornar publico a extranheza que nos causa a observação dos factos que hontem se consumaram na Penitenciária. Em tudo isto há de haver uma coma combinação secreta, que se tramaria ás occultas do diretor Ascanio, pois nos custa a crer que a vigilância e o regulamentos da Penitenciária não sejam rigorosamente observados e que pudessem ser burlados sem a connivencia de funccionarios subalternos.

O artigo encerra sugerindo algumas medidas para aumentar a segurança da instituição: a construção de um muro cercando definitivamente as partes ainda vulneráveis do terreno; o aumento no número de efetivos – guardas e praças – para a manutenção da ordem interna; e o uso de um "uniforme mais característco" – o jornal sugere o cinematográfico uniforme listrado – que não a "vestimenta de mescla azul", cor bastante comum e incapaz de diferenciar os prisioneiros fugitivos em meio à população, segundo o jornal, facilitando o anonimato e dificultando a captura dos ainda foragidos.[109]

Nem a coluna ou editorial tocam, no entanto, em um ponto fundamental para se entender os eventos do dia 17 de maio. Diferente do que sugerem alguns dos discursos sobre o motim, incluindo a única referência encontrada a ele em um

---

108 ELOY DE MONTALVÃO. *A revolta dos sentenciados*. O Dia, 19/5/1931.
109 *A responsabilidade dos tragicos successos de hontem*. Gazeta do Povo, 18/5/1931.

documento oficial, a mensagem do interventor do Estado ao governo provisório[110], a rebelião não foi um gesto intempestivo, uma ruptura na rotina da instituição. Para o sociólogo Robert Adams, contrariando interpretações mais tradicionais sobre o fenômeno, a rebelião não é simplesmente, e nem sempre, uma erupção violenta e sem alvo. Ela expressa redes de solidariedade e conscientização entre os presos que, por intermédio dela, buscam tensionar a relação com as autoridades internas (direção, agentes penitenciários) e externas à prisão (fundamentalmente, o Estado). Em seu estudo comparativo sobre as insurreições em prisões americanas e inglesas, ele elenca alguns outros aspectos que caracterizam as rebeliões prisionais. Entre eles, sua inserção em um *continuum* de atividades dentro da prisão: elas são parte de um leque mais amplo de manifestações de resistência, descontentamento e revolta. Por meio delas, os presos pretendem interromper e/ou controlar total ou parcialmente o funcionamento da instituição com vistas a expressar queixas ou obter mudanças – e apenas eventualmente, fugir.[111] A argumentação de Adams se insere em uma linha interpretativa que remonta ao sociólogo americano Gresham Sykes, para quem revoltas ou rebeliões prisionais "não são acidentes, nem perturbações momentâneas, inexplicáveis".[112] Elas são o resultado do frágil e problemático equilíbrio dentro da instituição, a depender menos do controle sobre os prisioneiros e mais da interação e acordos tácitos entre os presos e estes e os responsáveis pela manutenção da ordem interna – guardas e direção; bem como decorrência do acúmulo de uma série de crises menores e pequenos conflitos, relativamente rotineiros no interior das prisões, que começam na perda da liberdade e se desdobram em uma série de outras penalidades, regimentais ou não.

Por caminhos tortuosos e trágicos, os rebelados transgrediram a ordem a que estavam submetidos, e ainda que o resultado final não fosse previsível, eles acabaram por esgarçar, mesmo que provisoriamente, os limites estreitos da instituição. Além disso, a rebelião e as razões alegadas para justificar sua eclosão, comprometeram drasticamente a consolidação da utopia penitenciária no Paraná ao expor publicamente as

---

110 Segundo Mário Tourinho, a rebelião teve "o premeditado objetivo de fugir ao cumprimento das penas a que foram [os prisioneiros] pelo júri condenados". Após descrever sucintamente o episódio, ressaltando o esforço dos guardas e policiais para conter o levante, comunica que foram tomadas "as providencias necessárias para evitar, de futuro, a reprodução de tais cometimentos por parte dos detentos, mandando reforçar internamente as celas e reconstruindo os portões de acesso para o exterior, por um sistema automático melhor apropriado". Cf.: Mensagem dirigida pelo Interventor Federal do Paraná, General Mario Tourinho, ao Chefe do Governo Provisorio da República Dr. Getulio Vargas, 1931.

111 ADAMS, Robert. Prison riots in Britain and United States. *Apud* SALLA, Fernando. As rebeliões nas prisões: novos significados a partir da experiência brasileira. *Sociologias*. Porto Alegre, ano 8, n. 16, jul/dez 2006, p. 285-286.

112 SYKES, Gresham. *The society of captives...*, p. 109-129.

mazelas e contradições que eram parte da experiência cotidiana de presos e guardas, principalmente. Não apenas políticos, os eventos daquela manhã de maio foram, a seu modo e muito peculiarmente, "politizados". Depois daquele dia, nenhum outro relatório poderia afirmar, sem assumir o risco da contradição, que "(…) a disciplina continua a ser mantida sem discrepancia n'este estabelecimento".

Post-scriptum: as duas vidas de Kindermann e Papst

> Sem bárbaros o que será de nós?
> Ah! eles eram uma solução.
>
> *Constantino Cavafis*

Personagens centrais da rebelião de 17 de maio de 1931, Roldolpho Kindermann e João Papst foram apontados pela imprensa, desde as primeiras horas, seus dois principais líderes. A ausência de ambos na documentação oficial consultada não contraria, antes reafirma, o que disseram os jornais. O seu desaparecimento dos registros e arquivos é um indício da importância que tiveram, na mesma proporção em que a inexistência de parte importante das fontes relativas ao período – como os relatórios do chefe de Polícia e do diretor da Penitenciária, por exemplo – é um indicativo do impacto da rebelião no governo, especialmente junto às autoridades responsáveis pela segurança pública.

Parceiros na revolta, Kindermann e Papst também o foram no crime. Ambos ficaram conhecidos em Curitiba quando, pouco mais de dois meses antes da rebelião, foram presos acusados da morte do tesoureiro da Estrada de Ferro São Paulo Rio Grande, Egydio Pilotto, durante assalto realizado em fevereiro de 1930, no trajeto entre a estação ferroviária e o escritório da empresa, na rua Barão do Rio Branco. Em janeiro de 1931, a dupla realizaria assalto semelhante em Porto Alegre, também com uma vítima fatal, o guarda ferroviário José Goulart Sant'Ana. A detenção só foi possível, em parte, com a colaboração de Martha Schmeding, amante de Rodolpho

Kindermann, que os delatou em depoimento à polícia. De acordo com a *Gazeta do Povo*, ele confidenciou a ela os dois crimes, bem como a cumplicidade de João Papst. Interrogados, Papst confessou, mas Kindermann manteve-se inabalável: não proclamou inocência, mas se recusou a assumir a culpa. Condenados a 30 anos de prisão, foram recolhidos ao Ahu no final de março de 1931.

✌

As diferenças, sutis, na cobertura de *O Dia* e *Gazeta do Povo*, não deixam muita margem de dúvidas: para os concorrentes, Papst e Kindermann foram os principais "cabeças" do levante. Segundo o jornalista de *O Dia*, foi o primeiro quem feriu, com uma facada, o porteiro Benedicto Alvez da Luz com o intuito de facilitar a fuga. "O outro, o seu companheiro, o Kindermann, todos julgavam que fosse o 'tigre' da dupla. E no entretanto não estava á frente das féras que se rebellaram, mas Papst, o 'cordeirinho', transformou-se n'um leão...".[113] A *Gazeta* adota inicialmente posição ambígua: na mesma edição, vai da atitude cautelosa à acusação explícita. Se chega a relativizar o papel de Kindermann e Papst, afirmando não haver certeza "quanto á verdadeira actuação destes dois criminosos na autoria da revolta", algumas páginas adiante e a suspeita parece ter se dissipado:

> Papst, o cruel matador, foi quem apunhalou o velho guarda da Penitenciaria, Benedicto Alvez da Luz. Levantando o forro bruscamente, Papst desceu-o sobre o coração do ancião, que só não succumbiu por milagre.
>
> Depois de dominada a revolta, Papst, cynicamente, recolheu-se ao seu aspecto ahbitual de innocencia.
>
> Quando perguntado se elle ferira algum dos guardas, negou.
>
> - Mas você apunhalou o guardião. Todos viram você com o ferro ensaguentado na mão.
>
> - Eu não, respondeu Papst.
>
> E, persiste sempre, nas suas negativas irritantes.[114]

---

[113] *Revolta dos sentenciados*. O Dia, 17/5/1931.
[114] *A sangrenta tragédia da Penitenciária do Estado*. Gazeta do Povo, 17/5/1931.

Na edição seguinte, em um *lead* que mais lembra um editorial, a *Gazeta* abandona não apenas as eventuais dúvidas, mas também a porção de cautela que pautou sua edição do dia anterior. Definindo a dupla como "heroes rocambolescos das façanhas inauditas", não hesita em afirmar que

> foram elles as figuras centraes da tragédia que se desenrolou na Penitenciaria do Estado, na manhã de hontem.
>
> A revolta dos presidiários foi feita pela dupla sinistra.
>
> E se ha facto que se deva lastimar, foi os asquerosos bandidos terem escapado com vida da dolorosa tragédia.
>
> Seria preferível, para tranquilidade de todos nós e para felicidade delles, que elles tivessem encontrado a morte, único castigo para a enormidade dos seus crimes e única garantia de que o rozario dos seus delictos não continuará numa caudal de sangue derrubando victimas innocentes, sacrificadas á ambição obliterada e aos instinctos de féras humanas.[115]

Nos dias seguintes, os comparsas voltariam a ser mencionados. Comprovada a culpa, ao menos sob o ponto de vista dos dois matutinos, repórteres, redatores e chargistas se esmeram em explorar outras facetas e possibilidades da trajetória da dupla Papst-Kindermann. A "Gazeta" fala sobre e publica em breve coluna ao pé da página, um auto-retrato de João Papst[116]; seu concorrente explora a beleza física de Kindermann, com direito a trocadilho explorando a coincidência de seu primeiro nome com o do galã cinematográfico Rodolpho Valentino: segundo o jornal, seduzidas por sua beleza, uma "comissão de senhoras" estaria organizando a defesa do "homem do dia".[117] Se verdadeira ou não, a informação virou tema de uma charge de Eloy, publicada na mesma edição. Nela, um pretendente se declara à amada, "flor da minha vida", ao que ouve a resposta: "Qual você não me 'inlodes'... Eu agora vou me movimentar em favor do Rudolpho Valentino Penitenciario...".[118]

É possível que a abordagem de *O Dia* fosse uma resposta, ainda que discreta, a nota publicada pela "Gazeta" no dia da rebelião: em meio a tentativa de informar os leitores sobre os acontecimentos daquela manhã, apurando responsabilidades e contabilizando vítimas, se destaca pelo inusitado o pequeno texto que apresenta um Kindermann, além de ferido fisicamente, a sofrer a dor de um amor frustrado e tra-

---

[115] *A sangrenta tragédia da Penitenciária do Estado*. Gazeta do Povo, 18/5/1931.
[116] *Um artístico trabalho de Papst*. Gazeta do Povo, 18/5/1931.
[117] *O querido das mulheres*. O Dia, 23/5/1931.
[118] *Valentino penitenciário...* O Dia, 23/5/1931.

ído: na parede da cela o repórter encontra o que define como "obra primorosa do criminoso. É um desenho em tamanho grande. É o seu auto retrato, com a ganga azul listada de presidiário. No gorro, o número 195. No desenho, Rodolpho Kindermann abraça Martha, a amada que o trahiu. No chão, cercando o par de namorados, uma corrente de ferro, em um cadeado e por baixo a legenda em allemão, que traduzimos: 'o epilogo de um amor'!".[119]

A abordagem a ressaltar a "face humana" do criminoso, não é aleatória. Por um lado, ela é parte de uma prática e de um estilo jornalísticos comuns ao período. Para as pretensões literárias de muitos profissionais de redação, noticiar apenas não bastava: era preciso, pela escrita, fazer a cena do crime chegar o mais próximo possível do leitor. Na linguagem jornalística, os crimes tornavam-se uma espécie de *ficção*, em que não faltavam os ingredientes necessários ao desenvolvimento dos enredos policiais, mesmo aqueles de qualidade duvidosa. Tratava-se de atribuir a essas histórias características que mantém com o "real" do crime uma relação apenas analógica: muda-se a escala, aumentam-se ou diminuem-se proporções, faz-se aparecer, na trama, situações, lugares, nomes, gestos e diálogos que imprimem aos acontecimentos uma unidade e uma coesão existentes tão somente no universo textual.

Mas este esforço responde ainda a um segundo propósito, não menos significativo. Especialmente no jornalismo praticado nas capitais periféricas e provincianas, tornou-se relativamente comum a associação entre modernidade urbana e "decadência moral". Analisando a função destas narrativas na capital argentina na virada do XIX ao XX, a historiadora Sandra Gayol afirma que "se por um lado a convicção de um aumento incessante do delito era usada para denunciar os limites da modernidade, por outro lado as formas e modos de cometer a ilegalidade eram a prova mais tangível dessa mesma modernidade".[120] A existência de crimes e criminosos, mas também de zonas inteiras – bairros, cortiços, ruas, becos – a lhes servir de abrigo, alimentam a expectativa de inserção na dinâmica da modernização. O crime nos civiliza. Em Curitiba, o fascínio que a trajetória de Papst e Kindermann exerceu sobre repórteres e, supõem-se, ao menos parte de seus leitores, cumpre função análoga. Se um dos termômetros da vida moderna é o grau de violência e barbárie que ela comporta, Papst e Kindermann representaram, à sua revelia, uma das muitas faces da modernidade curitibana.

---

[119] *No cubículo de Kindermann. Gazeta do Povo*, 17/5/1931.

[120] GAYOL, Sandra. Sexo, violencia y crimen en la ciudad moderna. Buenos Aires en el recambio de siglo. In.: PESAVENTO, Sandra Jatahy (org.). *História Cultural: experiências de pesquisa*. Porto Alegre: UFRGS Editora, 2003, 107-124.

Os nomes de João Papst e Rodolpho Kindermann voltariam a circular em páginas impressas seis anos depois da rebelião. De autoria de Osvaldo Almeida Pereira e Ivo Silva, associados ao Centro Literário Novo Cenáculo, "As Façanhas de Papst e Kindermann" foi escrito, segundo nota dos autores, com o propósito de "despertar nossa literatura dessa letargia em que ora vive" e restaurar o "edifício literário do Paraná".[121] Eles alertam ainda os leitores para as muitas liberdades que tomaram ao longo da história, diante da impossibilidade de "redigir uma obra sobre Papst e Kindermann, em que somente se relatassem os crimes tão célebres de Curitiba e Porto Alegre". O "vasto contingente de fantasia" acrescentado à trama aproxima a narrativa do folhetim, ou "romance de sensação", e a descaracteriza como biografia – o que, parece, ela não pretendeu ser, ainda que se servisse dos mesmos protagonistas e de alguns dos principais episódios da trajetória da dupla, incluindo obviamente o assassinato de Egydio Pilotto e a rebelião na Penitenciária do Ahu.

Heroicizados, Papst e Kindermann são representados como vítimas de um sistema e destino injustos, que não lhes deixou outra alternativa se não uma vida errante e o crime. A sequência do assalto e morte de Egydio Pilotto é particularmente rocambolesca: Pereira e Silva inserem no episódio dois outros assaltantes, os "verdadeiros" assassinos de Egydio, que o matam para roubar o dinheiro poucos segundos antes de Papst e Kindermann consumarem o assalto – se não eram assassinos, os autores não os livraram da condição de assaltantes, ainda que tudo contribua para justificar, mais que simplesmente explicar, as razões da vida criminosa. Mas "no momento exato em que o outro meliante fechava a portinhola do carro com a mão que continha a valise, Rodolfo num gesto rápido e vivaz arrebatou-lha das mãos".[122] Eles são inocentados também do crime em Porto Alegre graças a recurso narrativo semelhante. Apesar de inocentes da morte de Pilotto, ambos são presos, julgados e condenados por latrocínio. Além da posse do dinheiro roubado, pesou contra eles o depoimento da amante de Kindermann, Marta, alma feminina e "por isso, frívola, inconstante e tirânica".

O décimo capítulo, dedicado à revolta, abre com uma breve digressão de cunho "sociológico": antes de narrar o calvário de Papst e Kindermann no cárcere, os ficcionistas tecem rápidas considerações sobre o ambiente prisional cujo principal propósito parecer ser justificar, antecipadamente, a rebelião. Se da penitenciária

---

[121] PEREIRA, Osvaldo Almeida; SILVA, Ivo. *As façanhas de Papst e Kindermann*. Curitiba: A Cruzada, 1937.
[122] PEREIRA, Osvaldo Almeida; SILVA, Ivo, p. 129-138.

"sairão caracteres pervertidos, indivíduos mil vezes mais odientos e vingativos, seres animalizados, (...) reivindicando, na vingança, todos os ultrages e sofrimentos que as penitenciárias lhes dadivaram generosamente!"; se a penitenciária é a "que mata e animaliza", nada mais coerente, sob a perspectiva ficcional urdida por Pereira e Silva, que os herois terminassem seus dias longe das grades. A rebelião é pintada em tintas fortes. O dia que "amanhecera belo, cheio de alegrias, de flores, de ilusões" foi rapidamente transformado em um "espetáculo medonho", com um "formidável tiroteio" a abalar os ares: "os cadaveres juncavam já o solo e o sangue aos borbotões galgava o páteo, e despenhava-se nas celas". Ao final, apenas quatro prisioneiros lograram a fuga almejada – outro dos "contingentes de fantasia" –, e entre eles, certamente, estavam Papst e Kindermann.[123] A recompensa vem ao final do romance: livres e clandestinos, depois de condenados por um crime que não cometeram e serem submetidos à humilhação da vida na penitenciária, Kindermann se casa com Gabriela, "moça caridosa e bela", que preenchera o vazio deixado por Marta, que depois de traí-lo entregando-o à polícia com mentiras, retorna à Alemanha natal. Como padrinho da união, o amigo João Papst. Era o "descanso tão almejado e a conquista da felicidade", depois de anos de desventuras e infelicidades.[124] Os herois, enfim, encontram sua Pasárgada.

Embora não seja meu propósito fazer julgamentos literários, é fato que não se trata, "As façanhas de Papst e Kindermann", de um grande romance. E a repercussão tímida à época de seu lançamento pode ser um indício de que se o objetivo era "restaurar o edifício literário" paranaense, a empreitada não foi exatamente bem sucedida. Mas o livro de Osvaldo Pereira e Ivo Silva é também documento de uma época e, se interpretado sob esta perspectiva, pode ser lido a partir de pelo menos duas possibilidades. Como texto ficcional, ele organiza uma vez mais o "real vivido"; emprestando-lhe novas nuances, reafirma o caráter conflituoso do passado ao fazer dele outra interpretação, condizente com as inquietações de seu presente: no caso específico, a penitenciária deixara de ser, desde a rebelião, o "não lugar", espaço de possibilidades e realizações potenciais, e tornara-se território de segredos e silêncios, de crueldades e violência.

Mas ele também reafirma e ao mesmo tempo ressignifica, a sensibilidade moderna, expressa já em outros tantos textos, inclusive os da cobertura jornalística da rebelião no Ahu. Analisando a novela "Estrycnina", publicada em 1897 na capital gaúcha e também inspirada em um acontecimento real, o duplo suicídio de um jovem casal de namorados, a historiadora Sandra Pesavento define como "amargura provinciana" o sentimento que a perpassa e define seus autores: "Por um lado, pertenciam

---

123 PEREIRA, Osvaldo Almeida; SILVA, Ivo, p. 177-185.
124 PEREIRA, Osvaldo Almeida; SILVA, Ivo, p. 215-220.

[os autores] a uma geração pessimista, irônica, culta e em sintonia com a cultura do seu tempo", diz, e completa: "comungavam com os valores de uma elite cultural européia, e acabrunhavam-se com a pequenez do burgo em que viviam".[125] Porto Alegre não era Buenos Aires ou Paris, Curitiba tampouco. Mas para muitos curitibanos – e provavelmente, também para muitos portoalegrenses – estávamos condenados à modernidade, ainda que para afirmá-la, precisássemos uma vez mais recorrer à barbárie. Como no poema de Cavafis, os bárbaros eram uma solução.

---

125 PESAVENTO, Sandra Jatahy. *Os sete pecados da capital*. São Paulo: Hucitec, 2008, p. 122.

Considerações finais

Uma história de restos e ruínas

> O importante é o que se lê. A história foi vivida para que uma página gloriosa seja escrita e depois lida.
>
> *Jean Genet*

Rememorando sua infância em Berlim, Walter Benjamin descreve um sentimento confuso, misto de curiosidade, temor e frustração, diante dos fatos policiais noticiados diariamente na capital alemã. "A cidade", diz, "tornava a prometê-los a mim a cada novo dia e à noite ficava a devê-los". O esforço cotidiano de saldar a "dívida" era dificultado justamente pelo turbilhão de acontecimentos e seu caráter esquivo. Acidentes e crimes apareciam em profusão, lembra Benjamin, "mas logo desapareciam, assim que eu chegasse ao local, do mesmo modo como os deuses, que só dispõem de instantes para os mortais. Uma vitrine roubada, a casa donde tiravam um morto, o local no meio da rua onde caíra um cavalo – plantava-me diante desses pontos a fim de me fartar do hálito fugaz que o ocorrido deixara atrás de si. Então, como sempre, o incidente já se perdera – dissipado e levado pela turba de curiosos que se dispersava aos quatro ventos".[1] Comentando *Rua de mão única*, Raul Antelo aponta nele algumas características fundamentais de uma "teoria

---

[1] BENJAMIN, Walter. Infância em Berlim por volta de 1900. In: *Rua de mão única. (Obras escolhidas, v. II)*. São Paulo: Brasiliense, 1995, p. 130.

da modernidade" tecida a partir do recolhimento de um "conjunto multifário de artigos": cartões postais, calendários de bolso, um medalhão, uma colher antiga, etc.[2] Banais, tais objetos traduzem o que para o pensador alemão era absolutamente fundamental em sua reflexão sobre o tempo e a história: o trabalho de recuperação pretérita assemelha-se ao do sucateiro, que cata os cacos e restos na intenção de satisfazer o desejo de que nada se perca.

Mas a coleção de quinquilharias é formada também pelo recolho de experiências e sentimentos ordinários, como os objetos, e tal como eles arrastados pela força inexorável dos acontecimentos em direção ao esquecimento e ao silêncio. Lembrar dos "acidentes e crimes" vistos – ou não vistos – na infância é, entre outras coisas, atualizar e atribuir sentido a eventos decisivos na formação da sensibilidade adulta, no caso específico de Benjamin. Mas é também reatar, pela memória e a escrita, linhas de temporalidades passadas e ausentes com a experiência do presente; fazer aparecer as condições de historicidade de um objeto, ressaltar suas especificidades, mas igualmente as múltiplas temporalidades com as quais se vincula e corroboram para sua constituição.

❧

Mais ou menos à época em que o ainda menino Walter Benjamin experimentava o medo como um sentimento capaz de arruinar "tudo a sua volta, até mesmo o limiar entre sonho e realidade", experiências semelhantes eram tecidas e vividas em Curitiba, e também aqui colaboraram para a constituição de novas e contraditórias sensibilidades. Província ainda, com seus milhares de habitantes, a capital paranaense experimentou, a seu modo e informada pelas especificidades de seu contexto, o turbilhão de mudanças e acontecimentos que deram forma à cultura urbana e moderna. Parte das sensibilidades que procurei interpretar especialmente nas páginas iniciais da tese, foram forjadas a partir de um universo de referências que do exterior emprestaram conceitos, imagens e palavras com as quais significar a experiência local. Graças, em grande parte, aos recursos tecnológicos que permitiam uma circulação mais intensa e fluida de informações; à consolidação e relativa universalização da cultura impressa; e ao aparecimento e rápida proliferação de uma "cultura de massas" ancorada principalmente na linguagem visual, parte dos curitibanos que circulavam especialmente pelas ruas centrais da cidade, frequentando suas livrarias e cafés, puderam perceber-se, e representar esta percepção, como parte de uma realidade maior e mais complexa, na mesma medida fascinante e assustadora.

Se o quinhão de fascínio residia principalmente no pretenso (ou utópico) caráter cosmopolita da cidade que renascia, reinventada, das entranhas da moderni-

---

[2] ANTELO, Raul. *Tempos de Babel: anacronismo e destruição*. São Paulo: Lumme Editor, 2007, p. 9-13.

zação, não foi outra a origem do sentimento de fragilidade e insegurança que acompanhou o deslumbramento. Nas primeiras décadas do século XX, Walter Benjamin já constatara, em texto célebre, que "nunca houve um monumento da cultura que não fosse também um monumento da barbárie".[3] A tese continua válida e atual, mas é preciso que se acrescente a ela o caráter utilitário da própria barbárie na afirmação e consolidação justamente dos valores civilizatórios. Não é diferente quando se toma o caso específico da relação tensa e conflituosa que se estabeleceu entre a sociedade moderna e seus desviantes. Um pouco à maneira de Becker e do interacionismo, tentei mostrar que o desvio – inclusos nesta noção os comportamentos delinquente e criminoso, privilegiados ao longo destas páginas – resulta de uma série de interações inscritas em distintas e múltiplas redes de relações sociais. Trata-se, diz Becker, de um "empreendimento" principalmente moral, burocrático e pedagógico; ele nasce na e da interação entre quem comete um ato e aqueles que reagem a ele, colocando "em movimento vários mecanismos que conspiram para moldar a pessoa segundo a imagem que os outros têm dela".[4]

Nas sociedades contemporâneas o significado do desvio em geral e do crime em particular, está ligado ainda ao "modo pelo qual determinada sociedade percebe, representa e valoriza a singularidade individual, produzindo e reproduzindo sua estrutura através da incorporação de processos ou mecanismos de singularização", segundo Sérgio Carrara. Para o antropólogo carioca, sem ser necessariamente politizado, o ato transgressor "parece implicar sempre um processo de diferenciação, de particularização, daquele que transgride". Colocado, voluntária ou involuntariamente, fora dos padrões morais e regras de conduta que organizam e regem a vida social, o desviante "ultrapassa uma fronteira que deveria ser instransponível e assim se destaca – ou é destacado – dos demais, distanciando-se e separando-se deles".[5] A profusão de leis, códigos e regimentos a tentar ordenar e disciplinar a vida urbana; o aumento e modernização do aparato policial; e as instituições penais, com sua tendência à massificação e padronização, representam parte de um esforço cujo objetivo mais óbvio e

---

3 BENJAMIN, Walter. Sobre o conceito da história. In: *Magia e técnica, arte e política. (Obras escolhidas, v. I)*. São Paulo: Brasiliense, 1993, p. 225.

4 BECKER, Howard S. *Outsiders: estudos de sociologia do desvio*. Rio de Janeiro: Zahar, 2008, p. 44. Gostaria de retomar aqui a definição de "crime" segundo Nils Christie, apresentada na introdução do trabalho, e que não se diferencia substancialmente da perspectiva interacionista de Becker. Para Christie, "[a]tos não são, eles se tornam alguma coisa. O mesmo acontece com o crime. O crime não existe. É criado. Primeiro, existem atos. Segue-se depois um longo processo de atribuir significado a estes atos". Cf.: CHRISTIE, Nils. *A indústria do controle do crime: a caminho dos GULAGs em estilo ocidental*. Rio de Janeiro: Forense, 1998, p. 13.

5 CARRARA, Sérgio. Singularidade, igualdade e transcendência: um ensaio sobre o significado social do crime. *Revista Brasileira de Ciências Sociais*, n. 16, jun. 1991, pp. 80-88.

imediato é neutralizar e eliminar o risco da instabilidade e da desordem representado pelo comportamento transgressor.

Se este conjunto de ações nem sempre logrou, à primeira vista, o êxito esperado, nem por isso se pode falar em fracasso. Em diferentes momentos ao longo dos anos de 1970, notadamente no período imediatamente posterior ao lançamento de "Vigiar e punir", Michel Foucault insistiu no fato de que o fim último das instituições policiais, jurídicas e penitenciárias é justamente produzir o delinquente e o criminoso, torná-lo útil, um "auxiliar da ordem". Se de acordo com Foucault "o objetivo da prisão-correção, da prisão como meio de emendar o indivíduo, não foi alcançado", tratou-se de utilizar "esses efeitos para alguma coisa que não estava prevista no começo, mas que pode perfeitamente ter um sentido e uma utilidade".[6] Mais precisamente, o suposto fracasso dos regimes penitenciários serviram e servem ainda para justificar ações cada vez mais severas e generalizadas de controle e exclusão fora do ambiente prisional. Internamente, ele parece confirmar o diagnóstico feito há quase dois séculos pelo escritor russo Fiódor Dostoiévski, cativo em uma das prisões siberianas do Czar: "O nosso era um mundo bem outro, regido por estatutos, disciplinas, horários específicos; uma casa para mortos vivos; uma vida à margem e homens de vivência muito diferente".[7] Que se tenha acreditado, em Curitiba e em qualquer outra cidade, na possibilidade de recuperação e reinserção do criminoso isolando-o e privando-o da vida em sociedade e marcando-lhe, no corpo, com o estigma da culpa e da punição, eis o grande paradoxo para o qual as páginas deste trabalho não puderam, afinal, encontrar resposta satisfatória.

---

6 FOUCAULT, Michel. O que chamamos punir? In.: *Segurança, penalidade e prisão. (Ditos & escritos VIII)*. Rio de Janeiro: Forense Universitária, 2012, p. 283.

7 DOSTOIÉVSKI, Fiódor. *Recordações da Casa dos Mortos*. São Paulo: Nova Alexandria, 2006, p. 17.

Fontes

a-) Periódicos

Jornais

PENITENCIÁRIA. Dezenove de Dezembro. Curitiba, 5 de junho de 1880.
ASSASSINATO. *Diário da Tarde*. Curitiba, 2 jan. 1902.
CHRONICA DA SEMANA. *Diário da Tarde*. Curitiba, 15 mar. 1902.
ASSASSINATO. *Diário da Tarde*. Curitiba, 14 abr. 1902.
UM MONSTRO. *Diário da Tarde*. Curitiba, 14 abr. 1902.
UM MONSTRO. *Diário da Tarde*. Curitiba, 18 abr. 1902.
ESTUPRO. *Diário da Tarde*. Curitiba, 25 abr. 1902.
ERASTO. Conversando. *Diário da Tarde*. Curitiba, 29 abr. 1902.
PANCADA FACTAL. *Diário da Tarde*. Curitiba, 17 jan. 1903.
HOSPICIO DE NOSSA SENHORA DA LUZ. Diário da Tarde. Curitiba, 25 mar. 1903.
A MENDICIDADE. *Diário da Tarde*. Curitiba, 26 mar. 1903.
HELLENOS, Paulo. Chroniqueta. *Diário da Tarde*. Curitiba, 13 jul. 1903.

FLANANDO. *Diário da Tarde*. Curitiba, 25 fev. 1904.

Gabinete Anthropometrico. *Diário da Tarde*. Curitiba, 17 abr. 1905.

PAMPHILO DE ASSUMPÇÃO. Colônia Penal. *Diário da Tarde*. 12 abr. 1907.

COM A POLÍCIA. *Diário da Tarde*. Curitiba, 28 ago. 1908.

COM A POLÍCIA. *Diário da Tarde*. Curitiba, 31 ago. 1908.

FLAVIO LUZ. O trabalho penal (I). *Diário da Tarde*. Curitiba, 24 set. 1908.

FLAVIO LUZ. O trabalho penal (II). *Diário da Tarde*. Curitiba, 25 set. 1908.

NA PENITENCIARIA. *Diário da Tarde*. Curitiba, 26 mai. 1909.

GUARDA CIVIL, *Diário da Tarde*. Curitiba, 25 nov. 1911.

A POLÍCIA E OS ROUBOS. *A República*. Curitiba, 29 ago. 1908.

JOÃO MACEDO FILHO. A Penitenciária (I). *A República*. Curitiba, 27 mai. 1908.

JOÃO MACEDO FILHO. A Penitenciária (VI). *A República*. Curitiba, 12 jun. 1908.

JOÃO MACEDO FILHO. A Penitenciária (VII). *A República*. Curitiba, 15 jun. 1908.

A BOA DOUTRINA. *A República*. Curitiba, 03 set. 1908.

INCONSEQUENCIA. *A República*. Curitiba, 05 set, 1908.

Uma grande obra de saneamento moral e social. *Gazeta do Povo*. Curitiba, 10 mai. 1928.

A SANGRENTA TRAGÉDIA DA PENITENCIÁRIA DO ESTADO. *Gazeta do Povo*. Curitiba, 17 mai. 1931.

NO CUBÍCULO DE KINDERMANN. *Gazeta do Povo*. Curitiba, 17 mai. 1931.

A SANGRENTA TRAGÉDIA DA PENITENCIÁRIA DO ESTADO. *Gazeta do Povo*. Curitiba, 18 mai. 1931.

NOSSA REPORTAGEM ENTREVISTOU OS CABEÇAS DO MOTIM. *Gazeta do Povo*. Curitiba, 18 mai. 1931.

A RESPONSABILIDADE DOS TRAGICOS SUCCESSOS DE HONTEM. *Gazeta do Povo*. Curitiba, 18 mai. 1931.

UM ARTÍSTICO TRABALHO DE PAPST. *Gazeta do Povo*. Curitiba, 18 mai. 1931.

REVOLTA DOS SENTENCIADOS. *O Dia*. Curitiba, 17 mai. 1931.

REVOLTA DOS SENTENCIADOS. *O Dia*. Curitiba, 17 mai. 1931.

ELOY DE MONTALVÃO. A revolta dos sentenciados. *O Dia*. Curitiba, 19 mai. 1931.

O QUERIDO DAS MULHERES. *O Dia.* Curitiba, 23 mai. 1931.

VALENTINO PENITENCIÁRIO... *O Dia.* Curitiba, 23 mai. 1931.

Revistas

DE MONOCULO. *Revista Cidade de Coritiba.* Curitiba, 15 de fevereiro de 1895. Ano I, n. 1.

HELIO. Na esquina. *O Olho da Rua.* Curitiba, 13 abr. 1907. Ano I, n. 1.

HELIO. Na esquina. *O Olho da Rua.* Curitiba, 11 mai. 1907. Ano I, n. 3.

CINEMA. Cinema. Anno 1, n. 1, Curitiba, 1909.

J. GUAHYBA. *Páginas. Palladium.* Curitiba, 15 abr. 1909. Ano I, n. 1.

HIGINO. Coritiba. *O Paraná.* Curitiba, 15 jun. 1910. Ano IV, n. 36.

ALMOCREVE. As espeluncas. *O Paraná.* Curitiba, 10 jul. 1910. Ano IV, n. 37.

O JOGO. *O Paraná.* Curitiba, 22 out. 1910. Ano V, n. 40.

PATHÉ. Onde a gente se diverte. *Paraná Moderno.* Curitiba, janeiro de 1911. Anno Segundo, n. 7.

J. CAYOBÁ. A "Urbs" Viciosa. *O Paraná.* Curitiba, 20 fev. 1911. Ano IV, n. 45.

ARISTARCHO. Momento crítico. *O Paraná.* Curitiba, 20 mai. 1911. Ano VI, n. 48.

EUGENIO VIDAL. Depois das 6 horas. *O Paraná.* Curitiba, 12 ago. 1911. Ano VI, n. 51.

AINDA A POLICIA. *Revista A Bomba.* Anno I, nr. 4, Curitiba, 10 jul. 1913.

COISAS DA EPOCA. *Revista A Bomba,* Anno I, nr. 4, Curitiba, 10 jul. 1913.

b-) Literatura – romances, novelas, ensaios, artigos e conferências

BALZAC, Honoré de. Um cura da aldeia. In.: *A comédia humana (vol. XIV).* São Paulo: Globo, 1992.

BALZAC, Honoré de. Um caso tenebroso. In.: *A comédia humana (vol. XII).* São Paulo: Globo, 1991.

BANDEIRA, Euclides. *O monstro.* Curitiba: Empresa Gráfica Paranaense, 1927 (Novella Paranaense n. 5).

BARRETO, Lima. Recordações do Escrivão Isaias Caminha (*Obras completas*, vol. I). São Paulo: Brasiliense, 1956.

BARRETO, Lima. Numa e a Ninfa (*Obras completas*, vol.III). São Paulo: Brasiliense, 1956.

BARRETO, Lima. O Cemitério dos vivos (*Obras completas*, vol. XV). São Paulo: Brasiliense, 1956.

BARRETO, Octavio de Sá. *O automóvel n. 117... e outras novellas*. Curitiba: Empresa Gráfica Paranaense, 1925 (Novella Mensal n. 1).

BARRETO, Plínio. *Questões criminais*. São Paulo: O Estado de São Paulo, 1922.

BAUDELAIRE, Charles. O pintor da vida moderna. In.: *A invenção da modernidade* (Sobre Arte, Literatura e Música). Lisboa: Relógio D'Água, 2006.

BECCARIA, Cesare. *Dos delitos e das penas*. São Paulo: Martins Fontes, 2002.

BENTHAM, Jeremy. O Panóptico ou a casa de inspeção. In.: SILVA, Tomaz Tadeu (org.). *O Panóptico*. Belo Horizonte, Autêntica, 2000.

BERTILLON, Alphonse. De l'identification par les signalements anthropométriques. Archives de l'Anthropologie Criminelle et de Sciences Pénales. Tome 1e, 1886.

BRITO, Lemos. *Les prisons du Brésil*. Rio de Janeiro: Imprensa Nacional, 1930.

CANDIDO, João. *A eugenia*. Curitiba: Typographia da Livraria Economica, 1923.

CANDIDO, João. *O alcool não é aperitivo nem thermogenico*. Curitiba: Empreza Grafica Paranaense, 1922.

CARNEIRO, Augusto Accioly. *Os penitenciários*. Rio de Janeiro: Henrique Velho, 1930.

CARVALHO, Elysio de. *Giria dos gatunos cariocas*. Rio de Janeiro: Imprensa Nacional (Bibliotheca do "Boletim Policial"), 1913.

CARVALHO, Elysio de. *A polícia carioca e a criminalidade contemporânea*. Rio de Janeiro: Imprensa Nacional, 1910.

CASTRO, Viveiros de. *A nova escola penal*. Rio de Janeiro: Jacintho Ribeiro dos Santos Editor, 1913.

CHAVES, João. *Sciencia penitenciaria*. Rio de Janeiro: Jacintho Ribeiro dos Santos, 1923.

D'ASSUMPÇÃO, Paulo. *Histórico da força policial do Paraná*. Curitiba: Typographia d'A República, 1909.

DESPORTES, Fernand. *Société Générale des Prisons. Bulletin de la Société Générale des Prisons*. Paris: Imprimerie Centrale des Chemins de Fer, 1877.

ENGELS, Friedrich. A situação da classe trabalhadora na Inglaterra. Rio de Janeiro: Global Editora, s/d.

FAGUET, Émile. *A arte de ler*. São Paulo: Casa da Palavra, 2009.

FERRI, Enrico. *Os criminosos na arte e na literatura*. Pôrto: Imprensa Portuguesa, 1936.

FERRI, Enrico. *Le credo de l'École Italienne*. VIIe Congrès d'anthropologie Criminelle. Archives d'anthropologie Criminelle, de Criminologie et de Psychologie Normale et Patologique. Tome 26, 1911.

FREUD, Sigmund. A psicanálise e a determinação dos fatos nos processos jurídicos. In.: *Obras completas de Sigmund Freud* (vol. IX). São Paulo: Imago, 1977.

FREUD, Sigmund. O estranho. In.: Obras completas de Sigmund Freud (vol. XVII). São Paulo: Imago, 1977.

FREUD, Sigmund. O mal-estar na civilização. In.: *Obras completas de Sigmund Freud* (vol. XXI). São Paulo: Imago, 1977.

GAROFALO, Raffaelle. *Criminologia – Estudo sobre o delicto e a repressão penal*. Lisboa: Typographia do Porto Medico, 1908.

GAUTIER, Emile. *Le monde des prisons (notes d'un témoin)*. Archives de Anthropologie Criminelle et de Sciences Pénales. Tome 3e, 1888.

GOMES, Raul. *O desespero de Chan, narrativa romântica*. Curitiba: Empresa Gráfica Paranaense, 1926 (Novella Paranaense n. 3).

INGENIEROS, José. *Criminologia*. Buenos Aires: Talleres Gráficos de L. J. Rosso y Cia., 1916.

JUNIOR, Rodrigo. *Um caso fatal*. Curitiba: Empresa Gráfica Paranaense, 1926 (Novella Paranaense n. 2).

KROPOTKIN, Peter. *A prisão e seus efeitos* (Nas prisões russas e francesas, 1887). In.: WOODCOCK, George (org.). *Os grandes escritos anarquistas*. Porto Alegre: L&PM, 1981.

LACASSAGNE, Alexander. *Programme d'étude nouvelles en Anthropologie Criminelle*. Archives de l'Anthropologie Criminelle et de Sciences Pénales. Tome 6e, 1891.

LACASSAGNE, Alexander; MARTIN, Etienne. *Anthropologie criminelle*. L'Année Psychologique. Volume 11, numéro 1, 1904.

LOMBROSO, César. *L'homme criminel*. Paris: Félix Alcan Éditeur, 1895 (2 t.).

LOMBROSO, Cesare. *Le crime – causes et remèdes*. Paris: Félix Alcan Éditeur, 1907.

LOMBROSO, César. *Discours d'ouverture du VIe Congrès d'anthropologie Criminel-

le. Archives d'anthropologie Criminelle, de Criminologie et de Psychologie Normale et Patologique. Tome 23, 1906.

MORAES, Evaristo de. *Prisões e instituições penitenciarias no Brazil*. Rio de Janeiro: Livraria Editora Conselheiro Candido de Oliveira, 1923.

MORAES, Evaristo de. *Ensaios de pathologia social*. Rio de Janeiro: Leite Ribeiro, 1921.

MOTTA FILHO, Candido. *A funcção de punir*. São Paulo: Livraria Zenith, 1928.

PAULA, Antonio de. *Do Direito Policial*. Curityba: Tipographia da Penitenciária do Estado, 1928.

PEIXOTO, Afranio. *Criminologia*. São Paulo: Companhia Editora Nacional, 1936

PEREIRA, Osvaldo Almeida; SILVA, Ivo. *As façanhas de Papst e Kindermann*. Curitiba: A Cruzada, 1937.

POE, Edgar Allan. Os crimes da rua Morgue. In.: *Ficção completa, poesia & ensaios*. Rio de Janeiro: Nova Aguilar, 2001.

POMBO, José Francisco da Rocha. *O Paraná no centenário*. Rio de Janeiro: José Olympio, 1980.

RODRIGUES, Nina. *As raças humanas e a responsabilidade penal no Brasil*. Salvador: Livraria Progresso Editora, 1957.

RODRIGUES, Nina. *Métissage, dégénérescence et crime*. Archives d'anthropologie Criminelle, de Criminologie et de Psychologie Normale et Patologique. Tome 14, 1899.

SALEILLES, Raymond. *A individualização da pena*. São Paulo: Rideel, 2006.

SIGHELE, Scipio. *A multidão criminosa – Ensaio de psicologia coletiva*. Lisboa: Antiga Casa Bertrand, s/d.

SIGHELE, Scipio; NICÉFORO, Alfredo. *La mala vita dans les grandes villes*. Archives d'anthropologie Criminelle, de Criminologie et de Psychologie Normale et Patologique. Tome 14, 1899.

STEVENSON, Robert Louis. *O médico e o monstro*. São Paulo: Estação Liberdade, 1989.

TARDE, Gabriel. *Les crimes des foules*. Archives de l'Anthropologie Criminelle et de Sciences Pénales. Tome 7e, 1892.

VIANNA, Paulo. *Regimen penitenciario*. Rio de Janeiro: Jacintho Ribeiro dos Santos, 1914.

XAVIER, Aristoteles. *Gyria dos delinquentes* (Dialecto dos malandros). Curityba:

Escola Policial da Guarda Civica , 1922.

ZOLA, Emile. O senso do real. In.: *Do romance*. São Paulo: Edusp/Imaginário, 1995.

c-) Leis, decretos e regulamentos

Constituição Política do Império do Brazil (de 25 de Março de 1824). Disponível em: https://www.planalto.gov.br/ccivil_03/Constituicao/Constituiçao24.htm. Acesso em: 14 de julho de 2010.

Código Penal do Imperio do Brasil, com observações sobre alguns de seus artigos pelo Doutor Manoel Mendes da Cunha Azevedo. Recife: Typographia Commercial de Meira Henriques, 1851.

Código Penal da República dos Estados Unidos do Brasil commentado por Oscar de Macedo Soares. Rio de Janeiro: Garnier, 1908.

REGULAMENTO PARA AS CADEIAS PROVÍNCIA. Repartição de Policia do Paraná, 2 de janeiro de 1858.

ESTADO DO PARANÁ. Decreto n. 318, de 28 de novembro de 1900. Regulamento para as Cadeias do Estado.

ESTADO DO PARANÁ. Decreto n. 611, de 6 de abril de 1905. Concede ao Estado autorização para aquisição da Santa Casa de Misericórdia.

ESTADO DO PARANÁ. Regulamento do Gabinete de Identificação e Estatística. Decreto n. 378 de 20 de junho de 1908.

ESTADO DO PARANÁ. Regulamento da Penitenciária do Estado. Decreto n. 564, de 23 de setembro de 1908.

ESTADO DO PARANÁ. Regulamento da Guarda Civil. Decreto n. 262 de 17/6/1911.

ESTADO DO PARANÁ. Lei n. 1457 de 6 de maio de 1915 e Decreto n. 740 de 05 de novembro de 1915.

ESTADO DO PARANÁ. Lei n. 1457 de 6/5/1915 e Decreto n. 740 de 05/11/1915.

ESTADO DO PARANÁ. Lei n. 3052 de 8/4/1922.

ESTADO DO PARANÁ. Regulamento Geral da Policia Civil do Estado do Paraná. Decreto n. 785 de 1 de julho de 1927.

ESTADO DO PARANÁ. Reorganização da Guarda Civil do Paraná. Decreto n. 559 de 2 de junho de 1922.

ESTADO DO PARANÁ. Decreto n. 965, de 29 de Agosto de 1925. Regulamento da Casa de Detenção.

IBGE: Brasil: 500 anos de povoamento e *IBGE: Estatísticas do Século XX*. Disponíveis respectivamente em: www.ibge.gov.br/brasil500/index2.html e www.ibge.gov.br/seculoxx/seculoxx.pdf. Acesso em: 19/1/2012.

d-)Mensagens, relatórios e outras fontes oficiais

Mensagens e Relatórios

Relatório do Ministro da Justiça, Honório Hermeto Carneiro Leão, para a Assembléia Geral Legislativa, 1832.

Relatório do Chefe de Polícia Interino, Luiz Francisco da Camara Léal, ao vice-presidente da Província na abertura da Assembleia Legislativa Provincial em 7 de janeiro de 1857.

Relatorio do Chefe de Polícia, José da Camara Léal, ao Presidente da Província, José Francisco Cardoso, 7 de junho de 1859.

Relatório do Chefe de Polícia, Luiz Barreto Correa de Menezes, ao Presidente da Província, Manuel Pinto de Souza Dantas Filho, 31 de janeiro de 1880.

Relatório com que o Exmo. Sr. Dr. Manuel Pinto de Souza Dantas Filho passou ao Exmo. Sr. Dr. João José Pedrosa, a administração da Província, em 4 de agosto de 1880.

Relatório da Commissão Inspectora da Casa de Correcção da Corte, anexo ao Relatório do Ministro da Justiça, Manoel Antonio Duarte de Azevedo, para a Assembléia Geral Legislativa, 1873.

Relatório apresentado a Assembléia Legislativa do Paraná pelo presidente da Província, o Exmo. Snr. Dr. João José Pedrosa, em 16 de fevereiro de 1881.

Mensagem dirigida pelo Governador, Dr. José Pereira Santos Andrade, ao Congresso Legislativo do Estado do Paraná, ao abrir-se a 2ª Sessão Ordinária da 3ª Legislatura, 1896.

Mensagem ao Congresso Legislativo do Estado do Paraná dirigido pelo Dr. Vicente Machado da Silva Lima, Presidente do Estado. Curitiba: Typografia da Livraria Econômica, 1905.

Mensagem dirigida pelo Governador, Dr. Vicente Machado da Silva Lima, ao Congresso Legislativo do Estado do Paraná, 1906.

Mensagem dirigida pelo Presidente do estado, Dr. Francisco Xavier da Silva, ao

Congresso Legislativo do Estado do Paraná, 1909.

Mensagem dirigida pelo Interventor Federal do Paraná, General Mario Tourinho, ao Chefe do Governo Provisorio da República Dr. Getulio Vargas, 1931.

Relatorio apresentado ao Dr. José Pereira Santos Andrade, Governador do Estado do Paraná, pelo Secretario dos Negocios de Obras Publicas e Colonisação, Engenheiro Civil Candido Ferreira de Abreu, 1898.

Relatório apresentado ao Presidente do Estado, Dr. Francisco Xavier da Silva, pelo Secretário do Interior, Justiça e Instrucção Pública do Paraná, Dr. Octávio Ferreira do Amaral e Silva, 1900.

Relatório apresentado ao Vice-Presidente do Estado, Dr. Joaquim Monteiro de Carvalho e Silva, pelo Secretário do Interior, Justiça e Instrucção Pública do Paraná, Bacharel Bento José Lamenha Lins, 1907.

Relatório apresentado ao Dr. Francisco Xavier da Silva, Presidente do Estado do Paraná, pelo Coronel Luiz Antonio Xavier, Secretario dos Negócios do Interior, Justiça e Instrucção Publica, 1908.

Relatório apresentado ao Exmo. Snr. Dr. Francisco Xavier da Silva, Presidente do Estado do Paraná, pelo Bacharel Claudino Rogoberto Ferreira, Secretário d'Estado dos Negócios de Obras Públicas e Colonisação, 1909.

Relatório apresentado ao Exmo. Sr. Francisco Xavier da Silva, Presidente do Estado, pelo Coronel Luiz A. Xavier, Secretário do Interior, Justiça e Instrucção Pública, 1909.

Relatório apresentado ao Dr. Carlos Cavalcanti de Albuquerque , Presidente do Estado do Paraná, pelo Dr. Claudino Rogoberto Ferreira dos Santos, Secretario dos Negócios do Interior, Justiça e Instrucção Publica, 1913.

Relatório apresentado ao Exmo. Sr. Dr. Francisco Xavier da Silva, Presidente do Estado, pelo Desembargador Procurador Geral de Justiça, José Maria Pinheiro Lins, 1910.

Relatorio do Chefe de Polícia apresentado ao Exmo. Sr. Governador, 1894.

Relatorio apresentado ao Secretario dos Negocios do Interior, Justiça e Instrucção Publica pelo Chefe de Policia Interino, Benedicto Pereira da Silva Carrão, 1895.

Relatorio apresentado ao Secretario dos Negócios do Interior, Justiça e Instrucção Publica, pelo chefe de Policia, Desembargador Manoel Bernardino Vieira Cavalcanti Filho, 1896.

Relatório ao Secretário do Interior, Justiça e Instrucção Pública do Paraná, Dr. Antônio Augusto Chaves, pelo Major Augusto Silveira de Miranda, Chefe de

Polícia interino do Estado, 1898.

Relatório do Director da Penitenciária do Ahu, Major Ascanio Ferreira de Abreu ao Chefe de Polícia, Desembargador João Batista da Costa Carvalho Filho, 1909.

Relatório do Director da Penitenciária do Ahu, Major Ascanio Ferreira de Abreu ao Chefe de Polícia, Desembargador João Batista da Costa Carvalho Filho. Curitiba: Typographia da Penitenciária do Ahu, 1910.

Relatorio apresentado ao Dr. Mario Alvez de Camargo, Secretario dos Negócios do Interior, Justiça e Instrucção Publica, pelo chefe de Policia, Desembargador Estanisláu Cardozo, 1911.

Relatório ao Secretário do Interior, Justiça e Instrucção Pública do Paraná, Dr. Marino Alves de Camargo, pelo Chefe de Polícia, Desembargador Manoel Bernardino Cavalcanti Filho. Curitiba: A República, 1912.

Relatório ao Secretário do Interior, Justiça e Instrucção Pública do Paraná, Dr. Enéas Marques dos Santos, pelo Chefe de Polícia, Lindolpho Pessoa da Cruz Marques. Curitiba: Typographia da Penitenciária do Estado, 1916.

Relatorio apresentado ao Dr. Eneas Marques dos Santos, Secretario dos Negócios do Interior, Justiça e Instrucção Publica, pelo Dr. Lindolpho Pessoa da Cruz Marques, Chefe de Policia, 1917.

Relatorio apresentado ao Exmo. Snr. Dr. Secretario dos Negócios do Interior, Justiça e Instrucção Publica, pelo Dr. Lindolpho Pessoa da Cruz Marques, Chefe de Policia, 1918.

Relatorio apresentado ao Exmo. Snr. Dr. Secretario Geral de Estado, pelo chefe de Policia, Dr. Luiz Albuquerque Maranhão, 1920.

Relatorio apresentado ao Exmo. Snr. Coronel Alcides Munhoz, Secretario Geral de Estado, pelo chefe de Policia, Desembargador Luiz de Albuquerque Maranhão, 1925.

Relatorio apresentado ao Exmo. Snr. Coronel Alcides Munhoz, Secretario Geral de Estado, pelo chefe de Policia, Desembargador Clotario de Macedo Portual, 1927.

Relatorio apresentado ao Dr. José Pinto Rebello, Secretario dos Negócios do Interior, Justiça e Instrucção Publica, pelo chefe de Policia, Dr. Arthur Ferreira dos Santos, 1928.

Relatório apresentado ao Chefe de Polícia, Desembargador João Baptista da Costa Carvalho Filho, pelo Director da Penitenciária do Ahu, Major Ascanio Ferreira de Abreu, 1909.

Relatório apresentado ao Chefe de Polícia, Desembargador João Baptista da Costa Carvalho Filho, pelo Director da Penitenciária do Ahu, Major Ascanio Ferreira de Abreu, 1910.

Relatório apresentado ao Chefe de Polícia, Lindolpho Pessoa da Cruz Marques, pelo Director da Penitenciária do Ahu, Major Ascanio Ferreira de Abreu, 1916.

Relatório apresentado ao Chefe de Polícia, Lindolpho Pessoa da Cruz Marques, pelo Director da Penitenciária do Ahu, Major Ascanio Ferreira de Abreu, 1918.

Relatório apresentado ao Chefe de Polícia, Luiz Albuquerque Maranhão, pelo Director da Penitenciária do Ahu, Major Ascanio Ferreira de Abreu, 1920.

Relatório apresentado ao Chefe de Polícia, Luiz Albuquerque Maranhão, pelo Director da Penitenciária do Ahu, Major Ascanio Ferreira de Abreu, 1923.

Relatório apresentado ao Chefe de Polícia, Arthur Ferreira dos Santos, pelo Director da Penitenciária do Ahu, Major Ascanio Ferreira de Abreu, 1928.

Relatorio apresentado ao Exmo. Snr. Dr. Clotario de Macedo Portugal, Chefe de Policia, pelo Commissario de Investigações e Segurança Publica, Antonio Francisco Nauffal, 1927.

Relatorio apresentado ao Chefe de Polícia, Dr. Arthur Ferreira dos Santos, pelo Delegado da Polícia de Costumes, Francisco Raitani, 1928.

Outras fontes

Descripção e orçamento do Projecto da penitenciária de Curityba pelo Engenheiro Francisco Antonio Monteiro Tourinho, apresentado ao Presidente da Província, Manuel Pinto de Souza Dantas Filho em 8 de julho de 1880.

Contracto para acquisição do prédio onde funcciona o Azylo de Alienados. *Apud*: Relatório apresentado ao Exmo. Snr. Presidente do Estado, Dr. Vicente Machado da Silva Lima, pelo Secretário do Interior, Justiça e Instrucção Pública do Paraná, Bacharel Bento José Lamenha Lins, 1905.

1º Convenio Policial Brazileiro. Convenio Policial Brazileiro reunido em S. Paulo. Polícia em Geral, Estatística Criminal, Regimen Penitenciário, Polícia Scientifica, Escolas de Polícia. Memória apresentada pelo Delegado Auxiliar e Representante do Paraná, Dr. Mario de Castro Nascimento, 1912.

1º Convenio Policial Brazileiro. Relatorio apresentado ao Exmo. Snr. Dezembargador Manoel B. Vieira Cavalcanti Filho, Chefe de Polícia do Estado do Paraná, pelo Delegado Auxiliar e Representante do Paraná, Dr. Mario de Castro Nascimento, 1912.

Gabinete de Identificação e Estatística do Estado do Paraná. Promptuario n. 1098. Registro Criminal n. 5 de Antonio Alves ou Antonio Damasio.

Gabinete de Identificação e Estatística do Estado do Paraná. Promptuario n. 161. Registro Criminal n. 9 de Joaquim Simões de Oliveira.

Gabinete de Identificação e Estatística do Estado do Paraná. Promptuario n. 945. Registro Criminal n. 18 de Luiz Dalteri.

Gabinete de Identificação e Estatística do Estado do Paraná. Promptuario n. 2 de Helena Bayer.

João Cerejo, preso n. 21. Livro de matrículas dos presos sentenciados, v. III.

Francisco Rodrigues de Campos, preso n. 109. Livro de matrículas dos presos sentenciados, v. IV.

João da Costa Moreira, preso s/n. Livro de matrículas dos presos sentenciados, v. III.

José Theophilo, preso n. 47. Livro de matrículas dos presos sentenciados, v. II.

Agenor Carlota, preso n. 246; Antonio Xavier da Costa, preso n. 275. Livro de matrículas dos presos sentenciados, v. IV.

Francisco Ribeiro de Lima, preso n. 77. Livro de matrículas dos presos sentenciados, v. II.

Joaquim Francisco da Silva, preso s/n; Vicente de Paula Nascimento, preso s/n. Livro de matrículas dos presos sentenciados, v. III.

Alexandre de Paula, preso s/n. Livro de matrículas dos presos sentenciados, v. III.

Pedro Luiz dos Santos, preso n. 25. Livro de matrículas dos presos sentenciados, v. III.

Bibliografia

ABOUT, Ilsen. La police scientifique enquête de modeles: institutions et controverses en France et en Italie (1900-1930). In.: FARCY, Jean-Claude; KALIFA, Dominique; LUC, Jean-Noël (dir.). *L'enquête judiciaire en Europe au XIXe siècle*. Paris: Creaphis, 2007.

ABOUT, Ilsen. Les fondations d'un système nacional d'identification policière en France (1893-1914). Anthropométrie, signalements et fichiers. *Genèses*, n. 54, mars 2004.

ADORNO, Sérgio. *Os aprendizes do poder – O bacharelismo liberal na política brasileira*. Rio de Janeiro: Paz e Terra, 1988.

AGUIAR, Nayara Elisa de Moraes. *Um incômodo moral: o meretrício e seus meios de controle em Curitiba (1929-1937)*. Dissertação de Mestrado em História (UFPR), 2016.

AGUIRRE, Carlos. Cárcere e sociedade na América Latina. In.: BRETAS, Marcos *et al* (orgs.). *História das prisões no Brasil (vol. 1)*. Rio de Janeiro: Rocco, 2009.

ALBUQUERQUE JUNIOR, Durval Muniz de. Fazer história sem limites: a historiografia e as identidades espaciais. In.: SOCHODOLAK, Hélio; KLANOVICZ, Jó; ARIAS NETO, José Miguel (orgs.). *Regiões, imigrações, identidades*. Ponta Grossa: ANPUH-PR, 2011.

ALBUQUERQUE NETO, Flávio de Sá Cavalcanti de. Da cadeia à Casa de Detenção: a reforma prisional no Recife em meados do século XIX. In.: BRETAS, Marcos et al (orgs.). *História das prisões no Brasil (vol. 1)*. Rio de Janeiro: Rocco, 2009.

ALVAREZ, Marcos César. *Bacharéis, criminologistas e juristas* – saber jurídico e nova escola penal no Brasil. São Paulo: Método, 2003.

ALVAREZ, Marcos; SALLA, Fernando; SOUZA, Luis Antônio Francisco de. A sociedade e a Lei: o Código Penal de 1890 e as novas tendências penais na primeira República. *Justiça & História*, Porto Alegre, vol. 3, n. 6, 2003.

ANDRÉS-GALLEGO, José. *História da gente pouco importante: América e Europa até 1789*. Lisboa: Editorial Estampa, 1993.

ANTELO, Raul. *Tempos de Babel: anacronismo e destruição*. São Paulo: Lumme Editor, 2007.

ANTUNES, José Leopoldo Ferreira. *Medicina, leis e moral: pensamento médico e comportamento no Brasil (1870-1930)*. São Paulo: Editora Unesp, 1999.

ARAÚJO, Carlos Eduardo Moreira de. *Cárceres imperiais: a Casa de Correção do Rio de Janeiro. Seus detentos e o sistema prisional no Império (1830-1861)*. Tese de doutorado em História (Unicamp), 2009.

ARAÚJO, Ricardo. *Edgar Allan Poe: um homem em sua sombra*. São Paulo: Ateliê Editorial, 2002.

ARENDT, Hannah. *Sobre a violência*. Rio de Janeiro: Relume Dumará, 1996.

ARENDT, Hannah. *A condição humana*. Rio de Janeiro: Forense Universitária, 1993.

ARIÈS, Philippe. Por uma história da vida privada. In.: ARIÈS, Philippe; DUBY, Georges (orgs.). *História da vida privada – Da Renascença ao século das Luzes (vol. 3)*. São Paulo: Companhia das Letras, 1991.

ARTIÈRES, Philippe. Crimes écrits. La collection d'autobiographies de criminels du professeur A. Lacassagne. *Genèses*, n. 19, avr. 1995.

AUERBACH, Erich. *Mimesis: a representação da realidade na literatura Ocidental*. São Paulo: Perspectiva, 1998.

AUMONT, Jacques. *O olho interminável [cinema e pintura]*. São Paulo: Cosac & Naify, 2004.

BALTRUSAITIS, Jurgis. *Aberrações; ensaio sobre a lenda das formas*. Rio de Janeiro: Editora UFRJ, 1999.

BARBOSA, Marialva. *História cultural da imprensa – Brasil 1900-2000*. São Paulo: Mauad, 2007.

BARRENECHE, Osvaldo. ¿Lega o letrada? Discussiones sobre la participación ciudadana en la justicia de la ciudad de Buenos Aires durante las primeras décadas de independencia y experiencia republicana. In.: PALACIO, Juan Manuel; CANDIOTI, Magdalena (comp.). *Justicia, política y derechos en América Latina*. Buenos Aires: Prometeo Libros: 2001.

BAUMAN, Zygmunt. *Modernidade e ambivalência*. Rio de Janeiro: Jorge Zahar, 1999.

BAUMER, Franklin L. *O pensamento europeu moderno – Séculos XVII e XVIII (vol. 1)*. Lisboa: Edições 70, 2002.

BAUMER, Franklin L. *O pensamento europeu moderno – Séculos XIX e XX (vol. 2)*. Lisboa: Edições 70, 2002.

BECKER, Howard S. *Outsiders: estudos de sociologia do desvio*. Rio de Janeiro: Zahar, 2008.

BEGA, Maria Tarcisa Silva. *Sonho e invenção do Paraná – Geração simbolista e a construção de identidade regional*. Tese de Doutorado em Sociologia (USP), 2001.

BEGLEY, Louis. *O caso Dreyfus – Ilha do Diabo, Guantanamo e o pesadelo da história*. São Paulo: Companhia das Letras, 2010.

BENATTI, Antonio Paulo. *O centro e as margens - prostituição e vida boêmia em Londrina (1930-1960)*. Curitiba: Aos Quatro Ventos: 1999.

BENDER, John. *Imagining penitentiary: fiction and the architecture of mind in Eighteenth-Century England*. Chicago: The University of Chicago Press, 1987.

BENJAMIN, Walter. *Passagens*. Belo Horizonte: Editora da UFMG/São Paulo: Imprensa Oficial, 2006.

BENJAMIN, Walter. Infância em Berlim por volta de 1900. In.: *Rua de mão única. (Obras escolhidas, v. II)*. São Paulo: Brasiliense, 1995.

BENJAMIN, Walter. A obra de arte na era de sua reprodutibilidade técnica. In.: *Magia e técnica, arte e política (Obras escolhidas I)*. São Paulo: Brasiliense, 1993.

BENJAMIN, Walter. Sobre o conceito da história. In.: *Magia e técnica, arte e política. (Obras escolhidas, v. I)*. São Paulo: Brasiliense, 1993.

BENJAMIN, Walter. Paris no Segundo Império. In.: *Charles Baudelaire, um lírico no auge do capitalismo (Obras escolhidas III)*. São Paulo: Brasiliense, 1989.

BERBERI, Elizabete. *Impressões - a modernidade através das crônicas no início do século em Curitiba*. Curitiba: Aos Quatro Ventos, 1998.

BERLIÈRE, Jean-Marc. Police réelle et police fictive. *Romantisme*, n. 79, 1993.

BERLIÈRE, Jean-Marc. Du maintien de l'ordre républicain au maintien républicain de l'ordre? Réflexions sur la violence. *Genèses*, n. 12, mai. 1993.

BERMAN, Marshall. *Tudo que é sólido desmancha no ar: a aventura da modernidade*. São Paulo: Companhia das Letras, 1987.

BHABHA, Homi K. *O local da cultura*. Belo Horizonte: Editora UFMG, 1998.

BLACK, Edwin. *A guerra contra os fracos: a eugenia e a campanha norte-americana para criar uma raça superior*. São Paulo: A Girafa, 2003.

BOARINI, Maria Lucia (org.). *Higiene e raça como projeto: higienismo e eugenismo no Brasil*. Marginá: Eduem, 2003.

BONI, Maria Ignês Mancini de. *O espetáculo visto do alto: vigilância e punição em Curitiba (1890-1920)*. Curitiba: Aos Quatro Ventos, 1998.

BORGES, Maria Eliza Linhares. *História & Fotografia*. Belo Horizonte: Autêntica, 2003.

BOTTMANN, Denise. Alguns aspectos da presença de Edgar Allan Poe no Brasil. *Tradução em Revista*, v.1, 2010.

BOURDIEU, Pierre. *A economia das trocas lingüísticas: o que falar quer dizer*. São Paulo: Edusp, 1998.

BOURDIEU, Pierre. *O poder simbólico*. Lisboa: Difel, 1989.

BOURDIEU, Pierre. Gostos de classe e estilos de vida. In. ORTIZ, Renato (org.). *Pierre Bourdieu*. São Paulo: Ática, 1983.

BRADBURY, Malcom. As cidades do modernismo. In.: BRADBURY, Malcom; McFARLANE, James (orgs.). *Modernismo – guia geral 1890-1930*. São Paulo: Companhia das Letras, 1989.

BRANDÃO, Angela. *A fábrica de ilusão: o espetáculo das máquinas num parque de diversões e a modernização de Curitiba (1905-1913)*. Curitiba: Fundação Cultural de Curitiba, 1994.

BRESCIANI, Maria Stella. Metrópoles: as faces do monstro urbano (as cidades no século XIX). *Revista Brasileira de História: cultura & cidades*. São Paulo: ANPUH/Marco Zero, v. 5, n. 8-9, set., 1984-abr. 1985.

BRESCIANI, Maria Stella. *Londres e Paris no século XIX: o espetáculo da pobreza*. São Paulo: Brasiliense, 1983.

BRESCIANI, Maria Stella Martins. *Liberalismo: ideologia e controle social. São Paulo, 1850-1910*. Tese de doutorado em História (USP), 1976.

BRETAS, Marcos *et al* (orgs.). *História das prisões no Brasil*. Rio de Janeiro: Rocco, 2009, 2 v.

BRETAS, Marcos. O que os olhos não vêem: histórias das prisões do Rio de Janeiro. In.: BRETAS, Marcos *et al* (orgs.). *História das prisões no Brasil (vol. 2)*. Rio de Janeiro: Rocco, 2009.

BRETAS, Marcos. Revista Policial: formas de divulgação das polícias no Rio de Janeiro de 1903. *História Social*, Unicamp, v. 16, 2009.

BRETAS, Marcos. A polícia carioca no Império. *Estudos históricos*, vol. 12, n. 22, 1998.

BRETAS, Marcos Luiz. *Ordem na cidade – o exercício da autoridade policial no Rio de Janeiro: 1907-1930*. Rio de Janeiro: Rocco, 1997.

BRETAS, Marcos Luiz. *A guerra das ruas: povo e polícia na cidade do Rio de Janeiro*. Rio de Janeiro: Arquivo Nacional, 1997.

BURMESTER, Ana Maria de Oliveira. Disciplinarização e trabalho: Curitiba, fins do século XVIII, inícios do século XIX. *História: Questões & Debates*. Curitiba, v. 8, n. 14-15, jul-dez. 1987.

CAIMARI, Lila. *Apenas un delincuente: crimen, castigo y cultura en la Argentina, 1880-1955*. Buenos Aires: Siglo Veintiuno, 2012.

CAIMARI, Lila. *Mientras la ciudad duerme: pistoleros, policías y periodistas en Buenos Aires, 1920-1945*. Buenos Aires: Siglo Veintiuno, 2012.

CALVINO, Italo. *As cidades invisíveis*. São Paulo: Companhia das Letras, 1995.

CANCELLI, Elizabeth. *Carandiru: a prisão, o psiquiatra e o preso*. Brasília: Editora Universidade de Brasília, 2005.

CANCELLI, Elizabeth. *A cultura do crime e da lei*. Brasília: Editora Universidade de Brasília, 2001.

CANGUILHEM, Georges. *O normal e o patológico*. Rio de Janeiro: Forense Universitária, 1995.

CAPONI, Sandra. *Loucos e degenerados: uma genealogia da psiquiatria ampliada*. Rio de Janeiro: Editora Fiocruz, 2012.

CAPONI, Sandra. *Do trabalhador indisciplinado ao homem prescindível*. Tese de doutorado em Filosofia da Ciência (Unicamp), 1992.

CARRARA, Sérgio. *Crime e loucura – o aparecimento do manicômio judiciário na passagem do século*. Rio de Janeiro/São Paulo: Eduerj/Edusp, 1998.

CARRARA, Sérgio. Singularidade, igualdade e transcendência: um ensaio sobre o significado social do crime. *Revista Brasileira de Ciências Sociais*, n. 16, jun. 1991.

CARVALHO, José Murilo de. *Os bestializados: o Rio de Janeiro e a República que não foi*. São Paulo: Companhia das Letras, 1996.

CARVALHO, José Murilo de. *A formação das almas: o imaginário da República no Brasil*. São Paulo: Companhia das Letras, 1990.

CARVALHO, José Murilo de. Cidadania, tipos e percursos. *Estudos históricos*. Rio de Janeiro: FGV, vol. 9, n° 18, julho-dezembro de 1996.

CARVALHO, Maria Alice Rezende de. *Quatro vezes cidade*. Rio de Janeiro: Sette Letras, 1994.

CARVALHO, Salo de. Memória e esquecimento nas práticas punitivas. *Estudos ibero-americanos*. PUCRS. Edição especial, n.2, 2006.

CASTEL, Robert. *As metamorfoses da questão social: uma crônica do salário*. Petrópolis: Vozes, 2008.

CASTEL, Robert. *A insegurança social: o que é ser protegido?* Petrópolis: Vozes, 2005.

CASTRO, Elizabeth Amorim de. *A arquitetura do isolamento em Curitiba na Primeira República*. Curitiba: Edição da Autora, 2004.

CHALHOUB, Sidney. *Cidade febril: cortiços e epidemias na corte imperial*. São Paulo: Companhia das Letras, 1996.

CHALHOUB, Sidney. *Trabalho, lar e botequim: o cotidiano dos trabalhadores no Rio de Janeiro da belle époque*. São Paulo: Brasiliense, 1986.

CHARTIER, Roger. *Leitores e leituras na França do Antigo Regime*. São Paulo: Unesp, 2004.

CHEVALIER, Louis. *Classes laborieuses et classes dangereuses à Paris, pendant la première moitié du XIXe siècle*. Paris: Hachette, 1984.

CHRISTIE, Nils. *A indústria do controle do crime: a caminho dos GULAGs em estilo ocidental*. Rio de Janeiro: Forense, 1998.

CLARK, T. J. *A pintura da vida moderna: Paris na arte de Manet e de seus seguidores*. São Paulo: Companhia das Letras, 2004.

COCHART, Dominique. As multidões e a Comuna: análise dos primeiros escritos sobre a psicologia das multidões. *Revista Brasileira de História*. São Paulo: Anpuh/Marco Zero, vol. 10, nr. 20, mar-1991/ago-1991.

COELHO, Edmundo Campos. *A oficina do diabo e outros estudos sobre criminalidade*. Rio de Janeiro: Record, 2005.

COLI, Jorge. *Boulevard des Capucines* e o crime metafísico. In.: *O corpo da liberdade: reflexões sobre a pintura do século XIX*. São Paulo: Cosac Naify, 2010.

CORBIN, Alain. O segredo do indivíduo. In.: ARIÈS, Philippe; DUBY, Georges. *História da vida privada – da Revolução Francesa à Primeira Guerra*. São Paulo: Companhia das Letras, 1991.

CORBIN, Alain. *Le temps, le désir et l'horreur: essays sur le XIXe siècle*. Paris: Flammarion, 1991.

CORBIN, Alain. *Saberes e odores: o olfato e o imaginário social nos séculos dezoito e dezenove*. São Paulo: Companhia das Letras, 1987.

CORRÊA, Mariza. *As ilusões da liberdade - a Escola Nina Rodrigues e a antropologia no Brasil*. Rio de Janeiro: Editora Fiocruz, 2013.

COSTA, Marcos Paulo Pedrosa. *O caos ressurgirá da ordem – Fernando de Noronha e a reforma prisional no Império*. São Paulo: IBCCRIM, 2009.

COURTINE, Jean-Jacques. O corpo anormal – História e antropologia culturais da deformidade. In.: CORBIN, Alain; COURTINE, Jean-Jacques; VIGARELLO, Georges (orgs.). *História do corpo – As mutações do olhar. O século XX (vol. 3)*. Petrópolis: Vozes, 2008.

COURTINE, Jean-Jacques; VIGARELLO, Georges. Identificar – Traços, indícios, suspeitas. In.: CORBIN, Alain; COURTINE, Jean-Jacques; VIGARELLO, Georges (orgs.). *História do corpo – As mutações do olhar. O século XX (vol. 3)*. Petrópolis: Vozes, 2008.

CRARY, Jonathan. *Suspensão da percepção – Atenção, espetáculo e cultura moderna*. São Paulo: Cosac Naify, 2013.

CRARY, Jonathan. *Techniques of the observer: on vision and modernity in the nineteenth century*. Cambridge: MIT Press, 1992.

CRARY, Jonathan. A visão que se desprende: Manet e o observador atento no fim do século XIX. In.: CHARNEY, Leo; SCHWARTZ, Vanessa (orgs.). *O cinema e a invenção da vida moderna*. São Paulo: Cosac & Naify, 2004.

CUNHA, Manuela Carneiro da. *Antropologia do Brasil*. São Paulo: Brasiliense/Edusp, 1986.

CUNHA, Olívia Maria Gomes da. *Intenção e gesto: pessoa, cor e a produção cotidiana da (in)diferença no Rio de Janeiro, 1927-1942*. Rio de Janeiro: Arquivo Nacional, 2002.

DARMON, Pierre. *Médicos e assassinos na Belle Époque*. Rio de Janeiro: Paz e Terra, 1991.

DARNTON, Robert. Um inspetor de polícia organiza seus arquivos: a anatomia da República das Letras. In. *O grande massacre de gatos e outros episódios da história cultural francesa*. Rio de Janeiro: Graal, 1986.

DAVIS, Natalie Zemon. *Histórias de perdão e seus narradores na França do Século XVI*. São Paulo: Companhia das Letras, 2001.

DEBRAY, Regis. *Vida e morte da imagem: uma história do olhar no Ocidente*. Petrópolis: Vozes, 1993.

DEL OLMO, Rosa. *A América Latina e sua criminologia*. Rio de Janeiro: Revan ,

2004.

DELEUZE, Gilles; GUATTARI, Félix. *Kafka: para uma literatura menor*. Lisboa: Assírio & Alvim, 2003.

DELEUZE, Gilles; GUATTARI, Félix. *Mil platôs: capitalismo e esquizofrenia (vol. 1)*. São Paulo: Editora 34, 1995.

DELUMEAU, Jean. *História do medo no Ocidente: 1300-1800, uma cidade sitiada*. São Paulo: Companhia das Letras, 1993.

DELUMEAU, Jean. *Le péché et la peur: la culpabilisation en Occident (XIIIe-XVIIIe siècles)*. Paris: Fayard, 1983.

DENIPOTI, Cláudio. *Páginas de prazer: a sexualidade através da leitura no início do século*. Campinas: Unicamp, 1999.

DENIPOTI, Cláudio. *A sedução da leitura – livros, leitores e história cultural – Paraná (188-1930)*. Tese de Doutorado em História (UFPR), 1998.

DERRIDA, Jacques. *Força de lei*. São Paulo: Martins Fontes, 2007.

DI LISCIA, Maria Silvia; BOHOSLAVSKY, Ernesto. Para desatar algunos nudos (y atar otros). In. DI LISCIA, Maria Silvia; BOHOSLAVSKY, Ernesto (edits.). *Instituciones y formas de control social en America Latina 1840-1940: una revisión*. Buenos Aires: Prometeo Libros/Universidad Nacional de General Sarmiento, 2005.

DIDI-HUBERMAN, Georges. *O que vemos, o que nos olha*. São Paulo: Editora 34, 1998.

DOMINGUES, José Maurício. *Interpretando a modernidade: imaginário e instituições*. Rio de Janeiro: FGV, 2002.

DOUGLAS, Mary. *Como as instituições pensam*. São Paulo: Edusp, 2007.

DOUGLAS, Mary. *Pureza e perigo: Ensaio sobre as noções de poluição e tabu*. Lisboa: Edições 70, 1991.

DROIT, Roger-Pol. *Genealogía de los bárbaros*. Barcelona: Paidós, 2009.

DUBOIS, Philippe. *O ato fotográfico*. Campinas: Papirus, 1993.

DUMONT, Martine. Le succès mondain d'une fausse science. *Actes de la recherche en sciences sociales*. Vol. 54, septembre 1984.

DURKHEIM, Émile. *As regras do método sociológico*. São Paulo: Companhia Editora Nacional, 1975.

ELIAS, Norbert. A individualização no processo social. In. *A sociedade dos indivíduos*. Rio de Janeiro: Jorge Zahar, 1994.

ELIAS, Norbert. *O processo civilizador – Formação do Estado e civilização (v. 2)*. Rio de Janeiro: Jorge Zahar, 1993.

EMSLEY, Clive. La légitimité de la police anglaise: une perspective historique comparée. *Déviance et societé*, vol. 13, n. 1, 1989.

FABRIS, Annateresa. *Identidades virtuais: uma leitura do retrato fotográfico*. Belo Horizonte: Editora UFMG, 2004.

FARGE, Arlette. *O sabor do arquivo*. São Paulo: Edusp, 2009.

FARGE, Arlette. Da violência. In.: *Lugares para a história*. Lisboa: Teorema, 1999.

FARGE, Arlette; ZYSBERG, André. Les théâtres de la violence à Paris au XVIIIe siècle. *Annales. Économies, Sociétés, Civilisations*. 34e année, n. 5, 1979.

FAUSTO, Boris. *O crime do restaurante chinês: carnaval, futebol e justiça na São Paulo dos anos 30*. São Paulo: Companhia das Letras, 2009.

FAUSTO, Boris. *Crime e cotidiano: a criminalidade em São Paulo (1889-1924)*. São Paulo: Edusp, 2001.

FERLA, Luis Antonio Coelho. *Feios, sujos e malvados sob medida: do crime ao trabalho, a utopia médica do biodeterminismo em São Paulo (1920-1945)*. Tese de doutorado em História (USP), 2005.

FIGUEIREDO, Carmem Lúcia Negreiros de. *Lima Barreto e o fim do sonho republicano*. Rio de Janeiro: Tempo Brasileiro, 1995.

FOUCAULT, Michel. O que chamamos punir? In.: *Segurança, penalidade e prisão. (Ditos & escritos VIII)*. Rio de Janeiro: Forense Universitária, 2012.

FOUCAULT, Michel. *Segurança, território, população*. São Paulo: Martins Fontes, 2007.

FOUCAULT, Michel. *Estratégia, poder-saber. (Ditos & escritos IV)*. Rio de Janeiro: Forense Universitária, 2003.

FOUCAULT, Michel. Outros espaços. In.: *Estética: literatura e pintura, música e cinema. (Ditos & escritos III)* Rio de Janeiro: Forense Universitária, 2001.

FOUCAULT, Michel. *Os anormais*. São Paulo: Martins Fontes, 2001.

FOUCAULT, Michel. *Em defesa da sociedade*. São Paulo: Martins Fontes, 2000.

FOUCAULT, Michel. *Resumo dos cursos do Collège de France (1970-1982)*. Rio de Janeiro: Jorge Zahar Editor, 1997.

FOUCAULT, Michel. *A verdade e as formas jurídicas*. Rio de Janeiro: Nau Editora, 1996.

FOUCAULT, Michel. *A ordem do discurso*. São Paulo: Edições Loyola, 1996.

FOUCAULT, Michel. Sujeito e poder. In.: RABINOW, Paul; DREYFUS, Hubert. *Michel Foucault, uma trajetória filosófica (para além do estruturalismo e da hermenêutica)*. Rio de Janeiro: Forense Universitária, 1995.

FOUCAULT, Michel. Os assassinatos que se conta. In.: *Eu, Pierre Rivière, que degolei minha mãe, minha irmã e meu irmão*. Rio de Janeiro: Graal, 1991.

FOUCAULT, Michel. *Vigiar e punir: História da violência nas prisões*. Petrópolis: Vozes, 1987.

FRANCO, Maria Sylvia de Carvalho. *Homens livres na ordem escravocrata*. São Paulo: Unesp, 1997.

FRY, Peter; CARRARA, Sérgio. As vicissitudes do liberalismo no direito penal brasileiro. *Revista Brasileira de Ciências Sociais*, vol. 2, n. 1, 1986.

FRY, Peter. Febrônio Índio do Brasil: onde se cruzam a psiquiatria, a profecia, a homossexualidade e a lei. In.: *Caminhos cruzados*. São Paulo: Brasiliense, 1982.

FURTADO, Claudia; NADAF, Mário Antonio Moysés; SANTA CRUZ, Teddy Ariel Miranda. Da razão burguesa às pretensões totalizantes da vontade de verdade: o discurso governamental da segurança pública (1901-1913). *Boletim do Departamento de História da UFPR*. Série Monografias. Curitiba: UFPR, v. 1, n.1, mar. 1989.

GAY, Peter. *Represálias selvagens: realidade e ficção na literatura de Charles Dickens, Gustave Flaubert e Thomas Mann*. São Paulo: Companhia das Letras, 2010.

GAY, Peter. *A experiência burguesa da Rainha Vitória a Freud – A educação dos sentidos (vol. 1)*. São Paulo: Companhia das Letras, 1999.

GAY, Peter. *A experiência burguesa da rainha Vitória a Freud – O cultivo do ódio (vol. 3)*. São Paulo: Companhia das Letras, 1995.

GAYOL, Sandra. Exigir y dar satisfacción: un privilegio de las elites finiseculares. In.: PESAVENTO, Sandra; GAYOL, Sandra (orgs.). *Sociabilidades, justiças e violências: práticas e representações culturais no Cone Sul (séculos XIX e XX)*. Porto Alegre: Editora da UFRGS, 2008.

GAYOL, Sandra. Sexo, violencia y crimen en la ciudad moderna. Buenos Aires en el recambio de siglo. In.: PESAVENTO, Sandra (org.). *História Cultural: experiências de pesquisa*. Porto Alegre: UFRGS Editora, 2003.

GAYOL, Sandra. Entre lo deseable y lo possible – Perfil de la policia de Buenos Aires en la segunda mitad del siglo XIX. *Estudios Sociales*, Año VI, n. 10, 1º semestre de 1996.

GEERTZ, Clifford. *A interpretação das culturas*. Rio de Janeiro: Guanabara Koogan, 1989.

GILENO, Carlos Henrique. Numa e a Ninfa: dilemas e impasses da formação da sociedade republicana. *Perspectivas*. São Paulo, n. 26, 2003.

GINZBURG, Carlo. Sinais: raízes de um paradigma indiciário. In.: *Mitos, emblemas, sinais – morfologia e história*. São Paulo: Companhia das Letras, 1989.

GODINO CABAS, Antonio *et al. Paraná, o século, o asilo: História, políticas públicas e educação*. Curitiba: Criar Edições, 2004.

GOFFMAN, Erving. *Manicômios, prisões e conventos*. São Paulo: Perspectiva, 1992.

GOFFMAN, Erving. *Estigma - Notas sobre a manipulação da identidade deteriorada*. Rio de Janeiro: Guanabara, 1988.

GÓMEZ, María José Correa. Paradojas tras la Reforma Penitenciaria. Las Casas Correccionales en Chile (1864-1940). In.: DI LISCIA, Maria Silvia; BOHOSLAVSKY, Ernesto (edits.). *Instituciones y formas de control social en America Latina 1840-1940: una revisión*. Buenos Aires: Prometeo Libros/Universidad Nacional de General Sarmiento, 2005.

GRILO, Antonio. *Tocaia no Fórum: violência e modernidade*. São Paulo: Edusc, 2012.

GRUNER, Clóvis. "As letras da cidade ou quando a literatura inventa o urbano – leitura e sensibilidade moderna na Curitiba da Primeira República". *Estudos Históricos*, Rio de Janeiro, vol. 23, nº 45, janeiro-junho de 2010.

GRUNER, Clóvis. "*Um bom estímulo à regeneração*: a Penitenciária do Estado e as novas estratégias da ordem na Curitiba da Primeira República". *História*. Franca: Unesp, v. 28, n.2, 2009.

GRUNER, Clóvis. "Um nome, muitas falas: Pamphilo de Assumpção e os discursos jurídicos na Curitiba da *belle* époque". *Revista de História Regional*. Ponta Grossa: UEPG, vol. 14, nr. 1, 2009.

GRUNER, Clóvis; SEREZA, Luiz Carlos. Monstruosidades sedutoras: as *novellas paranaenses* e a invenção do urbano. In. GRUNER, Clóvis; DENIPOTI, Claudio (orgs.). *Nas tramas da ficção – história, literatura e leitura*. São Paulo: Ateliê Editorial, 2008.

GRUNER, Clóvis. Em torno à "boa ciência": debates jurídicos e a questão penitenciária na imprensa curitibana (1901-1909). *Revista de História Regional*. Ponta Grossa: UEPG, vol. 8, n. 1, verão 2003.

GUIMARÃES, Alberto Passos. *As classes perigosas: banditismo urbano e rural*. Rio de Janeiro: Editora UFRJ, 2008.

GUIMARÃES, Valéria. *Notícias Diversas: suicídios por amor, 'leituras contagiosas' e cultura popular em São Paulo nos anos dez*. Tese de doutorado em História (USP), 2004.

GUIMARÃES, Valéria. Sensacionalismo e modernidade na imprensa brasileira no início do século XX. *ArtCultura*, v. 11, nr. 18, jan-jun. 2009.

GUIMARÃES, Valéria. Tensões e ambigüidades na crônica sensacionalista. In.: GRUNER, Clóvis; DENIPOTI, Claudio (orgs.). *Nas tramas da ficção: história, literatura e leitura*. São Paulo: Ateliê Editorial, 2008.

GUNNING, Tom. O retrato do corpo humano: a fotografia, os detetives e os primórdios do cinema. In.: CHARNEY, Leo; SCHWARTZ, Vanessa (orgs.). *O cinema e a invenção da vida moderna*. São Paulo: Cosac & Naify, 2004.

HABERMAS, Jürgen. *O discurso filosófico da modernidade*. Lisboa: Publicações Dom Quixote, 1992.

HABERMAS, Jürgen. *Mudança estrutural na esfera pública*. Rio de Janeiro: Tempo Brasileiro, 1984.

HARA, Tony. *Caçadores de notícias: História e crônicas policiais de Londrina 1948-1970*. Curitiba: Aos Quatro Ventos, 2000.

HARDMAN, Francisco Foot. Memória, ruínas e imaginação utópica. *Anos 90*. Porto Alegre: UFRGS, vol. 1, n° 1, maio de 1993.

HAROCHE, Claudine. Formas e maneiras na democracia. In.: *A condição sensível: formas e maneiras de sentir no Ocidente*. Rio de Janeiro: Contra Capa, 2008.

HAROCHE, Claudine; COURTINE, Jean Jacques. *História do rosto – Exprimir e calar as suas emoções (do século XVI ao início do século XIX)*. Lisboa: Teorema, 1995.

HARRIS, Ruth. *Assassinato e loucura: medicina, leis e sociedade no fin de siècle*. Rio de Janeiro: Rocco, 1993.

HARTOG, François. *O espelho de Heródoto – Ensaio sobre a representação do outro*. Belo Horizonte: Editora da UFMG, 1999.

HERMAN, Arthur. *A idéia de decadência na história Ocidental*. Rio de Janeiro: Record, 2001.

HOBSBAWM, Eric. *Bandidos*. Rio de Janeiro: Paz e Terra, 2010.

HOBSBAWM, Eric. *A era do capital – 1848-1875*. Rio de Janeiro: Paz e Terra, 1996.

HOLANDA, Sérgio Buarque de. *Raízes do Brasil*. São Paulo: Companhia das Letras, 1995.

HOLLOWAY, Thomas. *Polícia no Rio de Janeiro: repressão e resistência numa cidade do século XIX*. Rio de Janeiro: Fundação Getulio Vargas, 1997.

HOOBLER, Dorothy; HOOBLER, Thomas. *Os crimes de Paris: o roubo da Mona Lisa e o nascimento da criminologia moderna*. São Paulo: Três Estrelas, 2013.

HUNT, Lynn. *A invenção dos Direitos Humanos uma história*. São Paulo: Companhia das Letras, 2009.

IGNATIEFF, Michael. Instituições totais e classes trabalhadoras: um balanço crítico. *Revista Brasileira de História: Instituições*. São Paulo: ANPUH/Marco Zero, v. 7, n. 14, mar-ago. 1987.

IORIO, Regina Elena Saboia. *Intrigas & novelas – literatos e literatura em Curitiba na década de 1920*. Tese de doutorado em História (UFPR), 2004.

JAMESON, Fredric. *O inconsciente político: a narrativa como ato socialmente simbólico*. São Paulo: Ática, 1992.

KAFKA, Franz. O brasão da cidade. In.: *Narrativas do espólio (1914-1924)*. São Paulo: Companhia das Letras, 2002.

KALIFA, Dominique. Enquête judiciaire, littérature et imaginaire social au XIXe siècle. In.: FARCY, Jean-Claude; KALIFA, Dominique; LUC, Jean-Noël (dir.). *L'enquête judiciaire en Europe au XIXe siècle*. Paris: Creaphis, 2007.

KALIFA, Dominique. *Crime et culture au XIXe siècle*. Paris: Academique Perrin, 2004.

KALIFA, Dominique. Crime, polices, État à la "Belle Époque". In.: CHEVRIER, Francis (dir.). *Le crime et le pouvoir – Les rendez-vous de l'histoire*. Paris: Éditions Pleins Feux, 1999.

KALIFA, Dominique. *L'encre et le sang - Recits de crimes et societe a la Belle Époque*. Paris: Fayard, 1995.

KALIFA, Dominique. *Os bas-fonds: história de um imaginário*. São Paulo: Edusp, 2017.

KALUSZYNSKI, Martine. Réformer la société: les hommes de la Société Générale des Prisons 1877-1900. **Genéses**, n. 28, septembre 1997.

KAMINSKI, Rosane. Gosto brejeiro: as revistas ilustradas e a formação de juízos estéticos em Curitiba (1900-1920). In.: BREPOHL, Marion; CAPRARO, André Mendes; GARRAFFONI, Renata Senna (orgs.). *Sentimentos na história: linguagens, práticas, emoções*. Curitiba: Editora UFPR, 2012.

KANT, Immanuel. Resposta à pergunta: Que é o "Esclarecimento"? In.: *Textos seletos*. Petrópolis: Vozes, 2005.

KARVAT, Erivan Cassiano. *A sociedade do trabalho: discursos e prática de controle sobre a mendicidade e a vadiagem em Curitiba (1890-1933)*. Curitiba: Aos Quatro Ventos, 1998.

KOSIK, Karel. O século de Grete Samsa: sobre a possibilidade ou a impossibilidade do trágico no nosso tempo. *Matraga*, n. 8, março de 1996.

KRACAUER, Siegfried. Culto da distração. In.: *O ornamento da massa*. São Paulo: Cosac Naify, 2009.

KUHN, Thomas S. *A estrutura das revoluções científicas*. São Paulo: Perspectiva, 2003.

LAMB, Roberto Edgar. *Uma jornada civilizadora: imigração, conflito social e segurança pública na Província do Paraná – 1867 a 1882*. Curitiba: Aos Quatro Ventos, 1999.

LÉONARD, Jacques. L'historien et le philosophe. A propos de *Surveiller et punir: naissance de la prison*. In.: PERROT, Michelle (dir.). *L'impossible prison*. Paris: Éditions du Seuil, 1980.

LÉVI-STRAUSS, Claude. *Tristes trópicos*. São Paulo: Companhia das Letras, 1996.

LINEBAUGH, Peter. Crime e industrialização: a Grã-Bretanha no século XVIII. In.: PINHEIRO, Paulo Sérgio (org.). *Crime, violência e poder*. São Paulo: Brasiliense, 1983.

LISSOVSKY, Maurício. O dedo e a orelha: ascensão e queda da imagem nos tempos digitais. *Acervo*. Rio de Janeiro, vol. 6, n. 1-2, jan-dez/1993.

LOBO, Lilia Ferreira. *Os infames da história: pobres, escravos e deficientes no Brasil*. Rio de Janeiro: Lamparina, 2008.

LUCCA, Tania Regina de; MARTINS, Ana Luiza (orgs.). *História da imprensa no Brasil*. São Paulo: Contexto, 2008.

MACHADO, Maria Cristina Teixeira. *Lima Barreto: um pensador social na Primeira República*. Goiânia: da UFG; São Paulo: Edusp, 2002.

MAGALHÃES, Marion Brepohl de. *Paraná: política e governo*. Curitiba: SEED, 2001.

MARIN, Ricardo Campos. Los fronterizos del delito. Las relaciones entre crimen y mala vida en España y Argentina a comienzos del siglo XX. In.: MIRANDA, Marisa; SIERRA, Álvaro Girón (coord.). *Cuerpo, biopolítica y control social: América Latina y Europa en los siglos XIX y XX*. Buenos Aires: Siglo XXI/Editora Iberoamericana, 2009.

MARTINS, Hélia et al. Síndrome cardio-renal – os desafios no tratamento da insuficiência cardíaca. *Acta Med. Port.*, vol. 24, n. 2, 2011, pp. 285-292. Disponível em: http://www.actamedicaportuguesa.com/pdf/2011-24/2/285-292.pdf. Acesso em: março/2012.

MAUCH, Cláudia. *Ordem pública e moralidade: imprensa e policiamento urbano em Porto Alegre na década de 1890*. Santa Cruz do Sul: Edunisc, 2004.

MELLO, Silvia Gomes Bento de. *Esses moços do Paraná... Livre circulação da palavra nos albores da República.* Tese de Doutorado em História – UFSC, 2008.

MELOSSI, Dario; PAVARINI, Massimo. *Cárcere e fábrica: as origens do sistema penitenciário (séculos XVI-XIX).* Rio de Janeiro: Revan/ICC, 2006.

MENDONÇA, Joseli Maria Nunes. *Evaristo de Moraes, tribuno da República.* Campinas: Editora da Unicamp, 2007.

MEYER, Marlyse. *Folhetim – uma história.* São Paulo: Companhia das Letras, 1996.

MILLER, Jacques-Alain. A máquina panóptica de Jeremy Bentham. In.: SILVA, Tomaz Tadeu da (org.). *O Panóptico.* Belo Horizonte: Autêntica, 2000.

MOLLIER, Jean-Yves. O surgimento da cultura midiática na Belle Époque: a instalação de estruturas de divulgação de massa. In.: *A leitura e seu público no mundo contemporâneo: ensaios sobre história cultural.* Belo Horizonte: Autêntica, 2008.

MONET, Jean-Claude. *Polícias e sociedade na Europa.* São Paulo: Edusp, 2006.

MONKKONEN, Eric H. História da polícia urbana. In.: TONRY, Michael; MORRIS, Norval (orgs.). *Policiamento moderno.* São Paulo: Edusp, 2000.

MORAES, Pedro Rodolfo Bodê de. *Punição, encarceramento e construção de identidade profissional entre agentes penitenciários.* São Paulo: IBCCRIM, 2005.

MORETTI, Franco. *Signos e estilos da modernidade – ensaios sobre a sociologia das formas literárias.* Rio de Janeiro: Civilização Brasileira, 2007.

NEDER, Gizlene. *Iluminismo jurídico-penal luso-brasileiro: obediência e submissão.* Rio de Janeiro: Revan/Instituto Carioca de Criminologia, 2007.

NIETZSCHE, Friedrich. *Genealogia da moral: uma polêmica.* São Paulo: Companhia das Letras, 2002.

Ó, Jorge Ramos do. Notas sobre Foucault e a governamentalidade. In.: FALCÃO, Luis Felipe; SOUZA, Pedro de (orgs.). *Michel Foucault: perspectivas.* Rio de Janeiro: Achiamé, 2005.

OAKLEY, R. J. *Lima Barreto e o destino da literatura.* São Paulo: Unesp, 2011.

ORTIZ, Renato. *Cultura brasileira e identidade nacional.* São Paulo: Brasiliense, 1994.

ORTIZ, Renato. *Cultura e modernidade.* São Paulo: Brasiliense, 1991.

OST, François. *Contar a lei: as fontes do imaginário jurídico.* São Leopoldo: Editora Unisinos, 2007.

OST, François. *O tempo do direito.* Bauru: Edusc, 2005.

OUYAMA, Maurício N. *Uma máquina de curar: o Hospício Nossa Senhora da Luz em*

Curitiba e a formação da tecnologia asilar (final do século XIX e início do XX). Tese de Doutorado em História (UFPR), 2006.

PECHMAN, Robert Moses. *Cidades estreitamente vigiadas: o detetive e o urbanista*. Rio de Janeiro: Casa da Palavra, 2002.

PEDROSO, Célia Regina. *Os signos da opressão: história e violência nas prisões brasileiras*. São Paulo: Arquivo do Estado/Imprensa Oficial do Estado, 2002.

PEDROSO, Regina Célia. Utopias penitenciárias. *Revista de História*. São Paulo: USP, nr. 136, 1º semestre de 1997.

PEREIRA, Luis Fernando Lopes. *O espetáculo dos maquinismos modernos – Curitiba na virada do século XIX ao XX*. Tese de doutorado em História (USP), 2002.

PEREIRA, Luís Fernando Lopes. *Paranismo: o Paraná inventado – cultura e imaginário no Paraná da I República*. Curitiba: Aos Quatro Ventos, 1998.

PEREIRA, Magnus Roberto de Mello; SANTOS, Antonio César de Almeida. *O poder local e a cidade: a Câmara Municipal de Curitiba - séculos XVII a XX*. Curitiba: Aos Quatro Ventos, 2000.

PEREIRA, Magnus Roberto de Mello. *Semeando iras rumo ao progresso: ordenamento jurídico e econômico da sociedade paranaense, 1829-1889*. Curitiba: Editora da UFPR, 1996.

PEREIRA, Marco Aurélio. Discurso burocrático e normatização urbana e populacional em Curitiba no início do século XX. *Revista de História Regional*. Ponta Grossa: UEPG, vol. 5, n. 1, verão 2000.

PERROT, Michelle. *História dos quartos*. Rio de Janeiro: Paz e Terra, 2011.

PERROT, Michelle. O inspetor Bentham. In.: SILVA, Tomaz Tadeu (org.). *O Panóptico*. Belo Horizonte, Autêntica, 2000.

PERROT, Michelle. *Os excluídos da história: operários, mulheres, prisioneiros*. Rio de Janeiro: Paz e Terra, 1988.

PESAVENTO, Sandra. *Visões do cárcere*. Porto Alegre: Zouk, 2009.

PESAVENTO, Sandra. *Os sete pecados da capital*. São Paulo: Hucitec, 2008.

PIERRE, Michel. Les prisons de la IIIe République (1875-1938). In.: PETIT, Jacques-Guy et al. *Histoire des galères, bagnes et prisons, XIIIe – XXe siècles. Introduction à l'histoire pénale de la France*. Toulouse: Privat, 1991.

PORTO, Ana Gomes. *Novelas sangrentas: literatura de crime no Brasil (1870-1920)*. Tese de doutorado em História (Unicamp), 2009.

PORTO, Ana Gomes. *Crime em letra de forma: sangue, gatunagem e um misterioso esqueleto na imprensa do prelúdio republicano*. Dissertação de mestrado em História (Unicamp), 2003.

PRÁ, Alcione. *Paraná - das Cadeias Públicas às Penitenciárias (1909-2009)*. Curitiba: Instituto Memória, 2009.

RAGO, Margareth. *Do cabaré ao lar: A utopia da cidade disciplinar - Brasil 1890-1930*. São Paulo: Paz e Terra, 1997.

RANCIÈRE, Jacques. O conceito de anacronismo e a verdade do historiador. In.: SALOMON, Marlon (org.). *História, verdade e tempo*. Chapecó: Argos, 2011.

RANCIÈRE, Jacques. *A partilha do sensível: estética e política*. São Paulo: Editora 34, 2005.

RAUTER, Cristina. *Criminologia e subjetividade no Brasil*. Rio de Janeiro: Revan, 2003.

REVEL, Jacques. A instituição e o social. In.: *História e historiografia: exercícios críticos*. Curitiba: Editoria da UFPR, 2010.

REVEL, Jacques. Os usos da civilidade. In.: ARIÈS, Philippe; CHARTIER, Roger (orgs.). *História da vida privada – Da Renascença ao Século das Luzes (v. 3)*. São Paulo: Companhia das Letras, 1995.

REVEL, Judith. *Foucault: conceitos essenciais*. São Carlos: Clara Luz, 2005.

RIBEIRO, Luiz Carlos. *Memória, trabalho e resistência em Curitiba (1890-1920)*. Dissertação de Mestrado em História (USP), 1985.

RODRIGUES, Helenice; KOHLER, Heliane. Introdução teórica. In.: *Travessias e cruzamentos culturais: a mobilidade em questão*. Rio de Janeiro: FGV, 2008.

RODRIGUES, Marília Mezzomo. "Sou um historiador e não um fornecedor de imundícies" – medicina experimental e hereditariedade no naturalismo de Émile Zola. *Revista de História Regional*. Ponta Grossa: UEPG, vol. 14, nr. 2, inverno/2009.

RODRIGUES, Marília Messomo. *A prevenção da decadência: discurso médico e medicalização da sociedade*. Curitiba: Aos Quatro Ventos, 1997.

ROSEMBERG, André. *De chumbo e de festim – Uma história da polícia paulista no final do Império*. São Paulo: Edusp/Fapesp, 2008.

ROTHSCHILD, Emma. *Sentimentos econômicos: Adam Smith, Condorcet e o Iluminismo*. Rio de Janeiro: Record, 2003.

SÁ, Geraldo Ribeiro de. *A prisão dos excluídos: origens e reflexões sobre a pena privativa de liberdade*. Juiz de Fora: Editora da UFJF/Rio de Janeiro: Diadorim, 1996.

SALLA, Fernando. *As prisões em São Paulo (1822-1940)*. São Paulo: Annablume/Fapesp, 1999.

SALLA, Fernando. As rebeliões nas prisões: novos significados a partir da experiência brasileira. *Sociologias*. Porto Alegre, ano 8, n. 16, jul/dez 2006.

SANT'ANNA, Marilene Antunes. *A imaginação do castigo: discursos e práticas sobre a Casa de Correção do Rio de Janeiro*. Tese de doutorado em História (UFRJ), 2010.

SANT'ANNA, Marilene Antunes. Trabalho e conflitos na Casa de Correção do Rio de Janeiro. In.: BRETAS, Marcos et al (orgs.). *História das prisões no Brasil (vol. 1)*. Rio de Janeiro: Rocco, 2009.

SANTOS, Myriam Sepúlveda dos. Os porões da República: a colônia Correcional de Dois Rios entre 1908 e 1930. *Topoi*, v. 7, n. 13, jul.-dez. 2006.

SANTOS, Myriam Sepúlveda dos. A prisão dos ébrios, capoeiras e vagabundos no início da Era Republicana. *Topoi*, v. 5, n. 8, jan.-jun. 2004.

SARLO, Beatriz. *Modernidade periférica: Buenos Aires, 1920 e 1930*. São Paulo: Cosac Naify, 2010.

SARLO, Beatriz. *Jorge Luis Borges, um escritor na periferia*. São Paulo: Iluminuras, 2008.

SCHMITT, Jean-Claude. A história dos marginais. In. LE GOFF, Jacques (Org.). *A história nova*. São Paulo: Martins Fontes, 1993.

SCHORSKE, Carl E. A idéia de cidade no pensamento europeu: de Voltaire a Spengler. In.: *Pensando com a história: indagações na passagem para o modernismo*. São Paulo: Companhia das Letras, 2000.

SCHWARCZ, Lilia Moritz. *O espetáculo das raças: cientistas, instituições e questão racial no Brasil, 1870-1930*. São Paulo: Companhia das Letras, 1993.

SÊGA, Rafael Augustus. *A capital belle époque: a reestruturação do quadro urbano de Curitiba durante a gestão do prefeito Cândido de Abreu (1913-1916)*. Curitiba: Aos Quatro Ventos, 2001.

SENNET, Richard. *Carne e pedra: o corpo e a cidade na civilização Ocidental*. Rio de Janeiro: Record, 2001.

SENNETT, Richard. *O declínio do homem público: as tiranias da intimidade*. São Paulo: Companhia das Letras, 1992.

SEVCENKO, Nicolau. O prelúdio republicano, astúcias da ordem e ilusões do progresso. In.: NOVAIS, Fernando (org.). *História da vida privada no Brasil – República: da Belle Époque à era do rádio*. São Paulo: Companhia das Letras, 1998, v. 3.

SHIZUNO, Elena. *A revista Vida Policial (1925-1927) – Mistérios e dramas em contos e folhetins*. Tese de doutorado em História (UFPR), 2011.

SHIZUNO, Elena. A narrativa policial na revista Vida Policial. *Vigilância, segurança e controle social na América Latina*. Curitiba: PUC/PR, 2009.

SILVEIRA, Maria Helena Pupo. *O processo de normalização do comportamento social em Curitiba: educação e trabalho na Penitenciária do Ahu, primeira metade do século XX*. Tese de doutorado em Educação (UFPR), 2009.

SIMMEL, Georg. A metrópole e a vida mental. In.: VELHO, Otávio Guilherme (org.). 1976. *O fenômeno urbano*. Rio de Janeiro: Zahar Editores, 1976.

SINGER, Ben. Modernidade, hiperestímulo e o início do sensacionalismo popular. In.: CHARNEY, Leo; SCHWARTZ, Vanessa (orgs.). *O cinema e a invenção da vida moderna*. São Paulo: Cosac & Naify, 2004.

SOLAZZI, José Luís. *A ordem do castigo no Brasil*. São Paulo: Imaginário, 2007.

SOUZA, Luís Antônio Francisco de. Ordem social, Polícia Civil e justiça criminal na cidade de São Paulo (1889-1930). *Revista de História*, USP, n. 162, 1º semestre de 2010.

STAROBINSKI, Jean. A palavra civilização. In.: *As máscaras da civilização*. São Paulo: Companhia das Letras, 2001.

STORCH, Robert. O policiamento do cotidiano na cidade vitoriana. *Revista Brasileira de História: Cultura e cidades*. São Paulo: Anpuh/Marco Zero, vol. 5, n. 8/9, setembro 1984/abril 1985.

STRAUBE, Ernani Costa. *Polícia Civil – 150 anos*. Curitiba: Edição do Autor, 2005.

SUMMERSCALE, Kate. *As suspeitas do sr. Whicher*. São Paulo: Companhia das Letras, 2009.

SÜSSEKIND, Flora. *Cinematógrafo de letras: literatura, técnica e modernização no Brasil*. São Paulo: Companhia das Letras, 1987.

SYKES, Gresham M. *The society of captives: a study of a maximum security prison*. New Jersey: Princeton University Press, 2003.

SYKES, Gresham M. *Crime e sociedade*. Rio de Janeiro: Edições Bloch, 1969.

THOMPSON, Augusto. *A questão penitenciária*. Rio de Janeiro: Forense, 1980.

THOMPSON, E. P. *Senhores e caçadores*. Rio de Janeiro: Paz e Terra, 1997.

TRINDADE, Cláudia Moraes. Para além da ordem: o cotidiano prisional da Bahia oitocentista a partir da correspondência de presos. *História*. Unesp, v. 28, n.2, 2009.

VELHO, Gilberto. O estudo do comportamento desviante: a contribuição da antropologia social. In.: *Desvio e divergência: uma crítica da patologia social*. Rio de Janeiro: Jorge Zahar, 1999.

VELLASCO, Ivan de Andrade. *As seduções da ordem – violência, criminalidade e administração da justiça, Minas Gerais, século 19*. São Paulo: Edusc/Anpocs, 2004.

VELLOSO, Monica Pimenta. As distintas retóricas do moderno. In.: OLIVEIRA, Claudia de; VELLOSO, Monica Pimenta; LINS, Vera. *O moderno em revistas: representações do Rio de Janeiro de 1890 a 1930*. Rio de Janeiro: Garamond, 2010.

VENTURA, Roberto. *Estilo tropical – História cultural e polêmicas literárias no Brasil*. São Paulo: Companhia das Letras, 1991.

WACHOWICZ, Ruy. *História do Paraná*. Curitiba: Imprensa Oficial do Paraná, 2001.

WADI, Yonissa Marmitt. *A história de Pierina: subjetividade, crime e loucura*. Uberlândia: Edufu, 2009.

WEBER, Eugen. *França fin-de-siècle*. São Paulo: Companhia das Letras, 1988.

WILLIAMS, Raymond. *Cultura e sociedade de Coleridge a Orwell*. Petrópolis: Vozes, 2011.

WILLIAMS, Raymond. *Palavras-chave: um vocabulário de cultura e sociedade*. São Paulo: Boitempo Editorial, 2007.

WILLIAMS, Raymond. *O campo e a cidade – na história e na literatura*. São Paulo: Companhia das Letras, 1989.

WILLIAMS, Raymond. *Marxismo e literatura*. Rio de Janeiro: Zahar Editores, 1979.

ZAPIOLA, María Carolina. ¿Escuela regeneradora u oscuro depósito? La Colonia de Menores Varones de Marcos Paz, Buenos Aires, 1905-1919. In.: PESAVENTO, Sandra; GAYOL, Sandra (orgs.). *Sociabilidades, justiças e violências: práticas e representações culturais no Cone Sul (séculos XIX e XX)*. Porto Alegre: Editora da UFRGS, 2008.

Agradecimentos

Atividade frequentemente solitária, uma pesquisa nem por isso se constroi sem o recurso a um coletivo solidário, que por caminhos os mais diversos colabora para tornar possível sua realização. Por isso, agradecer é mais que mera formalidade acadêmica. E por isso também, os agradecimentos são normalmente aquilo que escrevemos por último, mas o fazemos com mais alegria e prazer.

A Capes financiou parte do trabalho, apresentado originalmente como tese de doutoramento em História na Universidade Federal do Paraná (UFPR), em junho de 2012, fornecendo-me bolsa de estudo no último ano do doutorado. Maria Cristina, secretária do PPGHIS, foi muito mais que apenas eficiente em sua disposição a facilitar nossa rotina burocrática. Além disso, as disciplinas cursadas com os professores Euclides Marchi, Joseli Mendonça, Luis Carlos Ribeiro e Marion Brepohl apontaram caminhos, possibilidades e leituras que ampliaram os objetivos iniciais.

Minha orientadora, Roseli Boschilia, sem abrir mão do rigor, soube me dar liberdade e autonomia necessárias para a pesquisa e a escrita da tese. A banca de qualificação, formada pelos professores Joseli Nunes Mendonça e Pedro Bodê – ambos da UFPR –, apontou problemas, fez críticas e sugestões em uma primeira e ainda imprecisa versão do trabalho. Eles, e também a professora Maria Ignes de Boni, da Universidade Tuiuti do Paraná (UTP), e Marcos Bretas, da UFRJ, me proporcionaram um intenso, produtivo e criativo debate durante a banca de defesa, que se estendeu por pouco mais de quatro horas de uma tarde tipicamente curitibana: fria e cinzenta.

No Departamento Penitenciário do Paraná (DEPEN), meus agradecimentos vão especialmente para Sonia Monclaro Virmond, da Escola de Educação em Direitos Humanos (antiga Escola Penitenciária) e Félis Russi, da Penitenciária Central do Estado (PCE), em Piraquara. Sonia me convidou a ingressar no corpo docente do GAAP – Grupo de Apoio às Ações Penitenciárias, curso voltado a agentes penitenciários, com quem aprendi lições valiosas da rotina interna de uma instituição penal. Félis me possibilitou o acesso a uma documentação preciosa, sem a qual o texto final da tese certamente seria outro.

Na divisão Paranaense da Biblioteca Pública do Paraná e no Arquivo Público do Paraná, pude contar com a ajuda indispensável das funcionárias Lídia e Roseli, além dos estagiários que me ajudaram na localização da documentação. Agradeço ainda aos funcionários do Museu Paranaense, da Casa da Memória, Cinemateca, Museu da Imagem e do Som e da biblioteca de Filosofia e Ciências Humanas da UFPR pela atenção.

No curso de História da UTP, onde lecionei durante o doutorado, é mister agradecer a Wilma Bueno e Viviane Zeni, coordenadoras, que me liberaram de algumas atividades, principalmente burocráticas, para me dedicar à tese; minha gratidão se estende à Sidinalva Maria Wawzyniak, ex-diretora da Faculdade de Ciências Humanas, Letras e Artes, e aos demais colegas do curso. Samuel Vendramin, Everton Moraes, Fernando Scaff Moura, Clara Cuevas, Thais Gava e Mauren Javorski foram meus orientandos de Iniciação Científica, bolsistas ou voluntários, em diferentes momentos do percurso, e sua colaboração foi preciosa na coleta da documentação.

Minha família, distante geograficamente, me apoiou como sempre, com a torcida e o carinho e o amor excentricamente nossos. Meus pais, Arno e Nice, mais preocupados que habitualmente, não cessaram de perguntar sobre os prazos e as condições da escrita, e fizeram o que estava ao alcance para oferecer-me o apoio e suporte que julgaram necessários. Mal sabiam que o fundamental já o fizeram e continuam a fazê-lo, que é presentearem-me diariamente com suas existências.

Os amigos leram, criticaram e comentaram. Mas, fundamentalmente, foram presença afetiva e efetiva constante, suportando com paciência e bom humor minha monomania temática. Há sempre uma e outra ausência, mas não há lapso que me faça olvidar o quanto devo a Everton Oliveira, Ozias Paese Neves, Luiz Carlos Sereza, Liz André Dalfré, Valéria Floriano, Erivan Karvat, Clara Cuevas e Richard Orciuch. Sereza foi também responsável pela formatação da tese e do sumário, poupando-me do que certamente seria uma variação doméstica da hecatombe final. Longe, mas de uma presença absoluta, são de Gerson Machado, Iago Sartini, Arselle Andrade, Flávia Antunes, Sandra Godinho Capistrano e Renata Gomes os nomes e rostos de que lembro quando penso em amizades perenes, capazes de sobreviver ao tempo e à distância.

Não sei ainda se é mais fácil ou difícil agradecer a Simone, cuja presença está em cada página do texto. Nestes pouco mais de quatro anos em que a pesquisa se fez, ela não apenas tratou de cuidar do "mundo prático" para que eu pudesse fuçar arquivos e livros. Ela leu, comentou, ponderou e entendeu cada gesto e palavra, ainda que nem sempre concordasse com elas. Felipe foi concebido à época do projeto, e seu nascimento coincide com os primeiros passos da pesquisa. Dividido inicialmente entre fontes e fraldas, nos últimos anos, se tratados de criminologia, relatórios de polícia, páginas envelhecidas de jornais, livros de matrícula, crônicas e romances foram as fontes de minha pesquisa, ele tem sido a fonte de uma felicidade nova, calma e intensa. A eles, meus cúmplices nas muitas artes de amar, dedico este trabalho.

Alameda nas redes sociais:

Site: www.alamedaeditorial.com.br
Facebook.com/alamedaeditorial/
Twitter.com/editoraalameda
Instagram.com/editora_alameda/

Esta obra foi impressa em São Paulo no inverno de 2018. No texto foi utilizada a fonte Adobe Caslon em corpo 10,3 e entrelinha de 15 pontos.